LOUISE-MARIE FRENETTE

Omraam Mikhaël Aïvanhov

LA VIE D'UN MAITRE
EN OCCIDENT

Édition revue et augmentée
de la première édition :
Omraam Mikhaël Aïvanhov et le chemin de Lumière
(A.L.T.E.S.S. 1997)

et de l'édition :
La vie d'un Maître en Occident
(Robert Lachance 2002 et AdA 2008)

TABLE

Qui est
Omraam Mikhaël Aïvanhov ?

« C'était mon meilleur ami, me disait ce jour-là un homme âgé du nom de Kyril. Il était aussi mon Maître spirituel. »

Et il sortit de la poche de son veston une photo de celui qui avait été son guide, son modèle, son ami. Nous étions assis sur un banc dans un petit jardin de Sofia, face au tombeau de Peter Deunov, le fondateur de cette fraternité qui avait été la famille spirituelle de Mikhaël. Les roses, les vignes en espalier chargées de grappes, le soleil, tout nous parlait de l'ancien domaine de la fraternité, réduit aujourd'hui à un parc minuscule dans la capitale bulgare.

C'était en avril 1992. L'année précédente, j'avais entrepris de rédiger la biographie d'Omraam Mikhaël Aïvanhov, ce grand Maître spirituel bulgare qui a tracé une voie nouvelle, une voie qu'il appelait *le chemin de la Lumière*. Au fil des six années de recherches et de travail qui suivirent, j'appris qu'il était encore plus extraordinaire que tout ce qu'il m'était possible d'imaginer. Un créateur de beauté, d'amour et de fraternité pour la famille humaine, un bâtisseur de cet âge nouveau auquel aspirent les êtres humains.

SON ENSEIGNEMENT

Omraam Mikhaël Aïvanhov se situe dans la lignée des grands Maîtres de l'humanité, et sa parenté spirituelle avec eux se manifeste à travers les moindres actes de sa vie.

Les thèmes de son enseignement, qui ont leur origine dans les hautes sphères des mondes invisibles, existent depuis toujours et ont été transmis par les plus grands guides spirituels de l'humanité. Et ces mêmes vérités qu'il présente, il les explique d'une façon unique et vivifiante. Chacun des éléments de son enseignement a son application concrète, les méthodes qu'il propose sont simples, accessibles, remplies d'une force insoupçonnée.

Elles sont extrêmement efficaces. Avec des mots si clairs et si précis qu'un enfant pourrait les comprendre, Omraam Mikhaël Aïvanhov décrit le pouvoir que possèdent tous les êtres humains de devenir parfaits *comme le Père céleste est parfait* et de transformer le monde dans lequel ils vivent.

Il parle de sainteté ou de perfection comme d'un travail passionnant à entreprendre. Et s'il emploie constamment le mot « travail », c'est qu'à ses yeux tout peut servir pour agir : le travail spirituel est essentiel, mais l'action physique est tout aussi importante. Il précise que c'est grâce aux évènements de tous les jours qu'on peut se perfectionner, que les Initiations ne se font plus dans les temples mais dans la vie quotidienne, et que les facultés de l'être humain, ses sens, ses sentiments et ses activités peuvent lui servir de tremplins vers un idéal de perfection.

Son enseignement est centré sur la lumière, qu'il définit comme la meilleure représentation de Dieu pour les êtres humains. Parlant du « yoga du soleil », il explique comment on peut s'en servir pour se transformer et devenir rayonnant comme l'astre solaire qui nous donne la lumière, la chaleur et la vie.

Un autre grand thème qui revient sans cesse dans ses conférences est le « yoga de la nutrition » grâce auquel on peut absorber les éléments les plus puissants cachés dans les aliments, afin d'obtenir la santé physique et psychique.

Il présente aussi des perspectives inattendues et vivifiantes sur le sens de l'amour et de la sexualité, sur les grandes lois de la « morale cosmique », sur la vraie pureté qui consiste à avoir le cœur pur comme le cristal, ou encore sur la façon dont une mère peut former des enfants exceptionnels. Il donne des méthodes pour se purifier, pour transformer le mal en bien, pour s'harmoniser avec les quatre éléments de la nature et faire un travail créateur en se servant de leur puissance.

Les travaux et les découvertes de sa jeunesse ont profondément marqué sa façon d'enseigner. Au cours des quelque cinq mille conférences qu'il a faites en France et en divers pays entre 1938 et 1985, il lui est souvent arrivé de raconter un évènement de sa vie. Il l'a toujours fait à la façon d'un pédagogue, pour illustrer sa pensée ou pour stimuler ses auditeurs à la recherche spirituelle.

Ses souvenirs, racontés d'une façon très colorée, faisaient revivre devant les yeux de ses auditeurs l'enfant, l'adolescent, l'homme qu'il avait été, ainsi que le pays où il avait vécu jusqu'à l'âge de trente-sept ans.

Toutefois, loin de se mettre en valeur en racontant une anecdote, il lui arrivait souvent de se diminuer et de se moquer de lui-même, sachant bien que tous ceux qui pourraient déchiffrer la leçon derrière l'image comprendraient l'essentiel. Il n'essayait pas de faire croire qu'il avait été un enfant ou un adolescent modèle, au contraire, il insistait sur ses défauts et ses erreurs en affirmant qu'on peut se perfectionner à partir de n'importe quel niveau.

D'autre part, lorsqu'il confiait à ses auditeurs certaines de ses expériences mystiques ou psychiques tout à fait exceptionnelles, il disait avec gravité : « Ce que je vous raconte est vrai, je sais que le monde invisible m'écoute et je ne peux pas vous tromper. »

En ces décades de la fin d'une ère et du début d'une nouvelle – celle du Verseau –, s'il a constamment parlé de fraternité et d'amour, de lumière et de pureté, il a aussi abordé tous les sujets susceptibles de stimuler les enfants de cette Terre à approfondir leur conscience de fils et de filles de Dieu.

SON CHEMINEMENT

Lui-même est un exemple. Au fil de sa vie, il traverse une grande partie des difficultés que connaissent tous les êtres humains et les utilise comme des instruments pour se transformer.

Ce travail de perfectionnement que tous les êtres sont appelés à faire sur eux-mêmes, il le commence très tôt. À l'âge de six ans déjà, la simple lecture de la vie d'un grand saint devient une véritable expérience spirituelle qui le marque profondément et l'amène à faire des efforts constants pour maîtriser son tempérament fougueux.

Plus tard, à travers les enthousiasmes et les difficultés qui se présentent dans la vie d'une jeune garçon intelligent, leader naturel, porté à faire des expériences de toutes sortes pour comprendre la vie, toute son adolescence est emportée par un puissant courant qui l'amène à l'extase et à l'illumination vers l'âge de quinze ans et demi.

Les vingt années qu'il passe par la suite auprès du Maître bulgare Peter Deunov sont, de son propre aveu, des années d'un travail intensif qui visent à développer en lui-même les vertus et les qualités d'un vrai fils de Dieu.

Enfin, sa vie en France, d'abord comme envoyé de Peter Deunov, puis comme Maître spirituel reconnu comme tel, témoigne de la puissance de son amour, de sa grandeur d'âme et de sa sagesse. Et tout cela en conservant les aspects attachants d'un tempérament de feu, une grande spontanéité, un franc-parler capable de secouer les routines et de bousculer les idées établies, ainsi que cet humour qui n'appartient qu'à lui.

SA MISSION

« Vous êtes venu quatre siècles trop tôt », lui avait-on dit.

Ceux qui l'écoutaient en France, en Suisse ou au Canada, avaient parfois cette pensée également. Ce qu'il souhaitait pour l'humanité semblait si loin encore, si difficile à atteindre... Et pourtant, lui-même était si bien incarné dans ce monde, son enseignement était si bien adapté aux besoins des êtres humains que tous les espoirs étaient permis. Et ils sont encore permis à ce jour. Ils deviennent de plus en plus puissants.

Tous ceux qui l'ont approché ont pu constater que son désir le plus ardent était d'être utile à l'humanité, utile à chacun des êtres qu'il rencontrait, et en particulier à ses auditeurs qu'il appelait toujours ses « frères et sœurs ». Il ne pensait qu'à les éclairer, à les accompagner sur le chemin de leur évolution personnelle, comme un guide de haute montagne oriente ses compagnons vers les sommets. Et s'il expliquait que la transformation de soi est primordiale, il projetait aussi des idées et des forces pour accomplir la transformation de la terre en un jardin de paradis.

En cette période de l'histoire de l'humanité où les hommes, les femmes, et même les enfants ont pris plus que jamais conscience de la nécessité de s'entraider, de former une famille où règnent l'amour et la paix, Omraam Mikhaël Aïvanhov a préparé un âge d'or pour l'humanité. C'était son vœu le plus cher, un vœu dont il parlait sans cesse. Une fraternité universelle, répandue sur toute la planète. Le Royaume de Dieu descendu d'en haut.

C'est pourquoi, lorsqu'il parlait de Ram, cet être légendaire qui a apporté un âge d'or au monde dans un passé lointain, sa voix devenait si enthousiaste. Il était chaque fois saisi d'une émotion qui faisait vibrer ses auditeurs. Il *voyait*, lui, ce que cela pouvait être.

L'ÉLABORATION DE CETTE BIOGRAPHIE

J'ai découvert l'enseignement d'Omraam Mikhaël Aïvanhov en 1976 au Canada. L'année suivante, j'ai fait un séjour en France, au Domaine du Bonfin où ce maître spirituel donnait, depuis près de vingt-cinq ans, des conférences quotidiennes durant les trois mois d'été. À partir de cette année-là, jusqu'à l'année de son décès en 1986, j'ai eu le bonheur de le rencontrer personnellement à plusieurs reprises.

Cinq ans après son départ de ce monde, des circonstances très particulières m'ont amenée à entreprendre des recherches sur tout ce qu'il avait pu dire de lui-même dans ses conférences. Mon but était simplement d'offrir ma collaboration à une personne qui s'était engagée à écrire sa biographie. Mais, sans le savoir à cette étape du projet, j'allais devenir l'auteure de cette biographie.

Nous savions bien que ce maître spirituel n'avait jamais essayé de raconter sa vie dans son entièreté. Toutefois, nous avions pu constater que, dans son désir de stimuler ses auditeurs à s'engager sur le chemin de la recherche spirituelle, il leur avait souvent fait part, au fil de ses causeries, de ses propres expériences.

Dans le but d'écrire une biographie très fouillée, nous avions l'intention de regrouper et de mettre en ordre chronologique les révélations qu'il avait faites sur les évènements de sa vie, et d'étoffer le tout par des témoignages. Ce travail a duré plusieurs mois et, même lorsque j'ai commencé la rédaction de cette œuvre, il s'est poursuivi au fil des années suivantes. Il a comporté l'étude attentive de plusieurs milliers de conférences, ainsi que le classement méthodique des renseignements que je continuais à obtenir.

Les faits relatés dans ce livre proviennent donc de ses propres récits, mais aussi de plusieurs autres sources : en premier lieu, les souvenirs de Dolia, sa mère. En second lieu, les renseignements d'autres membres de sa famille en Bulgarie. Enfin, les témoignages de ses amis et de nombreuses personnes qui avaient suivi ses enseignements.

Ma longue quête m'a amenée à faire de nombreux séjours en France, en Suisse, en Italie, en Bulgarie. Dans ces différents pays, mes entrevues avec une centaine de témoins m'ont livré une riche moisson de réflexions, d'anecdotes et de souvenirs qui ont contribué à la création de ce livre.

Dans un but de véracité, et aussi parce qu'il n'était pas question de « romancer » cette biographie, j'ai établi une règle : en dehors de ce que Omraam Mikhaël Aïvanhov avait lui-même raconté, je n'ai utilisé un évènement concernant sa vie que dans les cas où deux ou trois témoins me l'avaient relaté de la même façon.

J'ai scrupuleusement respecté tout ce que ce maître spirituel a dit de lui-même. Chaque fois que j'ai précisé ce qu'il pouvait penser ou comprendre à un certain moment de son existence, chaque fois que j'ai décrit son état d'esprit ou ses sentiments, je n'ai fait qu'utiliser ses propres réflexions, trouvées dans l'une ou l'autre de ses conférences. Les dialogues inclus dans le texte proviennent de sa propre relation des évènements de sa vie, à l'exception d'un petit nombre qui m'a été rapporté par des témoins.

Il m'a toutefois été difficile de situer de façon précise les différentes expériences mystiques de son enfance et de son adolescence. Lorsqu'il racontait une anecdote à des fins pédagogiques, il ne se souciait pas trop de l'exactitude des détails et ne donnait pas toujours un âge identique pour le même incident de sa jeunesse.

Le temps ne semble pas avoir eu beaucoup d'importance à ses yeux : pour l'âme, les évènements de la vie se situent dans un espace illimité, ils font partie de l'éternel présent ; ce qui compte, c'est la réalité de l'évènement, ses répercussions dans l'âme et dans le cœur, les liens qu'il crée avec les mondes subtils. Après bien des comparaisons et des déductions, j'ai choisi l'ordre chronologique le plus souvent cité par lui, ou le plus logique.

Mon travail a été une expérience de vie, exaltante et difficile, d'autant plus difficile qu'un être d'une telle envergure est impossible à cerner ou à décrire. En étudiant les étapes de sa vie, en observant ses réactions devant les difficultés et les épreuves, en approfondissant son enseignement, j'ai été amenée à faire en sa compagnie un cheminement au cours duquel j'ai été remplie d'admiration et de reconnaissance.

Cet ouvrage, qui est à la fois une biographie et un itinéraire spirituel, s'adresse à tous ceux qui sont inspirés par la vie des grands êtres. Il est évident que lui seul aurait pu raconter sa propre vie de façon satisfaisante, mais j'ai suivi un conseil qu'il avait donné le 28 mars 1946 à propos des phénomènes extrasensoriels : « Seul Dieu pourrait expliquer certains faits ; nous-mêmes connaissons très peu. Je vous donne des bribes, cousez-les ensemble. »

C'est ce que j'ai fait. J'ai recueilli les bribes et je les ai mises sur le métier afin de reconstituer la grande tapisserie de sa vie.

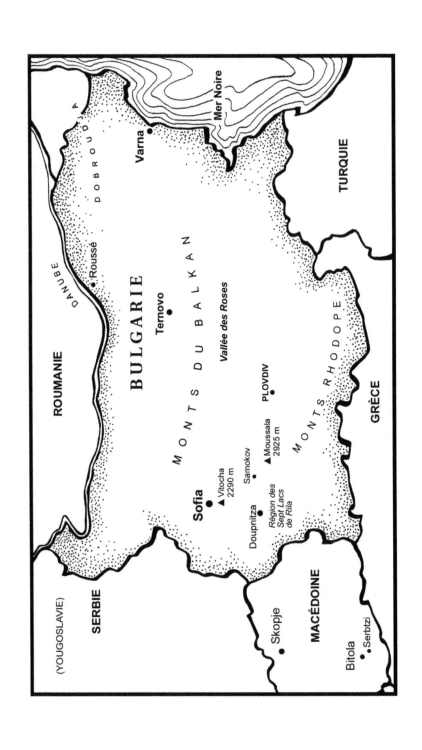

Première partie

Jeunesse

Lorsqu'il est question des grands hommes, notre attention se porte spécialement sur leur origine et sur la voie qu'ils ont suivie. Nous nous intéressons à eux dans la mesure où nous pouvons suivre leur route nous-mêmes et profiter de leurs expériences. Sous ce rapport il est important de savoir ce qui leur a donné la première impulsion de travailler sur eux-mêmes et par là de devenir grands.

Peter Deunov

Tout est prédit dans l'enfance

Omraam Mikhaël Aïvanhov naît à l'aube du vingtième siècle dans le petit village de Serbtzi, en Macédoine. C'est le 31 janvier 1900, il est passé minuit, et le premier chant des coqs annonce la lumière d'un jour nouveau.

La Montagne de la Grand-Mère, massive avec son sommet arrondi, veille sur le village endormi. Le froid intense fait craquer les arbres dans les jardins, mais la maison des parents de Mikhaël est illuminée par un grand feu qui brûle dans la cheminée. À la surprise des personnes présentes, le nouveau-né ne crie pas, il ne pleure pas : « Quand l'enfant revient sur terre, il pleure. Moi, je n'ai pas pleuré, on m'a dit ça. Je souriais. »[1]

Mikhaël est né prématurément à huit mois. Dolia, sa mère, craint pour sa vie et, le jour même, elle fait appeler le pope du village pour la cérémonie du baptême. Il faut dire que les conditions de vie sont si dures dans les villages macédoniens que les bébés nés avant terme n'ont pas beaucoup de chances de survie.

Dolia vit dans la maison de ses beaux-parents depuis son mariage, à l'âge de quatorze ans, avec Ivan Dimitrov.[2] Elle fait partie d'une grande famille d'agriculteurs dans laquelle tous les membres, hommes et femmes, participent aussi bien aux activités ménagères qu'aux travaux des champs. Dans ce pays, dans ces villages isolés surtout, la collaboration et le partage des tâches sont essentiels. Au moment des semailles et des moissons, tous les agriculteurs travaillent successivement chez les uns et les autres dans un esprit d'entraide et de solidarité.

---

1 O. M. A., conférence du 13 août 1978.
2 En Bulgarie, le nom de famille se transmet aux enfants avec l'addition d'un nom intermédiaire qui est le prénom du père. Mikhaël s'appelait donc Mikhaël Ivanov Dimitrov, c'est-à-dire Mikhaël, fils d'Ivan, Dimitrov. En France, on l'appellera simplement Mikhaël Ivanov, mais étant donné que la finale « ov » se prononce « off » dans la langue bulgare, il signera Ivanoff afin d'obtenir une prononciation exacte. Ce ne sera que pendant son séjour en Inde que son nom sera changé en Aïvanhov.

Comme tous les enfants de son village, Dolia a appris dès l'âge de quatre ans à participer aux besognes ménagères. Lorsque vient son tour, elle travaille aux champs jusqu'à la tombée de la nuit, ou elle transporte les lourds seaux d'eau nécessaires aux travailleurs, ou encore elle prend soin des nombreux enfants.

Dolia n'est pas une femme ordinaire. Petite et menue, elle possède une force d'âme et une vitalité surprenantes. Spontanément tournée vers les autres, gaie et généreuse, pourvue d'un sens de l'humour très développé, elle déborde d'affection pour sa famille et ses voisins. Très rapidement, elle devient la confidente de tous. Dans les moments difficiles, on se tourne spontanément vers elle.

À la naissance de Mikhaël, elle a vingt-quatre ans. C'est à présent une femme qui a supporté les difficultés et les blessures d'une vie rude, d'un milieu impitoyable. Son premier fils n'ayant vécu que quelques semaines, elle n'a qu'une petite fille âgée d'environ six ans.

En dix ans de mariage, elle a appris à composer avec la solitude qui est le lot des femmes de son époque : les villages sont si pauvres que beaucoup d'hommes vont chercher fortune dans les villes, ou encore dans les exploitations de charbon de bois qui abondent en Macédoine et en Bulgarie. Dans l'espoir de trouver au loin l'emploi qui les rendra riches, ils quittent femme et enfants pour de longues périodes. Lorsqu'ils réussissent à trouver du travail, ils ne reviennent chez eux que tous les deux ou trois ans et ne rentrent définitivement qu'au moment où ils sont trop vieux pour être réembauchés.

Comme beaucoup d'autres femmes, Dolia a dû supporter l'absence de son mari durant de longs mois : quelque temps après son mariage, Ivan a mis sur pied une exploitation forestière à Varna, sur la côte de la mer Noire, en Bulgarie. C'est très loin et il ne peut revenir à Serbtzi que de temps à autre.

L'enfance de Mikhaël est donc marquée par l'absence de son père, mais aussi par les bouleversements politiques et sociaux, les insurrections et la terreur. Au début du vingtième siècle, la Macédoine se trouve encore sous la domination ottomane, et ce petit pays – où vivent deux millions de Bulgares – est plongé dans un marasme économique et social. Convoité par plusieurs nations voisines, il est le théâtre de combats incessants entre

Turcs, Serbes, Grecs et Bulgares. Soulèvements populaires, inva-
sions armées et représailles cruelles sont le pain quotidien de ses
habitants depuis des décennies. À l'approche des soldats, les
femmes des villages s'enfuient dans les bois avec leurs enfants
pour s'y cacher.

Il est arrivé plus d'une fois à Dolia de quitter précipitamment
la maison pour chercher refuge dans la forêt. « Je me souviens,
dit un jour Mikhaël, que nous avons dû fuir et que ma mère me
portait dans ses bras. Nous nous sommes cachés dans un arbre,
mais nous n'avons pas pu y rester parce qu'il y avait des fourmis ».

Quelque temps après la naissance de Mikhaël, Dolia est
éprouvée par un second deuil : sa petite fille meurt à l'âge de
sept ans. Toutefois, il n'est pas dans sa nature de se replier sur
elle-même et elle continue d'assumer les besognes ardues qui lui
incombent dans la famille de son mari. Sa tâche la plus précieuse
est l'éducation de son fils.

Un étrange incident, survenu quelques mois seulement après
sa naissance, semble avoir été important, car Dolia l'a raconté à
ses petites-filles et, par ailleurs, lui-même en a parlé succincte-
ment plus tard.

Un soir que toute la famille se trouvait réunie dans la salle
commune avec des voisins, il se leva subitement. Sans l'aide de
personne, il se mit à marcher. Au milieu des exclamations de
surprise, une vieille femme annonça : « Cet enfant est exceptionnel ! Je vous prédis qu'il aura un grand avenir ! »

Inquiète, Dolia demeura silencieuse. Qu'un bébé se mette à
marcher à un âge où son organisme n'est pas encore prêt à le
faire est déjà assez mystérieux. Instinctivement, elle appréhen-
dait les répercussions possibles de l'incident, et c'était avec une
certaine frayeur qu'elle observait deux femmes qui s'étaient
jointes à la famille ce soir-là. Dans la région, on les craignait, car
elles s'adonnaient à la magie noire. Les villageois ne prenaient
pas à la légère ces pratiques dont on avait pu constater les effets
terrifiants, et nul n'osait leur fermer sa porte.

La nuit même, Mikhaël tomba malade. Son état empira rapidement. Dolia courut chercher sa mère qui était guérisseuse,
mais celle-ci dut faire appel à toutes ses connaissances pour
réussir à arracher son petit-fils à la mort.

Mikhaël finit par recouvrer la santé, mais lorsqu'il eut atteint l'âge de marcher, il fut lent à faire ses premiers pas. Lui-même fit un jour cette réflexion :

> *Plus tard, j'ai interprété cela et j'ai compris qu'il me fallait passer une épreuve formidable, très difficile, et qu'après, je pourrais marcher. Et c'est arrivé. J'ai compris que tout est prédit dans la vie de l'enfance. Mais on n'y fait pas attention. C'est une science extraordinaire.*[3]

Astra, sa grand-mère maternelle, avait été l'une des innombrables victimes de ces temps troublés. Vers 1875, pendant une attaque armée, son mari avait été tué et sa maison détruite. À partir de ce moment, sa vie avait complètement changé. Enceinte de Dolia, elle avait été obligée de travailler dur pour subvenir aux besoins de sa famille. C'était une personne remarquable : sage-femme, elle était aussi reconnue comme l'une des plus grandes guérisseuses de la région.

Dans la plupart des pays du monde, à une époque où les services médicaux étaient inexistants ou inaccessibles aux villages éloignés, on faisait appel aux guérisseuses. Ces femmes possédaient une intuition particulière et une connaissance de la nature – souvent transmises de mère en fille – qui leur permettaient de soulager les malades et même de les guérir.

Grâce à sa connaissance des propriétés curatives des plantes, Astra arrivait à guérir des malades atteints de diverses affections. Son savoir incluait nombre de secrets et de recettes de la médecine antique, notamment les propriétés des herbes aromatiques, le magnétisme bénéfique de certains endroits de la terre, les effets de la lumière du soleil et jusqu'à l'influence des étoiles sur l'être humain. Infatigable, elle se levait souvent la nuit pour répondre aux appels urgents.

Même en hiver, quand la neige rendait les déplacements difficiles, elle se rendait dans des villages éloignés. Selon la coutume, elle ne recevait pour ses services qu'un morceau de savon et une serviette. Étant donné que son travail de guérisseuse ne lui rapportait guère plus que celui de sage-femme, la tâche de nourrir

---

3 Conférence du 3 février 1963.

sa petite famille se révélait très ardue. On l'aimait, on la vénérait même, mais l'argent était rare et la vie dure pour tous.

★★★

Ce fut probablement vers l'âge de quatre ou cinq ans que Mikhaël commença à participer à une touchante coutume de son pays.

Le matin du Nouvel An, les petits garçons devenaient des messagers de bonheur investis du pouvoir de faire descendre les bénédictions du ciel sur les familles. Emmitouflés contre le froid, tenant dans leur main une petite branche de cornouiller ornée de papillotes de couleur, ils allaient de maison en maison et donnaient un petit coup de baguette à chacune des personnes présentes en récitant des vœux de bonne santé et de succès dans les récoltes. Les adultes mettaient ensuite des pommes, des bonbons ou des brioches dans le grand sac que les enfants traînaient derrière eux.

Certains des habitants de Serbtzi tenaient à débuter la nouvelle année avec la bénédiction de Mikhaël et demandaient à Dolia de le leur amener très tôt, avant les autres enfants. Elle l'éveillait donc à l'aube et lui faisait répéter sa leçon. Pour le petit garçon à moitié endormi, c'était une dure épreuve que de sortir dans le froid, le vent et la neige alors qu'il faisait encore nuit, mais sa mère lui avait expliqué le sens de la démarche qu'il devait faire. Il l'accomplissait de son mieux.

Le sens profond de cette coutume de son pays persista dans sa mémoire, car il avait commencé très tôt à pressentir le symbolisme des objets qui faisaient partie de son quotidien. Dans ce sens, les choses qui l'attiraient étaient très significatives : il y avait les fils et les liens de toutes sortes, l'eau des sources, le feu et les grands arbres.

Ces « quatre passions » de son enfance auront une grande importance dans son développement et l'orienteront très tôt vers ce que chacune d'elles représentait pour lui : les fils seront le symbole des liens complexes qui se tissent entre les gens, et aussi de leurs relations avec les choses, avec les éléments de la création. L'eau qui jaillit de la terre, transparente et claire, lui parlera de la pureté ; le feu qui éclaire, réchauffe et conserve la vie l'amènera peu à peu vers une philosophie solaire ; enfin, les grands arbres éveilleront en lui l'amour des sommets.

À quatre ans, il ramasse avec la plus grande patience les bouts de ficelle, les brins de coton ou de laine qui traînent. Il les conserve comme des trésors. L'une des pièces de la maison familiale, où trône un métier à tisser, l'attire de façon irrésistible avec ses écheveaux colorés suspendus çà et là. Debout près de la porte, il observe le travail de sa cousine tisserande.

Fasciné par les mains agiles qui dansent sur la trame et font peu à peu apparaître une étoffe colorée, il reconnaît confusément l'importance des fils qui servent non seulement à lier et à délier, mais également à tisser, à fabriquer des choses utiles, belles et durables. Un jour que la tisserande s'est absentée, il entre dans la pièce et s'approche du métier.

Les brins de coton chatoyants, bien tendus sur le cadre de bois, font sur lui une profonde impression. Se passe alors le premier des évènements de son enfance qui feront dire à son entourage que « Mikhaël n'était pas facile » : subitement, sans réfléchir, il s'empare d'une paire de ciseaux et coupe tous les fils. Quand la tisserande revient, il est encore là, serrant dans ses bras sa moisson multicolore. À la vue de son métier dénudé, elle pousse de grands cris. Plusieurs personnes se précipitent dans la pièce et la tempête se déchaîne. Mikhaël sait très bien que son geste est répréhensible, mais il n'est pas tout à fait présent à l'affolement et à la colère des adultes. Serrant sur son cœur ces fils qu'il aime tant, il écoute la petite voix intérieure qui lui parle de leur importance... Il est si absorbé qu'il pourra dire un jour en racontant l'anecdote : « Je les regardais sans comprendre pourquoi ils étaient dans cet état ! »

Naturellement, il fut puni par sa mère, qui dut passer une partie de la nuit à tendre une nouvelle chaîne sur le métier. Ce ne sera que beaucoup plus tard qu'il saisira pleinement le symbolisme caché de cette étrange passion de son enfance.

Dès l'adolescence, il essaiera sans cesse de créer des liens entre le monde physique et le monde spirituel, et les correspondances qui existent entre ces deux mondes le fascineront toujours. Il pourra dire que dans ses incarnations précédentes, il avait compris la valeur des fils et qu'il avait su comment les lier et les délier.

À cet âge-là, c'était inconscient, bien sûr, mais il y avait une intelligence mystérieuse qui me poussait. C'était simplement pour me montrer qu'il n'arrive rien par hasard, car le jour où j'ai commencé à réviser tous ces goûts apparemment bizarres de mon enfance, j'ai découvert un monde inouï. La vie elle-même n'est rien d'autre que des fils, des fils...[4]

Son deuxième grand amour, sa passion pour l'eau, s'éveilla alors qu'il n'avait pas encore cinq ans. En explorant les alentours de la maison familiale, il découvrit une petite source qui jaillissait de la terre et murmurait sous les feuillages. Très impressionné, il se mit à plat ventre dans l'herbe pour la contempler. À partir de ce jour-là, la source agit sur lui comme un aimant. Émerveillé de sa transparence, il passait des heures à la regarder et s'étonnait de la voir couler sans jamais s'arrêter.

« Mikhaël ? disaient les adultes, il est sûrement près de la source. » Et c'était là qu'on allait le chercher.

L'image de la source s'imprima profondément dans son esprit. Né sous le signe du Verseau, il continuera à être attiré par l'eau, il conservera ce sentiment d'émerveillement devant la mer, les rivières, les cascades. Toutefois, des quatre passions de son enfance, celle qu'il avait pour le feu fut la plus importante. Les feux de broussailles que faisaient les paysans, la flamme de la lampe à huile qu'on allumait pour le repas du soir, la lumière de la veilleuse devant l'icône familiale, la flambée dans la cheminée, toutes ces images du feu l'enchantaient.

Vers l'âge de cinq ans, il commença à faire de petites flambées de brindilles, pour le seul plaisir de les voir brûler. Pendant un certain temps, il eut la chance de ne pas être pris en flagrant délit par les adultes, mais à la longue, ses expériences faillirent tourner à la catastrophe.

Un jour qu'il explorait le grenier de la ferme, il y trouva de la paille pourrie, si laide à voir qu'il décida d'y mettre le feu. « Il faut que ça brûle, c'est vieux ! », se dit-il.

Sans hésiter, il amassa la paille en un grand tas qui s'enflamma dès qu'il y mit une allumette. Jamais il n'avait rien vu de si beau.

---

4   O. M. A., *Les lois de la morale cosmique*, « Ne coupez pas le lien. », Éditions Prosveta.

Toutefois, le feu prit de telles proportions qu'il commença à s'inquiéter. Debout devant les flammes qui échappaient à son contrôle, il ne savait que faire. Brusquement, alertées par la fumée, plusieurs personnes firent irruption dans le grenier avec des seaux d'eau qu'elles lancèrent sur le brasier. Encore sous le coup de l'émerveillement, le petit garçon était tout de même conscient d'avoir fait une grosse bêtise. Sachant qu'il serait grondé et privé de souper, il prit ses jambes à son cou et courut se réfugier chez sa grand-mère.

Astra était pour lui la protectrice, la fée bienfaisante qui le soignait lorsqu'il était malade. À ses yeux, elle était une femme exceptionnelle : de ses mains adroites, elle aidait les petits enfants à venir au monde et, avec son grand savoir, elle pouvait rendre la santé aux malades.

Quand il se retrouvera à Paris trente ans plus tard, Mikhaël parlera d'elle à plusieurs reprises, et nous avons trouvé dans ses conférences quelques références aux connaissances remarquables de cette grand-mère, à sa sagesse, à la bonté qu'elle manifestait à tous ; il dira qu'elle avait reçu son don de guérisseuse parce qu'elle débordait d'amour.

Dans son enfance, sa relation avec elle était empreinte de tendresse, de compréhension et d'une connivence affectueuse. Invariablement, après l'une de ses fredaines, il allait se cacher chez elle où il se sentait en sécurité. Convaincu que personne ne l'y découvrirait, il était chaque fois étonné lorsqu'on venait l'y chercher. Ce qui le surprenait également, c'était la clairvoyance de sa grand-mère :

> Elle voyait toujours ce qui se passait en moi et je ne comprenais pas pourquoi. Mais c'est parce que j'avais les yeux tellement hagards ! Tout de suite elle disait : « Ah, tu as encore fait quelque chose...[5]

Le jour de l'incendie du grenier, le voyant arriver avec ce regard inquiet, elle lui dit, effectivement :

– Ah, tu as fait une bêtise !

– Comment le sais-tu ? demanda l'enfant, mal à l'aise.

---

5 Conférence du 27 mars 1945.

– Cela se voit ! Ça ne fait rien, viens, cache-toi ici, dit-elle avec bonté pour lui donner le temps de se préparer à la punition qu'il allait recevoir de sa mère, qui le menait d'une main ferme.

Après l'incendie du grenier, malgré le remords qu'il ressentait, son amour pour le feu ne fléchit jamais, pas plus que son amour pour l'eau :

> Depuis ma naissance, j'ai une prédilection pour le feu, mais alors que dans ma jeunesse je mettais le feu dans les granges, j'ai compris ensuite qu'il ne fallait plus m'occuper du feu extérieur et que je devais d'abord allumer mon cœur, puis le cœur des autres.[6]

Instinctivement, il devinait la portée du rôle de l'eau et du feu dans la nature, et cette passion qu'il éprouvait pour ces deux éléments annonçait l'importance qu'ils allaient prendre dans sa vie et dans son enseignement. Leur pureté, leur beauté et leur symbolisme seront toujours pour lui une nourriture subtile, une source d'inspiration et même un instrument pour son travail spirituel.

Dans la nature, il n'y avait pas que l'eau et le feu qui le passionnaient, il y avait aussi les arbres. Les grands peupliers du village, bruissant au moindre souffle de vent, lui inspiraient un amour particulier tout en l'amenant à rêver aux sommets. Dès qu'il eut la force de grimper de branche en branche jusqu'au faîte, il y passa de longs moments à contempler le paysage.

Là-haut, ravi de la beauté de la nature qu'il découvrait dans toute sa splendeur, il se sentait comme un oiseau prêt à s'envoler. Dolia savait toujours où le trouver : lorsqu'il n'était pas près de la source, il était perché au sommet de quelque peuplier.

Cette passion pour les hauteurs révélait une tendance marquée de son tempérament. Ce désir de tout regarder de très haut faisait partie intégrante de sa nature et ne fera que se développer avec le temps. Mikhaël n'oubliera jamais ces expériences de son enfance : il se servira un jour de l'exemple d'un petit garçon perché au faîte d'un arbre qui peut voir ce que son père, malgré tous ses diplômes, est incapable d'apercevoir.

---

6 *Les splendeurs de Tiphéret*, « Les trois sortes de feu », Prosveta.

Il parlera de l'importance de se placer au sommet de toutes choses afin d'avoir un point de vue très vaste et de comprendre le sens de la vie.

✯✯✯

L'enfance de Mikhaël se déroule dans un milieu assez austère. La partie de la Macédoine où est situé le village de Serbtzi, dans la région du mont Pélister, est un pays de rudes montagnes. Au début du vingtième siècle, les villages sont encore très primitifs, et les maisons sans confort, avec leurs lits de paille recouverts de tapis. L'hiver rigoureux apporte avec lui des vents glacés, la neige ralentit toute activité. Durant toute la saison froide, les villages se retrouvent encore un peu plus isolés qu'en été.

Les écoles ne sont pour la plupart que des baraques en bois et en torchis équipées d'un petit poêle pour chauffer l'unique classe. Si, par malheur, on casse une vitre, il faut coller du papier sur la fenêtre pour se protéger du froid, car l'argent fait défaut pour en acheter une nouvelle. Tous les matins, chacun des trente ou quarante élèves doit ramasser dans la forêt un gros morceau de bois et l'apporter à l'école. Lorsque plusieurs d'entre eux oublient de le faire, les dernières heures de la journée sont pénibles. Peu à peu, le bâtiment se refroidit et les enfants ont du mal à se concentrer.

Au cours de sa première année à l'école, Mikhaël entend l'instituteur raconter l'histoire biblique de la création du monde. C'est une révélation. Un éblouissement.

Dans son désir de partager avec ses proches toute la beauté de sa vision, il apprend par cœur la magnifique histoire pour la leur réciter. Il leur brosse un tableau des origines du monde avec une grande précision et un enthousiasme communicatif. Surpris par ses connaissances inattendues et son talent de narrateur, les adultes l'écoutent bouche bée.

Pour sa part, il gardera toujours une prédilection pour le livre de la Genèse. Et l'image de Dieu, dont la parole crée des choses merveilleuses, l'accompagnera pendant longtemps.

Le jour de son sixième anniversaire, il reçoit en cadeau une brochure sur la vie d'Athanase, le saint patron du jour de sa naissance. Là encore, il est captivé, ému, enthousiasmé. C'est la beauté d'une vie pure, désintéressée et pleine d'amour qui le touche profondément : il prend aussitôt la décision de devenir « impeccable », comme son héros.

Cette lecture représente un important jalon dans sa vie, comme l'a été cette autre « grande décision » qu'il avait prise deux ans auparavant : « Depuis l'âge de quatre ans, j'avais décidé de ne pas me marier. » Un choix surprenant. Évidemment, comme il l'a précisé, à cet âge, il ignorait pourquoi il voulait renoncer au mariage, mais c'était une conviction intime qui l'y poussait.

Comme tous les grands mystiques, Mikhaël possédait une sensibilité extrêmement développée qui l'amenait à rechercher la beauté à l'extérieur, mais qui l'incitait aussi à rentrer en lui-même afin d'y trouver la source de tout. Autour de lui, on constatait qu'il était capable de se concentrer pendant des heures pour observer les phénomènes de la nature, et qu'il était extrêmement sensible aux paroles de sa mère et de sa grand-mère.

Toutefois, comme il l'a précisé lui-même à plusieurs reprises : « Je n'étais pas très catholique ! » Et l'émotion suscitée par la lecture de la vie d'Athanase s'estompa peu à peu à travers les évènements de sa vie d'écolier et les difficultés créées par son tempérament impétueux.

En fait, ce petit garçon turbulent déroutait les villageois et inquiétait parfois sa mère. Sans aucun doute, l'énergie et le dynamisme dont il était pourvu lui étaient indispensables pour son œuvre future, mais son désir de tout connaître l'entraînait parfois dans des expériences qui lui attiraient de sévères réprimandes. Dans sa famille, on voyait bien que ses intentions étaient bonnes, mais quand il déclenchait une catastrophe, on se fâchait. On le punissait. Exaspérés par ses expérimentations avec le feu ou avec les pétards, les voisins venaient se plaindre à sa mère.

Dolia le défendait toujours en leur demandant de patienter : « Vous ne le connaissez pas. Pour le moment, il vous dérange, mais attendez, vous verrez ce qu'il deviendra ! » Elle se rappelait souvent ce qui s'était passé le jour de la naissance de son fils. Lorsque le pope du village, un saint homme que tous les villageois estimaient, avait baptisé le nouveau-né, il avait causé une surprise en acceptant de boire à sa santé.

Chacun savait qu'il ne prenait jamais d'alcool, mais ce jour-là il avait levé son verre en prononçant la formule traditionnelle : *Na zdravé ! – Santé !* Se tournant vers Dolia, il avait ajouté : « Vraiment, cela ne m'était jamais arrivé ! Cet enfant est différent de tous les autres. Il est destiné à de très grandes choses, mais il devra choisir : du côté du mal ou du côté du bien. »

Dolia dira un jour à Mikhaël qu'elle l'avait consacré à Dieu dès sa conception. Elle n'avait pas su à cet instant qu'il deviendrait un grand Maître, un guide pour des milliers de gens, mais elle avait continué à rêver d'un enfant qui serait « un serviteur de Dieu » et passerait sa vie à faire un travail spirituel. Pendant qu'elle le portait dans son sein, elle avait souhaité pour lui tout ce qu'elle avait pu imaginer de plus beau, de plus parfait. Et, tout au long de son enfance, elle fit sans cesse appel à ce qu'il y avait de plus noble en lui.

De sa mère, Mikhaël a dit qu'elle avait été son premier modèle, et qu'elle avait laissé en lui des empreintes indélébiles. Avec une intuition très sûre, elle lui parlait simplement. Au moyen d'images capables de frapper son intelligence et son cœur, elle l'aidait à prendre conscience du fait que ses énergies impétueuses pouvaient servir à quelque chose de positif.

Lorsqu'il avait été coupable d'une espièglerie, elle gardait son calme, ne le frappait jamais et n'essayait même pas de l'obliger à changer son comportement. Elle lui brossait plutôt un tableau saisissant de ce qu'il deviendrait, d'une part s'il agissait mal, d'autre part s'il apprenait à maîtriser ses impulsions. « Maintenant, lui disait-elle, tu sais ce qui t'attend. Choisis ! » Et elle lui répétait le dicton bulgare :

Krivdina do pladnina, pravdina do veknina.
(Ce qui est tortueux dure jusqu'à demain,
Ce qui est droit dure toute l'éternité).

Ces méthodes produisaient un effet puissant sur le petit garçon. Chaque fois qu'elle lui parlait ainsi, il avait envie de se jeter dans ses bras pour lui demander pardon. « Mais je ne le faisais pas, parce que mon orgueil me retenait ! Durant des heures entières, je pleurais, car elle m'avait touché. » Dolia ayant fait appel à ce qu'il y avait de meilleur en lui et à son idéal de noblesse, il ne pouvait oublier ses paroles. La patience, le dévouement et l'amour de sa mère étaient un exemple : « C'est elle qui m'a appris à respecter toutes les femmes. »

Sa grand-mère Astra avait aussi une profonde influence sur lui. Lorsqu'il courait chez elle et s'asseyait à ses pieds, elle lui racontait des histoires fantastiques, des légendes mystiques et des contes de fées. Elle lui faisait une peinture colorée de batailles épiques entre mages blancs et mages noirs en lui expliquant de quelle façon le bien triomphe du mal. Tout au long de ces histoires, le petit garçon prenait parti pour les mages blancs. Il savait à l'avance que ceux-ci seraient victorieux, mais comme tous les enfants, il passait par des émotions variées devant les dangers courus par ses héros.

En l'absence de son père, ce furent sa mère et sa grand-mère qui jouèrent auprès de lui le rôle essentiel de guides, d'éducatrices. Ces femmes exceptionnelles le soutinrent de leur amour et de leur sagesse, elles l'aidèrent à reconnaître en lui-même les possibilités qui étaient siennes et lui enseignèrent à canaliser toutes ses forces vers la lumière. Elles ignoraient tout de ce qui l'attendait, l'extrême pauvreté, les moqueries, les calomnies et les trahisons qui devaient précéder l'accomplissement de sa mission, mais elles le préparèrent de leur mieux à sa tâche future.

Par ailleurs, l'ascendant qu'avaient sur lui certaines personnes âgées de sa famille n'était pas négligeable. La plupart de ces personnes n'étaient jamais allées à l'école, mais leur attitude était empreinte de tant de bonté et de dignité que Mikhaël les considérait comme des modèles.

Il éprouvait une admiration toute spéciale pour un très vieil homme qui avait le même patronyme que lui. Conteur hors pair, avec ses gestes mesurés et ses paroles concises, il personnifiait pour l'enfant la vraie sagesse. Chaque fois qu'il venait passer la soirée avec la famille, Mikhaël avait droit à l'une de ces histoires qui célèbrent la victoire de l'amour sur la haine et le triomphe de la lumière sur les ténèbres. Ces contes populaires, avec leur symbolisme ésotérique, nourrissaient son esprit et stimulaient son idéal de devenir un vrai chevalier de la lumière.

Au cours de l'année 1907, un évènement tragique changea le cours de la vie de Mikhaël. Il se promenait dans la campagne lorsqu'il aperçut, très loin sur la route, une troupe de soldats armés qui avançait rapidement. Effrayé, il courut de toutes ses forces vers le village en criant très fort afin d'attirer l'attention d'un groupe d'agriculteurs occupés à travailler dans les champs. Il leur fit signe de s'enfuir.

Avec une grande présence d'esprit, il leur suggéra de se cacher dans la rivière, et tous s'y plongèrent jusqu'au cou en essayant de se rendre invisibles parmi les roseaux. Entouré de sa mère, de sa famille et de tous ceux qu'on avait eu le temps de prévenir, il passa le reste de la journée et une partie de la nuit caché dans l'eau glacée pendant que les soldats pillaient le village, fusillaient les habitants qui n'avaient pu s'échapper et mettaient le feu aux maisons.

La nuit même, Dolia prit la décision de quitter Serbtzi et d'aller retrouver son mari à Varna, dans le nord-est de la Bulgarie. Quant à Astra, elle préférait rester avec ceux qui avaient l'intention de reconstruire leur demeure. La séparation s'avérait nécessaire, mais pour Mikhaël, ce fut certainement un grand déchirement que de devoir quitter cette grand-mère avec laquelle il avait un lien si profond.

Ils se mirent en route avec quelques autres villageois et durent faire la première partie du trajet à pied ou en charrette en évitant les agglomérations, de peur de rencontrer d'autres troupes armées. Dès que ce fut possible, ils prirent le train pour la côte de la mer Noire.

Varna, l'ancienne Odessos fondée par les Grecs au sixième siècle, était en 1907 une ville portuaire de 40 000 habitants. À leur arrivée, Dolia et son fils furent hébergés temporairement chez une amie macédonienne.

Ivan, dont le commerce de charbon de bois était installé dans le quartier turc, chercha à loger sa famille tout près de ses bureaux. Il finit par louer une grande pièce dans la maison d'un autre ami macédonien. Située sur la rue Pleven – actuellement la rue Kapitan Petko Voïvoda –, cette demeure était l'ancienne résidence du *bey*, le seigneur turc de la région. Le propriétaire du moment avait accueilli chez lui plusieurs de ses compatriotes réfugiés auxquels il avait loué les différentes chambres de la maison.

Pour le petit garçon, le changement de milieu était radical. Situé près de la mer dans la partie sud-est de la ville, le quartier turc était à cette époque un véritable labyrinthe de ruelles poussiéreuses. Les maisons – le plus souvent des taudis – étaient pourvues de portes secrètes qui permettaient une évasion chez un voisin en cas de perquisition : en ces temps troublés où la police ottomane était très active, ces précautions s'avéraient souvent utiles.

Les familles turques, macédoniennes et bulgares fraternisaient, leurs enfants s'exprimaient aussi bien en bulgare qu'en turc, mais tout était étrange pour Mikhaël, à commencer par le prêtre turc – le *hodja* – qui rendait régulièrement visite au propriétaire de la grande maison ainsi qu'à ses nombreux locataires. Il n'y avait plus de blé, plus de légumes, plus de lait frais ; il fallait se procurer tout cela chez les marchands.

À cette étape de sa vie, ses parents étaient relativement aisés, mais ils vivaient très simplement, de la même façon que les habitants du quartier. C'était pour favoriser son commerce qu'Ivan avait choisi d'habiter dans la partie la plus pauvre de la ville. Installé à Varna depuis environ dix ans, il exploitait de grands terrains boisés non loin de là et employait une vingtaine d'ouvriers. En fait, il était en mesure de faire des projets pour l'éducation de son fils.

Après quelques mois d'adaptation, Mikhaël commença à se sentir plus à l'aise dans la ville, mais le premier printemps qu'il y connut n'avait rien en commun avec ceux de son village macédonien où toute la nature éclatait de joie à la venue des beaux jours.

Toutefois, il y avait à Varna des amandiers, des pêchers ou des noyers dans toutes les cours et sur le moindre petit coin de terrain libre. Le quartier turc ne faisait pas exception et prenait un air de fête quand ses rares arbres se paraient de fleurs. Par ailleurs, on célébrait l'arrivée de la nouvelle saison d'une façon bien particulière : le premier jour de mars, tout le monde portait sur soi des papillotes ou des pompons rouges et blancs. Les jeunes filles tressaient des rubans dans leurs cheveux. Venue du fond des âges, cette coutume demeurait bien vivante, même si on en avait oublié la signification.

Mikhaël n'en connaissait pas encore le symbolisme, mais il expliqua un jour que les pompons représentaient, par le rouge et le blanc, les deux principes masculin et féminin à l'œuvre dans la nature. On portait les pompons jusqu'au jour où on voyait une première cigogne, après quoi on pouvait faire un vœu. Comme toutes les mères de Bulgarie, Dolia confectionna des pompons de laine rouge et blanche, et bientôt la cigogne porteuse de chance autorisa Mikhaël à formuler l'un de ces beaux souhaits dont les enfants ont le secret. Quand la fête du printemps fut terminée, les arbustes, les piquets de clôtures et les réverbères se parèrent de rubans et de pompons abandonnés.

Ce printemps fut aussi marqué par les célébrations de la fête de Pâques. Comme la majorité des Bulgares, les parents de Mikhaël étaient de religion chrétienne orthodoxe. À la maison, Ivan allumait chaque soir une veilleuse en verre de couleur placée au pied de l'icône qui trônait dans une petite niche, et chacun demandait la protection de Dieu pour la nuit.

Depuis le règne de Boris 1er en l'an 865, la Bulgarie avait adopté la religion chrétienne. Pendant les cinq siècles d'occupation ottomane, le plus grand nombre des Bulgares avaient pu conserver leur foi. Les diocèses du pays ayant été rattachés au patriarcat grec orthodoxe de Constantinople, la langue grecque s'était peu à peu imposée, à l'église aussi bien qu'à l'école.

Cependant, à l'époque de la jeunesse de Mikhaël, la langue bulgare reprenait lentement le dessus grâce à un pope du nom de Konstantin Deunovski qui l'avait réintroduite dans la liturgie vers la fin du dix-neuvième siècle. Ce pope avait officié dans la petite église du quartier où habitaient Ivan et Dolia, et le fils de ce pope, Peter Deunov, allait devenir le guide spirituel de Mikhaël dix ans plus tard.

Pendant la Semaine sainte qui précédait la fête de Pâques, on faisait d'importants préparatifs dans la plupart des familles. Dès le Jeudi saint, on cuisait de grandes quantités de brioches et on

34

décorait des œufs. Après en avoir mis un rouge – couleur de la vie – devant l'icône familiale, on peignait les autres œufs de couleurs variées.

Le samedi soir, on se rendait à l'église vers huit ou neuf heures pour une cérémonie qui se prolongeait jusqu'aux petites heures du matin. Pour Mikhaël, cette liturgie fut une véritable féerie de lumière. Les vêtements rutilants des officiants, la couronne incrustée de pierres précieuses, les chants sacrés qui remplissaient l'édifice de grandes vagues d'harmonie, les ténèbres qui s'évanouissaient au fur et à mesure que les assistants allumaient leurs bougies, tout cela l'impressionna profondément.

Regardant les innombrables flammes qui illuminaient les visages en faisant fondre l'obscurité et briller l'or des icônes, il se dit que le feu était en marche. [7]

Mais la cérémonie dura plusieurs heures, et le petit garçon, fatigué, éprouva un grand soulagement lorsqu'il put enfin sortir au grand air et se mêler aux autres enfants. Sur le parvis de l'église, ceux-ci tirèrent de leurs poches des œufs coloriés et les cognèrent les uns contre les autres avant de les manger. L'œuf qui résista aux chocs fut déposé au pied d'une icône de l'église pour toute l'année, en tant que symbole de vie.

À huit ans, Mikhaël observait avec la plus grande attention tout ce qui se passait autour de lui. Ses nombreuses expériences enfantines étaient nécessaires à sa compréhension du fonctionnement intime de la matière : il aimait voir comment les choses étaient faites. Il adorait les pétards. Tout ce qui avait un lien avec le feu le fascinait. Ses profondes réflexions étaient indispensables à son intelligence qui cherchait instinctivement à tirer des conclusions vivifiantes à partir des phénomènes observés. Pourtant, de façon paradoxale, on le voyait souvent absent, comme si son âme planait dans les hauteurs et que son esprit n'avait pas tout à fait pris possession de son corps. Il expliquera lui-même un jour que les premières années de la vie constituent

---

7 Chaque fois que nous précisons ce qu'il pensait, chaque fois que nous décrivons son état d'esprit ou ses sentiments, nous ne faisons qu'utiliser ses propres réflexions, tirées de ses conférences. Il en va de même pour les dialogues inclus dans ce livre : ils ont tous été relatés par lui.

une période spéciale, plus ou moins longue, durant laquelle l'enfant vit par moments en dehors de lui-même et se prépare inconsciemment à accueillir l'esprit ; et que, pour sa part, il avait vécu jusqu'à ses huit ans dans les nuages, ne se mêlant guère aux enfants de son âge.

> *J'étais envahi par des courants ou des effluves de tristesse, sans raison apparente. Ma mère souffrait d'un profond chagrin lorsque je suis né au huitième mois, et sa tristesse s'est installée en moi. J'ai toujours dû lutter contre cette tendance. [...] Quand j'étais enfant, je regardais les autres de loin sans participer à leurs jeux. Je ne jouais pas, je ne me joignais pas à leurs rondes, je ne chantais pas. Je réfléchissais !*[8]

Pendant sa huitième année, il se rapprocha peu à peu des enfants du quartier. Toutefois, il ne pouvait choisir ses compagnons. À cette époque, les effets d'interminables années de guerre civile et de brutalités se faisaient fortement sentir, et beaucoup d'enfants, laissés à eux-mêmes, se regroupaient en bandes pour commettre toutes sortes de délits. Certains d'entre eux essayèrent bien de corrompre Mikhaël et de l'entraîner dans des vols ou d'autres méfaits, mais ils se heurtèrent à une détermination qui les surprit : leur nouveau compagnon était pourvu d'un tempérament dynamique et aventureux, il s'intéressait à tout et voulait tout connaître, mais il refusait avec obstination de s'associer à tout ce qui pouvait faire du tort à quelqu'un.

> *J'avais autre chose dans ma tête. Qu'est-ce que je serais devenu si j'étais allé avec eux ? [...] Et pourquoi je n'ai pas marché ? J'ai beaucoup réfléchi après. Et pourtant je n'étais pas tellement, tellement catholique ! Je faisais des petits dégâts, j'enflammais, je faisais éclater des choses. Mais je n'ai pas marché avec ces voyous-là. J'étais un brigand, c'est entendu, mais tout seul ! Je n'ai pas marché avec les autres... indépendant et libre ! Et le monde invisible veillait.*[9]

Cependant, comme il n'était pas averti des astuces que ses compagnons de jeu avaient mises au point afin de se protéger de

---

8   Conférence du 5 mai 1943.
9   Conférence du 29 juillet 1980.

la colère des adultes, il devint sans le savoir leur bouc émissaire à partir du moment où il se mit à les fréquenter. Les premiers temps, quand les garçons détalaient après avoir provoqué quelque dégât, Mikhaël restait sur place. Comme il ne trouvait rien à dire pour sa défense et qu'il n'essayait jamais d'accuser les autres, il recevait de bonnes corrections.

À plusieurs reprises, il fut aussi puni par sa mère pour s'être tenu avec des gamins qui venaient d'accomplir un méfait. Mais il était loin d'être aussi naïf qu'on pourrait le croire : quand il faisait lui-même éclater un pétard, il savait se sauver à toutes jambes pour échapper aux réactions de ses voisins ! Par la suite, il lui fallait bien rentrer à la maison et faire face aux conséquences de ses actes, car sa mère avait déjà été mise au courant. Il ne pouvait y échapper.

Un jour, après avoir été accusé à tort une fois de plus, il eut tellement de chagrin du manque de compréhension de sa famille qu'il sortit de la maison sans trop savoir où aller. Il descendit la rue Dounavska jusqu'à la gare, où il resta longtemps à réfléchir en observant les allées et venues des voyageurs. Brusquement, cette scène animée perdit tout intérêt. Avec un sentiment d'angoisse au creux de l'estomac, il s'aperçut qu'à huit ans, il se retrouvait tout seul, pour la première fois de sa vie, devant un grave problème qu'il ne pouvait résoudre : la nuit tombait, l'air se refroidissait rapidement et, malgré sa peine, il avait très faim. Par-dessus tout, il ne savait pas où aller dormir.

Comme il ne pouvait se résigner à rentrer à la maison, il s'attaqua au problème qui lui paraissait le plus urgent, celui du gîte. Sortant de la gare, il marcha rapidement vers la mer. Après avoir erré sur la plage un certain temps, il aperçut une botte de paille et se dit : « Voilà un endroit magnifique ! » Saisi d'un sentiment d'immense liberté, il se faufila sous la paille. Oubliant son ventre creux, il s'endormit aussitôt. Pendant ce temps, sa mère parcourait les rues de la ville à sa recherche. Plus le temps passait, plus elle s'inquiétait. Elle imaginait les pires catastrophes. Quant à Mikhaël, il fut réveillé au petit matin par un employé de la gare qui lui demanda ce qu'il faisait là. « J'ai quitté mes parents... »

– Comment, tu as quitté tes parents ? Dépêche-toi de rentrer chez eux, sinon je te remets entre les mains des gendarmes !

Penaud, Mikhaël rentra à la maison, où ses parents l'accueillirent avec des exclamations de joie. Sa mère, qui le comprenait si bien, le serra dans ses bras sans lui faire de reproches. Rassuré et réchauffé par cet accueil, il comprit que nulle part ailleurs, il ne pouvait être plus heureux que dans sa famille. Il reconnut honnêtement qu'en quittant le domicile familial, il avait voulu faire sentir à ses parents leur manque de compréhension à son égard.

En racontant plus tard cette anecdote, il précisa que « ses conseillers intérieurs » lui avaient alors parlé longuement, ce qui l'avait fait réfléchir. Il ajouta que la plupart des êtres humains agissent de cette façon envers leurs parents célestes et que, dans leur désir d'être libres, ils s'éloignent pour chercher le bonheur ailleurs : « Et nous voulons punir Dieu parce qu'il nous a réprimandés afin de nous corriger. »

✱✱✱

Ce bonheur que Mikhaël appréciait dans sa famille ne dura guère plus d'un an et demi. À l'automne, son père tomba gravement malade et, en l'espace de quelques jours, il fut aux portes de la mort. Il s'inquiéta du sort de sa femme qui allait rester seule avec Mikhaël et Alexandre, le dernier-né âgé de trois mois. Avant de mourir, il lui conseilla d'épouser plus tard l'un de ses amis intimes. C'était le 3 octobre 1908.

Ne connaissant rien aux affaires de son mari, Dolia ne savait que faire pour sauver l'exploitation. Plusieurs personnes mirent son ignorance à profit et la trompèrent. En fin de compte, elle se retrouva sans le sou, à trente-trois ans, avec ses deux enfants. Déchirée par la mort d'Ivan, elle fut longtemps atteinte dans son état de santé.

Pendant cette période de détresse, Mikhaël fit de son mieux pour soigner sa mère. Il préparait les repas, s'occupait de son petit frère et accomplissait les tâches essentielles dans leur appartement. En fait, il assumait depuis un bon moment déjà sa part des travaux domestiques, et ce n'était pas cet aspect de la situation qui lui pesait le plus. C'était la prostration de sa mère qui était pour lui une source d'angoisse. Il n'avait pas tout à fait neuf ans, et il se sentait terriblement jeune et impuissant.

Enfin, il reçut du secours : l'amie macédonienne qui les avait accueillis au moment de leur arrivée à Varna prit pitié de lui et lui rendit bientôt visite, chargée d'un grand sac de nourriture. Telle une bonne fée, elle venait soigner la malade et s'occuper du bébé.

Dès que Dolia fut rétablie, elle entreprit des démarches pour sauver sa famille de la ruine complète. Entre autres, elle exigea une réunion des actionnaires de l'entreprise de son mari. En compensation de tout ce qu'elle avait perdu, elle finit par obtenir l'usage d'une maison pour elle-même et ses enfants, rue Dounavska, non loin du logement où elle avait vécu si peu de temps avec son mari.

C'était une petite maison de style montagnard, avec une annexe placée à angle droit qui abritait la cuisine où la famille pouvait prendre ses repas. Faite de montants en bois entre lesquels était entassé, à la manière turque, un mélange de boue et de paille, elle était divisée en pièces minuscules. Une partie du rez-de-chaussée, isolée du reste, servait d'écurie et, pour la plus grande joie de Mikhaël, un arbre y poussait. C'était un jujubier qui avait pris racine dans le sol en terre battue ; le tronc sortait par la fenêtre et se redressait au-dehors pour y déployer ses branches.

En dépit de la sécurité relative que lui assurait son nouveau logis, la situation de Dolia demeurait précaire. Elle ne disposait plus d'aucun revenu. Or, à cette époque, il était très difficile pour une femme de trouver du travail. Après la période de deuil, ne voyant pas d'autre issue, elle accepta d'épouser l'ami dont Ivan lui avait parlé en mourant, un veuf qui avait lui-même un petit garçon. Au cours de leur vie commune, ils auront deux filles et un fils.

La jeune femme n'était plus seule, mais au fil des années qui suivirent, son mari ne fut pas toujours en mesure de subvenir aux besoins de sa famille. Ils vécurent dans une extrême pauvreté qui ne fit que s'aggraver avec le temps. Malgré des prodiges d'économie, il arrivait souvent à Dolia de ne pas avoir assez de nourriture à donner aux enfants. Comme la plupart des mères de famille de son pays, elle passait des heures à filer, à tisser et à coudre, mais elle n'avait pas de quoi leur acheter des souliers. Pendant des années, ils durent aller pieds nus.

Mikhaël a expliqué un jour que c'était à travers les difficultés d'une vie passée dans la misère qu'il avait réussi à développer les qualités les plus essentielles, à fortifier son caractère et sa volonté, à croître sur le plan mystique en s'élevant au-dessus des privations. Comme bien des enfants de cette époque troublée, il était maintenant orphelin de père. Cependant, sa mère, guide modeste et infatigable, était son premier mentor et, telle une petite flamme, elle lui indiquait la route à parcourir.

Au printemps qui suivit la mort d'Ivan, un incident apparemment banal jeta une petite lueur sur un aspect de son avenir. Des camarades arrivèrent en trombe chez lui pour lui annoncer que des romanichels avaient installé leurs tentes en ville. Les Tziganes, qui faisaient partie du paysage de la Bulgarie, étaient des nomades qui se disaient originaires de l'Inde parce que leur langue contenait des mots issus des langues indiennes. Tous les printemps, ils se déplaçaient, plantant leurs tentes près des villages afin de trouver de l'embauche dans les champs. Ou encore, ils s'installaient dans les villes, ouvraient leur théâtre, tiraient les cartes et rétamaient les chaudrons.

Dans le groupe qui venait d'arriver à Varna, il y avait une clairvoyante réputée, et Mikhaël décida d'aller la voir. Il connaissait depuis longtemps l'existence des guérisseuses et des clairvoyantes, car sa mère lui avait souvent raconté les histoires fabuleuses de la célèbre Cortez. Qu'allait prédire la Tzigane sur son avenir ? Comme il s'en approchait, elle lui dit aussitôt, sans regarder sa main comme elle le faisait d'habitude avec ses clients :

– Tu as beaucoup d'ennemis.

– Comment se fait-il que j'aie beaucoup d'ennemis ? demanda le petit garçon, étonné.

À neuf ans, beaucoup d'ennemis ! La Tzigane reprit hâtivement :

– Ne t'en fais pas, tu as aussi beaucoup d'amis.

Elle semblait troublée. Mikhaël protesta :

– Pourquoi changez-vous vos prédictions ?

La vieille femme répondit d'un ton bourru :

– Je ne peux pas t'en dire plus que ça ! Tout s'embrouille dans ma tête...

Sans le regarder, elle tendit la main comme pour quémander quelques sous, puis elle se ravisa et rentra rapidement dans sa roulotte. Déçu du comportement de cette femme qui n'avait pas été à la hauteur de sa réputation, Mikhaël s'en retourna chez lui. Ce ne sera que beaucoup plus tard, au moment où il verra s'approcher les forces destructrices qui essaieront de l'écraser et de détruire son œuvre, qu'il se souviendra des paroles de la Tzigane.

Pendant les vacances scolaires, Mikhaël fit sa toute première expérience de travail chez un artisan : il devint apprenti dans la forge de son quartier. Depuis des mois, il observait le travail du forgeron avec un grand intérêt. Chaque fois qu'il voyait un morceau de métal passer lentement du gris opaque au rouge incandescent, il ressentait un étonnement qui le portait à revenir sans cesse à la forge. Ce qui l'impressionnait le plus, c'était de constater que le métal, au contact de la flamme, commençait à ressembler au feu et devenait brûlant, malléable et lumineux. Un jour, il prit une grande décision.

Quittant son poste d'observation, il entra hardiment dans la forge et pria l'artisan de le prendre comme apprenti. Embauché sur-le-champ, il apprit d'abord à tirer sur le soufflet pour activer le feu. Après un certain temps, son rêve se réalisa : satisfait de sa persévérance, le patron accepta de l'initier au façonnage d'un morceau de fer incandescent.

Mikhaël observait attentivement les gestes du forgeron et s'efforçait de prendre le même rythme que lui. Quand l'homme robuste en tablier de cuir frappait avec son marteau, il frappait lui aussi. Les gerbes d'étincelles créées par leurs coups le plongeaient dans l'émerveillement. Les flammèches, en retombant, brûlaient ses pieds nus, mais rien ne l'arrêtait. Le soir, rentrant à la maison fourbu et les pieds couverts de cloques, il donnait fièrement à sa mère les 20 *stotinki* (20 centimes) qu'il gagnait quotidiennement.

Son stage d'apprenti forgeron dura plusieurs semaines. Tout en travaillant, il réfléchissait au phénomène du feu, au comportement du forgeron et même à l'effet de ce travail sur lui-même. Ce premier emploi semble avoir eu une grande importance pour lui ; plus tard, en parlant de la flamme qui communique au fer sa chaleur et sa lumière, il comparera l'être humain à un métal capable de devenir rayonnant, brillant et chaleureux au contact du feu divin.

Son amour pour le feu l'amena à faire d'autres découvertes. Il s'aperçut que cet élément, si important dans la nature, était extrêmement bénéfique pour sa santé. Intuitivement, il comprit qu'il y avait dans le feu de bois des éléments subtils, capables de guérir. Si, après avoir commis quelque imprudence, il se trouvait enrhumé ou fiévreux, il allumait le feu dans le poêle et s'installait tout près.

Ce n'est que maintenant que je comprends ce que je faisais. Je devais avoir dans ma subconscience des réminiscences d'un passé où le feu avait joué un rôle pour moi. Je tendais les mains vers la flamme et par le bout des doigts je captais l'énergie solaire, la vie, la santé, qui s'infiltraient en moi. [...] L'énergie vivante des arbres peut être transformée en santé, en bonheur, en joie, si on sait comment le faire. [...] et je m'endormais avec un sentiment d'amour et de reconnaissance envers cette chaleur. Quand je me réveillais, j'étais guéri.[10]

C'est à cette époque qu'il découvrit la musique, grâce à un homme étrange qui apparut sur son chemin, un musicien errant qu'on appelait « le fou ». Autrefois chef d'orchestre, cet homme avait connu de grands malheurs qui lui avaient fait perdre la raison. Sans en demander la permission, il avait élu domicile dans la tour de l'horloge de la place de la cathédrale. Il passait son temps à se promener en souriant béatement et, lorsque les enfants le poursuivaient de leurs espiègleries, il leur souriait et les caressait. Parfois, au grand plaisir des badauds, il se mettait à chanter de sa plus belle voix.

C'est ce personnage insolite qui donna à Mikhaël sa première initiation à la musique : il se prit d'affection pour ce petit garçon qui ne cherchait jamais à le tourmenter et qui l'écoutait chanter avec respect. Quand Mikhaël grimpait tout en haut de la tour pour le retrouver, le vieil homme l'accueillait joyeusement et chantait pour lui. Peu à peu, l'enfant acquit des connaissances.

---

10   Extraits de la conférence du 24 août 1958 et de : *Les fruits de l'Arbre de vie*, « Veillées autour du feu », Prosveta.

Un jour, il fut en mesure de dire fièrement au musicien : « Chantez-moi un air du *Trouvère*. Chantez un air d'*Aïda* ! »

Le musicien fermait alors les yeux, cherchant l'inspiration. Son visage devenait rayonnant. Enfin, il sautait sur le poids de l'horloge et s'y balançait en chantant toutes les mélodies que son petit ami lui avait demandées. Dans ces arias, il y avait des éléments qui faisaient appel aux sentiments romantiques de Mikhaël. Des tableaux poétiques naissaient dans son imagination et tout son être était envahi par des sensations mystiques. Il écoutait son étrange professeur pendant des heures, joignait sa voix à la sienne, et c'est ainsi qu'il apprit à chanter un grand nombre de chants classiques. Ces nouvelles perspectives transformèrent sa vie et, dès lors, il aima passionnément la musique.

Quand un enfant découvre la musique, d'autres portes s'ouvrent à lui, car tous les arts possèdent entre eux des liens subtils, se nourrissant et se stimulant les uns les autres. Ainsi Mikhaël aimait-il beaucoup le cinéma et le théâtre, qu'il connaissait probablement par le truchement de l'école ; mais comme il n'avait jamais d'argent de poche, il lui était bien impossible d'assister aux représentations. Un jour, il se décida à entrer au cinéma en se mêlant à la foule.

À sa grande joie, personne ne le vit, personne ne l'en empêcha. Fort de son succès, il y retourna et s'accorda le luxe de voir le même film ou la même pièce de théâtre plusieurs fois de suite. Son sens de l'observation se développa rapidement, et ce, d'autant plus que les choses lui furent facilitées par certains acteurs qui se prirent d'amitié pour lui et lui donnèrent des billets de faveur.

Pendant les années qui suivront, il étudiera avec une attention de plus en plus passionnée les nuances du jeu des comédiens. Certains d'entre eux n'avaient aucune présence, et c'était avec étonnement que le petit garçon les écoutait : ils avaient beau rire, crier ou pleurer, cela sonnait toujours faux. Derrière leur voix il n'y avait que le vide. D'autres, au contraire, étaient capables d'égayer leurs auditeurs, de leur tirer des larmes ou de leur faire entrevoir un monde de rêve.

Le plus grand de tous était l'Arménien Chaxtoun : dès qu'il entrait en scène, son auditoire frissonnait. Même quand il avait le dos tourné, tout son être vibrait d'une émotion si puissante que les spectateurs retenaient leur souffle. En dépit de son jeune âge, Mikhaël était profondément remué par tout ce que cela signifiait : il voyait clairement que l'essence spirituelle d'un être est capable de soulever les foules et d'entraîner à sa suite même les plus tièdes.

De plus, lorsqu'il lui arriva d'apercevoir, à la terrasse d'un café, deux acteurs en train de boire un verre ensemble après s'être violemment querellés dans la pièce qui venait de se terminer, il comprit que le théâtre est le reflet de la vie. Ces comédiens ressemblaient à des ennemis qui, en arrivant dans l'autre monde après leur mort, s'apercevaient qu'ils avaient été stupides de se battre pour des choses insignifiantes. Au moment où ils comprenaient que les obstacles, les critiques et les inimitiés avaient eu pour rôle de leur donner des leçons et de les faire grandir, ils s'embrassaient et se pardonnaient mutuellement.

★★★

À neuf ans, Mikhaël aborde une nouvelle étape de sa vie. Cette année-là marque la fin de son enfance. La mort de son père, la maladie de sa mère, sa nouvelle responsabilité envers son petit frère, la discipline nécessaire à son travail d'apprenti forgeron, tous ces évènements l'ont mûri.

Il est prêt à recevoir un puissant choc spirituel. Encore une fois, comme cela s'est produit trois ans auparavant, c'est un livre qui est à l'origine de l'évènement. Il emprunte à la bibliothèque de l'école les Proverbes de Salomon sans trop savoir de quoi il s'agit. Bien qu'un peu jeune pour ce genre de lecture, il est bouleversé par certains passages sur la Sagesse. Il a le sentiment que l'un d'eux lui est spécialement destiné :

« Écoute, mon fils, l'instruction de ton père, ne méprise pas l'enseignement de ta mère : c'est une couronne de grâce pour ta tête, des colliers pour ton cou. Mon fils, si des pécheurs veulent te séduire, n'y cours point ! »

L'effet de ces textes sur Mikhaël est étonnant : il n'est pas en mesure de comprendre tout ce qu'on dit de la Sagesse dans le *Livre des Proverbes*, et pourtant, il emporte le volume à la maison pour relire les passages qu'il préfère, ceux qui le remplissent d'ardeur en nourrissant son idéal de devenir un grand sage.

Touché au plus profond de son être, il traverse une véritable révolution intérieure :

> *Il s'est passé quelque chose en moi, un remue-ménage, des pleurs, des sanglots, je voulais devenir un saint, un prophète. C'était une telle transformation ! J'ai pleuré pendant trois jours et trois nuits. Je demandais pardon au Seigneur pour tous mes « crimes ». Il n'y avait pas de crimes, mais dans ma conscience, c'étaient des crimes !*[11]

Ce nouvel élan de son cœur et de son intelligence fut le point de départ d'une montée spirituelle qui ne faillit jamais par la suite, en dépit des difficultés habituelles de la croissance. À partir de ce moment, il se mit à souhaiter la sagesse pour lui-même. Sa vie prit une orientation plus précise. Après avoir été, comme beaucoup d'enfants, « absent » de lui-même jusqu'à l'âge de neuf ans, il venait de prendre possession des trois pièces de sa maison : le cœur, l'intellect et la volonté. Tout changea. Le cœur léger, il essaya de vivre comme le *Livre des Proverbes* le lui conseillait. Rempli de bonnes résolutions, il évita de se lancer dans des expériences dangereuses pour la paix de son esprit et celle de ses voisins. Malgré sa ferveur spirituelle toutefois, le choc reçu grâce à cette lecture n'eut pas d'effets durables.

De son propre aveu, l'intensité de la flamme qui s'était allumée en lui s'atténua progressivement au fil des mois, et son tempérament dynamique le porta tout naturellement à reprendre les activités qui le passionnaient.

> *Et même quand j'étais un petit peu plus grand – jusqu'à dix, onze ans – je provoquais des pétarades, des explosions, je mettais du sel de Berthollet, j'aimais beaucoup tout ça, et alors de toutes les maisons on voyait sortir les voisins ! Et moi je me sauvais. C'était lâche, n'est-ce pas, mais si j'étais resté là, il ne serait pas resté une miette de moi ! Je le sentais, vous comprenez... Depuis cette époque, j'avais des radars, des antennes, mais la chose ne s'arrangeait pas parce que quand je rentrais à la maison, ma mère avait été avertie par les voisins !*[12]

---

11 Conférence de 1960, date imprécise.
12 Ibid.

Mikhaël à l'âge de onze ans avec sa mère et son frère Alexandre

Les batailles stratégiques organisées par les enfants du quartier l'attiraient aussi parce qu'elles lui permettaient de dépenser ses énergies débordantes. Il lui fallut deux autres rappels avant d'abandonner totalement les façons de faire de son enfance, le premier vers sa dixième année, le second à l'âge de douze ans.

Un jour qu'il se promenait avec un ami, il s'arrêta devant l'étalage d'un camelot et feuilleta la biographie d'un saint qui était arrivé à maîtriser ses passions et à devenir un grand sage. Il replaça la brochure sur la table, la reprit, la reposa en pensant : « Ah, si je pouvais l'acheter ! »

– Ce sera un lev ! dit le camelot.

C'était beaucoup d'argent. À regret, Mikhaël poursuivit son chemin. Puis il dit à son ami : « Si le ciel me fait trouver de l'argent pour acheter cette brochure, je l'achèterai et je donnerai ce qui restera à un mendiant. »

Subitement, il s'arrêta. À ses pieds, sur la chaussée, il y avait un lev. La brochure était à lui ! De retour à la maison, il se plongea dans sa lecture et, encore une fois, il ressentit un enthousiasme débordant pour la beauté, la pureté et la sagesse. En même temps, il se reprochait amèrement de ne pas vivre constamment en harmonie avec son idéal de perfection. Il répétait avec une grande concentration : « Je veux devenir un saint, un prophète. »

L'été de ses douze ans, un autre livre lui servit de dernier rappel. Pendant les vacances scolaires, il quitta la ville afin de s'installer dans la forêt avec son père adoptif et les charbonniers qui travaillaient à la fabrication du charbon de bois.

Tout en rendant de menus services aux ouvriers, il observait avec un grand intérêt les différentes étapes du long processus. Les hommes coupaient des rondins d'une longueur de soixante centimètres qu'ils plaçaient debout les uns contre les autres de façon à former de grandes pyramides. Sur ces constructions, ils empilaient de la terre en prenant soin de bien ménager des galeries d'aération.

La préparation durait environ deux semaines, puis le bois brûlait à l'étouffée pendant deux autres semaines jusqu'à sa carbonisation complète. Enfin, le charbon était mis en sacs et transporté vers la ville dans des charrettes tirées par des ânes.

Les charbonniers éprouvaient une grande affection pour Mikhaël et le traitaient comme leur fils. Ils lui construisirent une petite cabane dans un arbre, avec une échelle pour y monter.

Un jour, pour le distraire, l'un d'eux sortit de sa poche un petit volume qu'il lui tendit. Voyant qu'il s'agissait des Évangiles, Mikhaël s'installa dans son arbre pour lire en paix.

Il connaissait, bien sûr, les Évangiles dont il entendait la lecture à l'église tous les dimanches. Mais ce qui se passa ce jour-là dans la forêt silencieuse fut une expérience d'une tout autre nature. Profondément ému par la bonté et la compassion de Jésus, il lisait avec une fascination croissante.

Arrivé à l'épisode où celui-ci délivrait un possédé de ses démons, quelque chose d'étrange se produisit en lui : il avait l'impression très nette de se retrouver physiquement en Palestine avec Jésus. Il observait le pauvre homme que personne ne pouvait maîtriser, il voyait Jésus en chasser les démons et les forcer à entrer dans des pourceaux qui se jetaient ensuite à la mer pour s'y noyer ; il ne pouvait détacher son regard du possédé assagi et calmé, assis aux pieds de Jésus ; il admirait son visage intelligent et sensible aux yeux illuminés par l'espoir ; et la foule, autour de lui, stupéfaite de cette métamorphose...

Mikhaël ne pouvait penser à autre chose qu'à ce fou furieux qui était à présent assagi. Le mot « assagi » lui parlait de la véritable sagesse, il l'inspirait intensément en le replongeant dans l'ambiance du *Livre des Proverbes* qu'il n'avait pas oublié.

> *De nouveau j'ai pleuré, de nouveau je me suis mis dans la tête de devenir un saint, un prophète, car en fait, je me considérais comme un vaurien qui dérangeait tout le monde. Ma mère me disait toujours comment devenir sage et raisonnable, mais mes bonnes résolutions ne duraient pas très longtemps. Tandis que ce jour-là, il s'est passé quelque chose à cause de ce passage des Évangiles qui m'a bouleversé, et spécialement ces mots : que cet homme était assagi.*[13]

La longue période de vacances en pleine nature lui permit d'assimiler cette nouvelle expérience spirituelle loin des bruits de la ville, à l'écart de ses camarades turbulents. Jésus était

---

13 Conférence du 17 juillet 1966.

devenu son modèle. Extrêmement heureux de vivre dans la forêt, il s'y sentait chez lui comme nulle part ailleurs. La présence
des arbres le comblait d'un bonheur inexplicable qui semblait
surgir d'une mémoire mystérieuse inscrite dans toutes les cellules de son corps.

C'est peut-être à la suite de ce dernier évènement qu'il eut
l'idée de se purifier par le jeûne. Sa mère a raconté qu'à douze
ans, il avait décidé de faire cette expérience avec des amis, et de
tenir le plus longtemps possible :

> *Ils sont allés se cacher dans une cabane, près d'un lac. Ses*
> *amis ont renoncé très vite au jeûne, mais ils ont gardé le secret de*
> *la cachette de Mikhaël. Je l'ai cherché pendant plusieurs jours*
> *jusqu'à ce que l'un des garçons se décide à parler. Quand je l'ai*
> *enfin trouvé, je lui ai fait une semonce comme je ne lui en avais*
> *jamais fait, puis je me suis mise à pleurer. Je l'ai ramené à la mai-*
> *son et je lui ai donné un bouillon léger.*

Même s'ils n'avaient pas réussi à poursuivre l'expérience du
jeûne jusqu'au bout, les amis de Mikhaël continuèrent de l'imiter
en maintes circonstances : il possédait un ascendant marqué sur
eux, il les entraînait et les influençait même sans le savoir.

✱✱✱

Le contexte social dans lequel grandissaient ces enfants était
extrêmement violent. Périodiquement ravagée par des guerres
et des insurrections, la Bulgarie se trouvait alors dans une situation politique aussi instable que celle de la Macédoine. Libérée
du joug ottoman en 1908, elle n'avait pourtant pas trouvé la
paix : en octobre 1912, les cloches sonnèrent à Varna, comme
dans tout le pays, pour annoncer la mobilisation de tous les
hommes valides. C'était la première guerre des Balkans. Deux
mois plus tard, le 3 décembre, un armistice était signé et, à
l'annonce de la défaite de la Turquie qui avait perdu presque
tous ses territoires en Europe, la ville en liesse pavoisait.

Comme tous les jeunes de son époque, Mikhaël avait entendu
raconter nombre d'atrocités perpétrées par l'ancien occupant de
son pays. Ce jour-là, il participe à l'enthousiasme général. Accompagné de quelques camarades, il court à la légation turque

pour y enlever le drapeau ottoman, symbole de tyrannie et d'injustice. Évidemment, c'est lui qui monte sur le toit. Il a tout juste réussi à détacher le drapeau de son mât lorsque la police arrive sur les lieux. Les autres garçons disparaissent en un clin d'œil, mais lui-même n'a pas le temps de s'enfuir. Le drapeau à la main, il doit faire face aux conséquences de son geste. Encadré par les agents à cheval, il traverse tout le quartier jusqu'au poste de police. Pendant qu'il attend dans un coin de la pièce, il observe les policiers et leur trouve l'air sévère.

Bien sûr, ils vont lui infliger une punition... Le mettront-ils en prison ? Mais il s'aperçoit bientôt que les hommes chuchotent entre eux et ne peuvent s'empêcher de sourire. Après un moment, il est renvoyé chez lui avec un semblant de semonce qui ne trompe personne. Amusés par l'audace du jeune garçon qui a accompli ce qu'ils ne peuvent se permettre de faire eux-mêmes, les agents n'ont pas eu le cœur de le punir : ils savent bien que le drapeau enlevé est, pour lui et pour ses amis, le symbole de l'oppression et du despotisme. Tous les enfants rêvent d'être des héros et Mikhaël n'échappe pas à la règle.

Pendant les vacances scolaires des étés qui suivent, il obtient plusieurs emplois temporaires dans diverses fabriques. Ces expériences satisfont son désir d'acquérir une meilleure compréhension de la vie, des gens et de la complexité des relations humaines. De plus, il est tout heureux d'apporter à sa mère ses salaires occasionnels. Les différents milieux de travail qu'il explore lui fournissent ample matière à réflexion.

Tout d'abord, il s'embauche chez un tailleur, mais l'obligation de rester assis toute la journée représente pour lui un véritable supplice. Pris d'un ennui mortel, il s'endort sur son ouvrage. Dès la fin du premier jour, il quitte cet emploi et part à la recherche d'un autre. Apprenant qu'on recrute du personnel dans une petite fabrique de bonbons du quartier, il s'y présente. On lui donne des directives sur ce qu'il doit faire, mais il éprouve le besoin de voir comment s'y prennent les autres ouvriers, et ce n'est qu'après avoir observé avec attention les gestes nécessaires aux différentes étapes de la fabrication des sucreries qu'il se met à travailler avec toute la précision dont il est capable.

Étonné d'apprendre que le patron permet à ses employés de manger autant de bonbons qu'ils le désirent, il ne s'en prive pas.

Mais chaque fois qu'il en choisit un, il remarque que ses compagnons se jettent des coups d'œil amusés. Quelques jours plus tard, il a compris, car son envie de manger des bonbons a totalement disparu. Jamais il n'oubliera cette leçon : la surabondance finit par tuer le plaisir.

Une autre fois, il est engagé dans une fabrique de pastels. Comme il a déjà à son actif quelques expériences de travail, il commence à se sentir à l'aise dans le monde ouvrier. Quand il sent qu'il a maîtrisé les nouvelles techniques qu'il doit utiliser, il s'enhardit à prendre une initiative dans le but d'économiser ses gestes : il met au point un procédé qui lui permet de gagner du temps tout en obtenant un résultat aussi satisfaisant qu'auparavant. Le patron, très intéressé par le comportement de son jeune employé, lui accorde une bonification.

Ces expériences durent plusieurs étés. Mikhaël apprend les rudiments de plusieurs métiers, y compris la menuiserie et la maçonnerie. Tout ce qu'il voit autour de lui devient matière à réflexion : la façon de travailler et ses effets sur les ouvriers, les relations entre patrons et employés, les discussions ou les disputes de ses compagnons. Il découvre leurs problèmes, leurs peines et leurs joies.

LES RECHERCHES DE L'ADOLESCENCE

À l'époque de la jeunesse de Mikhaël, un enfant qui aimait lire n'avait aucune difficulté à s'instruire : la plupart des villes et villages de Bulgarie étaient pourvus de salles de lecture, considérées comme « le troisième pilier de la société », après l'église et l'école. Mikhaël était un usager assidu de la bibliothèque du lycée. Plusieurs des instituteurs, touchés par sa soif d'apprendre et connaissant la pauvreté de sa famille, lui prêtaient des livres. À la maison toutefois, il ne pouvait trouver le calme nécessaire à l'étude et à la réflexion : son frère Alexandre et le fils de son père adoptif étaient beaucoup plus jeunes que lui, et ses deux nouvelles petites sœurs n'étaient encore que des bébés.

Dolia, voyant que son aîné souffrait de ne pouvoir s'isoler, libéra pour lui une petite pièce dont la fenêtre donnait sur le toit de la cuisine familiale. Cette chambre devint son sanctuaire personnel. Il y passa beaucoup de temps à lire et à s'exercer à la méditation. Ses lectures l'amenèrent à étudier les grands thèmes de l'antique science initiatique de l'Égypte, de l'Inde, de la Grèce et du Tibet.

Vers l'âge de treize ans, il découvrit Bouddha, qui devint son deuxième modèle, après Jésus. Influencé par ses lectures sur les Maîtres hindous, il se mit à faire du yoga dans le but d'affermir sa volonté, « pour développer des facultés secrètes », comme il l'a dit un jour. Un livre de l'écrivain américain Ramacharaka eut une grande influence sur lui. Cet auteur hindouiste avait à son actif plusieurs livres sur le *Hatha-yoga*, basé principalement sur des techniques de respiration rythmique. Dès que Mikhaël comprit que l'objectif de ce yoga était d'amener l'adepte à la maîtrise du souffle et enfin au contrôle de la pensée, il s'y exerça quotidiennement avec une volonté ferme.

Entre douze et quinze ans, il semble avoir connu un développement spirituel et psychique rapide. Cependant, il ne lisait pas que des livres sur la spiritualité. Les romans d'aventures l'intéressaient tout autant. Les œuvres de Jules Verne, entre autres, lui faisaient entrevoir des perspectives fascinantes : ces écrivains capables d'imaginer des phénomènes physiques encore inconnus possédaient, de toute évidence, une intuition particulièrement développée qui leur permettait d'entrer en contact avec les ressources invisibles de la nature.

C'est dans cette optique que la chimie le passionna également. Avec la permission de sa mère, il transforma l'écurie de leur unique cheval en laboratoire et, pour sa part, Dolia fit des prodiges d'économie afin de lui acheter une cornue. Comme sa prédilection pour le feu et les explosions était bien connue, personne ne fut vraiment surpris d'apprendre qu'il avait fabriqué, pour son premier essai, de la poudre.

Tout l'intriguait, tout l'intéressait. Son tempérament le poussait à aller jusqu'au fond des choses afin d'en extraire jusqu'à la dernière goutte de sève vivifiante. Plus il avançait dans la vie, plus il prenait conscience de la relation existant entre les phénomènes physiques et les phénomènes spirituels. Ainsi, cette boule de mercure qu'il faisait rouler dans sa main comme un joyau brillant lui démontrait clairement que les impuretés ternissent et séparent, alors que la pureté protège l'intégrité des êtres et des choses : le mercure, séparé en plusieurs gouttes saupoudrées de poussière, ne pouvait plus retrouver son unité. Mais bientôt ses expériences avec la matière le laissèrent sur sa faim, car ce qu'il cherchait se situait à d'autres niveaux. Il se tourna donc vers l'étude des phénomènes psychiques.

Apparemment, ce fut à ce moment-là qu'il découvrit la puissance de la pensée : les œuvres de Louis Jacolliot lui ouvrirent des horizons insoupçonnés sur l'existence de forces mystérieuses provenant d'un univers invisible, forces dont on peut se servir pour agir dans le monde visible.

L'adolescent fut fasciné par les descriptions de l'écrivain français. Celui-ci avait observé en Inde des fakirs qui faisaient montre, devant la foule, de leurs fantastiques pouvoirs : ils plantaient une graine et, par la seule puissance de leur pensée, la faisaient germer et traverser toutes les étapes d'une croissance normale jusqu'à la production d'un fruit. Et tout cela en l'espace de quelques heures.

Mikhaël réfléchissait : derrière la plupart des performances des fakirs se cachait une force colossale pouvant servir à des fins autrement plus nobles que celle d'épater les badauds. Il était décidé à atteindre des niveaux beaucoup plus élevés que ceux auxquels les fakirs avaient accès, mais auparavant, il avait besoin de savoir s'il était lui-même capable d'obtenir des résultats par la concentration de la pensée.

Pour commencer, il décida d'aller se promener dans le Jardin de la Mer – *Morskata Gradina* –, ce grand parc qui s'étendait du nord au sud de la ville au-dessus de la plage. Sur place, tous les bancs étaient occupés, ce qui lui offrait une bonne occasion de tenter une expérience : de loin, il se concentra sur un homme en lui ordonnant : « Allez, allez, levez-vous ! »

Et voilà qu'un instant plus tard, l'homme se leva et s'en alla. Mine de rien, Mikhaël prit sa place. Il était encore assez jeune pour ressentir une grande satisfaction à s'asseoir sur le banc : il avait gagné cette place.

Afin d'être sûr qu'il ne s'agissait pas du hasard, il répéta souvent ses expériences. Un jour, il essaya d'influencer ses amis à accomplir des actes sans conséquences fâcheuses : il poussa l'un à enlever son béret, ordonna à l'autre de ramasser un objet par terre. À un moment donné, voyant venir vers lui l'un de ses camarades, il se concentra sur le pied droit de celui-ci pour le forcer à s'arrêter.

Lorsqu'il le vit s'immobiliser et s'appuyer contre un arbre d'un air anxieux, il éprouva du remords et une certaine inquiétude ; il s'en approcha et le rassura de son mieux. Heureusement, tout rentra dans l'ordre.

À quatorze ans, il commençait à connaître les mystérieuses forces de son subconscient. Il entrevoyait de vertigineuses possibilités de réalisation. Si l'on en juge par les expériences qu'il effectuait à cette époque, il était déjà familier avec des concepts reconnus par un grand nombre de philosophies, comme celui des corps subtils – astral, mental, causal, bouddhique et atmique – que possède l'être humain, ou celui du système des *chakras*, ces centres spirituels situés sur l'axe de la colonne vertébrale.

On ne sait pas à quel moment il a découvert la capacité que possède l'être humain de sortir, consciemment ou non, de son corps physique, pour se retrouver sur un plan invisible.

À l'époque de son adolescence, il ignorait peut-être encore les phénomènes de dédoublement spontané se produisant au moment d'un accident ou d'une opération chirurgicale. Toutefois, des années plus tard, il aura lui-même l'occasion de fournir des éclaircissements à un ancien soldat : après avoir été grièvement blessé durant la guerre, celui-ci était entré dans le coma, s'était retrouvé hors de son corps et avait été témoin du travail des chirurgiens ; il était resté troublé par cet incident de sa vie.

L'ancienne partie du Jardin de la Mer à Varna

En fait, Mikhaël connaissait certainement les expériences des grands mystiques chrétiens, bouddhistes ou musulmans. De plus, il avait déjà découvert par lui-même le phénomène du dédoublement, puisqu'il essaya d'intéresser ses amis à leurs propres possibilités dans ce sens.

Grâce à ses nombreuses lectures, il savait qu'en mettant une personne dans un « état supérieur », elle devenait capable d'avoir des perceptions surnaturelles. Or, il avait grande envie de donner à ses amis la chance d'entrevoir des horizons nouveaux, en l'occurrence les splendeurs du monde invisible qu'il commençait lui-même à explorer. Il leur proposa de faire des essais au moyen de l'hypnotisme. Par mesure de prudence, il invita leurs parents à être présents.

Dès la première tentative, il parvint à mettre les volontaires en état de dédoublement, et l'assistance put constater que ceux-ci ne sentaient plus rien lorsque leur corps éthérique se trouvait détaché de leur corps physique. Mais un jour, à la fin d'une séance, Mikhaël éprouva des difficultés à réveiller l'un de ses camarades. Confronté aux dangers de cette science dans laquelle il découvrait de grandes possibilités de domination des êtres, il y renonça définitivement.

Ces expériences auxquelles il s'adonna pendant quelques années ne furent qu'une préparation à des choix ultérieurs beaucoup plus importants. On ne compte plus les disciplines qu'il essaya, mais qu'il abandonna aussitôt après y avoir reconnu un danger d'exploitation des autres. Plus tard, il déconseillera toujours à quiconque de se lancer dans de telles pratiques, à moins d'avoir de bonnes raisons de le faire.

✶✶✶

Si la puissance de la pensée est bien l'une des importantes découvertes de l'adolescence de Mikhaël, le *yoga de la nutrition* en est une autre. À quatorze ans, une expérience – tout ordinaire en apparence – orienta ses réflexions vers les propriétés cachées de la nourriture. Un matin qu'il se préparait à partir pour toute la journée, sa mère n'avait rien à lui donner pour son petit déjeuner. Comme il lui restait tout de même un peu de farine, elle lui fit un petit pain. Or, le pain était pour Dolia l'aliment par excellence, celui qu'on pouvait toujours préparer quand on n'avait pas d'argent pour acheter autre chose. En le pétrissant, elle pensait à son fils aîné qui devait presque toujours se contenter d'une alimentation insuffisante. Elle mit dans la pâte toute sa force, toute son énergie.

En rentrant le soir, Mikhaël lui demanda : « Maman, qu'est-ce que tu avais mis dans ce pain ? » Il était à la fois intrigué et impressionné, car il n'avait pas ressenti la faim de toute la journée.

– En le faisant, répondit Dolia, j'ai prié pour qu'il te rassasie et te renforce.

Mikhaël se disait que sa mère possédait infiniment plus de sagesse que la plupart des professeurs. Combien de conseils utiles ne lui avait-elle pas donnés ! Mais il avait besoin de vérifier par

lui-même le phénomène de l'énergie contenue dans la nourriture.

Un matin qu'il n'avait qu'un petit morceau de pain et un peu
de fromage pour son repas, il les mastiqua très lentement en
essayant d'en extraire toutes les qualités cachées. Le résultat de
l'expérience fut surprenant : envahi par une sensation de bien-
être, de joie et de paix, il devint conscient d'une multitude
d'énergies subtiles présentes dans la nourriture, et qui se propa-
geaient dans tout son être. Son intuition confirmée, il conclut
que les aliments renferment une vie secrète qui dépasse de loin
leurs simples propriétés physiques.

Peu à peu, il découvrit que la bouche est spécialement conçue
pour absorber les énergies subtiles de la nourriture, tandis que
l'estomac en assimile surtout les éléments physiques. Il constata
que les conditions dans lesquelles on s'alimente, de même que
les sentiments entretenus tout en mangeant, influencent la di-
gestion. Enfin, lorsqu'il s'aperçut que ses muscles étaient parfois
contractés pendant le repas, il se dit que cette tension détruisait
les énergies de l'organisme. Il se mit à faire des exercices de re-
laxation avant de prendre la première bouchée.

À quatorze ans déjà, la nutrition représentait pour lui un yoga, un exercice bénéfique et une discipline de vie. Il ne mangeait
que lorsqu'il avait faim parce qu'il se sentait beaucoup mieux
ainsi, et surtout parce qu'il voulait « soumettre la vie ordinaire à
la vie spirituelle ». Dès lors, il rechercha, parmi les éléments nécessaires à la vie du corps et de l'esprit, tout ce qu'il y avait de
plus pur : l'eau des sources, les aliments naturels, les livres qui
élèvent et inspirent.

En dépit de tous ces choix susceptibles de lui apporter l'équilibre, sa santé n'était pas des meilleures à l'époque, car la pauvreté de sa famille lui imposait des privations constantes qui le
rendaient vulnérable. Il allait pieds nus la plus grande partie de
l'année, et son unique paire de sandales – qu'il ne portait qu'en
hiver dans la neige – ne l'empêchait pas de prendre froid.

Le matin, lorsqu'il ne trouvait rien à manger dans la maison, il
partait à jeun pour l'école et somnolait pendant les cours. Cependant, chaque fois qu'il tombait malade, sa mère réussissait à
le guérir, et Mikhaël lui gardait une reconnaissance infinie pour
sa patience et son dévouement.

À l'école de sa propre mère, Dolia était devenue guérisseuse. Soutenue et guidée par les principes que lui avait transmis Astra, elle avait eu ses intuitions personnelles et fait ses propres découvertes. Notamment, elle s'était aperçue qu'en effleurant le plexus solaire d'un malade, elle pouvait reconnaître le mal dont il souffrait et le soulager. Mikhaël, la voyant souvent soigner de cette manière, voulut savoir comment elle y parvenait :

– Maman, comment t'y prends-tu pour guérir ? Que fais-tu au malade ?

Dolia réfléchit un peu avant de lui répondre :

– Par moi-même, je suis faible, mais quand je suis auprès d'un malade, j'oublie tout. Je mets toute mon âme en lui pour qu'il guérisse. Tout d'abord, j'invoque Dieu, sa puissance, sa bonté. Je ne pense à rien d'autre. J'éprouve un amour immense pour le malade et toute mon âme devient un conducteur de l'amour universel. Je déverse cet amour dans celui que je soigne et il guérit.

Pour Mikhaël, toujours très sensible à l'importance des liens, ces paroles étaient une véritable source d'inspiration. « Elle dit qu'elle est faible, pensait-il, mais c'est l'amour qui est puissant. » Débordante de foi, elle agissait comme une humble intermédiaire : elle tenait dans ses mains le fil conducteur au travers duquel passait un puissant courant venu du monde divin, une énergie fabuleuse qui se communiquait aux malades et leur rendait la santé.

C'était ce courant vivifiant que Mikhaël cherchait sans cesse dans sa propre existence, ce lien avec les mondes spirituels qui peut devenir indestructible lorsqu'on l'entretient avec la prière et la méditation. À cette étape de sa vie, il travaillait si ardemment dans ce sens qu'il avait du mal à fixer son attention sur sa vie d'étudiant, car l'école lui paraissait extrêmement ennuyeuse.

Au lycée *Kniass Boris* – roi Boris – qu'il fréquenta jusqu'à l'âge de quinze ans, Mikhaël était considéré comme un élève très moyen. « J'étais le cancre de la classe... Vous ne me croyez pas, mais c'est tout à fait vrai », dit-il un jour avec humour.

À l'âge où ses compagnons pensaient à la gloire, à leur futur métier ou à fonder une famille, lui-même s'intéressait à tout autre chose : il se passionnait pour tout ce qui pouvait l'aider dans son cheminement spirituel et n'accordait pas beaucoup d'importance au reste. Les professeurs, déroutés par le comportement de ce garçon qui ne se conformait pas aux normes établies et dont l'esprit se trouvait étrangement libre des clichés habituels, lui décernaient des notes moyennes.

À cause de ce grand désir de devenir parfait et rempli d'amour, je me suis jeté sur les bibliothèques, j'ai médité, j'ai fait des expériences. Alors mes études en souffraient. Rien ne m'intéressait, ni les professeurs, ni les livres du collège.[14]

Pour l'éducation de son intellect, il comptait davantage sur les bibliothèques et les salles de lecture que sur l'école. Quant aux matières scolaires, il les assimilait aussi bien que possible en se servant de sa mémoire exceptionnelle. Étant donné que ses parents n'avaient pas les moyens de lui acheter les livres indispensables, il empruntait ceux de ses camarades afin de lire rapidement le texte des leçons pendant la récréation. Toujours assis au fond de la classe, il essayait de se faire oublier.

Rarement interrogé par les professeurs, il se concentrait sur l'essentiel et poursuivait son travail personnel de réflexion. En réalité, il enregistrait tout ce qu'il entendait pour procéder ensuite à un triage rigoureux, un processus qui permettait à sa pensée d'échapper au carcan des clichés académiques. Malgré son dynamisme et son ascendant sur ses camarades, il intervenait peu dans les discussions. Sans cette intégrité et cette présence qui lui étaient si particulières, personne n'aurait fait attention à lui.

À l'école, il apprenait surtout à comprendre ses semblables. Remarquant que certains professeurs étaient mornes et routiniers, il constatait que d'autres possédaient, comme ces acteurs si souvent observés au théâtre, un magnétisme, une forte présence.

Et c'était avec la même acuité qu'il regardait ses compagnons. Il ne voulait pas devenir comme ceux qui apprenaient tout par cœur sans bien comprendre ce qu'ils récitaient. Il ne cherchait pas non plus à être un premier de classe, car tout cela n'avait pas de sens pour lui. Toutefois, son influence sur ses camarades était

14 Conférence du 19 janvier 1946.

bien plus subtile que celle d'un élève reconnu comme brillant. Une femme qui lui enseigna fit ce commentaire :

C'était un garçon extrêmement intelligent, pourvu d'une force intérieure exceptionnelle. Il était toujours entouré d'un petit groupe de camarades qui lui manifestaient un grand attachement.

Quand, par hasard, on l'interrogeait, un murmure de plaisir courait dans la classe. Tous attendaient en silence. Mikhaël réfléchissait, fouillant sa mémoire afin d'offrir à ses compagnons quelque chose d'intéressant. Les jours où il n'avait pas eu la possibilité d'apprendre la leçon, il parvenait la plupart du temps à tirer de ses nombreuses lectures une histoire, un récit d'aventures ou un extrait de tragédie qui avait revêtu un certain attrait pour lui. Sa verve et son espièglerie naturelles l'amenaient à intégrer dans ses récits des détails amusants qui allégeaient l'ambiance austère de l'école. Même les professeurs les plus sévères souriaient malgré eux. Un peu déroutés par les connaissances de ce garçon, et aussi par souci de justice, la plupart des enseignants continuaient à lui accorder des notes passables.

Pendant la Première Guerre mondiale, il y eut beaucoup de changements au lycée Kniass Boris quand la Bulgarie s'allia à l'Allemagne dans l'espoir de récupérer la Macédoine. En 1915, un grand nombre de professeurs furent mobilisés, et leurs remplaçants ne possédaient pas tous la compétence nécessaire à leur tâche. Trois de ces nouveaux venus firent une profonde impression sur Mikhaël. Le premier, un professeur de mathématiques, n'avait aucune autorité sur ses élèves, lesquels se moquaient de ses tics et s'amusaient à provoquer sa colère. Mikhaël éprouvait de la compassion pour le pauvre homme : « Il en devenait fou, le pauvre ! » Il voyait bien que c'étaient sa grande sensibilité et son manque de maîtrise qui invitaient les élèves à l'indiscipline.

Un jour que le professeur était sorti de la classe en claquant la porte, Mikhaël se leva impulsivement et prit sa défense : « Je les ai presque insultés tellement j'étais indigné ! » Les garçons, qui aimaient bien le camarade silencieux du fond de la classe, finirent par accepter de changer d'attitude. Toutefois, l'effort collectif ne dura toutefois que quelques jours et, de guerre lasse, le professeur démissionna.

Il fut remplacé par un petit homme sans aucune prestance qui connaissait parfaitement la matière qu'il enseignait et ne perdait jamais son calme. Tous les élèves lui obéissaient au doigt et à l'œil. Ce retournement de situation rendit Mikhaël songeur. Il se dit qu'en dehors du savoir et de la compétence d'un être, ses émanations pouvaient provoquer des réactions très diverses : ce second professeur, qui était pourtant un homme sensible, inspirait le respect à cause de sa force intérieure et de sa maîtrise de soi. De plus, il avait de la *présence,* tandis que le premier n'en avait pas.

Le troisième, un violoniste, intimidait par son visage figé et son comportement autoritaire. Un jour, vraisemblablement à la suite d'une explication sur le rythme de la respiration que doit pratiquer un instrumentiste, Mikhaël sortit de sa réserve. Prenant la parole dans un silence glacé, il décrivit les techniques hindoues de respiration qu'il pratiquait depuis assez longtemps et mentionna au passage le titre d'un livre qu'il serait heureux de prêter. À la surprise générale, au lieu de rabrouer l'élève trop audacieux, le professeur lui posa quelques questions, se détendit et accepta le livre.

Les comportements humains exerçaient sur Mikhaël une fascination qui ne faiblissait pas. À cette époque, il avait déjà élaboré toute une réflexion sur la volonté et, par-dessus tout, sur la maîtrise de soi qui permet de tenir les rênes de sa sensibilité. À ses yeux, cette dernière qualité était très importante : il valait mieux être sensible et souffrir que d'être dur comme une pierre. Il dira un jour que « plus on se spiritualise, plus on développe la sensibilité », mais qu'il est nécessaire de travailler parallèlement à la maîtrise de soi.

À cette étape de sa vie, son idéal se dresse devant ses yeux comme un sommet resplendissant presque impossible à atteindre, mais dont l'existence lui donne tous les courages. Persuadé qu'il lui faudra énormément de volonté pour se hisser jusqu'à la cime, il cherche à fortifier son caractère par tous les moyens. Dans sa famille, dans son quartier, au lycée, les occasions ne lui manquent pas d'exercer sa maîtrise de soi. Il les saisit au vol. Son caractère entier le pousse même à faire quelques actes de bravade, juste pour se prouver à lui-même – ou pour prouver à un camarade – qu'il a du courage.

À l'école, il supporte jusqu'à la limite de l'endurance les attaques d'un garçon arrogant qui s'imagine être un écrivain de génie et qui accable de sarcasmes les élèves moins doués. « Jamais je ne lui répondais, car je suivais un yoga spécial », a expliqué plus tard Mikhaël. Un jour, après avoir humilié publiquement quelques élèves timides, le garçon se tourne vers Mikhaël comme il l'a déjà fait bien souvent. Il le jalouse probablement à cause de sa mystérieuse influence sur ses compagnons et, une fois de plus, il essaie de le provoquer en l'insultant.

Subitement, Mikhaël prend feu. Il se lève d'un bond et plante son regard dans celui de son adversaire. De façon précise et imagée, il décrit son caractère d'après ce qu'il voit sur son visage. Figé de surprise, l'autre perd peu à peu son aplomb et finit par s'asseoir sans répliquer.

À la suite de cette scène, son attitude envers Mikhaël change radicalement. Il commence à rechercher la compagnie de ce garçon qui le déroute. Habitué à attaquer et à voir les autres céder devant lui, il a rencontré une force qu'il respecte, découvrant par le fait même que le silence et la patience ne sont pas nécessairement des signes de faiblesse.

Les amis de Mikhaël connaissaient son orientation vers les réalités spirituelles, mais ils ne trouvaient certainement chez lui aucune trace de bigoterie. Capable d'enthousiasmes juvéniles, il se montrait toujours prêt à faire des expériences et à participer à ce qui était intéressant pour son tempérament fougueux, à l'exclusion des activités qui pouvaient causer du tort. Attentif à ce qui se passait autour de lui, il réalisait que plusieurs des jeunes de son quartier étaient en train de devenir des délinquants.

À un certain moment de son adolescence, il sera témoin de quelques incidents dramatiques dont il dira peu de choses, mais qui resteront gravés dans sa mémoire : il parlera à une occasion de quelques camarades qu'il avait vus fuir devant la police, dont certains avaient été fusillés devant ses yeux, alors que d'autres avaient été jetés en prison. S'il n'en a pas révélé davantage à ce sujet, il a affirmé que lui-même était toujours demeuré indépendant et libre, et qu'il avait été « protégé par le monde invisible » de ce milieu difficile dans lequel il devait faire son apprentissage : déjà à cette époque, il avait commencé à se lier étroitement à des êtres subtils qui vivaient dans la lumière.

***

Ce temps de l'adolescence, période par excellence des nobles sentiments, des utopies et des décisions héroïques, entraîne Mikhaël dans une série d'expérimentations romantiques et intellectuelles. Comme tous les jeunes de son âge, il fait de grands rêves qui s'évanouissent les uns après les autres. À ce moment de sa vie, la concrétisation de son idéal exige de lui des choix précis. Que va-t-il devenir ? Dans quel domaine va-t-il se spécialiser ?

Pendant un certain temps, il pense à devenir un savant, un professeur d'université. Puis, il se met à écrire des poèmes et des récits mystiques dans lesquels s'inscrivent, en filigrane, de grandes vérités spirituelles, sur une trame de visions et de prophéties. Il les fignole et les donne à lire à ses amis les plus intimes. Mais bientôt, avec une lucidité se situant bien au-dessus de celle de ses quinze ans, il s'aperçoit que la plupart des poèmes qu'il préfère ne font qu'éveiller en lui-même des sensations vagues tout en l'affaiblissant, parce qu'ils le retiennent dans le monde des sentiments. Ils le rendent hypersensible et vulnérable.

Conscient de l'influence des cycles de la lune sur l'être humain, il sait que le monde des sentiments est rattaché au monde lunaire. Or, son intuition lui dit que la vraie poésie, celle qui fait vibrer en l'être humain les cordes les plus sensibles, se trouve dans les sphères les plus spirituelles et les plus élevées. Il décide donc de ne pas s'attarder dans l'univers des sentiments, mais plutôt « d'aller chercher la vraie poésie dans le soleil ». Tout en continuant à apprécier la poésie et à la placer au-dessus de la musique ou de la peinture, il cesse d'écrire et se tourne vers la philosophie et la science.

Son plus beau rêve, celui de devenir un grand sage, se fait de plus en plus puissant et repousse toutes les autres ambitions dans l'ombre. Il poursuit sa pratique du yoga et consacre de très longues périodes à la méditation. Quand il ne se trouve pas sur les bancs de l'école, il lit, des jours durant. Ce qui lui facilite les choses, c'est qu'à l'époque de sa jeunesse on peut trouver dans toute bonne bibliothèque publique les livres des principaux auteurs de tous les temps. Il fouille les grandes œuvres philosophiques et spirituelles, il se familiarise avec les livres sacrés des différentes religions de l'humanité. Profondément touché par la spiritualité de Bouddha, il étudie tous les textes qu'il peut trouver à son sujet. Il aime particulièrement Emerson, Berkeley, Steiner, Blavatsky, Spinoza, Paracelse.

Un jour qu'il explore les rayons d'une bibliothèque, il découvre un livre de l'écrivain français Desbarolles sur la chiromancie, et son intérêt s'éveille pour cette méthode de divination par l'étude de la main. Tout d'abord, une idée de l'auteur arrête son attention : « La magie est une comparaison entre les deux mondes. » À cette période de son existence, il considère la magie comme « un savoir grâce auquel on peut commander aux esprits et faire des miracles ». En même temps, sa propre conscience de l'importance des liens le met sur la piste de nouvelles réflexions :

> Pour comparer deux choses, il faut les lier entre elles. Cette comparaison doit donc être d'abord un branchement. La véritable magie est la comparaison entre le monde divin et le monde physique, grâce au lien qui existe entre les deux. En dehors de ce lien, il ne peut exister de magie... Toute ma philosophie est basée sur ce petit fil, le lien entre les deux mondes.[15]

Ce qui a suscité l'intérêt de Mikhaël dès sa jeunesse, c'est la façon dont on peut lier les différentes choses entre elles. Lorsqu'il enseignera plus tard, il donnera divers exemples des paroles que l'on peut prononcer dans le but d'obtenir des résultats – pour soi-même et pour les autres – en se servant des puissances du monde invisible et en créant un lien avec celui-ci : « Comme le soleil se lève dans le ciel, que le soleil de l'amour se lève dans mon cœur... »

Il comparera ce lien à un fil électrique qui peut devenir un conducteur pour différentes formes d'énergie comme la lumière, la chaleur ou le mouvement. Au cours de sa vie, il approfondira progressivement cette idée et se servira des éléments de la nature afin d'accomplir son travail spirituel. Mais à l'époque, il voulait savoir ce que cherchaient les gens qui s'adonnaient à la magie et, lorsqu'il entendit parler de séances spirites qui avaient

---

15 *Les lois de la morale cosmique*, « Ne coupez pas le lien », Prosveta.

lieu dans une maison de Varna, il décida d'aller voir ce qui s'y passait. Au bout de quelques visites, il s'aperçut que les participants essayaient surtout de développer les moyens de satisfaire leurs ambitions, leurs convoitises et leur sensualité. Il cessa d'y aller et se remit à ses lectures.

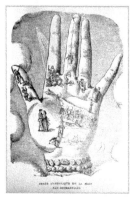

À partir du livre de Desbarolles, il étudia à fond la chiromancie et, afin d'acquérir une expérience pratique, il demanda à ses amis la permission d'examiner leur main. Ses recherches se déroulaient de façon minutieuse : il prenait d'abord l'empreinte de la paume dans du plâtre afin de pouvoir l'étudier à loisir, puis il notait ses observations dans les moindres détails. À défaut de plâtre, il broyait un peu de charbon et le saupoudrait sur la main qu'il pressait ensuite sur une feuille de papier.

Or, ses aptitudes de clairvoyance se développaient graduellement, et l'étude de la main de ses camarades lui permit de leur faire des prédictions qui se réalisèrent des années plus tard. Un musicien, arrivé au point culminant de sa carrière, se rappellera avoir été un adolescent timide et indécis à l'époque où son ami lui avait prédit un bel avenir musical.

Des études dans le domaine des ondes radio mirent bientôt Mikhaël sur une nouvelle piste de découvertes. Il s'avère difficile de préciser s'il fit ces recherches à quinze ans ou durant les années qui suivirent, car les quelques mentions que nous avons trouvées dans ses conférences sur les postes à galène concernent le sens spirituel de cette expérience qu'il avait faite dans sa jeunesse ; et quand il disait : « J'étais très jeune », cela pouvait tout aussi bien vouloir dire vingt-cinq ans que quinze. Ce que l'on sait, c'est que les postes à cristal ont été inventés en 1913, et que Mikhaël, n'ayant pas les moyens financiers de s'en procurer, entreprit à un certain moment de fabriquer un poste à galène.

Pour capter des émissions, il lui suffisait de déplacer une petite aiguille sur le cristal. Dans cet appareil rudimentaire, il trouva un sens symbolique qu'il essaya d'appliquer à sa vie quotidienne : *l'appareil ne fonctionnait que lorsque l'aiguille touchait un point vivant.* De plus, il remarquait qu'à certaines occasions, il lui était impossible de trouver ce point sensible. La correspondance entre le cristal de galène et la vie spirituelle devenait évidente pour lui :

> *J'ai compris que si nous n'arrivons pas à percevoir les messages et les courants qui traversent l'univers en nombre incalculable, c'est qu'intérieurement notre poste à galène n'est pas au point. Nous devons donc faire chaque jour des essais pour trouver une attitude correcte envers cette étoile polaire que nous nommons Dieu afin d'en recevoir toutes les bénédictions : la santé, la joie, l'amour, la lumière.*[16]

Toutes ces expérimentations dans différents domaines l'amenaient à faire des choix qui l'orientaient insensiblement vers le rôle qu'il devait jouer dans l'existence. Quand il décida de ne pas consacrer sa vie à la science, ce fut parce qu'il avait compris que sa voie se trouvait ailleurs : il s'avouait à lui-même que « devenir un grand savant à l'Université n'était rien du tout » en regard de la recherche spirituelle. Lorsqu'il tourna le dos au spiritisme et à ses ambiguïtés, ce fut pour étudier la chiromancie qui ne présentait aucun danger. Enfin, il ne cessa de faire de la poésie que pour s'orienter vers la philosophie, ainsi que vers la musique dont il avait un besoin croissant.

Ce besoin était tel qu'il souffrait de ne pouvoir jouer lui-même d'un instrument. Quand ses camarades les plus fortunés arrivaient à l'école avec leurs violons et leurs guitares, il les regardait avec un certain regret, sachant bien que sa famille ne pourrait jamais lui offrir le violon dont il rêvait.

Un jour cependant, il reçut une compensation. Une amie de ses parents, bonne pianiste, l'invita à venir l'écouter quand elle jouait chez elle, et Mikhaël accepta avec reconnaissance. Il y consacra des heures, assis en tailleur dans un coin de la pièce. Il ne faisait toutefois pas qu'écouter en se laissant envahir par des sentiments romantiques. Il travaillait sérieusement en analysant l'effet de la musique sur lui-même ; et surtout, il l'utilisait pour méditer, comme on se sert du vent pour gonfler les voiles de son bateau. À ces moments-là, il ne faisait pas vraiment attention à la musique : celle-ci n'était qu'une grande force qui le

---

16 *L'amour et la sexualité, II*, « L'attitude sacrée », Prosveta.

soulevait, un souffle puissant qui l'emportait vers les choses sublimes auxquelles aspirait son âme.

✶✶✶

La musique n'est pas le seul bienfait que Mikhaël reçoit du ciel à cette époque : quelqu'un lui fait cadeau d'un prisme, et c'est avec émerveillement qu'il découvre la splendeur des sept couleurs contenues dans la lumière du soleil. Il s'en imprègne, il se nourrit de leur beauté et de leur symbolisme. Dès cet instant, les sept rayons du soleil accompagnent sa pensée, et le petit morceau de cristal sert de point de départ à une réflexion sur la lumière dont il ne se lassera jamais. Il jongle avec des idées fascinantes : la lumière blanche est *une*, mais elle déploie *sept* couleurs différentes en traversant un prisme à trois côtés.

De même l'être humain, avec son intellect, son cœur et sa volonté, représente-t-il un prisme à trois côtés ; en s'orientant correctement vers la lumière, il peut recevoir toute la richesse des sept couleurs qui correspondent aux sept vertus...

Afin de bien comprendre le phénomène physique de la lumière blanche décomposée par le prisme, il emprunte à la bibliothèque des livres scientifiques, après quoi il se lance dans des expériences qui lui ouvrent de nouveaux horizons, mais qui lui donnent aussi une réputation de garçon bien étrange. Sans s'inquiéter de ce que l'on pense de lui, il badigeonne de rouge les vitres de sa chambre et s'installe pour méditer dans la lumière colorée.

Pendant quelques jours, il observe les effets de la couleur sur lui-même. Ensuite, il lave les vitres et refait l'expérience avec l'orange. Quand il arrive au violet, il s'aperçoit avec étonnement que les fleurs se fanent et que ses amis s'endorment après avoir passé un certain temps dans cette ambiance particulière.

Pour sa part, cette couleur l'aide à se dédoubler, à « partir dans l'autre monde ». Très intéressé par toutes ces découvertes, il procède à d'autres essais : il fabrique un support en carton pour des feuilles de cellophane de différentes couleurs et le fait tourner en l'éclairant d'une forte lumière. Les pellicules transparentes projettent alors dans la chambre des nuances ravissantes. Assis dans la posture du lotus, il contemple toute cette beauté, d'abord à l'extérieur de lui-même, puis à l'intérieur de son âme qui s'élève et se dilate dans l'espace. Il est entouré d'une lumière éblouissante, il *voit*, même à travers ses paupières fermées, que toute la pièce est imprégnée d'un flamboiement de couleurs. Son cœur se remplit d'amour. Son unique désir est de travailler jusqu'à en perdre la vie pour le bien de toute l'humanité.

En méditant un jour, voilà qu'il est pris du désir de dessiner un tableau qui représenterait l'harmonie parfaite. Après plusieurs tentatives, il finit par tracer un cercle avec son compas. En intégrant au cercle central six autres sphères de même circonférence, il obtient la figure d'une rosace dans laquelle il insère les couleurs du prisme.

Intuitivement, il vient de redécouvrir un symbole utilisé autrefois par les Rose-Croix. Après avoir écrit en dessous de l'image le premier verset de l'Évangile de saint Jean : *Au commencement était le Verbe*, il suspend son tableau au mur pour le contempler. Bien qu'il s'agisse d'un dessin géométrique parfait exprimant l'harmonie et la beauté, Mikhaël n'est pas encore satisfait : pour lui donner plus de vie encore, il invente un système qui le fait tourner lentement.[17]

Sa passion pour les belles couleurs l'amène à mettre en évidence des choses qui étonnent, tant elles dépassent la réalité visible : à cette étape, il voit clairement les correspondances entre les sept couleurs du prisme et les sept sons musicaux, les sept jours de la création, les sept corps de l'homme, les sept régions célestes et les sept archanges qui se tiennent devant le Trône de Dieu.

Devinant l'existence de liens de plus en plus précis entre les couleurs et les vertus, il en tire une conclusion logique : en devenant pur comme un prisme, l'être humain permet à la Lumière divine de le traverser et devient capable de développer les vertus qui correspondent aux couleurs. Chaque fois qu'il contemple sa rosace, Mikhaël en est ébloui. Il pénètre aussitôt dans un monde de paix et de bonheur. Avec les mois qui passent, ce symbole s'épanouit petit à petit dans son âme.

---

17 Voir les explications et l'illustration de la Rose mystique dans *Au commencement était le Verbe*, chapitre du même titre, Prosveta.

✯✯✯

Toutes ces expériences procuraient à Mikhaël de grandes joies. Elles l'incitaient également à être de plus en plus exigeant envers lui-même. Arrivé à ce point de son cheminement, il examina sa vie, ses activités, le résultat de ses études, et conclut que le tout était lamentable. Découragé par ce qu'il appelait sa médiocrité, il prit la décision de la remplacer par quelque chose de tellement grand qu'il n'aurait jamais le temps de se lasser de faire des efforts :

J'ai supplié le Ciel en disant : « Qu'est-ce que je peux faire ? Je suis faible, bête, ordinaire, je suis zéro... et alors, vous tenez vraiment à ce que je reste comme ça ? Je ne vous serai d'aucune utilité, ça, je vous préviens, et vous pousserez même des cris à cause de moi. Alors dépêchez-vous, prenez tout, faites-moi mourir même, et installez-vous en moi.

Je ne peux plus vivre tel que je suis. Envoyez-moi des anges, envoyez-moi toutes les créatures intelligentes, pures et nobles. C'est vous qui en bénéficierez, sinon je ne ferai que des bêtises, et ce sera votre faute, parce que vous n'aurez pas pris en considération ma prière ! » Vous voyez, je les ai menacés ; alors ils se sont gratté la tête, là-haut et ils ont dit : « Oh, oh ! Celui-là il nous met au pied du mur. » Ils se sont réunis, ils ont tenu un conseil et ils ont trouvé que s'ils me laissaient tel que j'étais, c'est vrai, j'étais capable de faire beaucoup de mal. C'est pourquoi ils se sont décidés en disant : « Bon, bon, on va l'exaucer. [18]

Ses réflexions occasionnelles sur cette étape de sa vie indiquent qu'il se jugeait alors très sévèrement, et qu'à la lumière de son désir de perfection, il ne remarquait guère que ses faiblesses et ses déficiences. Il voyait si grand qu'il ne pouvait être satisfait des résultats déjà obtenus. Son éducation religieuse le portait à lutter sans cesse contre ce qu'il croyait être le mal. Par bonheur, il ne s'isola jamais complètement pour faire ses exercices spirituels. Son sens pratique, sa générosité et son altruisme furent certainement une sauvegarde durant cette période de sa vie. De

---

18 *Les lois de la morale cosmique*, « La justice », Prosveta.

plus, grâce à ses méditations et à son goût pour la contemplation, il comprenait progressivement comment il devait agir pour maîtriser et transformer sa nature sans se détruire lui-même :

J'ai souvent dit que nous ne sommes pas tellement bien équipés pour lutter nous-mêmes contre le mal, car lui, il est bien armé, il possède un arsenal inouï. Seul le ciel, c'est-à-dire le côté divin en nous-mêmes, a tous les pouvoirs. Aucun moyen ne lui manque, tandis que nous, que sommes-nous pour faire face et tenir tête aux puissances du mal ? On m'avait appris, à moi aussi, qu'il fallait lutter contre le mal pour l'extirper, l'anéantir, et je le faisais. Et voilà que j'étais déchiré, disloqué, parce qu'on est complètement exténué de toujours lutter contre soi-même, c'est-à-dire avec quelque chose qu'on ne connaît pas. J'ai vraiment fait cette expérience. Et c'est après, quand j'ai commencé à réfléchir, à chercher d'autres méthodes, à me lier de plus en plus avec le monde divin que j'ai compris qu'il ne fallait pas procéder ainsi.[19]

Quand il parlait de son adolescence, il situait toujours vers l'âge de quinze ans le début d'un travail spirituel assidu, comme si ce qui avait précédé ne représentait rien du tout. Néanmoins, si l'on se fie à ses propres confidences, il avait découvert à treize ou quatorze ans l'équilibre que peuvent apporter à l'être humain la méditation régulière et la respiration consciente. Quelques années plus tard, il pouvait dire à ses amis que la respiration rythmique apporte des bienfaits incalculables à la vie intellectuelle, émotionnelle et psychique : « Elle peut même équilibrer nos énergies sexuelles et nous permettre d'entrer en contact avec les entités les plus élevées des mondes invisibles. »

Afin de pouvoir consacrer tout son temps à ses exercices spirituels et à ses recherches, il quitta le lycée. Comme son intelligence et son cœur adoptaient entièrement les idées de la science initiatique millénaire, il se mit à étudier les textes de la philosophie hindoue et de la théosophie antique. Néanmoins, en dépit de la paix intérieure que lui apportaient toutes ces activités, il était très seul. Il n'avait presque pas connu son père et, dans son entourage, personne ne possédait les connaissances

---

19 *La clef essentielle pour résoudre les problèmes de l'existence*, « Les deux méthodes de travail sur la personnalité », Prosveta.

nécessaires pour l'aider dans le cours de son développement spirituel.

Quant à sa mère, elle lui apportait une présence d'amour et de bon sens, mais aucun des membres de sa famille ne pouvait l'avertir des dangers relatifs aux exercices respiratoires prolongés en l'absence d'un guide expérimenté. Ses proches, observant ses étranges agissements, se demandaient parfois s'il n'avait pas perdu la raison. Pourquoi Mikhaël ne se comportait-il pas comme les autres garçons de son âge ? On jugeait ridicules ses expériences avec les couleurs et tout à fait excentrique sa façon de se nourrir ou de jeûner.

À quinze ans, il avait déjà maîtrisé un grand nombre des difficultés inhérentes aux conditions de vie d'un milieu très ingrat, et cela par la seule force de son caractère. Progressivement, il avait réussi à diriger ses énergies prodigieuses vers des travaux spirituels. Prêt à tout sacrifier pour son idéal, il se révélait peu à peu comme un être qui, bientôt, n'aurait plus peur de rien. Toutefois, il était convaincu qu'il avait besoin d'un Maître spirituel. Avec une intuition très sûre, il se mit à chercher activement un guide qui l'aiderait à orienter ses élans spirituels et ses capacités psychiques.

Ce besoin de se remettre entre les mains d'un sage provenait de sa conscience extrêmement exigeante. En Orient, avoir un Maître spirituel a toujours été considéré comme la plus grande des richesses, et ceux qui choisissent le chemin de la spiritualité sont capables de sacrifier tout ce qu'ils possèdent afin de trouver un vrai Maître.

Né à la frontière de l'Orient et de l'Occident, nourri de philosophie hindoue et bouddhiste aussi bien que des paroles des Évangiles, Mikhaël adoptait cette attitude sans restrictions. Toute sa vie, il dira qu'un Maître inspire et stimule, qu'il est « un lien avec le ciel, un chemin vers les sommets » : l'image que le disciple se fait de lui devient un maître intérieur, et ce maître intérieur ouvre toutes les portes.

On peut réellement affirmer que les modèles choisis par Mikhaël ont été à la mesure de chacune des étapes de sa vie et qu'ils ont comblé les besoins particuliers à chacune d'elles. Dans son enfance, sa mère avait été son premier exemple. Par la suite, ses maîtres spirituels avaient été Jésus et Bouddha. À dix-sept ans, tout en conservant son lien avec ces derniers sur les plans supérieurs, il se mettra sous l'égide de Peter Deunov, le Maître spirituel qu'il aura trouvé sur le plan physique.

Après la mort de celui-ci, quand il sera lui-même considéré comme un Maître spirituel, il parlera parfois d'un Être intemporel qu'il appellera le Maître des Maîtres et avec lequel il aura une relation particulière à partir de l'âge de vingt ans. Au centre de sa vie, on retrouve aussi son modèle constant, le soleil, dispensateur de lumière, de chaleur et de vie. « Je veux ressembler au soleil », disait-il souvent. Enfin, son désir le plus constant, qui inspirait tous ses efforts et ses travaux, était de « devenir aussi parfait que le Père céleste ».

L'année de ses quinze ans, il cherche un guide spirituel avec une ferveur et une intensité parfois douloureuses. Un texte du philosophe autrichien Rudolf Steiner lui revient fréquemment à l'esprit : « Quand vous aimez un homme exceptionnel, vous vous liez à lui et toutes ses qualités entrent en vous. » Ce texte est à l'origine d'une conviction qu'il conservera toute sa vie : nous gagnons toujours à imiter un grand être, car nous sommes alors propulsés en avant par l'idéal que nous avons choisi.

Dans l'espoir de découvrir cet être supérieur, il va écouter les sermons des popes orthodoxes ou des pasteurs protestants, mais leurs réponses conventionnelles le laissent sur sa faim. Il rentre chez lui déçu de ce qu'il a déchiffré sur leur visage pendant qu'ils commentaient les Écritures.

Malgré les déceptions renouvelées, il entend des dizaines de conférenciers. Puis, de guerre lasse, il revient à ses livres et se console en lisant des biographies d'êtres exceptionnels et de bienfaiteurs de l'humanité. Certes, ces écrits le stimulent et nourrissent son besoin de perfection et de beauté, mais en fin de compte, il se retrouve aussi seul que dans un désert. Dans son entourage, on se moque de ses recherches, on critique ses activités insolites, on lui reproche de ne s'occuper que de spiritualité. Les amis à qui il parle parfois des sujets chers à son cœur ne s'intéressent que médiocrement à ses idées.

Sans se laisser décourager par la désapprobation générale, il persévère dans la voie qu'il a choisie et continue de s'adresser aux êtres supérieurs auxquels il croit. La détermination et la persévérance sont des traits de caractère qui se manifesteront constamment durant toute son existence. Déjà à son adolescence, il ne se laisse pas facilement arrêter par les risées ou les critiques. Ce qui ne veut pas dire qu'il soit insensible à l'opinion qu'on a de lui, mais petit à petit, il apprend à mater sa sensibilité afin de poursuivre son but ; ses convictions, basées sur ses expériences spirituelles, sont trop profondément ancrées en lui pour lui permettre de céder à l'intimidation ou au découragement. Cependant, le guide expérimenté tant attendu ne se manifeste toujours pas.

À un certain moment, il se sent tellement isolé qu'il éprouve le besoin de se raccrocher à un symbole qui représenterait ce Maître qu'il cherche. Il se procure un vieux fauteuil, le nettoie soigneusement et l'installe dans sa chambre à la place d'honneur. Le fauteuil inutilisé s'impose comme une promesse : le Maître inconnu se fera bientôt connaître. À force de réfléchir et de méditer, il acquiert la conviction qu'il y a sur la terre, quelque part en Inde ou au Tibet, une fraternité d'Initiés qui se consacrent à répandre la Lumière et à aider l'humanité. Il a le sentiment étrange, mais très net, d'avoir connu ces êtres dans un passé lointain, d'avoir travaillé avec eux. Avec la prescience qu'ils prendront incessamment une grande place dans sa vie, il en fait les compagnons de son esprit et pense constamment à eux. Il en reçoit des élans mystiques. D'autre part, le soleil, avec sa lumière éclatante, continue à l'inspirer.

Mikhaël est un être solaire. Dans son amour pour le feu, il semble avoir compris dès son plus jeune âge que le feu le plus puissant et le plus parfait, celui qui ne s'éteint jamais, est le soleil lui-même. À partir du moment où il a perçu l'importance de la lumière, son amour pour elle ne peut que se développer et se renforcer.

Le soleil demeurera toujours pour lui la représentation la plus parfaite de Dieu, la source de toute vie sur la terre. Déjà à cette époque, il contemple le lever du soleil chaque fois qu'il le peut et passe de longs moments à méditer dans le parc, d'où il a vue sur la mer et le levant.

Mikhaël était arrivé à l'un des carrefours les plus déterminants de son existence. Il avait tant travaillé à orienter son intelligence vers la sagesse, à purifier son cœur, à fortifier sa volonté, il avait tant supplié Dieu de venir habiter en lui, qu'il se trouvait prêt à recevoir l'Esprit. Lorsqu'il parlera plus tard de son illumination à l'âge de quinze ans, il la reliera à l'expérience mystique de ses neuf ans inspirée par le *Livre des Proverbes* : il dira qu'il était entré en lui-même une seconde fois.

Tout d'abord, ce fut la lecture d'une œuvre du philosophe Emerson sur *l'Âme supérieure* qui produisit en lui, selon sa propre expression, « un effet très puissant ». À la même époque, il découvrit un texte qui présentait un merveilleux portrait de l'aura de Bouddha et des splendeurs du monde invisible. Ces deux écrits eurent sur lui une influence décisive et, apparemment, c'est la description de l'aura de Bouddha qui l'amena à traverser le seuil de l'extase.

Un matin d'été, il s'était rendu comme d'habitude au bord de la mer pour le lever du soleil. Après avoir gravi une colline, il s'était assis dans un verger. Il méditait depuis un certain temps lorsqu'il sentit autour de lui la présence d'entités célestes. Soudainement, il se trouva plongé dans une lumière éclatante et, aussitôt, il entra en extase.

Les quelques réflexions qu'il a faites lui-même sur son illumination sont très évocatrices, mais on sent bien qu'il lui a été impossible d'en exprimer l'essentiel, de la partager ou de la décrire. Ce qui est certain, c'est qu'il a vu un Être mystérieux, une de ces entités divines qui se manifestent comme une pure lumière et qui ont un effet tellement puissant sur les mystiques que ceux-ci ont le sentiment d'avoir vu Dieu. Il fera un jour cette confidence :

J'avais toujours la même idée, d'être comme Bouddha, comme Jésus. C'était ça le plus important pour moi... c'était tellement beau que j'ai perdu la tête. De voir cet être, avec ces couleurs, avec ces lumières ! Il était presque invisible, et autour de lui, il y avait une lumière fantastique. Et moi, je me trouvais dans une lumière, un bonheur, une extase... tellement grande, tellement puissante que je ne savais plus où j'étais. C'était une joie délirante, c'était le ciel, c'était l'univers. Ensuite, je me suis dit que si Dieu n'était pas beau, je ne croirais pas en lui. Ce qui est resté dans ma tête comme la chose la plus essentielle, ce n'étaient ni les pouvoirs, ni le savoir, ni la richesse, ni la gloire, non... c'était la beauté.[20]

Ce qu'on lui avait permis d'apercevoir était peut-être son Moi supérieur, cet élément cosmique qui fait partie intégrante de chaque être humain et qui est de même nature que l'Esprit divin, une parcelle de Dieu lui-même, une quintessence lumineuse.

Pendant l'extase, les grands mystiques regardent dans *le miroir de Dieu* où ils voient la partie divine d'eux-mêmes. Lorsqu'ils arrivent à l'identification des deux Moi – l'inférieur et le supérieur – ils s'unissent à l'Âme universelle, accédant alors à la vraie connaissance de soi.

Mikhaël a fourni quelques détails supplémentaires sur son expérience : plongé dans une beauté indicible, il se trouvait hors du temps. Tout son être se dilatait dans des proportions démesurées. L'illumination était si puissante, sa joie si intense qu'il avait l'impression d'avoir pris feu. Il sentait littéralement son cerveau brûler. Puis tout son être s'embrasa. Au moment où il eut la certitude qu'il ne pourrait supporter cet état divin plus longtemps et qu'il allait se dissoudre dans la lumière, il perdit conscience.

Cette étape de l'extase est fréquente, et le visionnaire doit l'accepter afin de ne pas être détruit. La puissance de la lumière et la dilatation causée par l'amour divin sont telles que l'enveloppe de l'être humain doit en être protégée à tout prix dès qu'elle atteint la limite de ses possibilités.

L'illumination de Mikhaël dura-t-elle quelques minutes ou quelques heures ? Il ne le précisera jamais. Mais lorsqu'il revint à lui, les aspects les plus sublimes de l'extase avaient disparu.

---

20 Conférence du 9 décembre 1968.

Désolé, il se sentait comme une écorce vidée de sa sève. Après une expérience mystique d'une telle intensité, tout ce qu'il avait déjà éprouvé dans son existence ne lui apparaissait plus que comme de l'inconscience et de la médiocrité. Ne pouvant se résoudre à vivre autrement, il essaya de retrouver le même état de bonheur exquis.

Pendant plusieurs jours, il vécut à peine sur terre, passant tout son temps à se remémorer et à contempler les splendeurs qu'il venait de découvrir. Subtilement nourri par les forces divines qui l'avaient envahi, il ne pouvait ni manger ni dormir. Rempli d'une profonde nostalgie pour la beauté du monde invisible, il ne pensait plus qu'à créer la même harmonie sur la terre.

Un jour, il parlera de certaines expériences spirituelles et dira que pendant l'extase, les déchets de l'organisme sont brûlés et que le mystique est remué de fond en comble : il subit des changements dans tout son corps, il est purifié et transfiguré, la texture même de sa peau se transforme et son visage resplendit :

> *Dans ce contact avec la grâce divine qui vous prend dans ses bras et vous réchauffe, vous vous sentez rempli d'une douceur infinie, privilège extrême, bonheur et paix. Vous ne pouvez alors que pleurer d'une émotion pure et merveilleuse. À ce moment-là, vous êtes prêt au sacrifice, vous percevez la vie éternelle, vous voyez la grandeur de Dieu.*[21]

Spontanément, il se mit à vivre de façon plus consciente en union avec la communauté des Initiés à laquelle il croyait depuis quelque temps et, comme par miracle, il trouva dans un livre la confirmation de leur existence. L'auteur y affirmait ce que Mikhaël avait pressenti : dans l'Himalaya, de grands Êtres se réunissaient depuis des siècles pour assister et éclairer l'humanité.

Profondément touché, Mikhaël leur donna le nom de « Frères de l'Himalaya ». Pensant constamment à eux, il les appelait mentalement, il se retrouvait en esprit avec eux et participait à leur travail de lumière et d'amour. Par l'imagination, il contemplait « la splendeur de cette fraternité d'âmes glorieuses et libres » qui ne connaissaient ni la haine, ni la rancune, vivant dans

---

21 Conférence du 28 janvier 1951.

l'harmonie parfaite et travaillant pour le bien de l'humanité. Il en recevait des révélations qui le comblaient.

Débordant de bonheur, il ne pensait plus qu'à consacrer sa vie à aider les autres. Dans son désir de partager avec ses parents et ses amis cette expérience divine et de « les faire vibrer comme il avait vibré lui-même », il leur décrivait la beauté d'une existence vécue dans la lumière spirituelle. Convaincu que tous seraient bouleversés et transformeraient leur façon de penser et de vivre, il leur prêtait le livre qui l'avait tant inspiré.

Selon le témoignage de l'un de ses professeurs et des membres de sa famille, les amis de Mikhaël avaient toujours été impressionnés par son intelligence et ses connaissances, tout en considérant avec scepticisme ses exercices spirituels. Cette fois, par contre, ils furent touchés par une nouvelle qualité subtile qui émanait de lui. Il n'était plus le même. Éclairé de l'intérieur, il rayonnait comme un flambeau. Dans l'espoir de parvenir eux-mêmes à un tel épanouissement, certains de ses amis essayèrent de s'exercer à la méditation, d'étudier la science initiatique, de devenir végétariens. Rempli de ferveur, Mikhaël répondait à leurs questions et faisait de son mieux pour les soutenir, mais il les vit tous, les uns après les autres, se lasser et cesser leur efforts.

« Pourquoi continuez-vous à nourrir votre vieille mentalité ? leur disait-il dans l'espoir de ranimer leur ardeur. Chassez-la, c'est elle qui est la cause de tous vos malheurs. Remplacez-la par quelque chose de mieux ! » Mais aucun d'entre eux ne pouvait le comprendre et il finit par les laisser tranquilles. Se retrouvant tout seul avec son grand idéal, il en conçut une profonde tristesse.

Il pensait : « Comment se fait-il que sur moi, cela produit un tel effet, alors que sur les autres, les mêmes vérités ne produisent rien ? » Quand il voyait les gens rester froids devant la beauté de la vie spirituelle, il souffrait. « Je me sentais tout petit, avouera-t-il un jour, et je me disais que je n'étais pas assez intelligent pour les convaincre. » Finalement, quelques-uns de ses amis se moquèrent de lui et essayèrent de le ridiculiser.

En fait, il les dérangeait, et plus encore, il les inquiétait : avec ses idées trop élevées, ses exigences peu communes envers lui-même, son désir d'entraîner les autres sur les chemins escarpés qui mènent aux plus hauts sommets, il créait un malaise autour de lui. Néanmoins, les risées ne l'arrêtèrent pas, et sa passion pour la Lumière continua de rayonner. Toute sa vie était maintenant fondée sur une certitude qui allait devenir la pierre angulaire de sa mission sur la terre.

Il ne devra son initiation personnelle à aucun Maître vivant en ce monde. On peut dire sans se tromper qu'il avait été marqué du sceau divin, comme d'autres grands êtres avant lui. Récompensé de tous ses efforts par le plus beau cadeau qu'un être humain puisse recevoir du monde divin, il avait trouvé son guide intérieur, celui qui, d'après son propre témoignage, est toujours resté avec lui.

Cette période de sa vie sera une étape parsemée de révélations intimes ; entre quinze et dix-sept ans, il se verra comblé d'expériences mystiques. Et, lorsqu'il rencontrera enfin le guide spirituel qui l'accompagnera pendant vingt ans dans le monde physique, il aura déjà rassemblé ses forces et éprouvé ses capacités, il aura fait des efforts énormes pour purifier tout son être.

Cet élan irrésistible vers les formes les plus pures de la conscience christique – cette conscience qui relie un être humain très avancé au principe divin à l'œuvre dans la Création – le força à prendre ses distances envers sa famille et son entourage. Dès ce moment, rien ne l'arrêtera, il poursuivra le travail commencé sans s'en laisser distraire. Il se rendra même jusqu'au déséquilibre physique qui permettra à la maladie de le terrasser un an plus tard.

Toutefois, il ne serait pas exact de croire que Mikhaël ne s'occupait que de ses recherches spirituelles. Un instinct très sûr le ramenait invariablement à la réalité concrète et à ses possibilités infinies. Son habileté manuelle le portait à fabriquer des objets utiles, à bricoler, à dessiner, mais surtout, les exigences de la vie de famille et ses responsabilités de fils aîné lui tenaient à cœur. Il continuait aussi à occuper des emplois temporaires de temps à autre.

Pendant l'été 1916, alors que la Première Guerre mondiale faisait rage en Europe, il obtint pour la durée de la saison un emploi de secrétaire remplaçant dans un centre de ravitaillement. Comme toujours, il prit plaisir à observer les gens autour de lui. Il remarqua que le chef de section – un gros homme qui parlait haut – savait se faire écouter de tous les autres employés, lesquels ne s'exprimaient qu'à voix basse. Pourtant, grâce à sa bonhomie et à son attitude chaleureuse, cet homme était très aimé.

Ces constatations amenèrent Mikhaël à réfléchir à sa propre attitude en société. On retrouve ici, et non pour la première fois, l'un des paradoxes de son tempérament : malgré sa force de caractère et ses expériences très poussées dans différents domaines, il était affligé d'une « timidité incroyable » qui le paralysait en diverses circonstances.

Ses amis ne s'en apercevaient guère, sans doute, mais lui-même en souffrait secrètement. Il s'irritait de se sentir obligé de passer plusieurs fois devant un magasin avant d'oser y mettre les pieds, il avait honte de bafouiller en s'adressant à des inconnus : « Je parlais toujours doucement et tout le monde me faisait attendre... »

Il décida de se guérir de ce défaut par l'autosuggestion. Un soir, avant de se coucher, il se concentra sur un point brillant placé au centre d'un cercle. Il répétait avec force que sa timidité était déjà vaincue. Par la pensée, il se voyait en train d'accomplir toutes les choses qu'il n'osait faire dans la vie quotidienne. Peu à peu, grâce à cette capacité de concentration qu'il avait déjà développée, il obtint des résultats impressionnants : à plusieurs reprises, il parvint à s'hypnotiser lui-même et à s'endormir profondément.

Au bout de quelque temps, il fut totalement libéré de cette difficulté qui l'avait si souvent fait souffrir. Toutefois, lorsqu'il mentionna plus tard cette expérience de sa jeunesse, il précisa qu'à l'époque, il n'avait pas su que ces méthodes pouvaient s'avérer dangereuses pour le système nerveux. Au fil de sa vie, il prit toujours soin de ne pas encourager les gens à faire des tentatives pour lesquelles ils n'étaient pas préparés.

À un certain moment, il se mit à fréquenter une grande librairie de Sofia. Quatre cent soixante-dix kilomètres séparaient Varna de la capitale, et si les trains étaient gratuits en ces années-là, ils n'étaient cependant pas rapides. Un voyage à Sofia devait durer une bonne partie de la journée, ce qui obligeait probablement l'adolescent à rentrer chez lui tard dans la nuit.

La première fois qu'il se rendit à la librairie en question, il prit le temps de feuilleter des œuvres de différents auteurs.

Le libraire, qui l'observait, prit subitement quelques brochures posées sur une tablette et les lui tendit : « Voilà ce que vous devez lire », lui dit-il.

Mikhaël regarda les brochures en se demandant ce qu'elles pouvaient bien contenir d'intéressant. Il en avait lu bien d'autres, de ces articles et de ces exposés qui l'avaient laissé insatisfait. Levant les yeux sur le libraire, il lui sourit. « Je vous crois, monsieur. Je vous remercie de m'indiquer ce que vous connaissez de meilleur. »

Néanmoins, sans se laisser distraire de ce qu'il voulait acheter, il choisit quelques livres de Steiner, dont il continuait à étudier les œuvres. Pendant le voyage de retour, il s'aperçut avec surprise que son sac ne contenait plus que les brochures données par le libraire. La perte des livres était pour lui une grande déception, car dans son désir d'aider sa mère le plus possible, il ne pouvait se permettre de dépenser beaucoup pour sa nourriture intellectuelle. Il se mit à lire les brochures.

L'auteur des opuscules s'appelait Peter Deunov et habitait Sofia. Ses textes étaient différents de tous ceux que Mikhaël avait lus jusque-là. Le style simple, clair et précis lui alla droit au cœur tout en donnant à son intellect des réponses satisfaisantes. « Celui-là dépasse tous les autres, se dit-il. Comment pourrais-je le rencontrer ? » Ce ne sera que quelques mois plus tard qu'il fera sa connaissance, mais sa quête d'un guide spirituel tirait à sa fin. Au fin bout du tunnel, il apercevait une lueur encore voilée, une promesse. Par la suite, il retourna à Sofia et le libraire, qui devint pour lui un véritable ami, lui prêtait des livres de sa bibliothèque personnelle et l'invitait à s'installer dans son arrière-boutique pour lire en toute tranquillité.

À cette époque, Mikhaël était habité d'une soif insatiable de connaître, de posséder tout le savoir du monde. Il lisait parfois du matin au soir et jusque tard dans la nuit. Certains jours, il dévorait jusqu'à six ou sept cents pages et lisait même en mangeant pour ne pas perdre de temps. De plus, porté par ce feu intense qui brûlait en lui depuis son extase, il augmentait ses exercices de respiration et de concentration, les poursuivant pendant des heures et parfois des journées entières.

Tout à ses lectures et à ses exercices spirituels, il ne remarquait pas qu'il abîmait sa santé ; il ne comprenait pas d'où lui venait cette fatigue extrême qui l'accablait. Habitué, depuis la mort de son père, à se nourrir de façon frugale et même insuffisante, il se contentait souvent d'un chou cru pour une journée tout entière, ou encore, il puisait dans le traditionnel tonnelet de cornichons, de poivrons et de céleris au vinaigre préparés par sa mère.

Ce régime alimentaire très pauvre le mettait dans un état de légèreté qui lui permettait de se dédoubler facilement. Il ne s'en plaignait pas, bien au contraire, il en profitait, mais il maigrissait de façon inquiétante et son visage prenait une teinte livide. De plus, comme il manquait de sommeil, il s'endormait fréquemment à des moments inopportuns. Ne sachant trop que faire pour remédier à la situation, il poursuivait ses activités à grands coups de volonté.

Durant tout ce temps, sa mère l'observait avec inquiétude. Convaincue que tout le mal provenait de ces livres qui l'influençaient et le portaient à faire tant de choses extravagantes, elle menaçait de les brûler.

Pour éviter la catastrophe, Mikhaël s'enfermait à clé dans sa chambre. Quand elle venait à sa porte pour le supplier de sortir dans le parc, il résistait et lui disait doucement de ne pas s'inquiéter, qu'il s'y rendrait un peu plus tard. Et il continuait à s'occuper de la seule chose au monde qui, à ses yeux, valait la peine d'être faite.

Dolia pleurait. Elle ne savait plus que faire. Les membres de sa famille et ses voisins lui répétaient : « Il va finir par en mourir, il ne faut pas le laisser continuer comme ça ! » Un jour, elle céda à la crainte qui l'envahissait et aux pressions que son entourage exerçait sur elle : elle jeta les livres de son fils au feu.

Mikhaël ne se laissa pas arrêter pour autant. Il continua ses exercices spirituels, ses respirations spéciales, ses jeûnes, ses méditations. « C'était presque une folie, avoua-t-il un jour, tellement c'était exagéré. » De ce brasier qui le dévorait, il dit encore : « Ah, c'était un tel feu, une telle lumière ! »

Encore une fois, autour de lui, on crut qu'il était devenu fou. Mais les membres de sa famille et ses amis ne pouvaient comprendre « qu'il était fou de bonheur », comme il le disait après coup. Ils ne pouvaient savoir que cette extase qui lui avait fait perdre la tête représentait l'aboutissement d'une longue maturation, le couronnement d'un travail spirituel accompli depuis l'âge de douze ans.

Ces excès sont presque inévitables chez les êtres forts et déterminés qui sont destinés à accomplir de grandes choses. Or, pour leurs proches, il est toujours difficile de comprendre la nécessité d'exercices rigoureux qui mènent à l'obtention de résultats exceptionnels. Il leur est donc souvent impossible d'accepter la démesure, l'élan surhumain vers la perfection qui se manifeste dans la conduite d'un être qui a grandi parmi eux, et qu'ils croient si bien connaître.

Entre son illumination et sa rencontre avec le Maître qu'il cherchait, Mikhaël connut plusieurs expériences mystiques qui se révèlent un peu difficiles à situer chronologiquement. De la plus extraordinaire, on sait peu de choses : il a simplement dit qu'il avait senti entrer dans ses poumons, pendant ses exercices de respiration, une goutte de feu qui avait embrasé tout son être. Un bonheur ineffable et une douceur exquise l'avaient envahi : « Je pleurais de ravissement, j'étais dans des extases. »

Il disait avoir compris que ce feu était une particule de l'éther, du *prana*, de l'Esprit cosmique, ce feu capable de transmuter les anciennes formes et de créer un nouvel être. À sa manière, il a parlé de cet évènement exceptionnel d'une façon discrète et détachée. Pourtant, il semble avoir expérimenté ce jour-là cette seconde naissance dans l'Esprit qui consacre un être en vue d'une mission sacrée. Mais cette invasion de son être par l'Esprit christique s'était faite sans témoins. Ce que son entourage pouvait en voir n'était qu'un reflet, un rayonnement dont la source première demeurait un mystère.

C'est à la même époque qu'il fut transporté très loin, hors de son corps, au cœur de la musique cosmique. D'un seul coup, il eut le sentiment de se fondre avec l'univers. Il était à la fois pierre, arbre, fleur, montagne, étoile. Traversé par des courants extrêmement puissants, il entra dans une conscience aiguë de l'essence de toutes choses.

Le monde entier chantait... les étoiles, les plantes, les pierres, les arbres, tout chantait dans une harmonie tellement grandiose, tellement sublime que mon être se dilatait au point que j'ai eu peur de mourir... Je vous souhaite à tous d'entendre, ne fût-ce que pendant quelques secondes, ce que j'ai moi-même entendu, afin que vous ayez une mesure, une idée de ce qu'est la vraie musique.[22]

Cette expérience compte parmi les plus belles et les plus rares qui soient. Ce jour-là, Mikhaël avait réussi à atteindre un état vibratoire exceptionnel. Mais le corps humain n'est pas fait pour survivre longtemps à de telles tensions et, cette fois, l'extase n'avait duré que quelques secondes. Si elle s'était poursuivie plus longtemps, elle aurait pu mettre fin à son existence terrestre.[23] Sentant qu'il risquait d'être pulvérisé, Mikhaël l'avait interrompue.

C'est la peur qui m'a fait revenir, non pas la peur de mourir, mais de ne plus pouvoir revenir travailler sur la terre. Si vous avez une tâche sur la terre, il faut l'entreprendre. Je ne pouvais pas y renoncer.[24]

Par la suite il ne pourra s'empêcher de regretter d'y avoir mis un terme, tant la nostalgie de ce bonheur demeurera poignante. Son regret sera d'autant plus vif qu'il ne retrouvera jamais pareille musique sur le plan physique. Cependant, le souvenir de ce moment inexprimable au cœur même de la musique de l'univers demeurera pour lui un soutien dans les épreuves et lui servira de mesure absolue.

Ses réflexions sur la musique ne seront pas inspirées des critères reconnus, mais de cette mesure elle-même. Il pourra affirmer qu'à chaque planète se trouvent attachés une couleur et un son déterminés, et que la symphonie des sons varie avec chaque heure de la journée.

---

22 Conférence du 19 avril 1945.
23 Dans l'univers, tout bouge, tout vibre, rien n'est à l'état de repos : « Quand l'objet acquiert un certain degré de vibration, ses molécules se désagrègent et se décomposent en ses propres éléments originaux et en ses propres atomes. Les atomes, obéissant au Principe de la Vibration, se séparent alors et redonnent les innombrables corpuscules dont ils étaient composés. Finalement, les corpuscules eux-mêmes disparaissent et on peut dire que l'objet est composé de Substance Éthérée. » *Le Kybalion*, Bibliothèque eudiaque, Paris, 1917, p. 97.
24 Conférence du 21 août 1954.

Cette étape intensément mystique qu'il traversait à seize ans comportait toutefois des dangers qu'il côtoyait de trop près, emporté par son caractère ardent. À la longue, ses exercices de *pranayama* faillirent tourner à la catastrophe. On sait qu'en yoga, les techniques de respiration sont basées sur d'anciennes traditions mises au point par des mystiques hindous qui attachent beaucoup d'importance à la structure de la colonne vertébrale avec ses sept centres éthériques, ou chakras. À sa base est enfermée une énergie appelée *Kundalini* qui est liée à la force sexuelle. Lorsqu'elle se voit éveillée par certaines techniques, elle est capable de déclencher des forces psychiques colossales.

Mikhaël n'avait pas encore suffisamment de connaissances pour se méfier des périls reliés aux exercices soutenus effectués en l'absence d'un guide expérimenté. Il ne savait probablement pas que les antiques textes sanscrits sont intentionnellement obscurs sur les techniques du pranayama afin, justement, d'empêcher les néophytes de s'en servir sans supervision. Un jour, pendant ses respirations rythmiques, il ressentit une douleur aiguë, comme si son cerveau allait exploser. Tout son être brûlait et des courants terribles le traversaient, le faisant atrocement souffrir.

Conscient d'un danger mortel, il fut saisi d'une peur affreuse et fit des efforts gigantesques pour faire reculer la force Kundalini. Ce ne fut qu'en concentrant sa pensée avec toute l'énergie qu'il possédait, de même qu'en invoquant les puissances du monde invisible, qu'il parvint à la rendormir. S'il n'avait pas réussi à échapper à sa puissance destructrice, il aurait pu perdre la raison ou mourir dans de terribles souffrances. Cependant, cette épreuve du feu devait être traversée ; elle faisait certainement partie de la somme globale des choses qu'il devait connaître afin d'être en mesure d'enseigner plus tard les grandes vérités de la science initiatique avec toute la sagesse nécessaire.

Au fil de sa vie, jamais il ne conseillera d'éveiller la force Kundalini, bien au contraire : il affirmera toujours que la meilleure méthode d'évolution consiste à se purifier, à travailler longuement sur soi-même, et que les vertus, les capacités psychiques et les pouvoirs viennent tout naturellement au moment où nous sommes prêts à les assumer, à les contrôler et à les utiliser au service de la Lumière.

***

Au début de l'année 1917, épuisé par les jeûnes répétés et les exercices spirituels excessifs, Mikhaël tomba malade. Quelque temps auparavant, il avait été fort impressionné par des textes du thérapeute allemand Kneipp, qui redonnait la santé à ses malades au moyen de méthodes particulières d'hydrothérapie.

Dans le but de se purifier et de retrouver des énergies physiques, il avait mis ces méthodes à l'épreuve. Pendant des semaines, il avait pris des bains dans l'ancienne écurie qui lui servait toujours de laboratoire, mais dans cette pièce glaciale au plancher en terre battue, il avait fini par prendre froid. Il fut si malade, et la torpeur dans laquelle il demeura plongé fut si profonde que sa mère, très inquiète, fit appel à un médecin.

En fait, Mikhaël était atteint de typhoïde. La maison fut mise en quarantaine et Dolia soigna son fils jour et nuit. Toutefois, elle le voyait décliner rapidement. Brûlant de fièvre, accablé de maux de tête, il délirait durant de longues périodes, retombant ensuite dans une prostration voisine du coma. Pendant un mois, il fut entre la vie et la mort. Quand les périodes de délire revenaient, il réclamait des livres. Rien d'autre ne l'intéressait. Il ne pensait ni à guérir ni à vivre, il voulait seulement tout apprendre, tout connaître, lire tous les livres de la terre.

Tourmenté, dévoré par la soif, il ne pouvait trouver le repos et ne songeait qu'à demander des ouvrages de philosophie, de spiritualité et de science. Étrangement, il insistait pour avoir à portée de la main les œuvres philosophiques de Spinoza, qu'il aimait particulièrement. Ses proches essayaient de le contenter et obtenaient, on ne sait trop comment, des livres qu'ils déposaient sur son lit. À peine conscient, Mikhaël sortait de son engourdissement et les remerciait. Il prenait les volumes dans ses mains, les caressait et les plaçait près de son oreiller, avec le sentiment d'aller mieux. Mais quand la fièvre ramenait le délire, il en réclamait d'autres.

Vint un moment où la petite flamme de vie parut être sur le point de s'éteindre. « Il va mourir, disait Dolia en pleurant. » Mais Mikhaël n'était pas destiné à quitter la terre. Durant toute cette période, quelque chose avait veillé en lui : au cours de ses moments de lucidité, il avait souvent eu conscience du travail qu'il pourrait accomplir par la pensée afin de se guérir. Son état de faiblesse extrême l'avait empêché de se concentrer, mais chaque fois qu'il en avait été capable, il avait rassemblé ses forces pour accepter la souffrance dans toutes les fibres de son être et purifier ainsi son organisme.

Il fit un jour une réflexion qui peut paraître étrange, mais qui correspond certainement à une réalité : « Je me suis guéri par la souffrance. » Lorsqu'il fut enfin hors de danger, ses forces revinrent lentement, et son attrait excessif pour les livres avait disparu. Il continua de lire par la suite, mais plus jamais de la même manière. Cette « terrible maladie de purification », comme il la définissait, semble avoir fait partie intégrante de l'étape intensément mystique qu'il traversait à ce moment, mais elle fut aussi le prélude à une expérience spirituelle qui le marqua profondément. Un soir, dans un état de demi-sommeil particulièrement propice aux visions, il vit apparaître devant lui un personnage à l'allure altière, magnifiquement vêtu de noir. À ses yeux sombres, remplis de quelque chose de terrible, Mikhaël sentit que cet être, dont toute l'attitude exprimait la puissance et la domination, voulait s'emparer de lui et lui transmettre ses pouvoirs.

Un personnage vêtu de blanc apparut à son tour, mais celui-là était un être de lumière, rayonnant, d'une beauté indicible. Son regard exprimait l'amour et la bonté. Mikhaël réalisa qu'il se trouvait devant un choix. Impressionné par les immenses pouvoirs que le premier pouvait lui communiquer, il était cependant effrayé, dans le fond de son cœur, par ses émanations terribles. Il comprit que la Loge Noire – cette confrérie constituée de toutes les forces destructrices, par opposition à la Loge Blanche qui rassemble les puissances de la lumière et de l'amour – voulait se servir de lui.

Aussi tourna-t-il encore une fois son regard vers le deuxième personnage. Il le trouva si beau qu'il en perdit la tête. Il se laissa attirer par lui « parce qu'il avait le visage du Christ et qu'il était l'image de la douceur, de la bonté, du sacrifice ». Dès qu'il eut fait son choix intérieur, l'être de ténèbres s'évanouit tandis que l'être de lumière le considérait avec une expression de douceur infinie avant de disparaître lui aussi. Ce fut la splendeur de ce dernier qu'il décrivit un jour : « J'étais émerveillé de sa beauté. C'est *la beauté* qui m'a capturé. »

Cette vision fut un évènement décisif dans sa vie. Sa liberté avait été totale devant ces deux options : utiliser ses grandes capacités psychiques pour son intérêt personnel ou les mettre au service de la Lumière. Cette nuit-là, il prit la ferme résolution de ne s'en servir qu'à des fins spirituelles désintéressées. Les choix qu'il effectuait en ces années-là étaient très nets.

À propos des énergies sexuelles, il avait découvert chez Paracelse une idée qui l'avait marqué. L'auteur affirmait que pour l'homme, la perte de sa semence représentait *la perte de la vie*. Mikhaël dit un jour que la lecture de cette pensée s'était révélée très importante pour lui : elle l'avait amené à prendre une décision qui lui permit de réaliser beaucoup de choses. Or, s'il prit cette décision, c'est qu'il possédait déjà la même conviction que Paracelse. Résolu à ne pas donner d'issue physique à ses énergies sexuelles, mais plutôt à les transformer dans un but mystique, il s'en servira tout au long de sa vie comme on se sert de la pression pour faire monter l'eau jusqu'au dernier étage d'un édifice.

Cette image du dernier étage symbolisera à ses yeux le cerveau de l'être humain où se trouve le *chakra aux mille pétales*. Sans jamais renier ou étouffer les énergies sexuelles, il élaborera progressivement une philosophie de la sexualité, extrêmement équilibrée et respectueuse de l'être humain et de son évolution.

✳✳✳

Durant l'hiver 1917, au cours de sa longue convalescence, Mikhaël apprit que l'auteur des brochures offertes par son ami libraire venait d'arriver à Varna. On disait que Peter Deunov était un Maître spirituel, clairvoyant, musicien, et qu'il avait beaucoup de disciples. Il s'était vu expulsé de Sofia sur les instances des autorités religieuses qui n'approuvaient pas son enseignement basé à la fois sur les Évangiles et sur les grands thèmes de l'antique science initiatique. Exilé à Varna, il s'était installé à l'hôtel Londres, non loin de chez Mikhaël.

Un jour que l'adolescent prenait un peu d'exercice, il vit venir vers lui un homme de taille moyenne, à la démarche rapide et vigoureuse, qui le croisa dans un souffle de vent. Très ému, il se dit : « Ce doit être lui ! » Le visage qu'il venait d'apercevoir était empreint d'une telle noblesse qu'il ne pouvait être que celui de Peter Deunov... Incapable de penser à autre chose, il alla se renseigner en ville et reçut la confirmation que son intuition avait été juste. Il s'agissait effectivement de Peter Deunov. Aussitôt, il se rendit à l'hôtel pour y faire la connaissance de l'auteur qui l'avait tant inspiré.

Dans la pièce où il fut introduit, il reconnut l'homme aux cheveux gris qu'il avait croisé dans la rue. Assis près d'une table, il jouait un air de violon, tandis qu'une autre personne chantait doucement. « Quand vous avez frappé, lui dit Peter Deunov, nous chantions un air que je suis en train de composer. Vous allez le chanter avec nous. »

Surpris par cet accueil inattendu, Mikhaël acquiesça. Il essaya de chanter, mais ses cordes vocales lui refusèrent tout service. Sans paraître remarquer son trouble, le Maître Deunov continua à faire des essais sur son violon en chantonnant la mélodie avec la jeune femme présente, qui était membre de la fraternité qu'il avait fondée. Peu à peu, Mikhaël retrouva ses facultés et se mit à chanter avec eux. Le chant se développait tout doucement, au fur et à mesure que le musicien le jouait sur son violon. Quand il fut terminé et noté, Peter Deunov posa son instrument sur la table, se tourna vers son visiteur et engagea avec lui une conversation qui se poursuivit pendant un bon moment. De temps à autre, il lisait un passage de la Bible qu'il commentait, et Mikhaël, qui n'avait pas perdu sa soif d'explications franches et honnêtes, était enfin satisfait.

Il dit un jour qu'il y avait eu entre lui et Peter Deunov, dès leur première rencontre, « quelque chose d'inexplicable ». Ces deux êtres s'étaient mutuellement reconnus.

Mikhaël était impatient de connaître l'avis du Maître sur divers sujets, en particulier sur la clairvoyance. À dix-sept ans, il possédait déjà un savoir assez étendu sur les phénomènes spirituels, extrasensoriels ou occultes, ayant également étudié la philosophie de plusieurs types d'enseignements, tant orientaux qu'occidentaux. Mais il avait enfin devant lui quelqu'un qui était considéré comme un grand clairvoyant et qui pouvait parler d'expérience. Il lui posa la question :

– Comment faut-il travailler pour devenir clairvoyant ?

Peter Deunov le surprit en ne lui donnant aucune méthode spécifique.

– Par l'amour, dit-il simplement. Il faut développer l'amour. Tu deviendras un plus grand clairvoyant en travaillant comme je te l'indique.

Très touché, Mikhaël réfléchit un moment. Jusqu'alors, il avait cherché « les grands mystères, les choses qui transcendent la réalité concrète » ; ce jour-là, il prit la décision de ne jamais travailler consciemment à développer la clairvoyance, mais plutôt d'augmenter son amour. La capacité de voir les réalités invisibles à des niveaux très élevés grandira tout naturellement en lui, mais ce ne sera pas parce qu'il aura fait des exercices précis ou des efforts conscients dans ce sens. Il savait déjà que certaines méthodes, tout en donnant des résultats positifs, sont dangereuses parce qu'elles détruisent l'équilibre de l'être humain. À partir de ce moment-là, il essaya de « comprendre ce qui est véridique et de sentir la beauté cachée en toutes choses, dans les arbres, dans les fleurs et les fruits ». Cette clairvoyance-là était la meilleure qui fût.

> *J'ai compris que la voyance reste au bas niveau des vicissitudes de notre vie et qu'il existe une clairvoyance ouverte sur l'immensité de la gloire de Dieu.*[25]

Après cette première rencontre, il croisa fréquemment Peter Deunov à l'aube lorsqu'il traversait le parc pour aller voir le soleil se lever. À une heure aussi matinale, le Jardin de la Mer se trouvait désert. À chaque fois, le Maître soulevait son chapeau et saluait gravement ce jeune garçon de dix-sept ans qui se levait si tôt dans le seul but d'aller contempler le soleil.

---

25 Conférence du 1er août 1963.

La jeunesse de Mikhaël se terminait. Il allait maintenant entrer rapidement dans l'âge adulte. L'étude de sa vie d'enfant et d'adolescent révèle plusieurs paradoxes. Lui-même, en parlant un jour de ces années-là, affirmera qu'il avait été limité, médiocre dans ses études et porté à faire des expériences qui agaçaient tout le monde ; d'autre part, il avouera avoir vécu des expériences spirituelles hors du commun, tout en précisant :

« Vous voyez, on peut être faible et petit, mais si on travaille, si on met sa main dans la main de ses parents célestes, on peut arriver à se transformer. »

Ces expériences spirituelles, dont la première se situe à l'âge de six ans, correspondent à des prises de conscience successives de la présence de Dieu dans sa vie. En éveillant son désir d'être utile à l'humanité, chacune de ces prises de conscience l'a ramené vers ses amis et ses proches.

Enthousiaste, épris de perfection, instinctivement fraternel, il ne pensait qu'à partager avec eux les trésors de beauté et de lumière qu'il avait entrevus sur les sommets. Et ce souci des autres est si présent dans sa vie qu'il constitue l'une des facettes importantes de son caractère.

DEUXIÈME PARTIE

Le disciple

Car le droit chemin de l'amour, qu'on le suive de soi-même ou qu'on y soit guidé par un autre, c'est de commencer par les beautés ici-bas et de s'élever toujours jusqu'à la beauté suprême.

Platon, *Le Banquet*.

Le Maître Peter Deunov

La patrie d'Orphée a porté au fil des siècles le nom de Thrace, de Mésie, et enfin de Bulgarie. Pays de mythes antiques, elle a été jusqu'au Moyen Âge l'un des berceaux de la tradition ésotérique, à la frontière de l'Orient et de l'Occident.

D'après Omraam Mikhaël Aïvanhov, la doctrine des Mystères, enseignée depuis des millénaires dans les temples de l'Égypte et de l'Inde, a été longtemps conservée dans un Centre initiatique situé en plein cœur du massif de Rila et connu des seuls adeptes.

L'un de ces Initiés mystérieux fut Boïan le Mage, qui développa de grands pouvoirs lors de son initiation en Inde au Moyen Âge. Il fut à l'origine du mouvement bogomile en Bulgarie, mais le renouveau spirituel qu'il inspira fut de courte durée : les Bogomiles, ayant reproché aux puissants du royaume de vivre dans les excès, furent exilés ou brûlés. Réfugiés en différents pays d'Europe, ils eurent une grande influence sur des mouvements initiatiques comme ceux des Templiers ou des Cathares.

C'est dans cette tradition spirituelle que se situait Peter Deunov. Toutefois, si son enseignement reposait sur les mêmes bases que celui des Bogomiles – la lumière, la maîtrise, la pureté –, il n'en possédait pas l'austérité. Jamais Peter Deunov n'enseigna que la Création visible était le produit des forces négatives, comme l'affirmèrent les Bogomiles et les Cathares.

Quant à Omraam Mikhaël Aïvanhov, il disait que ces derniers n'avaient pensé qu'à se libérer parce qu'ils considéraient leur séjour sur la terre comme un grand malheur. À ses yeux, cette attitude était erronée : il fallait au contraire travailler dans ce monde matériel pour y faire descendre le *Royaume de Dieu*.

Peter Deunov, né en 1864 près de Varna, était le fils d'un pope orthodoxe. Après un séjour aux États-Unis où il avait fait des études de théologie et de médecine, il était rentré en Bulgarie en 1895. Il y avait entrepris de longues recherches sur la phrénologie, parcourant villes et villages dans le but d'étudier le caractère et les facultés des êtres humains d'après la forme de leur crâne. Apparemment, il avait aussi consacré beaucoup de temps à la méditation afin de préparer les bases d'une fraternité à but spirituel.

C'est vers 1900 – à l'époque de la naissance de Mikhaël – qu'il avait commencé à donner des conférences publiques. Neuf ans plus tard, entouré d'un bon nombre de disciples, il avait entrepris de tenir des congrès d'été près de la ville de Ternovo, située à mi-chemin entre Sofia et Varna. Ses explications sur le sens ésotérique des textes bibliques insufflaient une vie nouvelle aux doctrines chrétiennes traditionnelles.

Toutefois, il rencontra bientôt une forte opposition : l'essor d'un mouvement spirituel, héritier de l'antique science initiatique aussi bien que de la tradition judéo-chrétienne, inquiétait les autorités religieuses du pays.

Cet enseignement, basé sur la Lumière et sur une justice cosmique explicitée par la doctrine de la réincarnation, leur apparaissait comme une condamnation de leur propre façon de vivre et d'enseigner. En 1917, le gouvernement céda à la pression exercée par les évêques, et somma Peter Deunov de quitter Sofia.

Peu après son arrivée dans la ville de Varna, qu'il connaissait bien pour y avoir passé une partie de sa jeunesse, l'exilé se mit à donner des conférences qui attirèrent beaucoup de monde. À cinquante-trois ans, il était reconnu comme un véritable Maître spirituel, et ses paroles, empreintes d'une vision originale et profonde, répondaient aux besoins de ses contemporains. Néanmoins, ses façons de faire surprenaient un peu : pendant ses causeries, il cessait quelquefois de parler et se mettait à chantonner une mélodie qui lui venait à l'esprit. Il la développait peu à peu en demandant à ses auditeurs de bien vouloir la chanter avec lui. Excellent violoniste, il composa au fil des ans un grand nombre de chants mystiques pour sa fraternité.

Mikhaël était l'un de ses auditeurs les plus assidus. Mais Dolia, en apprenant que son fils suivait un enseignement non approuvé par l'Église, avait pleuré. Fervente chrétienne orthodoxe, elle avait du mal à comprendre l'engouement de son fils pour les activités de la fraternité.

Voyant son inquiétude, Mikhaël essaya de l'intéresser à cette philosophie spirituelle qui devenait si importante pour lui. Il l'invita à assister aux conférences. Pour lui faire plaisir, Dolia l'accompagna, mais sa première rencontre avec la fraternité ne fut pas un succès.

D'une part, Peter Deunov continuait à avoir des démêlés avec les autorités religieuses ; d'autre part, certains de ses ennemis l'avaient suivi dans son exil et essayaient d'entraver son travail spirituel en engageant des voyous pour faire du vacarme près de son local. En somme, il s'agissait d'une véritable persécution, et cela ne plut pas à Dolia.

« Sois tranquille, maman, lui dit Mikhaël en essayant de la rassurer, Peter Deunov nous a dit que la prochaine fois, la police viendrait nous protéger. »

La protection promise ne fit pas défaut. Avant la conférence, plusieurs agents se postèrent silencieusement au fond de la salle, ce qui permit à l'orateur de parler en toute tranquillité. Mais cela ne suffit pas à convaincre Dolia de continuer à assister aux réunions. Sa voie n'était pas celle de son fils. Et pourtant, elle lui répétait : « Puisque tu trouves que c'est bon, je suis avec toi. »

Profondément reconnaissant de cette liberté qu'elle lui accordait, Mikhaël vivait dans une joie éclatante, un enthousiasme débordant. Il avait enfin découvert l'un de ces Maîtres capables de se lier étroitement au monde divin, l'un de ces sages qui consacrent leur vie à éclairer l'humanité. Et ce sage dispensait un enseignement qui avait été conservé dans les plus anciens temples de la terre et dont les origines se trouvaient dans les hautes sphères du monde invisible. Peter Deunov lui-même dit un jour aux membres de sa fraternité :

En ce qui concerne l'enseignement que je prêche, ne dites donc pas qu'il a été inventé par un quelconque Deunov, mais dites que c'est l'enseignement de la fraternité de la Lumière. Demain peut venir un autre, sous un autre nom. La grandeur de tous ceux qui sont venus au monde réside en ce qu'ils ont transmis la vérité telle que Dieu l'a donnée.[26]

---

26 *L'Enseignement du Maître Deunov*, par un groupe de disciples bulgares, Publication E.T. Courrier du Livre, 1990, p. 62.

Pour Mikhaël, c'était le commencement d'une nouvelle vie. Sa quête de la perfection prenait un sens plus précis. Il se sentait riche d'avoir trouvé un trésor qu'il considérait comme l'un des plus précieux au monde, un Maître spirituel.

En fait, tout ce qu'il avait découvert et pratiqué depuis plusieurs années se voyait confirmé et équilibré par l'enseignement de Peter Deunov. Il en était extrêmement heureux, car s'il connaissait à présent les dangers inhérents aux exercices immodérés, il lui arrivait encore, par moments, de faire preuve d'imprudence.

Persuadé qu'il lui fallait un guide expérimenté afin d'avancer dans le monde spirituel, il attendait de Peter Deunov des conseils et des méthodes de travail. Un jour, il lui confia une expérience terrifiante qu'il venait de faire.
Laissons-lui la parole :

Le désir d'étudier que je portais en moi était tellement bouleversant qu'un jour j'ai quitté mon corps et je me suis lancé dans l'espace à la recherche de la bibliothèque cosmique.

Je me suis tellement éloigné du monde entier que, soudain, j'ai eu peur, me trouvant dans un espace inconnu. J'avais atteint le lieu où se trouvent les archives universelles, cela consciemment et alors que j'étais en dehors de mon corps physique.

Je me trouvais devant cet abîme dont il a été dit dans la Bible que c'est l'abîme universel. Je ne sais pas pourquoi, j'ai eu subitement peur d'y pénétrer. Je me suis senti tellement loin dans l'espace que j'ai été saisi de frayeur et, à ma honte, je suis revenu... C'était ma première expérience relative à la Bibliothèque universelle.

J'en ai parlé au Maître... Je lui ai dit que j'avais eu peur de me désagréger, de voir mes cellules dispersées dans l'espace. La peur est un état terrible... Comme on se trouve extrêmement loin de la terre, sans rien sous les pieds, et qu'on a le désir de rester accroché au sol terrestre, c'est terrifiant...

Le Maître m'a répondu qu'en effet j'avais été jusqu'à l'abîme universel mais que je n'étais pas encore préparé pour ce voyage et qu'il était mieux que je sois revenu. J'ai alors beaucoup réfléchi et appris à ce sujet. J'ai longuement médité et je suis devenu plus raisonnable.[27]

L'échec de cette première tentative dans les régions les plus sacrées de l'univers amena Mikhaël à travailler sérieusement sur l'équilibre et la pondération. Peter Deunov, voyant ses efforts, l'invitait souvent à lui rendre visite à son hôtel.

C'était toujours avec une série de questions que Mikhaël arrivait à ces entrevues, mais la plupart du temps, il recevait des réponses symboliques et abstraites, ce qui le mettait dans l'obligation de réfléchir longuement pour en saisir le sens caché. Désireux de comprendre les paroles du Maître Deunov dans toute leur beauté et leur dimension spirituelle, il avait une méthode bien à lui pour les imprimer dans sa mémoire. Jamais il ne prenait de notes.

Il essayait de n'être qu'un grand réceptacle et de sentir les choses au niveau du cœur plutôt que de l'intellect. Rentré chez lui, il se concentrait en fournissant un effort prodigieux pour retrouver les moindres aspects de la rencontre. Tout ne lui revenait pas du premier coup et il devait recommencer plusieurs fois l'exercice, mais au fur et à mesure qu'il creusait sa mémoire, les détails les plus infimes se présentaient à son esprit. C'est alors qu'il entrevoyait des perspectives qu'il n'avait pu imaginer pendant la conversation. Persuadé que toutes les vérités que le ciel lui envoyait par l'entremise de ce Maître étaient extrêmement précieuses pour lui, il pratiquera cette méthode avec persévérance pendant des années.

Au cours de leurs entretiens, lorsqu'il faisait froid dans la chambre, Peter Deunov prenait un pique-feu pour ranimer un gros brûle-parfum placé dans un coin. Tandis qu'il en remuait les charbons, Mikhaël observait la grâce indéfinissable de ses mouvements en se disant que tous ses gestes, imprégnés d'une harmonie subtile, ne pouvaient manquer d'avoir une profonde influence sur les personnes qui le côtoyaient.

---

27 Conférence du 14 juin 1944. Il parla de cette expérience après avoir donné des explications sur « *l'Akasha Chronica* », cette matière subtile située dans le grand cosmos et qui enregistre tout ce qui se passe dans l'univers : pensées, mouvements, paroles.

Si l'adolescent se révélait fin observateur, il s'aperçut bientôt que Peter Deunov l'était tout autant. Ainsi, quand il se dirigeait vers la sortie à la fin de sa visite et qu'il se retournait pour un dernier signe d'adieu, Mikhaël pouvait constater que sa propre démarche ou sa façon d'ouvrir la porte étaient passées au crible.

Impressionné, il se mit dès lors à examiner ses propres gestes et à y corriger tout ce qui ne lui paraissait pas esthétique.

Son désir de perfection le poussait aussi à solliciter très souvent des conseils. Sachant que le Maître était reconnu comme un grand phrénologue, il lui demanda un jour d'analyser son visage et de lui indiquer les éléments à travailler pour l'améliorer. Peter Deunov accepta et fit des commentaires qui semblent avoir été très importants pour le jeune Mikhaël.

« Ton front est construit d'après les lois musicales de l'harmonie céleste », lui dit-il pour débuter. Ajoutant que son menton indiquait la stabilité, il termina par quelques conseils sur la façon de corriger ce qui n'était pas tout à fait au point sur son visage.

– J'aimerais étudier la phrénologie, dit Mikhaël.

– Cette science, tu l'as déjà en toi-même, répondit en souriant Peter Deunov.

Cette affirmation peut paraître étonnante. Toutefois, Mikhaël précisa un jour que bien souvent, à l'instant même où le Maître parlait, il s'apercevait avec étonnement qu'il connaissait déjà les réponses et qu'il possédait en lui-même ces vérités que Peter Deunov éveillait. Après son long cheminement solitaire dans le monde des livres, il était comblé par cette fraternité grandissante qui était devenue sa famille spirituelle.

L'enseignement de Peter Deunov le satisfaisait pleinement parce qu'il incluait la science initiatique, la philosophie, la méditation, la prière, la musique, des exercices de respiration ainsi que des mouvements de gymnastique destinés à harmoniser l'être humain tout entier. Il y trouvait la lumière, la sagesse, l'amour fraternel.

« La nouvelle vie, c'est de donner au lieu de prendre », se disait-il. Or, ce n'était pas de l'argent qu'il pouvait donner. Son amour et ses pensées constituaient ses plus grandes richesses. Il les consacrait donc à Peter Deunov afin de l'assister dans son œuvre.

Tous les matins, il effectuait un travail mental pour lui, un travail qui consistait à penser à lui en l'entourant de magnifiques couleurs, en l'imaginant d'une beauté ineffable, en projetant sur lui toutes les qualités et les vertus du monde.

En réalité, c'était sa passion pour les liens subtils qui le portait à s'unir le plus souvent possible, par la pensée, à ce Maître spirituel. À ses yeux, celui-ci formait un chaînon dans la grande famille des êtres de plus en plus évolués qui montent jusqu'à Dieu : par conséquent, en se liant à lui, il établissait un lien puissant avec les hiérarchies les plus élevées et, grâce à ce travail, il récoltait toute une moisson de bienfaits spirituels qui alimentaient son désir de perfection et sa quête de Dieu.

★★★

Mikhaël ne fut malheureusement pas en mesure de profiter très longtemps de cette situation idéale. À la fin de l'année 1917, le temps vint pour lui de faire son service militaire. Il en était accablé. La simple idée d'être soldat lui faisait horreur : jamais il ne participerait à aucun des aspects de la violence humaine.

À cette époque, la Première Guerre mondiale ravageait de nombreux pays et ses répercussions se faisaient sentir dans les Balkans. Animé par ses idéaux d'amour, d'entraide et de partage, Mikhaël souffrait de n'entendre parler, depuis son enfance, que de brutalité et de terreur, de guerres successives et d'insurrections. Aussitôt qu'il reçut sa convocation, il se rendit chez Peter Deunov : « Je pleurais, avoua-t-il un jour, car j'aurais voulu rester avec lui et continuer à aller aux levers de soleil ! »

Sa réaction est révélatrice : parmi tous les renoncements qu'impliquait un service militaire, les plus difficiles à accepter étaient l'impossibilité de pratiquer son « yoga du soleil », et l'éloignement de son Maître spirituel. Mais à sa grande surprise, celui-ci se mit à rire. D'abord peiné, Mikhaël demeura silencieux, puis il pensa : « Je ne peux exiger que ce grand Maître partage le chagrin d'un petit disciple comme moi ! »

En fait, Peter Deunov prenait souvent un air gai devant la tristesse des autres afin de dissiper leurs émanations négatives et modifier de la sorte leur état d'esprit. Mais l'expression de son visage se transforma subitement. Regardant son jeune disciple avec un amour paternel, il affirma : « Tu vas t'en libérer très vite et de façon extraordinaire. Tu ne sais pas ce que le ciel prépare pour toi ! »

Le séjour de Mikhaël dans l'armée fut effectivement très court. Peu de temps après son arrivée, il fut atteint du virus de la jaunisse. Transféré à l'infirmerie, il reçut des soins très sommaires d'un sergent dont la compétence médicale se bornait à l'usage de la teinture d'iode. Et bientôt la prédiction de Peter Deunov se réalisa : trop malade pour être en mesure de poursuivre son service militaire, Mikhaël fut réformé et renvoyé chez lui pour se soigner. Après sa guérison, pâle et amaigri, il rendit visite au Maître Deunov qui lui annonça aussitôt : « Ton foie est abîmé. »

– Que dois-je faire pour le guérir ?

– Voici ce que tu dois faire. Chaque matin, à jeun, tu boiras une tasse d'eau. Tu la boiras lentement en la mâchant, gorgée après gorgée en concentrant toute ta pensée sur le travail que tu fais. Tu parleras aussi à l'eau :

« Ma chère eau, nous allons ensemble réparer ce qui ne va pas dans mon organisme ».

Perplexe, Mikhaël se disait : « De l'eau ? C'est ça, son remède ? » Il n'y croyait pas trop, mais il obéit néanmoins, convaincu qu'il avait intérêt à suivre les conseils de Peter Deunov, même dans le cas où celui-ci se tromperait. Pour le jeune homme, il était clair que les véritables Maîtres – qui se servaient des forces de la lumière – n'exigeaient jamais de leurs disciples la soumission, mais il demeurait persuadé que l'obéissance était un exercice salutaire qui permettait à ceux-ci de développer l'humilité.

Il commença donc le traitement prescrit. Dès la première gorgée, il éprouva une sensation extraordinaire, comme s'il goûtait à l'eau pour la toute première fois de sa vie. Il la dégusta comme un élixir. Dans une sorte de vertige agréable, sa conscience s'élargit et devint plus réceptive, plus aiguisée.

Pendant qu'il concentrait sa pensée sur l'eau pure, son être tout entier réagissait aux propriétés mystérieuses de cet élément qu'il aimait tant. En peu de temps, il se sentit revigoré et finit par sortir de l'état d'épuisement extrême causé par sa dernière maladie.

En fait, Peter Deunov avait renvoyé son jeune disciple à une réalité que celui-ci connaissait depuis longtemps sans en avoir compris toutes les implications : les propriétés subtiles et cachées de l'eau... Toutefois, Mikhaël n'était pas satisfait.

Désireux d'aller encore plus loin dans le rétablissement de sa santé, il médita longuement sur l'unité indispensable au corps humain. « Les organes ne fonctionnent bien, pensait-il, que s'ils obéissent à un principe supérieur qui règle leur activité. Comment toucher ce principe, comment entrer en communication avec lui ? Comment le rejoindre pour qu'il puisse prendre possession de son royaume intérieur ? »

Il se disait que les organes du corps et leurs cellules forment « un royaume très imparfaitement gouverné par l'être humain », et qu'il fallait donc se mettre en contact avec le véritable roi de ce royaume. À force de méditer, sa pensée réussit à s'élever très haut. À un certain moment, il sentit qu'il avait atteint l'élément omniscient de tout être humain, le *Moi supérieur*. C'est alors qu'il eut une révélation sur l'existence d'un point extrêmement puissant situé derrière la tête : il se mit à se concentrer régulièrement sur cet endroit en y introduisant toute la lumière qu'il pouvait imaginer.

Un jour il sera en mesure d'affirmer qu'en touchant ce point par la pensée, on peut entrer en contact avec son Moi supérieur, qui envoie alors des énergies vers les cellules :

Je peux vous donner un exercice qui consiste à se concentrer sur l'arrière de la tête, sur l'occiput. Essayez quelques minutes... il se passera quelque chose en vous, tout votre corps vibrera, vous sentirez des étincelles. Mais ne prolongez pas longtemps l'exercice ; dès que vous sentirez cette tension, comme si vous aviez touché un point névralgique qui fait vibrer tout votre corps, arrêtez-vous. Les premières fois, vous ne devez pas prolonger l'expérience, il faut être très prudent.[28]

Peu à peu, grâce à des exercices réguliers, l'état maladif dans lequel il vivait depuis des années disparut. Dès lors, il sut qu'il allait continuer à découvrir par lui-même des choses très

---

28   « *Connais-toi toi-même* » Jnani Yoga I, « Le Moi supérieur II », Prosveta.

importantes, presque en dehors de l'influence de ce Maître spirituel auprès duquel il se proposait de travailler longuement.

Ce qu'il racontera plus tard de sa jeunesse sera révélateur : ses expériences et ses découvertes avaient eu leur source dans une inspiration intime et, depuis son illumination, son guide intérieur se trouvait toujours avec lui.

De son propre aveu, c'était ce guide qui inspirait tous ses travaux spirituels. Peter Deunov jouait le rôle du sage auprès duquel il prenait « la mesure » des choses tout en vérifiant ses intuitions et ses découvertes.

Ce sage accompagnait Mikhaël, semble-t-il, pour lui donner de temps à autre une indication succincte servant de ferment à une réflexion déjà bien élaborée. Il le guidait avec une grande attention afin de lui permettre d'apprendre ce qu'il ignorait, mais en fait – et c'est Mikhaël lui-même qui le dira –, il le dirigeait sur le plan physique vers un Maître inconnu qui appartenait à une autre dimension.

Au printemps 1918, Peter Deunov lui enseigna à utiliser la technique du dédoublement d'une façon efficace et sécuritaire. Afin de lui offrir l'occasion de faire une expérience spirituelle spéciale, il l'emmena jusqu'au plan causal – l'un de ces plans élevés qui possèdent des champs vibratoires particuliers et qui forment différents niveaux d'énergie dans l'atmosphère. À cette époque, le Maître avait été invité à passer un certain temps chez un membre de sa fraternité qui habitait dans les vignobles, au nord de Varna. Lorsque Mikhaël lui rendit visite, il se vit invité à revenir très tôt le lendemain afin d'aller méditer au lever du soleil dans les grandes collines.

Le Maître Deunov réservait une grande place au soleil dans son enseignement et recommandait à tous de le contempler à son lever, du printemps à l'automne. Il expliquait comment assimiler la lumière solaire afin de la transformer en vertus et de la transmettre aux autres ; précisons ici qu'il ne conseillait pas de considérer le soleil comme une sorte de dieu, mais de se nourrir de sa lumière au moment où il est le plus bénéfique à l'organisme humain.

À la perspective de cette excursion avec lui, Mikhaël ne dormit pas de la nuit, tellement il était excité. Afin d'être à l'heure à ce rendez-vous très éloigné de chez lui, il se leva longtemps avant l'aube. Plus tard, marchant sur la route avec le Maître, il se sentait si heureux qu'il parlait avec volubilité. « J'étais fier comme Artaban parce que j'étais avec lui ! » Mais il finit par s'apercevoir que Peter Deunov, tout en lui souriant, lui répondait à peine. Le message était clair et il se tut.

Le ciel s'éclaircissait lentement et le silence n'était plus rompu que par le bruit de leurs pas sur la route. Mikhaël se prépara à la méditation. Ils atteignirent les grandes collines au moment où le soleil embrasait le ciel d'un seul coup avant d'apparaître au-dessus de la mer. « La couleur du disque solaire était si merveilleuse qu'on avait comme un désir de boire sa lumière », dira un jour Mikhaël en partageant ce souvenir de sa jeunesse avec ceux qui suivront son enseignement : il leur suggérera d'aspirer la lumière du soleil levant, de la boire consciemment et d'en faire un véritable élixir de santé physique et spirituelle.

Après un moment de méditation et quelques exercices de respiration, Peter Deunov annonça : « Maintenant, nous allons nous étendre. » Et il se coucha à plat ventre dans l'herbe pour exposer son dos au soleil. Sous le coup de l'étonnement, Mikhaël l'imita.

Bientôt, à travers ses vêtements, il sentit une chaleur bienfaisante sur sa peau. Son dos semblait devenir comme une grande batterie qui se remplissait d'énergies solaires. Envahi par un profond sentiment de bien-être, il entra dans un état qui n'était pas le sommeil, mais qui pouvait s'y comparer. Lorsqu'il reprit conscience, il eut l'impression que le Maître était lui-même revenu au même instant.

Il n'avait qu'un souvenir confus de ce qui s'était passé, mais il savait qu'il venait de faire une expérience exceptionnelle : tout son être se trouvait encore plongé dans le ravissement. Peter Deunov le regardait en souriant.

– Sais-tu où nous étions ?

– Non, Maître, mais je serais heureux que vous me le disiez.

– Nous sommes allés dans le plan causal. Mais les entités qui nous ont reçus ont dit qu'il ne fallait pas que tu te rappelles ce que tu avais vu, et c'est pourquoi j'ai été obligé de poser sur toi un voile. Mais tu sens, n'est-ce pas, qu'il s'est passé quelque chose ?

– Oui, Maître, oui.

Effectivement, il savait qu'il s'était produit quelque chose de très important pour son âme. Il avait le sentiment que des ondes rapportées des plans supérieurs vibraient toujours autour d'eux et que toute la nature se trouvait dans un état d'enchantement. Après un moment de silence, Peter Deunov rompit le charme en sortant de sa besace un peu de nourriture qu'il partagea avec son compagnon avant de redescendre vers la ville.

Quant à Mikhaël, il passa toute cette journée à se remémorer sa nouvelle expérience spirituelle. Par la suite, il accompagna fréquemment Peter Deunov au lever du soleil. Après avoir longuement médité, ils quittaient leur corps physique et le Maître guidait alors son jeune disciple avec une attention et un amour peu communs, lui offrant l'occasion d'apprendre « les réalités du monde invisible ».

✸✸✸

S'il était ainsi donné à Mikhaël de découvrir la « réalité » de mondes inconnus de la plupart des êtres humains, il ne lui était pourtant pas permis d'ignorer celle du monde physique dans lequel il vivait. À dix-huit ans, il fut appelé à prendre l'une de ces décisions importantes que sa future mission imposait.

Le personnage qui lui en offrit l'occasion fut l'ancien consul de Bulgarie aux États-Unis, qui venait de rentrer dans son pays après avoir beaucoup voyagé. Passionné de magie, il avait publié des livres sur le spiritisme et rapporté de ses pérégrinations quantité de fétiches et de vêtements rituels avec lesquels il se proposait de faire des expériences. Après être devenu président d'un groupe de spirites, il fut forcé d'admettre ses limites sur le plan psychique. Il se mit alors à la recherche d'un jeune homme doué en ce sens et qui serait susceptible de l'aider à réaliser ses projets.

Bientôt, Mikhaël reçut une invitation à se rendre dans le quartier élégant où demeurait le diplomate. Celui-ci lui fit une proposition mirobolante : en retour de ses services, il lui offrait un bon salaire, une chambre, les repas, ainsi que l'usage d'une bibliothèque bien garnie sur l'occultisme, la magie et les phénomènes extrasensoriels. « Et tout ce que vous voudrez », ajouta-t-il. Le consul était prêt à payer cher pour s'acquérir la collaboration de Mikhaël : il entrevoyait des perspectives très intéressantes dans le domaine de la communication avec les esprits.

Quelques personnes lui avaient parlé des capacités, de la pureté et de la spiritualité de ce jeune homme exceptionnel. Quant à Mikhaël, il se retrouvait devant la tentation classique de la richesse et des pouvoirs : les ressources de l'importante bibliothèque du consul, les expériences extrasensorielles, et enfin l'argent qui lui permettrait d'aider sa famille et de vivre à l'aise.

Sa réaction spontanée fut de consulter Peter Deunov afin de s'en remettre à son jugement. Après réflexion, il était lui-même arrivé à la conclusion que « le véritable élément magique du cheminement vers la perfection était la présence d'un Maître spirituel », et que les réalisations psychiques en elles-mêmes n'avaient pas tellement d'importance. Par conséquent, il ne fut pas vraiment surpris lorsque ce Maître lui déconseilla catégoriquement de se lier au consul et de s'adonner à la magie :

> Je ne connaissais pas grand-chose de la nature humaine, de sa cupidité, de sa perversion, de son goût pour les entreprises dangereuses. Mais je voulais être bien guidé, bien conduit, et je ne faisais rien sans demander l'opinion de Peter Deunov. Il y a tellement de façons de vendre son âme au diable ! Il n'est pas nécessaire de faire un pacte avec lui, comme il est raconté dans les livres de sorcellerie ; il suffit d'obéir à des mobiles intéressés et égoïstes pour perdre chaque fois un peu de la lumière de son âme.[29]

À seize ans, après avoir fait son choix entre les deux Êtres opposés de sa vision nocturne, il n'avait pas pour autant été libéré des choix successifs par lesquels tous les êtres humains sont appelés à consolider leurs premières décisions, même les plus fermes. La liberté demeure, les options sont sans cesse à refaire.

Attentif à purifier ses motivations et soutenu par la sagesse de Peter Deunov, Mikhaël poursuivit ses travaux spirituels. À propos de ses capacités psychiques – notamment de la clairvoyance

---

29 *Un avenir pour la jeunesse*, « La jeunesse, une terre en formation », Prosveta.

–, il dit un jour qu'à cette époque, il s'était trouvé en pleine effervescence, qu'il avait eu des révélations sur le passé lointain
des gens et que, chaque fois qu'il l'avait pu, il en avait vérifié
l'authenticité auprès du Maître Deunov.

À partir d'un certain moment toutefois, il s'aperçut du danger
rattaché aux révélations concernant les vies antérieures. Il comprit qu'il n'avait pas le droit de lever le voile posé par la sagesse
divine sur la mémoire des êtres humains : « Si les gens savaient
le tort qu'ils se sont mutuellement fait dans une autre vie, que
feraient-ils ? »

Son plus cher désir était de soutenir ses amis et de les aider à
avancer dans leur cheminement personnel, mais comment pou-
vait-il être sûr de ce qu'il pouvait leur communiquer sans les
troubler outre mesure ? Dans le doute, il prit l'habitude de nier
sa clairvoyance. Pourtant, de toute évidence, il percevait les
émanations qui s'échappaient des gens, il voyait cette aura que
chacun possède et qui ne peut mentir parce qu'elle exprime en
couleurs l'état physique et spirituel. Occasionnellement, il lui
était même donné de distinguer des couleurs autour de Peter
Deunov ou encore de sentir son parfum spirituel.

Conscient des options faites par Mikhaël et de son intérêt
pour la chiromancie, le Maître lui expliqua un jour que cette discipline était une science très fine et fort difficile à maîtriser :
« Pour apprendre à reconnaître ce qui se dégage d'une main, la
chiromancie n'est pas suffisante ; il faut aussi savoir se servir de
la phrénologie qui étudie la forme du crâne, ainsi que de la physiognomonie qui amène à connaître le caractère d'une personne
d'après sa physionomie. »

Suite à cet entretien, Mikhaël se mit simultanément à l'étude
de ces trois disciplines.

Quelque temps après, Peter Deunov lui tendit sa main en souriant. Très touché, le jeune homme examina la paume en silence.
La première chose qui le frappa fut la longueur de la ligne satur-
nienne. Ensuite, il remarqua une autre ligne qui partait du Mont
de Vénus, traversait la ligne de vie, la ligne de tête et la satur-
nienne, poursuivant son chemin jusqu'à l'autre extrémité de la
main. Peter Deunov, qui observait attentivement l'expression de
son visage, lui demanda :

– Tu vois cette ligne ? Que veut-elle dire ?

– C'est la ligne des grandes épreuves, répondit le jeune homme sans hésiter.

Instinctivement, il baissa les yeux sur sa propre main, où se trouvait exactement la même ligne. Pendant un moment, il garda le silence.

C'était donc cela... Peter Deunov le savait bien et ne lui avait montré sa propre main que pour lui faire comprendre une chose importante : les grandes épreuves ne lui seraient pas épargnées à lui non plus.

– Maintenant tu auras les meilleures conditions, et on te fera avancer, lui dit Peter Deunov. Le ciel te donnera beaucoup, mais une époque viendra où toute la Loge Noire te barrera le chemin pour t'empêcher d'aller plus loin.

– On passera, répondit en souriant Mikhaël, qui ne pouvait encore saisir toutes les implications de ces paroles prophétiques.

Le Maître prit alors la décision de lui révéler certains aspects des épreuves qu'il aurait à traverser un jour. Mikhaël l'écouta avec la plus grande attention, puis il lui demanda à quel moment les épreuves annoncées se produiraient.

– Dans la vingt-sixième année.

« Dans ma vingt-sixième année », répéta mentalement Mikhaël. Mais il se trompait. Il avait alors dix-huit ans, et le Maître l'avertissait par cette phrase ambiguë que ses plus terribles épreuves débuteraient vingt-six ans plus tard. Effectivement, ce sera à partir de 1944 que sa « descente aux enfers » commencera, pour se poursuivre jusqu'en 1948, où il en atteindra véritablement le fond. Peter Deunov lui avait parlé de façon obscure afin de ne pas le charger d'un fardeau inutile.

Entretemps, la fraternité se développait rapidement et comptait déjà des centaines de membres qui se considéraient tous comme des frères et sœurs. En cela, ils étaient les héritiers d'un idéal bien ancien dans l'histoire de l'humanité. Depuis toujours, des hommes et des femmes de ce monde ont eu la nostalgie d'une grande famille dans laquelle ils pourraient vivre dans l'amour et le partage.

Au fil des millénaires, un grand nombre de ces communautés ont vu le jour en différents pays du monde, dans les différentes couches de la société et des religions. Au sein de la fraternité de Peter Deunov, on essayait de vivre dans l'harmonie. Et afin de ne pas oublier, quand les difficultés surgissaient, qu'on appartenait tous à une même famille, on se servait constamment de l'appellation de *frère* ou de *sœur* dans les relations quotidiennes.

En 1919, il y avait déjà une dizaine d'années que le Maître Deunov organisait des congrès d'été à Ternovo. La fraternité avait installé un campement sur un terrain situé au milieu des vignobles, non loin de la ville. Comme il n'y avait sur la propriété qu'une seule villa, on dressait des tentes pour les participants, et les activités se tenaient en plein air. Cet été-là, Peter Deunov fit venir Mikhaël de Varna et, quand celui-ci arriva avec l'un de ses amis, on retrouvait déjà dans le camp plusieurs centaines de personnes venues des quatre coins de la Bulgarie. À dix-neuf ans, Mikhaël et son compagnon étaient les plus jeunes.

Pendant ce congrès, Peter Deunov parla beaucoup de la lumière et des couleurs. Il affirma que la lumière, inoffensive en apparence, représentait en réalité la plus grande force de la création et qu'elle était la science de l'avenir. Heureux de se retrouver avec sa famille spirituelle, Mikhaël était enchanté de sa relation avec Peter Deunov.

Au cours d'une conversation avec une femme qui accompagnait souvent le Maître dans ses déplacements, il lui fit part de la douceur, de la délicatesse et de la tendresse de celui-ci. Aussitôt, son interlocutrice lui donna une petite indication qui l'éclaira beaucoup et le prépara à ce qui l'attendait prochainement.

– Frère Mikhaël, vous verrez plus tard ! Au début, il agit ainsi avec les frères et sœurs, mais après un certain temps, il devient plus exigeant. C'est de cette façon qu'il a agi envers moi, et je remercie le ciel d'être parfois secouée. Vous ne savez pas encore ce qu'est un Maître !

Effectivement, pendant ce congrès, le Maître se mit à traiter son jeune disciple d'une manière différente :

A Ternovo, nous avions assemblé tout ce qu'il fallait pour construire un trottoir : dalles, carreaux, ciment, et nous nous sommes mis au travail, le Maître et moi. C'est lui qui a commencé. Bientôt je me suis aperçu que ce que je faisais ne ressemblait pas beaucoup au résultat qu'il obtenait. J'étais si joyeux d'avoir à exécuter ce travail en sa compagnie que j'agissais vite, et j'ai reçu la leçon tout de suite : mon travail n'était pas bien fait, les dalles n'étaient pas de niveau, elles n'étaient pas droites. Je corrigeais bientôt soigneusement ces défauts, mais le Maître voyait quelque chose d'autre qui n'allait pas, et ainsi de suite jusqu'au bout. Il ne disait rien pendant que je faisais une chose, mais il la critiquait à la fin. [...] Le Maître nous rééduquait. Il nous obligeait à découvrir que l'attitude adoptée par nous et par la société était ordinaire, qu'elle ne pouvait former les caractères. Il nous entraînait à vouloir la perfection dans tous les domaines de la vie.[30]

---

30 Conférence du 2 avril 1944.

PENDANT DES ANNÉES, J'AI TRAVAILLÉ

La ville de Ternovo, l'une des anciennes capitales de Bulgarie, est bâtie sur des collines rocheuses escarpées entre lesquelles serpente la capricieuse rivière Iantra.

Mikhaël aimait cette ville pittoresque, mais il préférait la campagne des alentours. Cette année-là, vraisemblablement après le congrès, il décida d'y demeurer avec l'un de ses amis et de consacrer son temps à des travaux spirituels dans le calme de la nature.

Les deux garçons s'installèrent dans une villa inhabitée appartenant à un membre de la famille de Mikhaël ; entourée d'arbres, la maison était située dans les vignobles, à proximité de la ville.

La ville de Véliko-Ternovo

Aussitôt entrés, ils essayèrent d'ouvrir la fenêtre d'une chambre, mais seulement pour s'apercevoir que l'espace entre la vitre et le volet était rempli de rayons de miel sur lesquels s'activaient des abeilles. Fascinés, ils passèrent un long moment à contempler le minutieux travail des insectes. D'un commun accord, ils prirent la décision de ne pas les déranger.

Mikhaël vécut donc dans cette chambre comme dans une ruche d'où il pouvait observer les étapes successives de la vie communautaire des abeilles. La pièce était toujours remplie d'un parfum capiteux qui l'aidait à méditer. Il conserva par la suite un grand amour pour ces minuscules créatures qui nous « donnent un magnifique exemple de société supérieure ».

Cette retraite de deux ans à Ternovo fut une période importante de sa vie. Il lisait et méditait à cœur content, souvent jusqu'aux petites heures du matin. Sans crainte d'être dérangé, il intensifiait aussi ses recherches hors du corps physique. Le parfum concentré produit par les abeilles dans sa chambre le mettait dans un état propice à ce genre d'expériences. Il parcourait l'espace – c'est ainsi qu'il désignait les régions qu'il explorait dans son corps astral – afin d'arriver à comprendre le fonctionnement de l'univers, de même que les liens qui existent entre ses différents composants.

Extrêmement audacieux, il ne s'inquiétait pas pour sa vie et réussissait à se projeter très haut sur les plans invisibles. Il dira un jour qu'il avait « exploré les mondes supérieurs des idées, des archétypes, des lois et des principes qui dirigent la Création ».

> Pendant des années et des années, j'ai travaillé seulement pour voir, pour comprendre la structure de cet édifice qu'est l'univers. Oui, des années... C'était la seule chose qui m'intéressait, et des jours et des nuits je me suis dédoublé pour avoir la vision claire de cette charpente, de ces liens qui existent entre tous les éléments. Je savais que tout le reste était sans importance. L'essentiel, c'est de voir la structure.[31]

À un certain moment, il se mit à faire des expériences de concentration sur le passé de l'humanité. Il arriva de la sorte à se projeter des millions d'années en arrière. Expérience terrifiante,

---

31 *Les lois de la morale cosmique*, « La loi d'affinité : la paix », Prosveta.

car *il n'y avait rien*. Après bien d'autres exercices, il réussit également à se projeter des milliards d'années dans le futur. De nouveau, il fut saisi d'effroi.

Quand il en parlera, il n'expliquera pas la raison de cette terreur qu'il avait ressentie. Ce qu'il dira en guise de conclusion, c'est que l'éternité n'est pas du temps, mais un état de conscience ; que chacun possède la possibilité de changer beaucoup de choses dans son propre état ; et que la façon d'y réussir consiste à se concentrer sur l'avenir, parce que la concentration permet de « toucher un centre de l'éternité capable de balayer les choses ».

Si ses expériences se révélaient parfois effrayantes, il n'en continuait pas moins de les rechercher, poussé par sa soif de connaître les mondes invisibles. Toutes ces perceptions, ces extases et ces découvertes faisaient partie de l'initiation intime qui se poursuivait depuis son illumination. La perfection des symboles qu'il voyait et décrivait avec une grande clarté indiquait certainement la plénitude spirituelle qui était déjà la sienne. Il expliqua un jour qu'en méditant très longuement sur une idée, on pouvait voir apparaître dans sa subconscience – ou dans sa superconscience – une forme géométrique lui correspondant d'une façon précise.

Afin de devenir de plus en plus apte à capter les courants des mondes supérieurs, il continuait de s'exercer à la concentration, de travailler avec la puissance de la pensée. C'était toujours avec le même enthousiasme qu'il partageait ses découvertes avec ses amis. Et, comme il n'avait rien perdu de son espièglerie naturelle, il pouvait faire des gestes spectaculaires, juste pour le plaisir de la chose :

Quand j'étais très jeune, j'aimais beaucoup m'exercer. Un jour, j'étais avec des amis au sommet du Moussala, il y avait un brouillard très épais et on ne voyait ni les lacs de Rila, ni les montagnes, rien. C'était à peine si nous nous voyions entre nous. À un moment, pour m'amuser, je dis à mes amis : « Écoutez, si vous voulez, je vous montrerai un coin de paysage. "Oh, dit l'un d'eux, je veux voir le troisième lac !" [...] J'étais si souvent monté au sommet du Moussala que je connaissais la position de tous les lacs et des chaînes de montagnes : le Pirine, le Rhodope...

J'ai donc tendu la main en direction du lac, le brouillard s'est écarté et le lac est apparu. Tous poussèrent des exclamations. Je retirai la main et au bout d'un moment le lac était de nouveau caché par le brouillard... Maintenant, quelqu'un voulait voir les montagnes de Macédoine. J'ai tendu la main dans leur direction, de nouveau le brouillard s'est écarté, et les montagnes sont apparues... Puis ce fut le soleil. Mes amis étaient stupéfaits et ils ont compris ce jour-là la puissance de la pensée. Ce que je vous raconte est vrai. Je sais que le monde invisible m'écoute et je ne peux pas vous tromper.[32]

Après avoir relaté l'incident, il ajouta que s'il est possible d'agir sur les brouillards extérieurs, il est d'autant plus facile d'agir sur les brouillards intérieurs en projetant, par la pensée, des rayons lumineux dans leur direction afin de les disperser et de retrouver la paix et la joie. Mais en dépit de l'intensité de ses recherches, il demeurait insatisfait.

Conscient de la nécessité de se purifier sans cesse afin de permettre aux courants du monde divin de circuler en lui, il décida de jeûner durant dix jours. Au bout de deux jours, il ressentit une soif qui ne fit qu'augmenter au fur et à mesure que le temps passait. Obsédé par l'eau, il ne rêvait que de sources et de rivières auxquelles il s'abreuvait, sans toutefois parvenir à se désaltérer.

Le septième jour, il prit dans sa main un fruit, le respira et s'aperçut que son parfum lui apportait une nourriture subtile qui le rassasiait. C'est alors qu'il comprit, plus profondément que jamais, une vérité dont il se servira toute sa vie : les plantes et les fruits contiennent des éléments éthériques capables de fournir de l'énergie aux êtres humains, mais lorsque ceux-ci se trouvent déjà rassasiés, ils sont incapables de les capter.

Pendant les trois jours qui suivirent, il continua de se nourrir uniquement d'émanations de fruits. Puis il revint lentement à une alimentation normale et reprit son rythme de vie habituel. À cette époque, il prolongeait ses expériences spirituelles jusque tard dans la nuit, et il était parfois si fatigué qu'il n'arrivait pas à

---

32   *Les splendeurs de Tiphéret*, « Montez au-dessus des nuages ! », Prosveta.

se réveiller pour le lever du soleil. Il en était contrarié, sans pouvoir se résigner, semble-t-il, à travailler moins.

Un beau jour, quelque chose d'enchanteur se produisit : à l'aube, un petit oiseau se posa sur le rebord de sa fenêtre et frappa la vitre de son bec.

Le lendemain, il recommença le même manège et revint ensuite tous les matins. Mikhaël lui répondait comme à un ami : « Voilà, je me lève tout de suite ! » Il déposait des miettes de pain sur l'appui de fenêtre. L'oiseau chantait joyeusement et allait quérir d'autres oiseaux qui revenaient avec lui participer au festin. Mikhaël remerciait le ciel de cette joie qu'il recevait du royaume de l'air.

En fait, il avait toujours eu cette relation particulière avec les oiseaux. Dans sa vie, ceux-ci jouaient souvent le rôle de messagers, lui apportant de la part du monde invisible les réponses qu'il attendait. La plupart de ses amis ont été témoins de ces évènements révélateurs d'une harmonie profonde entre un être humain et la nature. L'un d'eux, prénommé Alexandre, a raconté plus tard à sa fille comment il avait rencontré Mikhaël en 1922 :

« J'avais dix-sept ans. Un jour que je voyageais seul dans le train, j'ai aperçu à la fenêtre du couloir un garçon plus âgé que moi. Il a probablement senti mon regard sur lui et s'est retourné pour me regarder. Il m'a souri de façon très spontanée et son visage a eu une expression rayonnante et chaleureuse. J'étais très impressionné par la beauté spirituelle qui émanait de ce visage et je suis sorti dans le couloir pour m'accouder à la fenêtre à côté de lui. Nous avons d'abord parlé de généralités, et nous nous sommes aperçus que nous habitions tous les deux sur la rue Dounavska, lui dans le quartier turc, moi à l'autre extrémité de la rue. Puis, il m'a parlé de son Maître et d'un congrès à Ternovo où il se rendait. J'ai voulu avoir plus d'informations, et j'ai même voulu aller avec lui au congrès, mais finalement, nous avons convenu de nous revoir en septembre à Varna. Il m'a dit qu'il me donnerait des livres et qu'il m'emmènerait aux conférences. »

Une amitié était née. Alexandre se joignit par la suite aux membres de la fraternité de Peter Deunov et assista à ses conférences. Dès le printemps suivant, il se mit à accompagner son nouvel ami lorsqu'il allait méditer dans le parc au lever du soleil.

Un matin qu'ils se trouvaient assis sur un banc faisant face à la mer, un oiseau se posa sur l'épaule de Mikhaël. Perdu dans sa méditation, celui-ci ne bougea pas. Distrait, Alexandre regardait son ami avec affection. À la longue, comme l'oiseau restait immobile, il ne put s'empêcher de dire à mi-voix :

— Mikhaël, tu sais qu'il y a un oiseau sur ton épaule ?

— Oui, je sais, répondit le jeune homme.

Ouvrant les yeux, il se mit à parler doucement à l'oiseau avec tout l'amour qu'un être humain peut ressentir envers un petit animal. De toute évidence, il y avait une réelle communication entre ces deux êtres si différents l'un de l'autre.

L'oiseau écoutait, a dit Alexandre, il paraissait acquiescer avec de petits signes de tête. Il y avait une telle tendresse dans les gestes de Mikhaël, il y avait une telle lumière sur son visage que j'en ai gardé un souvenir ineffaçable.

★★★

Mikhaël semble avoir eu beaucoup d'amis, mais il a indiqué que lorsqu'il vivait en Bulgarie, il restait effacé et se tenait à l'écart. Ceux qui l'ont connu l'ont confirmé, et pourtant, il existe de nombreuses preuves de son influence sur son entourage. Ses amis et les membres de sa famille ont mentionné qu'on le recherchait, qu'on venait lui demander des conseils.

Avec ce feu intérieur qui l'habitait et ces énergies fulgurantes alimentées par les mondes subtils, il attirait comme un aimant, il entraînait irrésistiblement les autres vers des horizons nouveaux. Évidemment, un être aussi intense aurait pu causer autour de lui un malaise, mais sa joie de vivre et son humour étaient une garantie d'équilibre. De plus, l'amour qu'il manifestait à chacun était si spontané qu'on en arrivait à oublier les dimensions surnaturelles et presque intimidantes de son comportement, de ses recherches et de ses travaux.

À partir d'un certain moment, quelques jeunes frères vinrent habiter avec lui à Ternovo pour s'exercer à des travaux spirituels dans une ambiance favorable. Peu à peu, la maison devint tout naturellement une petite cellule spirituelle où d'autres jeunes gens venaient se ressourcer. Ils lisaient, méditaient et s'occupaient à diverses besognes dans la maison ou dans le jardin.

Un jour, ils aperçurent dans les vignes un garçon déguenillé qui avait l'air de se cacher. Ils l'accueillirent gentiment et lui donnèrent à manger. Le fugitif, qui tremblait de peur, se rassura peu à peu et leur dit qu'il s'appelait Dimitri. Du groupe d'anarchistes auquel il avait appartenu, il était le seul rescapé : tous les autres avaient été fusillés. Mikhaël et ses amis l'invitèrent à rester avec eux aussi longtemps qu'il le voudrait, ce qui était fort courageux, car en ces années-là – deux ans après la fin de la Première Guerre mondiale –, la situation politique était extrêmement troublée et dominée par la violence.

Les groupements d'agrariens, de communistes, de fascistes, d'anarchistes ou de révolutionnaires macédoniens contribuaient tous à l'instabilité, et les centaines de milliers de réfugiés de l'après-guerre ajoutaient encore davantage au marasme.

Dimitri eut de longues conversations avec ces garçons étonnants qui étaient végétariens, passaient des heures à méditer, contemplaient le soleil à son lever et vivaient dans l'harmonie.

Sa nature intègre, révoltée contre les injustices du monde, l'avait amené à se joindre aux anarchistes qui promettaient un monde meilleur en utilisant la violence. Après les déceptions qu'il avait récemment connues à leur endroit, il se prit d'intérêt pour l'enseignement d'amour et de paix qui inspirait ses nouveaux amis. Toutefois, il avait du mal à croire à ce qui lui arrivait. Habitué à se cacher et à s'enfuir à la moindre alerte, il lui était difficile de s'adapter à une vie paisible.

De son côté, Mikhaël l'observait avec affection en pensant : « Il agit comme si ses tourments passés lui manquaient. » Enfin, dans l'ambiance chaleureuse du petit groupe, les qualités naturelles du nouveau venu s'épanouirent. Il s'attacha particulièrement à Mikhaël et lui restera toujours fidèle.

Entretemps, Peter Deunov avait reçu la permission de retourner à Sofia. Il avait repris ses conférences dans sa propre maison, mais sa tâche devenait de plus en plus malaisée. Dans le passé, il avait quelquefois été obligé de prendre position d'une façon qui avait déplu à ceux qui cherchaient la facilité ou quémandaient sa protection en espérant des miracles. Aujourd'hui il se voyait confronté aux difficultés que connaissent beaucoup de guides spirituels : il devait affronter les rancunes. Certains de ses anciens auditeurs propagèrent des critiques et des calomnies à son sujet. Troublés, plusieurs jeunes frères se rendirent à Ternovo pour en discuter avec Mikhaël, mais celui-ci défendit vigoureusement le Maître Deunov.

Pour sa part, il ne mettait jamais en doute ses conseils, il l'aimait et l'estimait trop pour cela. Cependant, cette période, très pénible pour Peter Deunov, fut tout aussi éprouvante pour lui. À dix-neuf ans, il se retrouvait entouré d'un groupe de jeunes gens qui le consultaient sur différents sujets, qui faisaient appel à son savoir et attendaient de lui des conseils. Il n'avait certes pas cherché à jouer ce rôle, au contraire : il s'était installé à Ternovo dans le seul but de mener une vie contemplative pendant un certain temps. Or, malgré son désir de demeurer effacé, il ne pouvait dissimuler ce feu qui brûlait en lui et illuminait son visage.

Et voilà où l'épreuve s'insinue. Tout comme il avait été brièvement fasciné par les pouvoirs de l'être des ténèbres à l'âge de seize ans, il devait inévitablement être tenté par l'exercice de l'autorité. Il avoua un jour avec la plus grande simplicité qu'il avait, au cours de sa deuxième année auprès de Peter Deunov, parlé spontanément à la façon d'un maître devant des membres de la fraternité, mais qu'il s'était aperçu du danger d'une quête de gloire personnelle. Il se reprocha d'avoir dérogé à son comportement habituel de réserve, mais Peter Deunov, qui avait ses raisons, changea d'attitude à son égard. À partir de ce moment, il l'ignora complètement. « Si vous saviez combien j'ai souffert, combien je me repentais ! dit Mikhaël. Ce que j'avais fait était une erreur enfantine, mais peut-être y voyait-il l'indice de dangers dont il voulait me sauver ? »

Cette force morale dont il était pourvu, accompagnée d'une attitude volontaire d'effacement, suscitait l'admiration chez les uns et la jalousie chez les autres. À partir du moment où certaines personnes racontèrent que le Maître était mécontent de sa décision d'habiter à Ternovo avec des amis, Mikhaël fut en butte aux critiques et aux calomnies. Il souffrira longtemps cette altération survenue dans sa relation avec Peter Deunov.

Pendant les années qui suivront, il ne comprendra pas la signification de l'indifférence du Maître à son endroit, ne sachant pas que celui-ci avait choisi de le garder dans l'ombre avant de lui confier une mission unique, celle d'aller porter son enseignement en France. Mais quelquefois, le jeune homme avait des surprises : après l'avoir ignoré durant des mois, Peter Deunov faisait envers lui un geste d'approbation et de soutien qui l'émouvait profondément. C'est ainsi qu'il reçut un jour la visite de l'un de ses meilleurs amis, un jeune guitariste du nom d'Ivan, qui lui dit :

« Ah, Mikhaël, j'ai parlé de toi avec le Maître ! Il m'a dit que tu possédais l'une des intelligences les plus fines qu'il ait jamais rencontrées, une intelligence aussi fine qu'un fil de soie, capable de pénétrer partout. » Mikhaël comprit le message, qui semble avoir été très important pour lui à cette étape de sa vie : Peter Deunov avait fait cette réflexion à Ivan parce qu'il savait que celui-ci la répéterait à son ami. Son attitude réservée avait probablement pour but de fortifier son jeune disciple, de l'éprouver et de le préparer à sa tâche future.

Le Maître était conscient de l'amour que Mikhaël lui portait. Il connaissait également cette extrême sensibilité combinée à une grande force morale ; peut-être avait-il décidé de le priver des consolations d'une relation située sur le plan affectif. Avec ce disciple-là, il agissait souvent de façon énigmatique, ne lui donnant jamais d'explications ou de conseils faciles à saisir. De temps à autre, il lui offrait un indice, il lui ouvrait une petite porte, sachant que Mikhaël s'élancerait vers des horizons inexplorés où il trouverait ce dont il avait besoin pour son âme. Et s'il le laissait cheminer par lui-même, c'était pour lui permettre de prendre rapidement sa véritable envergure. Mikhaël avançait donc seul, mais jamais en solitaire.

De Ternovo, il se rendait à Sofia de temps à autre afin de participer à des excursions de trois ou quatre jours avec la fraternité sur le mont Vitocha, un sommet de 2 290 mètres d'altitude situé au sud de la capitale. Le Maître se mettait en route au milieu de la nuit avec ses disciples les plus courageux afin de leur fournir l'occasion de fortifier leur volonté et leur endurance. La montée, qui durait plusieurs heures, s'amorçait à travers une forêt sillonnée de torrents, puis, au-dessus de la limite où poussaient les arbres, le paysage apparaissait soudainement désolé avec ses grands pierriers qui se dessinaient sur les pentes comme autant de fleuves immobiles. Au sommet, c'était un immense cirque plat parsemé de pierres énormes, d'où l'on pouvait voir le soleil se lever dans un cadre grandiose.

Mikhaël adorait ce genre d'excursions et, le plus souvent qu'il le pouvait, il se joignait également à la fraternité les jours de conférences. Entrant silencieusement, il prenait la place la plus reculée. Si le salon se trouvait déjà plein, il restait debout près de la porte. Quand le Maître arrivait, les assistants le saluaient en levant la main droite à la hauteur de la tête dans un geste souple ; il répondait aussitôt à cette belle salutation antique, et son visage devenait rayonnant.

Mikhaël se demandait fréquemment pourquoi son expression se métamorphosait à ce point. Il en conclut que l'ambiance formée des sentiments de respect et d'amour était une inspiration pour lui et qu'elle se manifestait sous la forme d'une lumière sur son visage.

Quant à lui, il écoutait très attentivement les paroles de son guide tout en enregistrant les différentes réactions des gens qui l'entouraient. L'échange qui se produit automatiquement entre un conférencier et son auditoire lui paraissait toujours aussi fascinant. À ses yeux, toute personne qui enseignait devenait un véritable médium : grâce à l'ambiance créée par ses auditeurs, elle permettait à l'esprit de passer à travers elle.

C'était dans le but de se rapprocher le plus possible de la pensée de Peter Deunov qu'il se plaçait intentionnellement loin de lui. Effectivement, l'éloignement physique stimulait son regard, son âme et sa réflexion. Après la causerie, il écoutait en silence les discussions que quelques disciples entamaient avec le Maître, remarquant que certains se permettaient de lui donner des conseils en public. Peter Deunov les écoutait patiemment. À l'occasion, il les remettait à leur place, mais la plupart du temps il les laissait dire et souriait de leur vanité.

Mikhaël précisa un jour que lors de ces échanges, lui-même ne cherchait pas à attirer l'attention ou à faire étalage de son savoir : s'il avait été brièvement tenté par l'exercice de l'autorité, il y avait fermement renoncé depuis.

★★★

Dans l'antique école de Pythagore, l'une des épreuves les plus inattendues consistait à supporter pendant très longtemps les sarcasmes et les critiques injustes. Bien peu de disciples étaient capables de résister à leur effet destructeur, mais ceux qui tenaient bon se voyaient admis aux Initiations.

Instinctivement, dès sa première rencontre avec le Maître qu'il avait tant cherché, Mikhaël avait souhaité se faire imposer par lui des épreuves destinées à purifier le cœur et à fortifier le caractère. À maintes reprises au cours des deux premières années, il lui avait demandé de le corriger, de le faire passer par les *sept retortes*, ces cornues des alchimistes servant à séparer le mercure de l'amalgame et des impuretés. Il se sentait prêt, disait-il, à être broyé, brûlé, et tout cela afin de se purifier et de devenir exceptionnel. Chaque fois qu'il avait parlé de la sorte, le Maître l'avait écouté avec une grande attention, mais il avait souri sans lui répondre. Durant des mois, Mikhaël s'était posé la question : « Accepte-t-il ou non ? »

En cet été 1920, il a vingt ans. Le moment est venu pour lui de traverser la première des sept retortes des alchimistes. L'indifférence de Peter Deunov à son égard lui est pénible, mais le pire demeure encore à venir. Au cours du congrès de la fraternité à Ternovo, il se voit soumis à une épreuve qui le touche justement dans ce qu'il a de plus sensible : sa relation avec son Maître spirituel.

Après une conférence en plein air, Peter Deunov se tourne vers lui et se met à lui faire des reproches cinglants, ainsi qu'à l'un de ses amis. Devenu le point de mire de l'assemblée, Mikhaël est pétrifié. En dépit du déchirement intérieur qu'il ressent, il parvient à garder un visage calme durant toute la semonce. Il enregistre les paroles sévères, le ton impitoyable. Après la réunion, on se disperse en silence, on évite le disciple mis au pilori.

Mikhaël se retire des activités pendant plusieurs jours pour réfléchir et jeûner. Il se répète que Peter Deunov avait certainement ses raisons pour le fustiger de la sorte. De toutes ses forces, il « travaille à se purifier par la lumière », puis il se rend chez le Maître. Il a maigri, il est pâle, mais comme il l'a indiqué lui-même dans l'unique référence à cette épreuve qu'il ait jamais faite, son âme est « tendue vers le haut » et son attitude exprime le respect et la confiance qui ne l'ont pas quitté. Il s'adresse à Peter Deunov comme un enfant à son père :

« Maître, purifiez-moi. Arrachez, avec votre grande sagesse, tout ce qui est inutile et mauvais en moi. Je veux vous ressembler. » Il a expliqué qu'il avait accumulé tant de lumière en se purifiant par la pensée qu'il avait senti « quelque chose de brûlant comme des flammes sortir de sa bouche ».

Ce phénomène des flammes qui irradient du visage d'un mystique en état de concentration spirituelle est bien connu de ceux qui étudient la vie des grands saints et des visionnaires. Un travail de purification intense crée une lumière qui se répand sur le visage, et le mystique devient lui-même conscient d'une explosion lumineuse dont la source se trouve sur son front, entre les sourcils. Mikhaël réalise pleinement ce qui lui arrive, et la stupéfaction de Peter Deunov ne lui échappe pas non plus. Subitement, le visage du Maître se transforme. Il sourit à son jeune disciple avec un grand amour, puis il lui serre la main d'une manière inhabituelle.

Toutefois, il ne prononce pas un seul mot. Mikhaël, de son côté, accepte son silence. Comme il ne s'attend jamais à recevoir beaucoup de faveurs, cet échange très sobre lui suffit ; il se laisse réconforter par le message que le sourire et la poignée de mains lui communiquent.

Il sait déjà que les Initiations, qui se déroulaient autrefois dans les temples, ont maintenant lieu dans la vie quotidienne au moment où l'on s'y attend le moins. C'est dans ce sens qu'il fortifie sa volonté afin d'être capable d'endurer les vexations et les humiliations ; dans le but de se propulser toujours plus avant sur le chemin qu'il a choisi, il utilise instinctivement ce feu spirituel qui est apparu en lui à l'âge de quinze ans et qui continue encore de brûler. Peter Deunov lui-même le voit bien. Alors qu'ils se trouvent toujours à Ternovo, il lui dit : « Mikhaël, une partie de ton feu est devenue lumière. »

✮✮✮

Cette épreuve eut cependant de graves conséquences. Dans la fraternité, bon nombre de frères et sœurs l'évitèrent à partir de ce désaveu public, convaincus qu'un disciple ainsi stigmatisé par

le Maître était méprisable. Certains devinrent même ses ennemis jurés et lui firent, par la suite, le plus grand tort. Ceux-là
avaient assurément leurs raisons personnelles de lui en vouloir,
sinon pour sa franchise qui contrariait parfois, du moins pour
son intégrité qui déconcertait parce qu'elle était absolue. Cette
habitude qu'il avait d'examiner tout problème dans la lumière
afin d'en déceler les impuretés n'était pas de tout repos.

Dès ce moment, afin de demeurer intègre, et aussi d'être fidèle à la vraie intuition qu'il appelait le « Dieu intérieur », il dut
accepter d'être considéré, par l'ensemble de la fraternité,
comme un disciple discrédité.

Tenant résolument sa sensibilité par la bride, il supporta sans
mot dire l'animosité, le mépris et les mesquineries. Par contre, il
reçut avec gratitude les commentaires positifs de ceux qui vinrent lui dire, en faisant allusion aux épreuves classiques de
l'Initiation : « Frère Mikhaël, réjouis-toi, car le Maître t'aime
profondément ! »

Ce ne sera que beaucoup plus tard qu'il obtiendra lui-même la
confirmation de cet amour, mais en attendant, il demeurait déterminé à supporter de la part de son guide toutes les exigences,
toutes les épreuves. À ses yeux, le véritable amour consistait à
« rayonner comme le soleil, quoi qu'il arrive ».

Il semble bien que l'année de ses vingt ans ait eu une grande
importance dans sa vie. Hormis cette épreuve, il mentionnera
un jour un « évènement extraordinaire » survenu en 1920 ; sans
en révéler l'essentiel, il fera allusion à un grand Être qui le guidait depuis cette époque.

Peut-être cet évènement eut-il lieu dans les montagnes de Rila, ou encore sur le sommet du Moussala où il lui arrivait de
connaître des moments spirituels privilégiés à propos desquels il
s'est toujours montré très discret. Une autre de ces expériences
hors du commun, à nouveau faite à vingt ans lors d'un premier
séjour à Rila avec la fraternité, est toutefois connue, car il en a
parlé plus tard. La région des Sept Lacs, l'une des plus belles par-
ties du massif de Rila située à 2 300 mètres d'altitude, était le
lieu de prédilection de Peter Deunov.

À partir de 1920, il commença de s'y rendre avec les membres de sa fraternité pour y camper pendant quelques jours.
Vers le milieu de l'été, lorsque la neige avait entièrement fondu

en altitude, les montagnes se révélaient dans leur majesté sévère et dépouillée. Toute en pentes raides et en éboulis, cette splendide région était bien choisie : tout en exigeant beaucoup d'efforts physiques, elle invitait aussi à la contemplation.

La première expérience fraternelle en montagne fut à la fois exaltante et éprouvante pour les participants. Tout d'abord, ils étaient fort mal équipés, ne possédant ni tentes ni sacs de couchage. De plus, la durée de leur séjour leur offrit surtout du mauvais temps. Emmitouflés dans leurs couvertures, les campeurs ne pouvaient trouver le sommeil, souffrant trop du froid intense et des rafales de vent et de pluie. Sur ces sommets, le climat est très rude, même pendant l'été : le soleil de midi est brûlant et les nuits glaciales.

Un matin, une femme âgée s'approche de Mikhaël et lui demande de bien vouloir l'accompagner vers les sommets. Ils marchent ainsi longtemps et montent très haut. La nature leur apparaît toute neuve, d'une pureté et d'une jeunesse éternelles. Le silence qui y règne possède la qualité d'un cristal que le moindre bruit pourrait faire éclater en mille morceaux. Lorsqu'ils font halte pour se reposer chacun de son côté, Mikhaël s'installe sur un rocher dans un bel endroit couvert de mousse et parsemé de pierres.

Tout à coup, il croit être victime d'une hallucination : devant lui, le paysage s'anime d'une façon prodigieuse. Le pouls de la vie bat légèrement dans chacun des éléments de la nature, qui ne sont plus que des nuances variées de lumière. Chaque pierre, chaque brin d'herbe est imprégné d'une lueur mystérieuse. Dans un éclair de pensée fulgurante, Mikhaël comprend que tout est lumière, à partir du grain de sable jusqu'aux étoiles. Transporté d'émerveillement, il ne peut s'arracher au spectacle, il est fasciné par cette beauté indescriptible, cachée aux yeux des êtres humains jusqu'à ce qu'il leur soit donné de la voir.

On peut facilement comprendre pourquoi, après avoir vécu de telles extases dans la lumière pure, il recherchait sans cesse la splendeur du soleil à son lever : elle lui parlait de celle de Dieu. Le sommet culminant du massif, le Moussala, situé très loin de la région des Sept Lacs, l'attirait régulièrement. Il y passait la nuit afin de pouvoir contempler la lumière dès qu'apparaissait, derrière les montagnes, le premier rayon. Depuis ses premières méditations d'enfant au faîte des peupliers de son village, il avait toujours rêvé des sommets. À ses yeux, le véritable temple était celui de la nature « au centre duquel le soleil, dispensateur de toute vie, était l'officiant ». Il savait que la plus haute cime d'un pays en représente le corps causal, ce corps subtil situé sur des plans invisibles très élevés. Il savait aussi que les énergies et les puissances qui servent à la réalisation des idées sur le plan physique se trouvent sur le plan causal et qu'à ce niveau, on ne rencontre pas les obstacles qui caractérisent le monde physique.

Deux ou trois ans auparavant, lors de ses premières escalades du Moussala, il avait eu une profonde intuition de son avenir : il avait pris l'habitude de se lier à la France par la pensée chaque fois qu'il se tenait au sommet de la montagne la plus élevée de son pays. Il la reliait au Mont Blanc en appelant sur la France la lumière et les bénédictions du ciel. Il rêvait d'apporter aux Français cet enseignement qui le comblait, sans se douter que Peter Deunov lui confierait un jour cette mission même.

***

À la fin de l'été, Peter Deunov fit venir Mikhaël à son domicile et lui dit : « Tu dois aller au lycée pour terminer tes études. » Sidéré, Mikhaël le regardait en silence. Il avait quitté le lycée depuis cinq ans déjà, il allait bientôt avoir vingt et un ans, et voilà que le Maître lui demandait de retourner à l'école avec des garçons de quinze ans ! Pour arriver au baccalauréat, il lui faudrait trois années d'études. Mais surtout, se trouvant présentement en plein essor spirituel et intellectuel, son besoin le plus pressant était de continuer le travail qui était devenu l'armature de sa vie.

Pour un être de sa trempe, rompu aux exercices mystiques et capable de communiquer avec les mondes subtils, un retour au lycée promettait d'être une rude épreuve. Épreuve que Peter Deunov semblait juger nécessaire pour l'aider à ralentir ses expériences spirituelles et lui permettre d'accomplir le cheminement normal de tout être humain de son époque. En fait, il lui aurait été possible d'étudier à la maison et de se présenter ensuite aux examens, mais Peter Deunov fut inflexible : il devait passer par le lycée. Comme toujours, Mikhaël se soumit à la décision de celui qu'il avait choisi comme Maître spirituel. Il quitta donc Ternovo et rentra à Varna dans sa famille.

Pour sa mère, il était le fils aîné sur lequel elle pouvait de nouveau s'appuyer ; pour les deux garçons et les deux filles, il était le grand frère maintenant adulte, revenu de Ternovo après une absence de deux ans. Il avait traversé des épreuves et vécu des expériences spirituelles plus intenses que jamais. Pour ses amis, il était toujours cet être qui dépassait les communes mesures, capable à la fois de stimuler, d'enthousiasmer et d'exaspérer.

Ses débuts au lycée furent pénibles. Il était obligé de porter un uniforme, et Dolia, voyant qu'il se sentait ridicule dans cette livrée d'écolier, lui donna un vieux manteau de son père qu'il enfilait par-dessus en quittant la maison. À l'école, les garçons se moquaient de ce jeune homme qui se rasait et venait encore s'asseoir sur les bancs d'école avec eux. Ils lui tiraient sournoisement les cheveux par derrière et lui jouaient des tours pendables. Mais Mikhaël avait le sens de l'humour : s'il parla plus tard d'évènements très amusants qui s'étaient produits pendant cette période, c'est qu'il ne les avait pas pris au tragique.

Avec son sourire généreux et ses façons amicales, il gagna la confiance de ses jeunes compagnons, qui se mirent à l'accompagner à la sortie des classes afin de lui poser des questions sur différents sujets. Il se mettait à leur portée, se servant de sa riche imagination et de ses qualités de conteur pour ouvrir leur esprit à des réalités qu'ils ne connaissaient pas.

Son ami Alexandre le plaignait parfois, mais Mikhaël répondait pensivement : « C'est une épreuve que je dois traverser. » Tout compte fait, ces années passées à Varna semblent avoir été très utiles : il en profita pour approfondir tout ce que cet enseignement qu'il suivait depuis quatre ans avait éveillé dans son esprit.

De plus, sa relation étroite avec Jésus le poussait à réfléchir afin de comprendre le sens caché des Évangiles, car les ouvrages de commentaires qu'il lisait à ce sujet ne le satisfaisaient jamais entièrement. Assis en posture de lotus dans sa petite chambre qui donnait sur les toits, il méditait longuement. Il finit ainsi par avoir une révélation : pour comprendre le vrai sens des paroles de Jésus, il devait arriver à « entrer dans sa tête ».

Aussitôt, il entreprit un travail intensif de concentration : il lui fallait absolument réussir à oublier le monde dans lequel il vivait afin de parvenir à faire abstraction de lui-même. Par la pensée, il se rendait en Palestine au temps de Jésus, se promenant au bord du Jourdain ou du lac de Génésareth, entrant dans les villes de Capharnaüm et de Jérusalem. Il s'entendait lui-même prononcer les paroles que Jésus avait dites à ses disciples. Enfin, il essayait de pénétrer dans sa conscience, de voir et de penser comme lui, exactement comme s'il n'avait fait qu'un avec lui.

Ce travail devenait de plus en plus important. Il s'y remettait dès qu'il disposait d'un moment à lui et, petit à petit, il eut des révélations sur le sens profond des enseignements de Jésus. Et, si ses efforts n'étaient pas toujours fructueux, s'il se sentait parfois très déçu des maigres résultats obtenus, il n'en continuait pas moins ses exercices. À certains moments toutefois, il recevait la récompense de ses labeurs : il était inondé d'une lumière éblouissante, et tout devenait clair comme du cristal.

Au-delà des contingences terrestres, il s'agissait d'un véritable contact entre deux esprits, et c'est grâce à cette initiative que Mikhaël sera plus tard en mesure de commenter les Évangiles d'une manière inspirée et véridique. Les explications qu'il donnera à Paris en 1938 sur les paraboles de Jésus seront bouleversantes dans leur nouvel éclairage. Il lui arrivera à plusieurs reprises de mentionner l'influence qu'avaient eue sur lui non seulement Jésus, mais aussi Bouddha. Ceux-ci furent les deux grands phares de sa jeunesse.

Ces exercices qui lui permirent d'entrer dans la pensée de Jésus, il les fit vraisemblablement pour pénétrer la pensée de Bouddha ; il dit un jour qu'il était entré en communication avec ce dernier vers l'âge de vingt-deux ou vingt-trois ans.

Dans la solitude de sa petite chambre, il étudia diverses philosophies spirituelles. En fait, il puisait sans restriction dans toutes les sources qui faisaient référence à Dieu et à la perfection de l'univers créé. Il connaissait déjà la Kabbale. Il y appréciait les définitions de la structure des mondes subtils.

L'image de l'arbre séphirotique qui représentait les différentes régions de la Création l'inspirait profondément, de même que l'illustration symbolique du bien et du mal inscrite dans la figure géométrique du Sceau de Salomon.

Faite de deux triangles inversés, cette figure est un symbole très évocateur des deux forces : au sommet du triangle orienté vers le haut se trouve un splendide visage de Dieu ; et tout en bas, à la pointe du triangle inversé, la figure du Diable se dessine comme un reflet imprécis dans une eau mouvante.

Au croisement des triangles est tracée une ligne de démarcation entre l'air du haut et l'eau du bas ; et, à travers cette ligne, Dieu tient fermement les mains du Diable. Cette représentation allégorique du bien et du mal paraissait excellente à Mikhaël, surtout parce qu'elle affirmait clairement que toute la création est un reflet de Dieu se servant des deux forces, la positive et la négative. Pour un esprit mystique très développé, toute découverte philosophique semble mener à une expérience spirituelle ; elle devient un évènement intime qui provoque un changement, si infime soit-il, dans l'être.

Un jour, en lisant le *Zohar* – le livre le plus important de la *Kabbale* –, Mikhaël fut extraordinairement inspiré par ce texte : « Sept lumières il y a dans la hauteur sublime. C'est là qu'habite l'Ancien des Anciens, le Caché des Cachés, le Mystérieux des Mystérieux, Aïn Soph. »

Quand je prononçais ces paroles, tout vibrait et frissonnait en moi. Ces sept lumières, ce sont les sept couleurs, et à chacune d'elles correspond une vertu : au violet le sacrifice, à l'indigo la force, au bleu la vérité, au vert l'espérance, au jaune la sagesse, à l'orange la sainteté, au rouge l'amour.[33]

Conscient de l'influence des couleurs sur l'être humain, il continuait à faire des exercices pour s'en imprégner, et ces pratiques inhabituelles ne cessaient d'étonner son entourage. Son

---

33 *La lumière, esprit vivant*, « Le travail avec la lumière ».

ami Alexandre, toujours aussi impressionné par sa spiritualité et ses capacités intellectuelles, lui rendait souvent visite. En une occasion, il fut stupéfait de voir que Mikhaël avait recouvert tous les murs de sa chambre de papiers rouges. « Tu as perdu la tête ? » s'exclama-t-il.

Mikhaël se mit à rire et lui expliqua que ce jour-là était mardi, le jour de Mars et de la couleur rouge qui symbolise l'amour, la vitalité et l'énergie. Depuis quelque temps, il s'adonnait à un travail spécial en s'entourant chaque jour de la couleur correspondant à ce dernier, selon les indications qu'il avait tirées de ses nombreuses lectures.

En faisant ses premières expériences avec les couleurs à l'âge de quinze ans, il s'était rendu compte qu'un extrême en attire un autre : après avoir fixé le rouge, l'œil voit ensuite apparaître le vert sur une surface blanche. Ce phénomène connu des peintres lui avait ouvert des perspectives intéressantes pour un travail spirituel. Le symbolisme des planètes revêtait alors une importance utilitaire : ainsi, la rouge planète Mars, symbole de la force et de la guerre, appelle la verte Vénus, symbole de l'amour, et vice versa. Mikhaël travaillait avec les caractéristiques de chacune de ces couleurs et se servait de leur complémentarité : la vie dynamique du feu symbolisée par le rouge, la vie paisible de la nature par le vert, la spiritualité par le violet, la sagesse et la connaissance par le jaune.

En fait, il continuait à approfondir toutes les découvertes de son adolescence et à réfléchir, entre autres, au sens de la nutrition. Afin de se lier aux forces cachées dans les aliments, il mangeait de préférence dans la solitude et de façon très frugale. Très souvent, après sa méditation, il ne prenait qu'une bouchée de nourriture et la laissait fondre dans sa bouche jusqu'à sa disparition complète. Cela lui suffisait pour la journée tout entière.

★★★

Pour un tempérament dynamique et créateur comme celui de Mikhaël, bien des choses servaient à stimuler les centres spirituels appelés chakras. Parmi ces éléments, les roses jouèrent un grand rôle. Il faut dire que les roses de Bulgarie sont uniques. Au sud de Ternovo, dans une vaste étendue bordée de chaînes de montagnes appelée la Vallée des Roses, on les cultive pour en extraire l'essence. Au moment de la floraison, les champs ressemblent à d'immenses tapisseries éclatantes et veloutées.

Il arriva à Mikhaël de prendre une rose dans sa main et de la respirer tout en réfléchissant. Stimulée par le parfum et les émanations de la fleur, sa pensée devint légère comme l'air. Insensiblement, sa méditation se transforma en contemplation profonde. Cette expérience spirituelle, avec sa couleur particulière, était différente des autres, et par la suite il la refit fréquemment. Il utilisait depuis longtemps des objets matériels afin d'entrer en liaison avec les objets spirituels et, par l'intermédiaire des roses, il pouvait puiser, par la pensée, l'amour le plus spirituel qui fût.

Pour l'œil indifférent, une fleur est semblable à une autre, et pourtant, chacune possède son propre visage, chacune est habitée par des énergies différentes, comme il en est des êtres humains. Ayant constaté cela, Mikhaël se rendait au marché aux fleurs pour y choisir une rose en tenant compte de sa couleur, de son parfum, de sa forme et de sa fraîcheur.

Rentré chez lui, il commençait par la regarder avec un grand amour. Il la traitait comme on traite un être vivant, « une fille exquise descendue du ciel qui se sacrifie pour nous montrer le chemin qui mène aux vertus qu'elle possède ». Chaque fois qu'il répétait l'expérience, il entrait dans un état inexprimable et sa pensée planait au-dessus des réalités de ce monde. « En faisant cet exercice, affirma-t-il un jour, on peut même tomber en extase. »

Entretemps, chaque lendemain ramenait invariablement les cours du lycée, l'uniforme d'écolier et les leçons ennuyeuses. Tout compte fait, il s'agissait d'une discipline qui valait bien le yoga ou d'autres exercices précis destinés à développer la volonté. D'ailleurs, ce séjour à Varna pour ses études ne lui offrit pas que des difficultés : un beau jour, quelqu'un qui connaissait son grand rêve de jouer du violon lui fit cadeau d'un instrument. Immensément heureux, il alla s'inscrire à l'Académie de Musique.

Décidé à devenir un virtuose capable d'éveiller chez ses auditeurs les sentiments les plus nobles, il entreprit ses études musicales avec passion :

Quand je pensais à Dieu ou à quelque chose de beau, je ne pou-
vais l'imaginer autrement que comme une musique parfaite, har-
monieuse, et cela éveillait en moi des centres spirituels. Parfois je
sanglotais.[34]

Son instrument ne le quittera plus. Pendant les années qui suivront, il le transportera partout, même en montagne, pour le plaisir de jouer en pleine nature avec ses amis musiciens. La musique lui était aussi nécessaire que l'air qu'il respirait. Par ailleurs, le chant était pour lui un moyen magique, une arme puissante qu'il utilisait fréquemment pour dissiper les sentiments négatifs, créer des états spirituels ou exprimer sa reconnaissance.

Dans la fraternité, il était heureux de chanter avec ses frères et sœurs. Lorsque Peter Deunov composa le chant sacré *Fir fur fen*, il se sentit transporté par ses fortes vibrations ; il y voyait « une procession d'anges qui avançaient en chassant devant eux les ténèbres ». Il fit un jour cette réflexion :

La voix est supérieure au violon et à tout autre instrument.
C'est l'amour qui crée les plus belles voix. Introduisez en vous de
l'amour et des idées splendides, et en très peu de temps les vibra-
tions de votre voix seront plus douces, plus tendres, plus chaleu-
reuses.[35]

À Varna, au fil des belles soirées d'été, son besoin de musique le poussait à aller régulièrement se promener dans le Jardin de la Mer où un bon orchestre donnait des concerts et jouait quelquefois des valses pour le public. Sans s'attarder dans le parc, il descendait les marches qui menaient à la plage et s'asseyait sur le sable. Au-dessus de lui, le grand fleuve de la Voie lactée éclaboussait la nuit de ses myriades de diamants. Il passait ainsi des heures à écouter la musique tout en contemplant les étoiles.

À cette époque, toutefois, il traversa des moments difficiles. Il révéla un jour qu'il avait eu, « en tant que disciple, des périodes de pessimisme ». Pessimisme causé par le rejet apparent de Peter Deunov et par l'ostracisme dont il était victime dans la

---

34   Conférence du 1er novembre 1966.
35   Conférence du 25 avril 1943.

fraternité ? Il est bien difficile de le préciser. Dès son adolescence, il avait dû apprendre à avancer dans la vie sans se soucier de ce que son entourage pensait de lui.

À vingt ans, après avoir subi une épreuve publique imposée par le Maître, il avait dû se blinder encore davantage contre les calomnies qui continuaient à le faire souffrir. Pour arriver à se protéger sans pour autant se fermer aux autres, il s'exerçait à maîtriser sa sensibilité. En se servant du chagrin comme d'un moteur, il faisait en sorte de transformer ses difficultés en « pierres précieuses » pour son âme. Et, afin de monter très haut vers la joie de l'esprit, il descendait le plus bas possible dans la tristesse, faisant même parfois semblant d'être triste dans le but de déclencher un extrême par l'autre : il avait découvert qu'en touchant le fond, il pouvait prendre son élan vers le haut.

Lorsqu'il fit mention de cette méthode des années plus tard, il précisa pourtant qu'il est dangereux de se maintenir longtemps dans la tristesse si la conscience ne se trouve pas très présente et capable de tout surveiller. Dans sa vie spirituelle, il faisait la même expérience : après avoir connu « des périodes d'extase exagérée » en alternance avec des saisons sèches, il avait compris que seule la mesure pouvait lui permettre de traverser toutes les tempêtes.

Cette pratique de la mesure, qui l'aidait à s'élever au-dessus des obstacles et des épreuves, lui servit toute sa vie. À partir d'une certaine époque, il procéda à un rigoureux examen annuel de sa vie : pendant trois jours, il passait en revue tous ses agissements et examinait les fils qui s'enchevêtraient dans son existence. Il jaugeait la valeur et l'utilité de chacun d'entre eux, tout en essayant de reconnaître les « envoyés de Dieu et ceux qui ne l'étaient pas ».

En ce qui concernait sa relation avec Peter Deunov, il faisait tout son possible pour la rétablir, mais la chose ne se révélait pas facile. « Ma volonté se tendait, dit-il un jour, mon cœur brûlait et il ne voyait rien du tout ! » Il ajouta que l'attitude du Maître avait certainement eu pour objectif de vérifier s'il possédait la force de s'élever au-dessus des difficultés et de persévérer.

Toutefois, le plus important à ses yeux était « de rester en contact avec l'âme de Peter Deunov », et il continuait de travailler pour lui par la pensée, parlant toujours de son guide avec ce respect inné qu'il avait pour les grands êtres. Par ailleurs, comme il l'a souvent précisé lui-même, « tout son secret était de faire son travail dans le silence ». Quand il lui arrivait d'être triste, il constatait en lui-même la présence de quelqu'un qui observait la scène et s'en moquait, s'en réjouissait même... Il reconnaissait là ce que la philosophie hindoue appelle *le Silencieux*.

À une occasion, cependant, Peter Deunov le soutint publiquement, et de façon inattendue. Un garçon, qui avait été l'ami de Mikhaël et qui lui gardait rancune à la suite d'un malentendu, profitait de la moindre occasion pour l'attaquer et le rabaisser. Faisant preuve de patience, Mikhaël gardait son calme, mais un soir à Rila, devant les insultes répétées, il se dit : « L'humilité, la patience, la non-violence, tout ça ne l'assagira pas. Il continuera à abuser. » Enfin, il se décida à riposter. Mais bientôt, il se retrouva en train de parer des coups. Moins grand et moins fort que son adversaire, il réussit pourtant à le maîtriser. Sans chercher à tirer profit de son avantage, il s'arrêta immédiatement, mais l'autre ne fit que se jeter sur lui une seconde fois. De nouveau, sans trop savoir comment, il parvint à reprendre le dessus, mais alors qu'il tenait son assaillant par terre, le Maître arriva sur les lieux. Aussitôt, les deux frères se relevèrent, penauds.

À la grande surprise de Mikhaël, Peter Deunov lui dit : « Retire-toi. Laisse-le-moi ! » Et il réprimanda sévèrement l'autre garçon qui finit par s'échapper pour ne plus reparaître de la soirée. Très étonné, Mikhaël se disait : « Comment a-t-il pu voir où était la faute ? C'était celui qui était par terre qui avait besoin d'être protégé, mais le Maître s'est rangé de mon côté ! » Par la pensée, il revoyait toute la scène et il avait du mal à y croire. Le lendemain, l'attitude de son ancien persécuteur s'était transformée à un tel point que Mikhaël pensa : « Pourquoi ne lui ai-je pas répondu plus tôt ? »

Au fil des ans, le Maître Deunov demeura extrêmement réservé envers Mikhaël en public. Toutefois, pendant le camp d'été de 1922 à Rila, il fit en sorte de dissiper les répercussions négatives de l'épreuve publique qu'il lui avait imposée deux ans auparavant.

Un soir, plusieurs centaines de personnes se trouvaient réunies près du deuxième lac. Comme à l'habitude, on avait érigé un énorme brasier avec de grandes branches d'arbres ramassées dans la forêt, en contrebas. La soirée était limpide et le grand feu projetait sur le paysage des lueurs fantastiques. Seul le crépitement des flammes se faisait entendre. Après un long silence, le Maître se tourna vers Mikhaël et dit d'une voix solennelle : « Vous ne savez pas encore qui est Mikhaël. » Tous les regards convergèrent vers le jeune homme qui tressaillit. « Voici une seconde épreuve qui m'est imposée », se dit-il. Il essaya de se préparer à ce qui ne pouvait manquer de se produire. Peter Deunov continua : « Vous ne connaissez pas encore frère Mikhaël. Il est déguisé actuellement, mais un jour, vous le connaîtrez. Vous verrez qui il est en réalité. »

De façon irrationnelle, toutes les fredaines de son enfance se présentèrent en bloc à la mémoire de Mikhaël. Rempli d'appréhension, il se demanda ce que le Maître allait révéler. Mais le silence se prolongea. La première émotion passée, il réalisa que, cette fois, le ton de Peter Deunov n'avait rien eu d'impitoyable. Leurs regards se croisèrent.

Avec un sentiment de reconnaissance, Mikhaël vit que le visage de Peter Deunov était rempli d'amour. Il réalisa subitement que le Maître venait de lui redonner publiquement son approbation et son estime. Plusieurs frères et sœurs comprirent le message et abordèrent Mikhaël en lui prodiguant des excuses pour leur comportement passé. Lui-même ne songea pas à se prévaloir du geste de Peter Deunov ; il continua à vivre en retrait et à travailler dans le silence.

Malheureusement, l'incident de l'empoignade déclencha une nouvelle vague de calomnies à son sujet. Certaines personnes le racontèrent de façon à discréditer ce disciple que le Maître traitait d'une façon si difficile à comprendre : tantôt il l'éprouvait de façon terrible, tantôt il le défendait ou laissait sous-entendre des choses mystérieuses à son sujet, et, tout en l'ignorant la plupart du temps, il continuait à le recevoir et à passer de longues heures avec lui...

✩✩✩

À son grand soulagement, Mikhaël obtint enfin son baccalauréat. Il pensait pouvoir se remettre entièrement à ses travaux spirituels, mais dès qu'il revit Peter Deunov à Sofia, celui-ci lui dit avec fermeté : « Maintenant, tu dois aller à l'Université. »

Cela signifiait des sacrifices renouvelés, mais encore une fois, Mikhaël se fia à la sagesse du Maître. Après être allé faire ses adieux à sa mère, il revint à Sofia où il s'inscrivit à la faculté de physique et de mathématiques. Dès son arrivée dans la capitale, des amis qui désiraient l'aider lui prêtèrent une chambre.

Toutefois, afin de payer ses cours et sa nourriture, il lui fallait travailler. Chaque fois que le besoin d'argent se faisait sentir, il s'engageait sur des chantiers de construction comme maçon, menuisier, peintre ou homme à tout faire ; mais il ne gagnait pas beaucoup de cette manière et, pendant des années, il vécut dans une extrême pauvreté.

Sa chambre n'était meublée que d'un lit garni de quelques couvertures données par sa famille, d'une bibliothèque offerte par Peter Deunov et d'une petite table sur laquelle il posait son violon. Il écrivait sur ses genoux, assis en tailleur sur le plancher. Toujours pauvrement vêtu, il portait un foulard en guise de cravate et, pendant longtemps, il ne posséda qu'une paire de sandales qui lui servait en toutes saisons. Il dit un jour avec un brin d'humour que, s'il avait eu beaucoup d'amis, ceux-ci ne l'avaient pas invité à des réunions mondaines, mais plutôt à des repas pris dans l'intimité.

La forme m'a toujours été indifférente. Cela commence pourtant à aller mieux, mais jusqu'à quarante ans j'ai été vêtu comme un pauvre, je portais des souliers à ventilation, je n'avais pas de cravate, et je me servais d'épingles en guise de boutons. Je vivais sur les montagnes. Je méprisais « la forme », et c'était une erreur parce que la forme est une chose divine. Un beau contenu doit être dans une belle forme, et je ne vivais donc pas dans la perfection !

La forme, c'est quelque chose... Pour moi, seul l'intérieur comptait, et on ne me recevait pas parce que je n'étais pas « représentatif ». On m'invitait, mais tout seul... Tout le monde m'aimait, mais pas devant les autres. C'était donc un amour caché. C'est alors que j'ai appris combien la nature humaine est bizarre : si vous êtes bête, mais que vous respectez la forme, on vous accepte partout, on ne donne pas deux centimes pour votre cerveau. *On dit : à quoi sert le cerveau quand l'homme est bien habillé !*[36]

Au début du vingtième siècle, l'Université de Sofia était un ensemble de vieux bâtiments qui abritaient six ou sept facultés. Une autre institution, l'Académie bulgare, offrait des facultés supplémentaires, et c'est là que Mikhaël suivit ses cours de mathématiques. Cette discipline, qui répondait à son sens de l'ordre et de la perfection, lui plaisait. Il étudia aussi l'astronomie à cause de ses liens étroits avec les mathématiques et, pendant de longues périodes, il travailla à déchiffrer les correspondances existant entre les deux disciplines. Moins d'un an plus tard, pourtant, il décida de changer de faculté : sa mémoire des chiffres étant faible, il oubliait trop facilement les formules et avait du mal à réussir ses examens.

Son choix se porta sur la faculté historico-philologique où il s'inscrivit aux cours de philosophie, de pédagogie et de psychologie. Toujours assoiffé de connaissances, il lisait énormément et étudiait suffisamment pour obtenir ses diplômes, mais à vrai dire, il ne passait pas beaucoup de temps à l'université. À ses yeux, la véritable université était « celle du Maître Peter Deunov, où l'on apprenait tout ce qui est important pour l'éternité ».

Il consacrait ses temps libres à la méditation et à la contemplation : « C'était pour moi une question de vie ou de mort. » Toutefois, ses activités spirituelles demeuraient privées. Il n'en parlait même pas au Maître. Et, tout au long de ces années d'études supérieures, ce furent les grandes idées philosophiques de la science initiatique qui le guidèrent.

Le soleil entretenait en lui la vie. La lumière était son bouclier et son instrument parce que la lumière, pour lui, était un esprit vivant. D'autre part, la montagne continuait à exercer sur lui une forte attraction. Il ne pouvait ignorer le chant des sommets. Quand la voix devenait trop insistante, il reprenait son baluchon pour le remplir de livres, de nourriture et de vêtements chauds. Il quittait la ville. Libre comme l'air, il passait plusieurs jours dans la solitude sur le mont Vitocha, ou même des semaines entières à Rila. Son amour pour les grands arbres n'avait en rien

---

36 Conférence du 15 mai 1947.

diminué depuis son enfance, et les longues montées à travers les forêts lui apportaient une joie intense.

Bien évidemment, ce comportement irritait ses professeurs qui lui adressaient de sévères reproches. L'un d'eux, hostile à Peter Deunov, refusa de le recevoir aux examens et le renvoya même de son cours ; mais après un certain temps, il éprouva du remords de l'avoir empêché de terminer ses études, et il signa un document qui permettait à Mikhaël de se présenter devant d'autres examinateurs.

Parfaitement conscient de l'importance des diplômes, le jeune homme passa ses examens et choisit de faire sa thèse sur les aspirations des jeunes. Son enquête l'amena à interroger une grande quantité d'étudiants qui lui firent volontiers des confidences sur leurs projets d'avenir. Il les écouta avec intérêt, mais il constata que très peu d'entre eux avaient « le désir d'être des serviteurs de Dieu, des bienfaiteurs de l'humanité », comme il le disait lui-même.

Lorsqu'il obtiendra ses diplômes de philosophie, de psychologie et de pédagogie, il continuera de fréquenter l'université, et cela pendant plusieurs années. Poussé par la curiosité, il choisira ses études avec la plus grande liberté et naviguera entre les différentes facultés afin de travailler pendant un certain temps diverses disciplines. C'est ainsi qu'il suivra des cours de chimie, de médecine et de physique. On finira par l'appeler « l'éternel étudiant ».

★★★

Au cours de toutes ces années d'études, les évènements les plus marquants de la vie de Mikhaël concernèrent sa vie de disciple. L'un d'eux semble avoir eu une grande importance pour lui. Quelque temps après son arrivée à Sofia, Peter Deunov lui fit subir une épreuve spéciale qu'il imposait parfois aux frères et sœurs les plus courageux. Il lui conseilla de partir seul pour faire l'escalade du Moussala, par une nuit noire, et sans aucun moyen de s'éclairer. « Cette expérience te fera comprendre beaucoup de choses », lui dit-il.

Mikhaël se mit donc en route par une nuit sans lune. Les ténèbres épaisses et la qualité du silence créaient une atmosphère effrayante dans la forêt où il devait marcher à tâtons en espérant demeurer dans la bonne direction. Conscient du danger que représentaient les sangliers, les loups et les ours, il pensait sans cesse au ravin qui bordait le sentier et dans lequel il pouvait chuter au moindre faux pas. Subitement, il eut la conviction de s'être écarté du chemin tracé. Avec le sentiment poignant de sa vulnérabilité et de son isolement, il s'arrêta et se mit à prier.

Je vous assure que dans de tels moments on prie avec ferveur ! J'ai senti que jamais je n'avais prié ainsi. Quelques instants après, j'ai vu une lumière qui éclairait le chemin devant moi sur une longueur de deux mètres. Je marchais désormais dans la clarté et j'étais rempli de joie. Je chantais et je sentais quelque chose bouger en moi comme si j'étais traversé par des courants nouveaux.[37]

Après quelques heures de montée, il entendit des aboiements sonores. Il s'arrêta. Comment pourrait-il se défendre avec un simple bâton contre des chiens furieux ? Par contre, reculer risquerait de provoquer les animaux à se ruer sur lui. Immobile, il les écouta se rapprocher, pensant à la lumière et à toutes les puissances du monde invisible. Mais Mikhaël était un être qui ne restait jamais longtemps dans l'indécision ou la crainte. Il se dit : « Ce qui arrivera, arrivera ! » Il avança résolument dans la direction des aboiements, qui se faisaient de plus en plus féroces. Tout se passa ensuite très rapidement. Il aperçut deux énormes bêtes, de la taille de petits ânes, qui se précipitaient sur lui. Bandant sa volonté, il rassembla ses forces et projeta sa main droite vers l'avant avec une énergie phénoménale, l'index et le majeur pointés dans leur direction. Une décharge électrique sortit à ce moment de tout son corps. Puis, il perçut autour de lui des présences invisibles. Propulsés au loin par une force terrifiante, les chiens poussèrent des hurlements déchirants et restèrent couchés là où ils étaient tombés, les yeux fixés au sol.

Après avoir repris son souffle, Mikhaël leur parla d'une voix calme. Lorsqu'il fut certain qu'ils n'essaieraient plus de l'attaquer, il se laissa envahir par une joie sans bornes et remercia le

---

37 Voir son propre récit dans : *La deuxième naissance*, « Le Maître de la Fraternité Blanche Universelle en Bulgarie, Peter Deunov », Prosveta.

ciel du fond du cœur. Mais brusquement, il se sentit terriblement las, comme si toutes ses forces vitales étaient sorties de lui
par sa main. Après quelques instants, il se remit péniblement en
route, mais seulement pour s'arrêter quelques minutes plus tard,
incapable de continuer.

Il s'assit sur une grosse pierre et prononça à haute voix des
paroles de gratitude destinées aux créatures invisibles dont il
avait senti la présence, qui l'avaient accompagné et protégé. Enfin, il reprit lentement son ascension, sortit de la forêt et gravit
les grands pierriers. Au moment précis où le soleil se levait, il
atteignit enfin la cime. Et là, sur le point le plus élevé du pays,
avec d'innombrables sommets l'entourant de toutes parts, il remercia Dieu de toute son âme :

> Cette expérience m'a fait comprendre qu'un grand nombre de
> souffrances et d'épreuves nous sont envoyées par le monde invi-
> sible pour nous obliger à compter sur les forces spirituelles qui
> sont en nous.[38]

Cette épreuve ne fut pas la seule que Peter Deunov imposa à
Mikhaël au fil des ans. Il lui assigna des tâches très difficiles. À
plusieurs reprises, il lui demanda d'aller travailler dans des hameaux éloignés, non desservis par les transports publics. En arrivant dans ces villages à la fin d'une longue journée de marche,
il se voyait parfois attaqué par des chiens féroces. Il acceptait le
logement qu'on lui prêtait, une cabane, un coin de grange ou
d'écurie.

Frustes et durs, les paysans étaient « tellement ignorants que,
bien souvent, ils ne savaient même pas comment faire du pain ».
Mikhaël avait pour mission de demeurer avec eux pendant un
certain temps, de leur parler, de leur enseigner des choses utiles
à leur évolution. Peu à peu, il devint leur frère, leur ami. Il réussit à créer avec eux une relation telle que plusieurs fois, des villageois apparemment incapables de toute émotion lui firent des
confidences, allant même jusqu'à pleurer devant lui.

En dépit de son éloignement, il continuait à assister aux conférences de Peter Deunov à Sofia. Même l'hiver, sous la pluie ou
dans la neige, il quittait ces hameaux et parcourait des dizaines

---

38 Ibid.

de kilomètres à pied, en sandales, à travers une forêt hantée par les loups et les sangliers.

Un jour, Peter Deunov lui dit, satisfait : « Tu as changé de peau. » Tout en ignorant Mikhaël en public, il n'avait pas cessé de lui donner de temps à autre une indication précieuse, une confirmation, une approbation. Cette fois-ci, il faisait allusion à une transformation, à une purification qui se concrétisait par un rayonnement. Chaque fois que Peter Deunov lui offrait l'une de ces réflexions laconiques, Mikhaël devait réfléchir longuement pour en déchiffrer le sens caché.

Toutefois, malgré la sobriété de leurs rapports, il y avait toujours entre eux ce quelque chose d'inexplicable et de très précieux qui s'était manifesté dès leur première rencontre. Mikhaël était extrêmement sensible aux réactions de Peter Deunov, et celui-ci semblait l'être tout autant à son égard. Même s'il n'y paraissait guère, les actions de ce disciple-là, ses paroles et son comportement ne laissaient jamais le Maître indifférent.

Les Sept Lacs de Rila

Les camps d'été dans la région de Rila étaient appelés « camps de vacances », mais on n'y passait pas des vacances ordinaires. On y allait, bien sûr, pour se reposer des travaux et des préoccupations quotidiennes, mais on cherchait d'abord à poursuivre son apprentissage auprès d'un Maître spirituel dans les conditions idéales de la montagne. Au fil des ans, la durée de ces séjours à Rila passera progressivement de quelques jours à plusieurs semaines. Après un ou deux mois de vie alpine, on rentrait chez soi renouvelé et épuré.

Quand il vivra en France, ce sera avec enthousiasme que Mikhaël décrira l'ambiance de ces camps.

À Samokov, au pied du massif, les campeurs se chargeaient de leur sac à dos et commençaient l'éreintante montée vers les Sept Lacs, tandis que des mulets transportaient les tentes et les marmites.

La région des Sept Lacs de Rila

Au bout de sept ou huit heures d'escalade à travers des forêts de conifères et des pentes raides encombrées de pierres, ils atteignaient enfin, à 2 300 mètres d'altitude, le premier lac de Rila. Un peu plus haut, à proximité du deuxième lac, ils installaient leurs tentes parmi les bosquets de pins pygmées appelés *kleks*, les seuls arbustes capables de survivre à cette altitude.

Pour la contemplation des levers de soleil, Peter Deunov avait choisi un éperon rocheux escarpé qu'il avait nommé le Sommet de la Prière. Dans l'aube translucide, le rocher s'avançait comme une proue posée sur l'espace.

Réveillés tous les matins par le son d'un violon itinérant, les campeurs se levaient en silence et faisaient leur toilette dans l'air glacé des tentes ou près du lac. Pendant que le ciel s'éclaircissait, ils grimpaient en se faufilant entre les énormes pierres et, tout en haut du rocher, ils s'installaient pour méditer en attendant le lever du soleil. Dès que l'astre du jour apparaissait, ils se mettaient à chanter en sourdine l'une des mélodies de Peter Deunov sur la lumière. Ensuite, le Maître parlait de sa voix douce alors que le soleil s'élevait dans le ciel.

> *Si on me demande, dira un jour Mikhaël, quel a été le meilleur moment de ma vie, celui où j'ai connu les sensations les plus extraordinaires, je dirai que c'est à Rila sur la montagne au lever du soleil.*[39]

Les journées en montagne étaient bien remplies. Pour la moindre des activités, il fallait beaucoup marcher, grimper les pentes de collines escarpées et escalader des éboulis encombrés de petits conifères aux branches torses. Et personne ne trouvait excessif d'entreprendre une heure de marche vers le terre-plein naturel d'un lac éloigné afin d'y apprendre les mouvements d'une danse appelée *paneurythmie* qu'on y pratiquait tous les jours.

La paneurythmie, créée par Peter Deunov, est une ronde qui tourne lentement au son de la musique, comme la vaste ronde de l'univers à travers laquelle se manifestent le flux et le reflux de la vie. D'une grande beauté plastique, tous les mouvements

---

39 Conférence du 29 mars 1951.

ont pour but de lier les danseurs, alternativement, aux énergies de la terre et à celles du cosmos. Le Maître Deunov la définissait comme « un échange conscient entre l'homme et les forces de la nature ».

Tous les matins, entouré d'un petit orchestre, il se tenait au centre de l'immense cercle formé par des centaines de participants. Ici et là, les danseurs joignaient leur voix aux instruments et, la plupart du temps, des harmonisations spontanées naissaient et mouraient au gré de la fantaisie. La paneurythmie terminée, on rentrait au camp pour prendre le repas en commun. Chacun allait chercher sa portion sous l'abri de cuisine où fumaient d'énormes marmites.

Tous les temps libres étaient occupés par des travaux physiques souvent très durs : il fallait faire la cuisine, descendre au village pour acheter la nourriture, rencontrer à mi-chemin les nouveaux groupes de campeurs qui arrivaient sans cesse et qui ne connaissaient pas la région.

Mikhaël à Rila avec la fraternité
Sa silhouette, en manteau foncé, se détache sur le lac

Les hommes construisirent, entre autres, un grand refuge à toit d'ardoises, ainsi que des gradins au-dessus d'un lac que Peter Deunov nomma le lac de la Contemplation. Le soir venu, ils étaient tous exténués, mais la montagne exerçait sur eux une emprise mystérieuse : elle avait conquis leur cœur et leur procurait une joie si profonde qu'ils en oubliaient la fatigue et l'inconfort. Ils ne voyaient plus que la beauté de la lumière qui transfigurait les sommets.

Peter Deunov emmenait fréquemment tout son monde en excursion vers l'un des monts de Rila et, au moins une fois au cours de l'été, vers le sommet du Moussala. Avant de se mettre en route, il expliquait comment marcher sans se fatiguer. Toujours en tête du peloton, il avançait si rapidement que ses compagnons devaient se hâter derrière lui. Dans cet instable climat de montagne, il n'était pas rare de voir les nuages s'accumuler et le temps devenir menaçant juste avant le moment du départ.

Craignant d'être trempés jusqu'aux os, les moins courageux protestaient, mais Peter Deunov tenait rarement compte de leurs récriminations. Dans la pluie, la neige et les bourrasques, même quand ils n'avaient dormi que quelques heures, ils partaient pour les sommets. Certains jours, les éclairs s'abattaient autour d'eux, l'eau ruisselait sur leur corps, l'air chargé d'électricité devenait difficile à supporter, mais leur guide, infatigable, rythmait la cadence de son pas rapide. Acceptant l'épreuve d'endurance, les disciples suivaient stoïquement.

Comme la durée de ces excursions variait entre dix et quatorze heures, ils étaient appelés à dépasser leurs propres limites et, lorsqu'ils revenaient au camp, ils étaient fourbus, mais heureux. On faisait alors chauffer de l'eau dans les marmites et les samovars pour désaltérer tout un chacun. En montagne, l'eau chaude avait une grande importance : elle guérissait les rhumes, les fièvres et tout autre malaise bénin.

C'était un frère du nom de Tséko qui préparait le thé. Il portait souvent sur son dos un samovar allumé qui se mettait soudainement à siffler, faisant sursauter ses voisins.

Tséko était un homme au visage de brute, mais au cœur d'or. Sans instruction, il rêvait pourtant de devenir poète et récitait devant tout le monde des poèmes de sa composition, ce qui faisait beaucoup rire, tellement ses vers étaient ridicules. On ne pouvait s'empêcher d'aimer cet homme rempli de gentillesse et de bonté. Le plus étonnant de cette histoire, c'est qu'après plusieurs années, à force d'écrire sur le soleil, les oiseaux et le printemps, il devint vraiment poète.

Mikhaël, qui avait de l'amitié pour lui et le comprenait, raconta qu'un soir, à la fin d'un feu de camp, Tséko s'était mis à chanter un air qu'il avait composé, au grand amusement des assistants.

On riait, mais le chant était si réussi que, les jours suivants, tout le monde le fredonnait sur les chemins de la montagne [...] Cet exemple de Tséko doit vous faire réfléchir. Vous avez des talents et des qualités que seul le trac vous empêche de manifester... Mettez-les à l'épreuve... Tous les travaux sont magnifiques et la vie exige qu'ils soient accomplis.[40]

Si l'on en juge par la façon dont Mikhaël parlera plus tard de ses séjours en montagne, il apparaît évident qu'il y avait vécu des moments inoubliables. La montagne représentait pour lui le lien entre le ciel et la terre. Chacun des actes qu'il y faisait, comme marcher, grimper ou se plonger dans l'eau d'un lac, possédait son prolongement dans sa vie intérieure, créant ainsi une véritable connexion entre lui-même et les êtres des plans subtils.

On n'a pas oublié sa passion pour les sources. C'était toujours avec le même bonheur qu'il les contemplait, et sa joie fut grande lorsqu'il s'aperçut que Peter Deunov avait, lui aussi, une prédilection pour elles. Dans son désir de les voir couler librement, limpides et sonores, le Maître mobilisait les hommes disponibles et leur donnait pour consigne de les nettoyer. Dans le même ordre d'idées, il leur demandait de construire des ponts au-dessus des petits ruisseaux. Bien peu de ses disciples comprenaient pourquoi ils devaient accomplir ce genre de travail, mais ils en tiraient une satisfaction qui les

40   Conférence du 2 Juillet 1950.

146

étonnait eux-mêmes. « En réalité, expliquera Mikhaël, le Maître nettoyait les disciples en même temps que la source, et il établissait des ponts entre les frères ! »

L'une de ces sources était devenue le point d'eau attitré de la fraternité. Chacun allait s'y abreuver et rapportait de l'eau pour les besoins du camp. Peter Deunov, qui continuait à faire des gestes significatifs envers Mikhaël, le pria de créer un dessin pour le projet d'une sculpture qui serait installée à l'orifice de la source. C'est d'après ce croquis – symbole du Verseau – que fut taillé le bloc de pierre blanche d'où coule la source depuis cette époque.

Tout comme l'eau, le feu jouait un rôle primordial dans la vie en montagne. Le soir, les campeurs se réunissaient sur un emplacement dallé pour le feu de camp. Réchauffés par le grand brasier, leur visage éclairé par les flammes dansantes, ils chantaient, ils racontaient certaines de leurs expériences, ils récitaient des poèmes et donnaient de petits concerts.

> Puis nous nous endormions sous les étoiles pour nous lever ensuite très tôt le matin afin de communier à nouveau avec l'esprit du feu, le soleil. On s'endormait avec le feu, on se réveillait avec le feu, toute la journée c'était le feu, et ainsi notre vie était illuminée.[41]

Devant le feu comme pendant les repas et les excursions, il arrivait à Peter Deunov de méditer très longuement afin d'habituer ses disciples à faire de même.

Il fermait les yeux et demeurait silencieux durant une heure ou deux. Avant de commencer sa propre méditation, Mikhaël l'observait en s'interrogeant : « À quoi pense-t-il ? Où est-il ? » Sentant que le Maître ne communiquait pas tout son savoir, il s'efforçait de saisir la pensée qui faisait vivre son regard, de comprendre le point de vue à partir duquel Peter Deunov scrutait les êtres et les choses.

Comme il s'était exercé à entrer dans la pensée de Jésus, de Bouddha et d'Hermès Trismégiste, Mikhaël parvint à entrer « dans la tête » de Peter Deunov au moyen d'exercices précis. En sa présence, il écoutait ses paroles avec une grande attention

---

41 *Les fruits de l'Arbre de Vie*, « Veillées autour du feu II ».

et, quand il se retrouvait seul, il continuait à imaginer qu'il était dans sa tête. Petit à petit, il sentit « que les choses s'éclaircissaient », et il découvrit les processus de sa pensée.

Quand il voulait méditer seul, Mikhaël montait au-dessus du camp de la fraternité, là où il avait repéré un site particulièrement enchanteur. Comme il était très sensible au froid, il lui fallait certainement fournir beaucoup d'efforts de volonté et d'endurance pour accomplir des exercices spirituels à 2 500 mètres d'altitude, et ce, par tous les temps. Il y passait souvent la nuit à la belle étoile, tantôt seul, tantôt avec des amis. À la tombée du jour, il s'installait entre les buissons rabougris, amassait des aiguilles de pin pour s'en faire un lit, et s'enveloppait enfin jusqu'aux yeux dans sa couverture. Étendu sur son matelas de fortune, il contemplait les étoiles pendant qu'une paix profonde envahissait tout son être.

Le souvenir de sa grand-mère Astra revenait fréquemment à son esprit : en exposant des malades à la clarté des étoiles et en les soignant au moyen de décoctions de plantes, cette femme remarquable les avait presque toujours aidés à se rétablir. Quel effet les étoiles avaient-elles donc sur le corps humain ? À cette altitude, les innombrables points brillants qui piquaient le velours sombre de la voûte céleste étaient d'une pureté indescriptible. Mikhaël les contemplait, les interrogeait. Enivré de beauté, il se liait aux entités spirituelles qu'il sentait très présentes dans l'univers.

J'arrivais à connaître des sensations immenses et si extatiques que j'étais bien loin de la terre... Dans les régions où je me trouvais transporté, je sentais et je comprenais que dans la vie une seule chose dépasse tout : s'unir à l'Esprit cosmique qui est partout.[42]

Quand il racontait ces expériences, c'était aussi au nom de ses compagnons occasionnels, peut-être parce qu'il les avait faites en communion intense avec eux : « Nous étions fous d'extase et d'émerveillement. » Il ajoutait que cette joie les avait rendus « presque malheureux » parce qu'ils ne pouvaient la partager avec le monde entier.

---

42 Conférence du 26 octobre 1946.

Mikhaël était déjà habité par une pensée essentielle, celle d'aider les gens à établir la paix dans leur propre cœur, de façon à devenir aptes à l'installer dans la communauté humaine. À maintes reprises, devant la paix extraordinaire qui régnait sur la nuit, il éprouva une espèce d'étonnement en songeant aux antipathies et aux rancunes qui existent entre les humains, aux guerres et aux vengeances qui font rage sur la planète.

Du sommet de sa montagne, les luttes acharnées entre les hommes et les peuples lui paraissaient terriblement puériles. Le souvenir de la musique cosmique, entendue à dix-sept ans, se trouvait toujours présent à son esprit. Il se disait que si les êtres humains se considèrent souvent comme des ennemis, « c'est qu'ils ne se connaissent pas, et ignorent qu'ils font partie de la même famille, du même orchestre symphonique ».

Une nuit, la pensée de son ami Pasal lui vint. Pasal était un comédien qui jouait fréquemment Shakespeare à Sofia. Quelques mois auparavant, alors qu'il interprétait le rôle du héros de la pièce, Mikhaël avait observé le jeu des acteurs avec beaucoup d'attention. Au moment où l'un des personnages plantait son couteau dans la poitrine de Pasal, il avait ressenti une souffrance atroce, comme si son ami était réellement mourant. Hanté par une conviction intime, il n'avait pu dormir de la nuit : « Il va mourir, il va s'en aller. C'est un avertissement qu'on m'a donné. Il va mourir bientôt... » Très peu de temps après cet incident, Pasal lui avait raconté un rêve.

– Mikhaël, écoute : j'étais dans l'autre monde et je me trouvais au milieu d'une foule de gens, tous habillés en blanc. Ils se sont mis à me poser des questions sur le monde d'où je venais, sur la terre, sur ce qui s'y passait de beau, si j'avais des amis. Je leur ai répondu : « Oui, j'ai des amis, mais il y a aussi certaines personnes que je n'aime pas ; je les déteste même. » Et ces êtres lumineux ont été très étonnés, ils ont dit : « Comment ! Vous avez encore de la haine là-bas ? Mais alors, vous n'avez rien appris ? »

Pasal avait regardé Mikhaël d'un air inquiet.

– Crois-tu que ce rêve m'annonce que je vais mourir ?

Mikhaël n'avait pu lui confier ce qu'il avait lui-même éprouvé le soir de la représentation. Il avait simplement répliqué : « Ce n'est qu'un rêve... »

Quelques mois plus tard, Pasal était tombé malade, son état s'était rapidement aggravé et la mort l'avait emporté. Cet être si doué n'était plus à présent qu'un souvenir, un regret. Songeant à son ami, au cœur de la nuit sereine, Mikhaël se met alors à penser à la paix qu'il souhaite tant pour le monde. « Mais alors, vous n'avez rien appris ? », avait-on dit à Pasal. Oui, il faut apprendre la paix, il faut transmuter la violence, la haine et la malveillance en harmonie, aussi bien dans son cœur que dans sa volonté. Étendu sur le sol, les étoiles scintillant au-dessus de lui, Mikhaël travaille mentalement pour la paix dans le monde.

Une nuit, l'âme embrasée par toute cette splendeur, une idée lui vient à l'esprit : il imagine que les étoiles se sont déclaré la guerre, une guerre magnifique, et qu'elles se mitraillent de lumière.

Ce concept lui inspire un nouvel exercice qui le passionne : il passe des heures à faire ce travail spirituel pour l'humanité, pour la planète, puis il s'endort comme un enfant. En certaines occasions, il entre en extase, et les sensations qu'il expérimente alors le transportent fort loin de la terre. Bien souvent, après une nuit passée en altitude, il lui arrive de se réveiller à l'aube couvert de neige. Transi mais heureux, il se secoue, replie sa couverture et redescend au camp pour le lever du soleil.

À un certain moment, il décide de tenter une expérience difficile au sommet d'un mont apparemment inaccessible : il veut vérifier s'il n'y aura pas en lui-même, au cours d'une tentative ardue, quelque chose qui lui signifiera de ne plus avancer, ce quelque chose qui s'appelle l'intuition. Il entreprend l'escalade d'un sommet fait d'arêtes verticales très lisses, qu'il choisit pour sa beauté et son orientation.

Nulle part il ne voit la possibilité de poser le pied, mais il réussit pourtant à s'appuyer contre une aspérité à peine sensible et à s'y maintenir en équilibre. Agrippé à la paroi, il prie, se lie à Dieu et écoute son intuition.

Dès qu'il reçoit la commande intérieure d'avancer, il pose l'autre pied sur une infime saillie et fait un second pas. Scrutant attentivement la surface lisse, il finit toujours par découvrir une façon de rejoindre la prochaine arête. Et c'est ainsi qu'il parvient au sommet. L'audace, qui est l'une des composantes de son tempérament, l'entraîne sans cesse à procéder à des essais et à s'imposer des tests, dans le but de mieux se connaître et d'acquérir la maîtrise de soi :

Il faut chercher cette solution, cette issue. C'est magnifique d'oser s'aventurer, de se jeter dans l'action. Souvent les spiritualistes sont hésitants et se demandent : « Est-ce que cela est bon ? Est-ce que je pourrai suivre cette route ? » Ils n'osent pas, durant des années, goûter la splendeur de cette nouvelle vie. Savez-vous que dans l'Antiquité on ne donnait pas l'Initiation aux êtres remplis de bonté, mais aux audacieux ? À ceux qui n'osaient pas, on disait qu'ils n'étaient pas préparés à recevoir l'Initiation.[43]

Les excursions que Mikhaël entreprenait continuellement vers les sommets représentaient les cimes spirituelles qu'il désirait atteindre. Au fil des vingt années qu'il passa auprès de Peter Deunov, il fit l'ascension du Moussala à dix-neuf reprises, et parfois dans des conditions très difficiles. Il y montait avec une idée bien précise du travail à effectuer sur la plus haute montagne des Balkans. Là-haut, son âme de contemplatif s'épanouissait comme nulle part ailleurs. Il y était conscient de la présence de puissantes entités qui le stimulaient et le soutenaient.

Pendant toutes ces années, il put jouir d'une grande paix sur les sommets. Plus que jamais, il comprit que la seule chose vraiment importante dans la vie consiste à s'unir à l'Esprit cosmique. Les travaux spirituels qu'il menait à bien depuis si longtemps lui apportaient de temps à autre des cadeaux venus du ciel : pour lui, les pierres pouvaient s'animer et se transformer en objets de lumière, les fruits se métamorphosaient en réceptacles de forces divines.

C'est ce qui se produisit un matin d'été, alors qu'il se trouvait en compagnie de son ami Dimitri, l'ancien anarchiste devenu frère pacifique.

C'était en août, le temps était splendide, et les deux compagnons faisaient l'ascension du Moussala avant d'aller rejoindre le camp de Rila. Ils marchaient allègrement, « se sentant jeunes, vigoureux et remplis d'une joie profonde », comme le précisa Mikhaël. Après plusieurs heures de trajet par une chaleur qui devenait de plus en plus accablante, ils s'arrêtèrent pour se

---

43 Conférence du 9 mai 1944.

restaurer. De leur sac à dos, ils sortirent chacun une poire qu'ils savourèrent le plus lentement possible. Cet acte si ordinaire de consommer un fruit provoqua en Mikhaël une communion extatique avec la nature. Il en parla un jour, en son nom ainsi qu'en celui de son ami comme il le faisait souvent en pareil cas :

« C'était un océan de douceur qui déferlait en nous, comme si Dieu était entré dans ce fruit. » Il ajouta que grâce au fruit, il avait été transporté au paradis, que l'expérience lui avait ouvert des horizons immenses, que sa conscience s'était ouverte et qu'il avait été rempli de toute la lumière du cosmos.

Combien de fois, au cours de sa vie, Mikhaël parlera-t-il d'une ouverture de sa conscience, comme si celle-ci était endormie. Chaque fois qu'il l'examinait, il s'en trouvait insatisfait. Insatiable, il implorait Dieu d'envahir tout son être. Sans relâche, il travaillait « à remplacer en lui-même tout ce qui était vieilli et souhaitait s'identifier aux Êtres divins qu'il appelait sans cesse ». L'amour, la paix ou la véritable Initiation représentaient pour lui autant d'états de conscience.

Le Maître Deunov avec des membres de sa fraternité
À sa droite, Mikhaël

LES MERVEILLES DE LA PENSÉE
ET DE LA PAROLE

Au cours d'un dur hiver, apparemment en 1926, Mikhaël s'engagea encore une fois comme maçon afin de gagner un peu d'argent pour payer ses cours et donner un coup de main à sa famille. Avec les autres ouvriers, il travaillait en plein air dans un grand bâtiment en construction fouetté par des rafales de vent glacé.

Vêtu d'une mince vareuse et d'un pantalon avec un grand trou sur le genou, il sentait sa jambe devenir peu à peu insensible sous la morsure du froid. Le soir, son genou se trouvait si enflé qu'il n'arrivait plus à marcher. On dut l'aider à rentrer chez lui. Obligé de garder le lit, il profita de son immobilisation pour s'adonner à ses occupations favorites. Il choisit d'étudier à fond l'astrologie et y consacra des journées entières qui se muèrent tout doucement en semaines.

Dès qu'il eut acquis suffisamment de connaissances, il fit son propre thème, mais une pénible surprise l'attendait : son horoscope dépeignait un être médiocre et grossier dont le caractère ne correspondait pas du tout au sien. Alors qu'il avait cherché Dieu toute sa vie, son thème n'indiquait aucune aspiration spirituelle. Il s'étonnait de n'y déceler aucune trace de ses extases ou des révélations reçues. En fait, c'est qu'il avait oublié un fait important : à son arrivée à Varna en 1907, on lui avait officiellement donné un an de plus que son âge réel afin de le faire entrer à l'école, ce qui faussait à présent les données astrologiques. Ce ne sera que bien plus tard, à cinquante ans, qu'il apprendra, par sa mère, son âge réel. Mais à vrai dire, ces renseignements ne se révéleront pas très précis, car Dolia ne sera pas très sûre de l'heure de sa naissance, se rappelant seulement que c'était après minuit le 31 janvier 1900.

Tout ce qui concerne la date de naissance d'Omraam Mikhaël Aïvanhov a toujours été assez obscur à cause d'une multitude de facteurs : les conditions de vie de son pays, la mentalité de ses habitants, l'incendie de son village qui avait détruit tous les documents officiels, etc.

Pour comprendre cette imprécision, il faut savoir qu'au début du vingtième siècle, dans les villages de Macédoine, le temps était réglé par les phénomènes de la nature. Les mariages, les naissances et les décès étaient souvent datés d'après ces évènements plutôt que par le calendrier. En vérité, tout s'est passé comme si cet être-là devait échapper aux classifications et aux analyses astrologiques. À vingt-six ans toutefois, ce mauvais thème de naissance représentait un nouveau défi. Au fil des ans, à chaque fois qu'il analysa les données qui le concernaient, il fut amené à douter de l'astrologie, cette science précise qu'il aimait parce qu'elle expliquait l'univers et les liens que toutes les créatures possèdent avec lui.

À l'instar de tous les astrologues sérieux qui s'occupaient d'astrologie spirituelle, Mikhaël considérait l'horoscope comme un instrument de travail, un ensemble de points de repères utiles aux recherches spirituelles et à la compréhension des évènements de la vie. En guise de consolation, il finit par se dire qu'il avait probablement neutralisé les aspects négatifs de son thème par ses intenses travaux spirituels. Il continua donc à étudier l'astrologie et à méditer sur les grandes lois qui en formaient l'armature.

Une dizaine d'années plus tard, il sera considéré comme le plus grand spécialiste de son pays, et certains grands personnages solliciteront sa compétence en la matière. Entretemps, il lui fallait bien admettre que son genou n'allait pas mieux. Ses amis, qui lui rendaient fréquemment visite, décidèrent de le bousculer. « Pourquoi n'essaies-tu pas de te guérir toi-même ? »

– Comment le pourrais-je ?

– Par la pensée. Tu en es capable !

– Il faudrait pour cela une longue concentration, répliqua Mikhaël, et je suis trop occupé.

En fait, son genou ne le faisait pas souffrir lorsqu'il ne marchait pas. Et, passionné par ses recherches astrologiques, il n'était pas fâché de pouvoir rester dans sa chambre à lire et à étudier. De plus, il avait constaté que cette épreuve de santé qui l'empêchait de marcher se trouvait inscrite dans l'horoscope qu'il croyait être le sien, ce qui le poussait à méditer et à prier pendant des heures afin de se purifier. Cependant, au bout d'un mois de claustration, il finit par en avoir assez. Malheureusement pour lui, sa jambe demeurait toujours aussi violacée et démesurément enflée.

« Il faut que j'essaie, se dit-il. Par la pensée, par l'amour, par l'esprit. » Il fit appel à toutes ses forces. Il condensa mentalement des rayons de lumière éblouissants qu'il projeta sur le membre malade. Suite à une période de concentration prolongée, il sentit la chaleur, puis la brûlure de la lumière envahir son genou. Poursuivant son travail, il perçut enfin un mouvement, une force prodigieuse qui le pénétrait jusqu'aux os. Après un moment, il s'endormit profondément.

Le lendemain, il se réveilla totalement guéri. Chose étonnante, il en était stupéfait, alors qu'il ne s'agissait pourtant pas de sa première expérience : il avait bien souvent utilisé la puissance de la pensée avec des résultats tout aussi spectaculaires. Mais pour lui – comme l'ont indiqué plusieurs de ses amis –, tout était toujours nouveau. Il ne pensait jamais être devenu expert en quoi que ce fût.

De toute évidence, à cette étape de sa vie, il était animé d'un immense dynamisme : tout son être se trouvait en expansion et il continuait à découvrir en lui-même de nouvelles possibilités. À un certain moment, il s'aperçut qu'à l'instar de sa mère et de sa grand-mère, il détenait le pouvoir de soulager les malades. Et quand il lut une biographie de François Schlater, un Alsacien qui possédait le don de guérir les gens en leur touchant la main, il en fut tellement émerveillé qu'il « souhaita presque devenir comme lui ».

Mais en réalité, l'instrument qui était à ses yeux le plus puissant de tous demeurait la pensée.

Lorsqu'un ami vint lui parler d'un garçon, blessé à la jambe et dont la plaie s'était envenimée au point que plus aucun traitement n'agissait, il décida de faire quelque chose pour lui.

Après avoir rempli une bouteille d'eau de source, il se concentra un instant pour y introduire les éléments de guérison qu'il savait présents dans la nature, puis il en offrit un petit verre au malade, avec la consigne de boire progressivement tout le contenu de la bouteille. Le jour suivant, le garçon était guéri et sa jambe ne gardait aucune trace de sa blessure.

Chaque fois que Mikhaël se découvrait de nouveaux dons, de nouvelles capacités, il lui fallait faire un choix, toujours le même, entre l'exercice des pouvoirs pour ses fins personnelles et le service de Dieu sans conditions.

Peter Deunov, au courant de tout cela, voulut vraisemblablement, à cette époque, le confronter encore une fois à ce type d'options : pendant un séjour de la fraternité sur le mont Vitocha, il emmena Mikhaël assez loin du campement et lui révéla l'existence d'un important trésor enfoui juste sous leurs pieds. Sans rien ajouter, il s'en retourna vers les tentes, le laissant seul sur l'emplacement indiqué.

Peter Deunov étant un grand clairvoyant, Mikhaël fut certainement très impressionné par cette révélation inattendue, ainsi que par la confiance accordée par le Maître. Eut-il des doutes quant à l'existence réelle du trésor ? Probablement pas, car celle-ci était tout à fait plausible : dans le passé – tout le monde le savait – nombre de bandits de grands chemins avaient caché de l'or dans la terre un peu partout en Bulgarie, de telle sorte que les chercheurs de trésors abondaient dans les régions bordant la route qui traverse le pays du nord au sud.

Pendant un moment, Mikhaël regarda Peter Deunov qui s'éloignait de son pas rapide en direction des tentes, puis il quitta lui-même les lieux sans regarder en arrière. « Les frères ne peuvent comprendre pourquoi j'ai agi ainsi, dit-il des années plus tard, et ils ne me le pardonnent pas. Ils voudraient que je leur révèle l'emplacement de ce trésor. »

À une autre occasion, Peter Deunov lui expliqua comment fabriquer un appareil muni d'une petite baguette en cuivre qui lui permettrait de trouver de l'or dans la terre. Mikhaël s'en servit un soir qu'il dînait chez des amis fortunés.

Au grand étonnement des invités présents, il détecta toutes les pièces d'or que ses hôtes avaient dissimulées en différents endroits de la maison. Une telle technique était évidemment de nature à faire tourner des têtes moins solides que la sienne, mais il y renonça : à quoi cela pourrait-il lui servir, sinon à développer le pouvoir de domination et à exploiter ses semblables ? N'avait-il pas déjà renoncé à tirer avantage de ses capacités psychiques dans ce sens quand il avait refusé l'offre du consul à dix-huit ans ?

Avec ses dons exceptionnels, il lui était possible de faire carrière comme guérisseur, clairvoyant ou astrologue, mais il savait que son rôle dans la vie était tout autre. Dès qu'il s'apercevait qu'une discipline ne pouvait lui procurer les moyens d'aider les gens à se libérer et à surmonter leurs difficultés, il l'abandonnait : il n'anticipait que trop bien l'esclavage dans lequel il s'enferrerait s'il succombait à tous ces appâts miroitants.

S'il avait renoncé depuis son adolescence à employer ses dons à des fins personnelles, il n'avait certainement pas essayé de les étouffer et il n'en avait pas peur non plus. Il continuait à faire usage, entre autres, de sa capacité de concentration et de ce qu'il appelait la puissance de la pensée, lorsque celle-ci pouvait lui apporter des résultats positifs.

C'est ainsi qu'un jour, en excursion avec Dimitri, il arriva très tard dans un village. La nuit était tombée et toutes les lumières des maisons se trouvaient éteintes. Les deux amis traversèrent le patelin et marchèrent un moment dans un vignoble avec l'intention de s'y installer pour dormir, mais ils s'aperçurent bientôt que l'endroit, semé de buissons épineux et creusé de profonds ravins, était dangereux. Mikhaël retint son compagnon par le bras : « Nous allons nous placer dans le meilleur endroit, le plus propre et le mieux exposé, malgré la nuit obscure et l'impossibilité d'obtenir un renseignement de qui que ce soit. » Dans l'ombre, il pouvait à peine distinguer les yeux confiants de Dimitri.

– Et comment pouvons-nous faire ça ?

Pour toute réponse, Mikhaël se mit à pivoter lentement, de façon à embrasser toutes les directions. Simultanément, il projetait sur les lieux, par la pensée, des ondes harmonieuses. En racontant cette anecdote, il expliqua :

Ces ondes que nous envoyons s'en vont, puis elles reviennent à nous. Elles font comme les chauves-souris qui, si on les fait voler dans un milieu où ont été tendus des fils de fer dans toutes les directions, ne les heurtent jamais. Les chauves-souris ont des antennes très développées qui les avertissent, grâce aux ondes d'air produites par leur vol, de la présence des obstacles. [...] Si vous connaissez les mêmes lois concernant les ondes que vous envoyez, vous pouvez détecter la présence des choses. Avant d'avancer, envoyez des ondes dans toutes les directions afin d'explorer le terrain. Là où vous sentez le désordre, le chaos, n'allez pas ; là où vous sentez des ondes harmonieuses, allez, le chemin est libre. J'ai donc tourné la main jusqu'à ce que j'aie trouvé la direction la meilleure.

Naturellement, pour obtenir un bon résultat, il faut tout d'abord s'être éduqué. On ne réussit pas la première fois. Mais j'étais déjà éduqué !... Et j'ai dit à mon ami : « Restons ici ». Le lendemain matin, nous avons constaté que c'était effectivement le meilleur emplacement du lieu. Depuis ce moment, ce frère a eu une immense foi.[44]

Ses choix personnels étaient profondément sincères. Son désir d'utiliser ses dons dans une optique spirituelle était tel qu'il essayait de communiquer ses convictions à tous ses amis. Ainsi, c'était avec tristesse qu'il observait l'un de ses compagnons de travail, un jeune homme remarquable qui s'était découvert un talent naturel pour guérir au moyen de l'iridologie, et qui se mit à profiter de ce don pour gagner beaucoup d'argent, en plus de séduire les jeunes filles et les femmes qu'il soignait.

Pour Mikhaël, ce n'étaient pas les dons naturels – aussi impressionnants et lucratifs fussent-ils – qui comptaient, mais bien la façon de vivre ; les éléments capables d'aider et d'éclairer autrui étaient la bonté, la générosité, l'amour. Afin de rendre service à ses amis, il leur proposait parfois des méthodes toutes simples, mais très efficaces.

C'est dans ce sens qu'il suggéra à quelques-uns d'entre eux de prendre un nouveau patronyme afin de déclencher en eux-mêmes un processus de changement. Depuis longtemps, il s'intéressait à la signification des noms propres, à leurs vibrations, ainsi qu'à leur influence qui lui paraissait être aussi importante que celle des couleurs sur l'être humain.

Au bout de quelques années, il fut extrêmement frappé des résultats obtenus. Il raconta un jour que l'un de ses camarades, un être violent dont le prénom comportait une signification symbolique très négative, s'était peu à peu transformé après en avoir adopté un nouveau.

---

44 Conférence du 3 juin 1946.

Après réflexion, toutefois, il conclut qu'en prenant la responsabilité d'attribuer un nouveau nom à quelqu'un, il se liait de trop près à son destin et se chargeait peut-être, par le fait même, d'une partie de ses difficultés. Il mit donc un terme à cette pratique.

Ce ne sera que plus tard, lorsqu'il sera lui-même considéré comme un Maître, qu'il redonnera parfois de nouveaux noms à certaines personnes, mais ce sera pour des raisons bien précises. De même, quand il s'aperçut qu'il devinait trop de secrets en se servant des cartes du tarot, il cessa de les utiliser pour d'autres que lui-même. En définitive, tout cela était trop facile. Même si ces méthodes pouvaient se révéler efficaces durant un moment, elles ne pouvaient transformer durablement les gens :

« Au contraire, précisait-il, c'est leur propre travail sur eux-mêmes qui a le pouvoir de les aider à progresser, à se perfectionner. »

✮✮✮

À Varna, la mère de Mikhaël était tout naturellement la confidente et la consolatrice de son quartier, la personne vers qui on se tournait instinctivement quand survenaient les difficultés. Chaque fois qu'elle rendait visite à des voisins alités ou démunis, elle cachait discrètement dans son tablier le pain ou les gâteaux qu'elle leur apportait. Un jour, elle fit une chose dont on parla pendant longtemps dans cette partie de la ville.

L'un de ses voisins, père de famille, avait décidé d'ajouter une chambre supplémentaire à sa maison sans demander le permis qu'il n'avait pas les moyens de payer. Lorsque la pièce fut presque terminée, on apprit que la police s'apprêtait à la faire démolir. Prise de compassion pour le malheureux père de famille, Dolia prit aussitôt la décision de lui venir en aide.

Faisant appel aux enfants du quartier, elle les rassembla dans la chambre en question, mit au mur une grande photo du roi Boris et attendit les policiers de pied ferme. Lorsque ceux-ci firent bruyamment irruption dans la pièce, ils se trouvèrent en présence d'une petite femme entourée d'une foule d'enfants rieurs. « Madame, dirent-ils, nous avons des ordres. »

– Nous ne bougerons pas d'ici, répondit-elle d'un ton calme. Aurez-vous le courage de détruire cette pièce autour de nous ?

Embarrassés, les policiers se regardèrent. Sur un petit signe du chef, ils sortirent de la maison en essayant de dissimuler de leur mieux leur déconfiture devant la foule qui s'était rassemblée dans la rue. Après cette défaite, ils ne reprirent pas l'offensive, de peur de créer un tumulte dans le quartier : ils connaissaient la fermeté de Dolia et son amour pour ses voisins, ils connaissaient également le respect et l'estime que ceux-ci lui portaient.

Chacune des visites de Mikhaël apportait à sa mère une joie particulière, car son absence lui pesait. Elle ne comprenait pas pourquoi il continuait à être disciple de Peter Deunov, mais elle n'en disait pas moins à ses proches : « Il est bien là-bas, il est heureux. »

Quant à lui, lorsqu'il arrivait à Varna et la voyait fatiguée, préoccupée par les problèmes de tous, il la grondait doucement en lui disant de ne pas trop se charger des fardeaux de ses voisins.

Ce jeune homme de vingt-six ans qui revenait de temps en temps à Varna, toujours accompagné de son violon, impressionnait beaucoup les amies de ses sœurs. Il connaissait tant de choses intéressantes sur la physiognomonie, sur la musique, ou encore sur l'influence de la nature sur l'être humain ! L'une d'elles a dit de lui, soixante-dix ans plus tard :

La première fois que j'ai vu Mikhaël, j'avais quinze ans. J'ai trouvé qu'il avait l'air d'un Hindou, avec son teint basané. Il avait une belle voix sonore. J'étais en train d'apprendre un théorème sur le triangle et je lui en ai parlé pour dire quelque chose. Il m'a alors expliqué le sens symbolique des triangles qu'on pouvait trouver sur mon visage à moi, de face et de profil. J'ai appris bien des choses sur moi-même et sur mon caractère !

Mikhaël savait aussi jouer du violon avec une grande sensibilité. Dans sa famille on affirmait que, sans être un virtuose, il jouait avec tant d'amour qu'il avait réussi à guérir plusieurs malades en choisissant des mélodies spécialement pour eux.

En fait, si la musique demeurait pour lui un bonheur des plus profonds, elle était également un instrument de travail. Quand il rentrait à Sofia dans la maison de ses amis – où sa chambre lui était toujours réservée –, il trouvait le moyen de travailler spirituellement avec la musique.

L'une des femmes de la famille, musicienne professionnelle, passait des heures au piano, et Mikhaël, comme autrefois à Varna, allait s'asseoir dans un coin de la pièce pour l'écouter. Depuis longtemps, il considérait la musique comme un souffle puissant capable d'entraîner l'être humain vers les hauteurs, et il avait là l'occasion rêvée pour apprendre à l'utiliser comme il ne l'avait encore jamais fait auparavant.

Fermant les yeux, il écoutait avec la plus grande attention afin de reconnaître la force spécifique émise par la musique qu'il entendait ce jour-là :

> En écoutant une œuvre, il faut d'abord savoir ce qu'elle représente, et si c'est une force bonne ou mauvaise et à quoi elle peut être comparée : est-elle semblable au vent, au tonnerre, est-elle comme un torrent qui se précipite de la montagne, comme l'électricité, comme la chaleur ? [...] Quelle que soit la force émise, il faut savoir l'utiliser. Si c'est le vent, vous pouvez imaginer que vous naviguez sur une barque, toutes voiles déployées. Si c'est l'électricité, vous pouvez mettre des appareils spirituels en mouvement...[45]

Fréquemment, il se joignait à d'autres musiciens et passait des heures à les écouter. Les amitiés de jeunesse ont certainement été très importantes pour lui. Sa relation avec ses amis était profonde et sincère et il n'hésitait pas à dire, en parlant de certains d'entre eux : « Il y avait un grand amour entre lui et moi. » Ivan, un guitariste exceptionnellement doué, improvisait des mélodies qui inspiraient Mikhaël de façon prodigieuse et l'aidaient à

---

45   « Connais-toi toi-même » Jnani Yoga II,   « L'art, la musique II »,
Prosveta.

prendre son essor vers les mondes spirituels. C'était grâce à ces affinités subtiles, à ces émanations mystérieuses qui circulent entre deux personnes que la musique d'Ivan lui permettait de vivre ces expériences. Il lui en fut toujours très reconnaissant et, toute sa vie, il demeura sensible aux accents de la guitare à cause des expériences mystiques qu'il avait vécues en l'écoutant.

Ivan et Mikhaël avaient beaucoup de choses en commun. Tous deux disciples de Peter Deunov, leurs aspirations spirituelles et leurs goûts les rapprochaient. Outre la musique, il y avait aussi les expériences qu'ils tentaient ensemble dans le domaine de la télépathie. Mais leur amitié fut de courte durée, car Ivan mourut jeune, et son départ prématuré fut l'une des grandes épreuves de la jeunesse de Mikhaël. Cinquante ans plus tard, il dira : « Il est toujours avec moi. »

Pendant plusieurs années, Mikhaël suivit des cours de musique au Conservatoire. À vrai dire, il était à la fois heureux et malheureux. Il souffrait des imperfections de son jeu et ne pouvait s'empêcher de constater que ses doigts ne possédaient pas toute l'agilité nécessaire. Ah, si seulement il avait pu faire l'apprentissage du violon dès l'enfance ! Pourrait-il jamais en jouer à la perfection ? Après des années de travail, il fut obligé d'admettre que jamais il ne deviendrait un virtuose, et ce fut avec regret qu'il renonça à ses cours de musique.

Il conserva son violon et continua de l'utiliser, mais pas de la même manière. Son rôle dans la vie ne devait pas être celui d'un musicien. En réalité, il s'était aperçu depuis longtemps que les Êtres qui le guidaient d'en haut « lui mettaient sans cesse des limites sur le plan physique pour l'aider à se développer sur d'autres plans ». Comme ils lui avaient déjà barré la route vers une spécialisation en mathématiques, ils lui indiquaient maintenant que le monde des musiciens n'était pas fait pour lui.

« Par la musique, murmuraient-ils à son esprit, tu ne pourras pas conduire les gens jusqu'au bout. Nous t'amènerons dans un autre domaine où il y aura aussi de la musique, où tu pourras vraiment agir. »

Dès qu'il acquiesçait, il se sentait puissamment dirigé vers les réalités intérieures. Tout devenait musique et il apprenait à reconnaître son essence dans les êtres et les choses.

Imprimé dans toutes les fibres de son être, l'écho de la musique cosmique lui rappelait sans cesse que si les étoiles, les arbres et les pierres chantent chacun avec un son déterminé, les êtres humains possèdent eux aussi leur note particulière, puisqu'ils font partie intégrante de cette chorale cosmique, de cette grande harmonie dont le Créateur est le chef d'orchestre.

Par-dessus tout, il avait compris qu'il devait apprendre à jouer de mieux en mieux de l'instrument qu'il représentait lui-même, et cette préoccupation constante reçut à un certain moment un stimulant inattendu.

Lorsque j'étais encore étudiant à Sofia, un jour où j'étais dans ma chambre en train de lire, j'ai entendu dans la rue un air de violon. C'était tellement extraordinaire que je suis sorti pour voir qui jouait ainsi. Et qu'est-ce que je vois ? Un tzigane, un bonhomme vieux, déguenillé qui jouait du violon... mais alors quel drôle de violon ! Une boîte en bois, bizarre, biscornue, avec quelques cordes tendues par dessus, et il en tirait des sons... des sons tels que je n'en avais jamais entendus dans les meilleurs concerts. J'étais sidéré. Et tous sortaient des maisons ou se mettaient au balcon pour écouter.

À la fin du morceau, je me suis approché et je lui ai dit : « D'où vient ce violon ? - C'est moi qui l'ai fait. - Vous me permettez de le regarder ? – Oui. » Je le regarde : c'était vraiment un simple morceau de bois creusé, tout tordu, avec quelques cordes. « Est-ce que vous le vendez ? - Ah non, jamais je ne le vendrai ! »

Cette rencontre m'a longtemps préoccupé et fait réfléchir : je n'arrivais pas à comprendre comment ce tzigane pouvait tirer des sons aussi purs d'un violon aussi grossier. Quel étonnement ç'aurait été pour Stradivarius !

Je me disais : « Mais alors, ce n'est donc pas obligatoirement la perfection des instruments qui compte, c'est autre chose... tout dépend de celui qui joue. » J'ai longtemps réfléchi et j'ai trouvé que moi aussi, sur un violon aussi rudimentaire que le mien - c'est-à-dire moi-même - je pourrais tirer quelques sons. Ce qui compte, c'est d'avoir la volonté de triompher. On se plaint toujours des mauvaises conditions, et c'est une excuse pour ne rien faire. Si vous saviez dans quelles conditions difficiles j'ai vécu quand j'étais jeune, vous ne pouvez en avoir une idée ! Mais je ne comptais pas pour réussir sur les conditions extérieures, et ce tzigane m'a renforcé dans mes convictions. Je me suis dit: « Il faut que je fasse sortir de bonnes choses de mes difficultés. » Et quelle a été alors ma volonté ? D'être utile. Ce désir ne me quitte pas, le désir d'être utile aux humains, de pouvoir les aider, leur apporter une consolation, un réconfort. Jour et nuit ce désir est là, c'est grâce à lui que je joue sur mon violon, c'est lui qui m'inspire.[46]

Dans la vie et dans la mission d'Omraam Mikhaël Aïvanhov, la pensée est un instrument capable de réaliser des choses phénoménales, le silence est un besoin et même une méthode de communication. Le regard peut devenir un moyen d'échanges mystérieusement efficace, mais c'est peut-être la parole qui tient la place la plus importante.

Je ne fais que m'occuper du Vent... le verbe. Et le verbe fait des merveilles. Je n'ai pas développé de talents, j'ai utilisé la parole.[47]

Avec sa franchise habituelle, il prodigue des conseils qui vont à l'essentiel. C'est ainsi qu'il tente d'apporter une aide à l'un de ses amis, très riche, dont le visage exprime une tristesse constante. Il le rencontre un jour dans la rue et le salue chaleureusement. « Tu as l'air bien joyeux, dit l'autre, que t'arrive-t-il ? »

– Oh, pas grand-chose, je viens d'acheter une joie pour une très petite somme.

Perplexe, son ami le considère sans mot dire.

Il sait que Mikhaël ne possède presque rien au monde, et ce bonheur surnaturel dans lequel il semble baigner est incompréhensible. Par ailleurs, il le connaît suffisamment pour savoir que sa réponse n'est pas une boutade.

Avec un soupir, il murmure qu'il a dépensé beaucoup d'argent dans sa vie sans en tirer aucune joie. Mikhaël lui fait signe de le suivre. Il s'arrête bientôt à quelque distance d'un homme à l'aspect très pauvre qui vend de la ficelle, des boutons et des lacets.

---

46 *La Pédagogie initiatique I*, « Préparer l'avenir de la jeunesse II ».
47 Conférence du 12 mars 1980.

– Regarde, dit-il à voix basse, voici quelqu'un qui vend la joie. Malgré le froid, la pluie et le vent, il attend les clients durant des heures. Va vers lui et prends quelque chose, des lacets par exemple. Demande-lui le prix et il te dira : « C'est dix leva. » Donne-lui-en cinquante et refuse la monnaie. Il pensera : « Oui, il existe encore des hommes bons dans le monde. » Sa foi augmentera et la joie qu'il ressentira, tu la sentiras à ton tour ; elle vibrera en toi tout le jour et elle sera née pour quelques centimes.

Songeur, son ami contemple le marchand avec des yeux neufs. Son visage se détend. Il esquisse un sourire.

– Va aussi chez un malade, ajoute Mikhaël. Apporte-lui un petit cadeau... Dis-lui que tout s'arrangera, que Dieu est miséricordieux. En essayant ainsi d'apporter aux autres la joie et le réconfort, toi aussi tu deviendras joyeux. Seulement, choisis bien la personne que tu dois visiter, car tous les hommes n'acceptent pas la joie.[48]

Mikhaël parlait simplement. Ce qu'il disait touchait le cœur. Instinctivement, il agissait comme ces mages blancs qui se servent de la puissance du verbe après avoir éduqué leurs propres facultés et sentiments. Pour lui, la parole était un instrument qui avait le pouvoir de créer des réactions vivifiantes.

Un été, avant de se rendre au camp de la fraternité, il résida quelque temps chez l'un de ses amis à Doupnitsa, une petite ville située à l'ouest du massif de Rila. Tous les midis, afin de fournir à son hôte l'occasion de quitter son bureau, il allait le rencontrer pour un pique-nique dans les collines, hors de la ville. Un jour, il remarqua un attroupement, s'en approcha et apprit que deux assassins s'étaient réfugiés dans ces collines. Inquiet pour son ami, il se dit qu'il ferait mieux de le rejoindre sans tarder pour le prévenir. Il ne se doutait guère que sa chemise, semblable à celles des meurtriers, allait être à la source d'une fâcheuse méprise.

À peine arrivé sur le lieu prévu pour le rendez-vous, Mikhaël fut entouré d'une foule de gens armés et de policiers qui braquèrent leurs revolvers sur lui. À en juger par l'expression de leur

---

48   Voir son propre récit dans : *La deuxième naissance*, « L'amour caché dans la bouche », Prosveta.

visage, ils le prenaient vraiment pour l'un des assassins. Demeurant immobile, il les laissa approcher, puis il se décida à parler. Ce qu'il dit fut un peu surprenant : « Vous avez des armes, mais j'en ai une meilleure. » Interdits, les policiers le regardèrent avec méfiance. Il en profita pour sortir rapidement de sa poche le petit volume des Évangiles qu'il y avait mis avant de quitter la maison. « Voilà mon arme, précisa-t-il, qui est plus puissante que les vôtres. »

Le tableau rigide formé par toutes ces personnes menaçantes se détendit. Après lui avoir demandé ce qu'il faisait sur la colline, les gendarmes lui ordonnèrent de les suivre. Mikhaël rentra en ville avec eux sans s'émouvoir. Une voix intérieure lui répétait : « Sois tranquille, tout s'arrangera. »

Une heure plus tard, son ami, qui avait également été arrêté puis relâché, vint le chercher à la gendarmerie. Il se figea sur le seuil, stupéfait. Mikhaël se trouvait assis au milieu de nombreux agents de police : ayant de nouveau extrait de sa poche son Évangile, il leur en expliquait un passage. Au sortir de la gendarmerie, les deux amis furent confrontés à la foule qui attendait le résultat des arrestations.

Lorsqu'on s'aperçut que l'*assassin* était tout bonnement l'invité d'un honnête citoyen de la ville, Mikhaël devint très populaire. On l'acclama. Il se passa alors quelque chose qui se reproduira bien souvent dans sa vie : un bon nombre de personnes, attirées par sa bonté et son rayonnement, se mirent à lui rendre visite pour lui confier leurs problèmes.

Pendant plusieurs jours, la maison ne désemplit pas. « On ne se lassait pas, a dit un témoin, d'écouter cet homme au regard rempli de lumière, qui savait donner des réponses claires et pratiques aux questions qu'on lui posait. » Quand il se rendra au camp de la fraternité à Rila quelques jours plus tard, plusieurs personnes l'y rejoindront pour lui faire part de leurs difficultés personnelles. Pendant les années qui suivront, chaque fois qu'il se retrouvera aux Sept Lacs, ses amis de Doupnitsa monteront au campement pour le rencontrer.[49]

---

49 Voir son propre récit dans : *L'alchimie spirituelle,* « Douceur et humilité », Prosveta.

Mikhaël avec des amis de la fraternité à Sofia
Sa main gauche est posée sur l'épaule de sa jeune sœur Miliana

Ceux qui côtoyaient Mikhaël au quotidien ne souffraient jamais d'ennui avec lui. Dans le but de faire couler en eux la source de vie, il ne craignait pas de les irriter, prenant même le risque de les vexer si cela s'avérait nécessaire. Certains ne le lui pardonnaient pas.

Un jour qu'il venait d'atteindre le sommet du Moussala, il vit arriver un pasteur protestant qui s'assit à côté de lui. Engourdi par le froid, l'homme réussit tout de même à sortir un livre de sa poche en disant : « Lisez-vous la Bible ? La connaissez-vous ? » Et il se mit à prêcher. Pour lui, il n'y avait que le texte qui comptait, il s'attachait à la lettre en oubliant l'esprit. Pendant un bon moment, il essaya de convertir son interlocuteur à ses idées étroites.

Mikhaël l'écouta, mais après un moment, il perdit patience et décida de le bousculer un peu pour le forcer à réfléchir au-delà de son militantisme. Entre autres choses, il lui dit que les êtres humains sont plus importants que les livres, ceux-ci fussent-ils inspirés par Dieu : « Les livres peuvent être détruits. On peut les écrire de nouveau parce que la science est toujours là. Je peux jeter ce magnifique livre dans le précipice, mais vous, je ne vous y jetterais jamais ! Vous êtes plus important. »

Le pasteur fut obligé de lui donner raison. Combien de fois dans l'Histoire les hommes n'avaient-ils pas tué au nom d'une religion, d'un livre saint... Tous ces fanatismes avaient invariablement mené à la destruction. Conscient de cela, Mikhaël parlera de plus en plus fréquemment de la nécessité de se tourner vers le principe universel qui se trouve à l'origine de toutes les religions.

« C'est le soleil, disait-il, qui est la représentation visible de ce principe. Le langage de la lumière est universel et chacun peut le comprendre : c'est le langage de la vie. »

Mikhaël à trente ans, lors d'une excursion à Rila avec des amis
À sa droite, sa jeune sœur Miliana

Je te donnerai une pierre précieuse

Le domaine d'*Izgrev* – « Soleil levant » – était un grand terrain que la fraternité avait acheté et aménagé à côté du Jardin Boris, l'un des plus vastes parcs de Sofia. Près de l'entrée, on avait construit une grande maison blanche qui abritait une salle de conférences ainsi qu'une chambre pour Peter Deunov.

Progressivement, de nombreux frères et sœurs, désirant vivre ensemble dans une ambiance fraternelle, se construisirent des maisonnettes tout autour. Chacune avait son jardin débordant de fleurs, sans aucune clôture, et l'ensemble ressemblait à un grand parc. Les années passant, la fraternité d'Izgrev prendra de plus en plus d'expansion. On viendra de loin pour voir cette expérience de vie communautaire, pour rencontrer ce Maître qui avait tant d'influence.

Chaque fois que Mikhaël s'approchait d'Izgrev après quarante-cinq minutes de voyage en tramway à travers la ville, il savait si Peter Deunov s'y trouvait ou non. Quand celui-ci était présent, toute l'atmosphère vibrait, l'enthousiasme régnait ; mais s'il était absent, le domaine paraissait morne comme un jour sans soleil.

Très frappé de ses observations, Mikhaël en conclut « qu'un Maître spirituel éveille une vie plus intense dans le cœur de ceux qui l'entourent ». Pour sa part, il vivait en ville tout en faisant de fréquents séjours en montagne. En fait, il avait senti que Peter Deunov avait voulu le garder à distance.

S'il ne connaissait pas les raisons de cette attitude, il était convaincu que tout était bien ainsi. Il expliqua un jour que cet éloignement lui avait permis de faire ses travaux spirituels dans un plus grand détachement. N'avait-il pas été un peu trop possessif lorsqu'il était plus jeune, dans son enthousiasme d'avoir trouvé ce Maître qu'il avait tant cherché ? Bien souvent, il était resté chez ce dernier trop longtemps, il l'avouait franchement. Il se souvenait d'être allé trop fréquemment lui demander des conseils, poussé par cette passion d'avancer le plus rapidement possible, de se corriger et de passer des épreuves de purification. Inlassablement, il lui avait répété : « Faites de moi quelqu'un d'utile pour le monde entier. »

Et à présent, cette période d'écart lui paraissait nécessaire, car elle permettait à Peter Deunov « d'écrire sur lui comme sur un livre vivant, à la manière du soleil qui envoie ses rayons à la terre ». Après chacune de ses absences, il éprouvait une joie renouvelée à le retrouver et, quand il se trouvait seul avec lui pour un entretien, il l'interrogeait sur divers sujets. Il voyait alors le regard de Peter Deunov se remplir de force et d'amour. Après tant d'années de patience, il était maintenant conscient de la nature des sentiments du Maître pour lui.

À trente ans, il accueillait ses paroles avec le même intérêt qu'à dix-sept, cherchant sans cesse à affiner sa propre compréhension des grandes vérités de la science initiatique. Le Maître Deunov, après lui avoir fait traverser des épreuves toutes plus ardues les unes que les autres, lui avait finalement laissé voir sa satisfaction.

Par la suite, ce sera lui qu'il choisira, parmi quarante mille disciples, pour l'envoyer en France avec la mission d'y faire connaître son enseignement. Un jour, à sa façon sibylline, il le gratifia encore une fois d'une approbation publique. Durant une conférence, il s'interrompit subitement pour déclarer : « Frère Guirev fonctionne sur les ondes longues tandis que frère Mikhaël se dirige au moyen des ondes courtes. » Frère Guirev représentait un véritable puits de science et faisait constamment étalage de son savoir.

Par cette référence aux ondes longues du rouge – la couleur de la science matérialiste, par opposition aux ondes courtes du violet qui représente le monde spirituel –, Peter Deunov venait de décrire le membre le plus éminent de la fraternité, de même que son membre le plus effacé. C'était un message pour ces deux frères, assurément. Après avoir fait cette remarque, il poursuivit sa conférence.

Ces ondes du violet – les plus courtes et les plus rapides du spectre solaire – servaient sans cesse d'inspiration à Mikhaël. Parmi les méthodes qu'il utilisait pour ouvrir son âme et son esprit aux mondes spirituels, il y avait le jeûne et les périodes de silence ; au cours de sa vie en Bulgarie, il lui arriva à plusieurs reprises d'entrer dans une période de retraite silencieuse de trente jours, suivant les conseils des Maîtres hindous.

Dans le contexte de l'Inde où l'on fait ce genre d'exercice dans le but d'obtenir des révélations intérieures, il faut déjà posséder une grande maîtrise de soi, mais dans les pays où la plupart des gens n'en comprennent pas le sens, la tâche s'avère beaucoup plus difficile. Pour tenir bon, Mikhaël devait faire appel à toute sa discipline personnelle, ainsi qu'à l'intégralité de sa force intérieure. On le questionnait, on essayait de le faire parler, les enfants du quartier se moquaient de lui. Toutefois, les choses qu'il obtenait dans le silence devaient être très précieuses, car il ne se contentera pas d'une seule expérience de ce genre au cours de ses vingt années auprès de Peter Deunov.

✫✫✫

Mikhaël travaillait, il s'affinait, il « se préparait », comme il le disait souvent. À quoi se destinait-il donc ? Ses amis se le demandaient parfois en le voyant poursuivre tous ces exercices spirituels assidus qu'il accomplissait depuis si longtemps. Lui-même ne le savait pas clairement, semble-t-il, mais c'était avec une détermination quasi sacrée qu'il s'astreignait à « devenir un instrument de plus en plus souple et précis dans la main de Dieu ».

En fait, sa préoccupation constante était d'arriver à se rendre utile, non pas uniquement à quelques personnes dans son milieu de vie, mais à toute l'humanité. Sachant que la période de préparation est tout à la fois essentielle, passionnante et indispensable, il passera vingt années auprès de Peter Deunov.

À trente ans, il ne se considérait pas encore prêt. Convaincu qu'il lui fallait purifier encore davantage ses motivations, renforcer sa volonté et son détachement, il implorait ces êtres invisibles dont il sentait la présence « de lui donner la force de travailler à l'établissement du Royaume de Dieu sur la terre ».

Ses amis, reconnaissant son expérience spirituelle et sa sagesse, faisaient souvent appel à lui. Toutefois, une relation amicale avec Mikhaël ne s'inscrivait jamais sous le signe de la facilité. Il était très exigeant envers lui-même et, s'il manifestait beaucoup de bonté et de compréhension à ses amis, il ne les traitait pas pour autant avec un excès de complaisance ; il cherchait plutôt à les stimuler, à leur communiquer quelque chose de vivifiant. Son désir d'aider tous ceux qu'il rencontrait le portait à s'intéresser à eux en profondeur.

Avec ses vues élevées et son intégrité, il dérangeait, il exaspérait même de temps à autre. Certaines personnes se fâchaient, d'autres se mettaient à le jalouser, envieuses de cette influence qu'il avait sur ses amis sans trop la rechercher. Pourtant, comme l'a dit l'un de ses amis, il arrivait la plupart du temps à toucher et à rejoindre les gens au cœur de leurs préoccupations personnelles. Sa spontanéité et sa sincérité attiraient l'amitié. Et si sa franchise lui avait déjà mérité des inimitiés, il savait qu'il devait s'accommoder de cette situation, comme on compose avec la lumière et les ténèbres, toutes deux nécessaires à la vie.

Il dit un jour qu'il avait essayé d'apporter son soutien à tous ceux qui s'adressaient à lui, mais qu'il avait pris soin de les orienter vers le Maître Deunov en leur rappelant les aspects de son enseignement qui pouvaient les éclairer. Il n'essayait pas lui-même d'enseigner, se méfiant probablement de cette pratique. Dans sa pensée, l'humilité était essentielle à l'évolution, et il continuait à rester en retrait.

Quand il allait à Izgrev, il y arrivait discrètement. Malgré sa profonde connaissance de l'enseignement de Peter Deunov, il ne donnait pas de conférences comme le faisaient beaucoup d'autres disciples qui étaient invités à des déjeuners et à des réunions pour y parler. En réalité, toute sa vie s'orientait vers quelque chose de très spécial et d'inhabituel : depuis son adolescence, sa quête de Dieu l'avait amené à prendre la décision de ne pas donner d'issue à ses énergies sexuelles afin d'en faire un outil de transformation et de maturation spirituelle.

Depuis longtemps, il cherchait son inspiration dans la beauté en se contentant des éléments les plus subtils. Son attitude était sans équivoque à ce niveau, et chacun savait qu'il avait fait l'option de vivre dans la chasteté. Toutefois, durant une grande partie de sa jeunesse, il dut subir le feu purificateur des critiques et de la dérision.

Ses amis intimes n'ignoraient pas à quoi il consacrait son temps ; ils le respectaient et l'admiraient. D'autres par contre, ne pouvant comprendre qu'on puisse sacrifier certaines choses auxquelles la plupart des gens aspirent, le raillaient ouvertement. Comme tous les êtres qui ont été confrontés à ce genre d'alternative avant lui, il a certainement eu ses luttes personnelles, mais tout au long de sa vie, il ne refusera jamais la réalité du corps humain créé par Dieu, avec ses pulsions qui ne sont bonnes ou mauvaises que « selon ce qu'on en fait ».

Il précisera qu'à l'époque de sa jeunesse, il avait été rempli d'une grande effervescence qui lui avait parfois fait peur, mais qu'il avait découvert le sens profond de ces énergies et n'avait pu que remercier le ciel de tout ce qu'il avait reçu.

Peter Deunov, qui savait tout cela, avait un jour fait cette réflexion : « Toi, Mikhaël, un regard te suffit. » Il n'avait rien ajouté de plus, et le jeune homme avait longuement réfléchi à cette phrase.

Le Maître avait vu dans la profondeur de ma nature, les racines, les structures de mon être. D'une seule phrase il avait tout résumé : je n'ai besoin que d'un regard. Par la suite, je me suis souvent servi du regard et j'ai découvert de grandes lois. Plus exactement, j'ai découvert comment il faut regarder pour s'émerveiller, se sanctifier, pour être comblé, rien que par un regard.[50]

Peter Deunov était fort conscient de son détachement, de la stabilité de son comportement et de la netteté de son attitude envers les femmes. Plusieurs années auparavant, dans le jardin de Ternovo, il avait été témoin d'une petite scène qu'il avait jugée très significative à cet égard. Perché au sommet d'une échelle appuyée contre une branche d'arbre, Mikhaël était perdu dans la contemplation de la nature. Une jeune fille s'approcha, monta jusqu'à lui et s'arrêta un échelon plus bas pour lui parler. Le Maître savait que les deux jeunes gens avaient beaucoup d'amour l'un pour l'autre. Sans entendre leurs paroles, il voyait bien que leur conversation était très enjouée. Enfin, la jeune fille redescendit en faisant signe à son compagnon de la suivre.

Très intéressé, Peter Deunov constata que Mikhaël restait sur l'échelle pour reprendre sa contemplation. L'incident était si

50 *L'amour et la sexualité, I*, « Les principes masculin et féminin, la question des échanges », Prosveta.

révélateur qu'il lui en parlera plus tard comme d'un moment où il avait été très satisfait de lui.

Pour Mikhaël, la vraie pureté, c'était Dieu lui-même, et dans l'être humain, cette vertu prenait la plus grande importance. Quand des amis lui confiaient leurs difficultés et leurs obsessions sexuelles, il osait leur dire de regarder celles-ci en face et de les considérer comme « le point de départ d'une réflexion sur la beauté ». Un jour, un jeune homme lui confia une expérience extrêmement bouleversante qu'il avait vécue un peu plus tôt : « Je ne sais plus de quel côté me tourner, dit-il avec une expression désespérée. Je suis tellement malheureux que j'ai même pensé à me suicider. Je n'arrive plus à travailler. Il faut que je fasse sortir l'image de cette fille de ma tête... »

– Tu as tort, répondit Mikhaël. Regarde-la plutôt en pensée, et peu à peu, elle te quittera. Considère la visite de cette image comme une bénédiction, un point de départ pour une réflexion sur la beauté.

« La vraie pureté n'est pas ce que les hommes croient, disait-il souvent. La pureté, c'est Dieu lui-même, c'est le monde divin. Et c'est l'usage, bon ou mauvais, des choses, qui les rend bonnes ou mauvaises. »

Depuis qu'il avait contemplé la petite source dans le village de son enfance, il avait constamment recherché la pureté. Toutefois, au fil de sa vie, jamais il ne reniera les forces sexuelles créées par Dieu lui-même, jamais il n'approuvera les renoncements à courte vue de certains spiritualistes ; bien au contraire, il fournira des méthodes pour se servir de ces énergies afin de s'élancer vers les régions divines auxquelles tous les êtres humains sont destinés.

Cependant, à l'époque de sa jeunesse, il ne lui était pas toujours facile de faire comprendre ses choix et ses options à son entourage. Plusieurs fois, il eut à prendre position face à des jeunes filles ou à des femmes de la fraternité qui étaient amoureuses de lui.

C'est ainsi qu'à Sofia, il observait aux réunions une femme cultivée et brillante qui ne pouvait le quitter du regard. Professeur et philosophe, rien ne lui échappait : elle critiquait tout et personne n'arrivait jamais à sa hauteur dans une discussion. Elle tenait même tête à Peter Deunov qui la supportait avec patience.

Dès la première fois qu'elle avait aperçu Mikhaël, elle avait été captivée par la beauté de son visage, de ses yeux au magnétisme exceptionnel. Très douée pour la poésie, elle se mit à écrire des poèmes extravagants en son honneur.

Elle devint si possessive qu'elle prit l'habitude de se poster sous la fenêtre de Peter Deunov, à Izgrev, lorsque Mikhaël s'y trouvait, pour essayer d'entendre ce qui se disait. Elle le poursuivait même jusque chez lui. Quant à lui, il l'évitait, trouvait des excuses pour ne pas la voir, la renvoyait.

– Frère Mikhaël, disait-elle, c'est la première fois que j'aime quelqu'un.

– Vous devriez vous réjouir et chanter, seulement parce que vous aimez. Mais dites-moi, pourquoi cela ne vous change-t-il pas ? Vous devriez vous montrer plus aimable avec les frères et sœurs, par exemple.

Mais elle n'était pas intéressée à devenir plus aimable. Ce qu'elle voulait, c'était obtenir la permission de l'embrasser.

Mikhaël lui répétait patiemment :

– Cela n'est pas permis. D'ailleurs si vous le faisiez, vous seriez très malheureuse.

Ne perdant pas espoir, elle lui envoya des poèmes et des lettres d'amour dans toutes les langues qu'elle connaissait. Elle revenait sans cesse frapper à sa porte, parfois même en pleurant, mais Mikhaël refusait toujours avec la même fermeté. Toutefois, comme elle venait constamment déranger Peter Deunov quand lui-même s'y trouvait, il finit par lui dire :

« Vous m'aimez vraiment, n'est-ce pas? Vous désirez toujours m'embrasser. Bien. Je vous embrasserai plus tard, à la condition que vous ne dérangiez plus le Maître, que vous fassiez ce qu'il vous dit, que vous cessiez de le critiquer et de le contredire. »

C'était très difficile pour elle. Elle réfléchit, mesura ses forces et finit par me promettre d'essayer, parce qu'elle entrevoyait la récompense à venir. Mais elle ne put tenir parole. J'ai donc été relevé de la mienne et j'ai réussi à ne pas lui accorder ce qu'elle voulait. Dès lors, elle a changé. Elle ne criait plus, ne s'imposait plus, elle était méconnaissable.

Vous voyez qu'on peut utiliser l'amour qu'un autre vous porte pour l'aider, pour lui ouvrir les yeux sur lui-même. S'il ne vous aime pas véritablement, vous ne pouvez rien pour lui. Il faut qu'il ait foi en vous, mais surtout et avant tout, il faut qu'il espère et qu'il ait foi en Dieu.[51]

Loin d'être insensible à la beauté féminine, Mikhaël l'admirait et s'en émerveillait. Il n'essayait pas de l'ignorer. Grâce à cette force qu'il développait depuis des années, il arrivait à travailler avec le regard uniquement, et ses efforts se voyaient récompensés par des cadeaux issus des mondes subtils. Il a raconté que souvent, pendant la nuit, il se faisait réveiller par la présence de créatures irréelles, d'une extraordinaire beauté.

Et c'était un tel regard que je fondais dans un amour indescriptible. Elles ne me touchaient pas, elles restaient seulement autour de moi à me regarder, et toute leur puissance était dans leurs yeux. Je n'ai encore jamais vu un tel regard chez les humains. Il semblait venir de très loin, de très haut. Et cela durait des heures. J'ai su par la suite que ces créatures étaient des dévas, et j'ai compris qu'elles venaient me rendre visite pour me montrer qu'il existe dans la nature une beauté qui dépasse l'imagination.[52]

Avec leur pureté absolue et leur lumière, ces créatures ouvraient en lui tout un monde nouveau. Il recevait d'elles « des révélations sur le véritable amour qui n'a pas besoin de manifestations physiques ».

En 1930 ou 1931, Mikhaël mit un terme à sa fréquentation des cours de l'université. Il expliqua plus tard qu'une partie de ces études lui avait fait perdre son temps et qu'il avait ensuite décidé d'oublier beaucoup de choses parce que celles-ci avaient formé un voile tendu « entre la réalité et sa vie ». En Bulgarie, avant d'être admissible à un poste de professeur à Sofia ou dans une autre grande ville, on devait enseigner pendant trois ans dans un établissement de village.

Pour la rentrée des classes, Mikhaël obtint donc un emploi d'instituteur dans un lycée situé non loin de la capitale. C'est

---

51 Conférence du 17 mai 1941.
52 *L'amour et la sexualité, I,* « Les principes masculin et féminin, la question des échanges », Prosveta.

probablement là qu'il habita dans une maisonnette « si petite que deux personnes ne pouvaient y entrer en même temps ».

À l'école, il appliqua des méthodes pédagogiques qui ressemblaient assez peu aux coutumes en vigueur à l'époque, et bientôt il obtint des résultats qui dépassèrent ses espérances. Il avait remarqué que la délinquance avait augmenté dans son pays à la suite de représentations théâtrales sur la vie d'un bandit appelé *le Zigomar*. Persuadé que le théâtre et le cinéma produisent de plus grands effets que l'école, l'église ou la famille – et que les gens s'y trouvent suggestionnés, façonnés –, il exerça les enfants à jouer de courtes pièces de théâtre. L'une d'elles, la légende de Tolstoï sur le grain de blé, obtint un grand succès auprès des parents.

Afin d'éveiller l'esprit et le cœur de ses élèves à des idées nouvelles, il leur expliquait le sens et la beauté des textes qu'ils récitaient. À la maison, les enfants parlaient de ce nouvel instituteur si différent des autres, et les parents se mirent à lui faire de fréquentes visites.

Trois ou quatre ans plus tard, il devint directeur de collège et, durant la courte période où il assuma ce poste, il fut plus occupé que jamais. Ses méthodes, basées sur une pédagogie d'amour et de patience, créèrent encore une fois une relation sincère et dynamique entre lui-même et les enfants.

Les parents, ne sachant trop comment le remercier, lui apportaient des fromages, des noix, des fruits. Son bureau embaumait. Toutefois, il s'attira de la jalousie et des rancunes de la part d'un certain nombre de professeurs qui n'étaient nullement intéressés à modifier leur façon de traiter les étudiants, et qui lui firent opposition de différentes manières.

La jalousie surprenait toujours Mikhaël. Il avait du mal à concevoir sa puissance et sa ténacité. Mais en dépit de ses nouvelles responsabilités et des problèmes qui surgissaient sans cesse, il était toujours rempli d'énergies débordantes. Il se mit par exemple à donner des causeries sur la spiritualité aux paysans, qui venaient nombreux pour l'entendre.

On aimait ce nouveau directeur qui parlait par images en s'accompagnant de gestes expressifs, qui avait beaucoup d'humour et qui émaillait d'anecdotes ses conférences afin d'illustrer sa pensée.

Cependant, le temps approchait où Mikhaël allait être appelé à quitter définitivement son pays. Durant des années, Peter Deunov avait fait en sorte de le garder dans l'ombre, aussi la plupart des membres de la fraternité avaient-ils oublié cette phrase mystérieuse prononcée au bord du deuxième lac de Rila : « Vous ne connaissez pas encore frère Mikhaël. Il est déguisé actuellement, mais un jour, vous le connaîtrez. Vous verrez qui il est en réalité. »

Au cours des années 1930, il commença à lui révéler certaines choses dans le but de le préparer de façon plus directe à sa tâche future. L'une de ces révélations lui fut présentée sous la forme d'une histoire allégorique :

« J'ai une pierre précieuse de la grosseur d'un œuf, d'une valeur inestimable. J'ai l'intention de la donner à quelqu'un pour qu'il la transporte dans un autre pays. Mais comme il doit traverser une forêt sauvage remplie de bêtes féroces et de brigands, elle sera salie. Ensuite, elle sera lavée et brillera dans toute sa splendeur. » Il s'agissait là d'une véritable prophétie qui devait se réaliser complètement dix ans plus tard.

Toutefois, Mikhaël n'était pas, à ce moment précis, en mesure de déchiffrer un langage aussi hermétique qui lui décrivait son propre avenir : lui-même allait être le porteur de cet enseignement symbolisé par la pierre précieuse. Il allait être sali au même titre qu'elle. Depuis que le Maître lui avait prédit en 1917 que toute la Loge Noire se dresserait un jour contre lui, il s'attendait à subir de grandes épreuves, mais le symbole de la pierre précieuse qu'il fallait souiller afin de la protéger ne prendra tout son sens qu'au moment où ces épreuves seront toutes proches.

Peter Deunov, s'il voyait l'avenir, ne pouvait le lui révéler, car il n'aurait fait que mettre une entrave dans son cheminement. Voilà pourquoi il ne fit qu'une allusion voilée à la mission qu'il lui confierait quelques années plus tard, et qui devait être camouflée. Il précisa : « Quand tu passeras par *la porte étroite*, tu te transformeras tellement que tu ne te reconnaîtras plus. Tu brilleras comme le soleil et tu attireras le monde entier. »

À un certain moment il affirma une chose étonnante : « Il faut que tu saches que là-haut, tu étais libre. Avant de t'incarner, tu as signé un contrat devant une grande Assemblée, devant les plus grands Esprits. Tu as accepté d'accomplir un travail ici-bas, et tu dois le faire. »

Peter Deunov disait parfois qu'avant de s'incarner une nouvelle fois, tous les êtres devaient s'engager à accomplir un certain travail sur la terre.

À Mikhaël, il parla de la signature d'un être libre qui n'avait pas besoin de se réincarner pour achever son travail de perfectionnement, et qui pouvait être appelé devant les plus grands Esprits afin de se voir donner une mission spéciale. Il n'en dit pas davantage, car il savait certainement que Mikhaël finirait par comprendre un jour tout ce que ces paroles impliquaient. Personne ne doit connaître ce que l'avenir lui réserve ; même les grands Initiés et les Maîtres spirituels sont soumis à cette règle. Leur mission ne leur est révélée que progressivement au fil de leur vie.

« Tu es venu pour témoigner de la vérité », lui précisa Peter Deunov.

Mikhaël réfléchissait souvent à cette phrase. Pour témoigner de la vérité, il fallait faire vibrer toutes les particules de son être à l'unisson avec elle, il fallait être « aussi véridique que le diamant qui témoigne de la transparence de tous les autres diamants », ainsi qu'il l'expliquera plus tard.

Un jour qu'il se trouvait avec Peter Deunov, il lui demanda : « À quel moment avez-vous été le plus satisfait de moi en tant que disciple ? »

Mikhaël avait maintenant trente-quatre ans. Peter Deunov le connaissait depuis dix-sept ans, il l'avait éprouvé de différentes manières, il avait suivi son évolution de très près. Il voyait en Mikhaël un être exceptionnel, fait pour éclairer et consoler, un homme intègre, courageux et stable comme peu de gens pouvaient l'être, capable de soutenir et de défendre ses amis et sa famille au détriment de sa tranquillité personnelle. Toutefois, en réponse à sa question, il choisit de lui parler de l'incident apparemment insignifiant qu'il avait observé dans le jardin de Ternovo des années auparavant.

– Tu étais plongé dans une profonde méditation lorsque cette jeune fille, qui éprouvait des sentiments d'amour pour toi *comme toi pour elle*, est venue te chercher. Mais lorsqu'elle est descendue en te demandant d'en faire autant, tu es resté sur l'échelle et tu as continué à méditer. Voilà le moment où j'ai été le plus satisfait de toi.

– Alors, Maître, s'exclama Mikhaël très étonné, c'est le côté symbolique et peut-être prophétique que vous avez vu et qui vous réjouit ? D'après moi, c'était peu de chose !

Peter Deunov sourit sans répondre. Il avait été satisfait de voir que Mikhaël demeurait fidèle au monde divin et à son idéal, à la mission de ces êtres prédestinés qui renoncent au mariage et à la procréation pour se consacrer entièrement à la réalisation du Royaume de Dieu sur la terre. Mais il ne pouvait pas ignorer que les options absolues, le franc-parler et la droiture de celui-ci lui attiraient parfois des rancunes. Cela se produira même avec la jeune fille du jardin de Ternovo, qui l'avait pourtant aimé. Elle sera par la suite subjuguée par un homme sans scrupules que Mikhaël ne pourra accepter de fréquenter. Elle deviendra l'une de ses pires ennemies.

En ces années-là, Peter Deunov fit au disciple qu'il avait choisi des révélations importantes sur son avenir, des prédictions d'évènements qu'il avait déchiffrés dans l'*Akasha Chronica*.

Peter Deunov   *Mikhaël*

Son regard se chargeait quelquefois d'une intensité exceptionnelle et son visage devenait littéralement rayonnant.
Mikhaël n'oublia jamais la beauté qui s'y répandait, ni l'accent de
vérité de ses paroles. Progressivement, au fil des trois années
qui suivirent, le Maître lui fit encore part de bien d'autres
choses, notamment qu'il avait écrit des livres dans l'une de ses
incarnations en Inde, et que le monde entier s'était instruit
d'après ces livres. Il lui dit qu'il avait été préparé afin d'effectuer
un travail spécial qui apporterait une aide spirituelle aux femmes
de la terre. De plus, il lui prédit qu'il pourrait un jour parler avec
les Anges planétaires.

Toutes ces révélations et ces promesses étaient une consécration, une confirmation de tout ce que Mikhaël avait accompli
jusque-là. Peter Deunov se trouvait maintenant tout particulièrement proche de celui qui avait humblement travaillé auprès de
lui pendant vingt ans et qui était déjà, incontestablement, un
guide spirituel exceptionnel. Il pouvait enfin se permettre de lui
manifester tout l'amour qu'il ressentait pour lui. Mystérieusement, il lui attribuait parfois le nom de *Iacchoï*.

Mikhaël se demandait avec perplexité pourquoi le Maître
l'appelait ainsi. Des années plus tard, il rencontra ce nom dans
un livre sur les mystères de Dionysos. Il y vit que selon l'opinion
des alchimistes, le nom de *Iacchus* était synonyme de Soleil. Iacchus représentait aussi Dionysos, Apollon ou Osiris. Dans les
mystères, on se servait du pluriel du nom, *Iacchoï*, pour désigner
les androgynes, ces êtres parfaits qui possèdent en eux-mêmes
les deux principes complémentaires, mâle et femelle. Encore
une fois, il s'agissait de l'une de ces réflexions énigmatiques qui
obligeaient Mikhaël à méditer longuement pour en trouver la
signification réelle.

*J'imagine maintenant qu'en m'appelant ainsi, il a laissé dans
ma tête le moyen de savoir ce qu'il pensait de moi. Il voulait me
dire que je n'étais rien, mais qu'il voyait en moi quelqu'un qui
pourrait devenir parfait.*[53]

Devant la montée du communisme, le Maître Deunov était
conscient de la menace qui planait sur sa fraternité. En 1937, il

---

53 Conférence du 1er janvier 1961.

invita Mikhaël chez lui une dernière fois pour lui confier la mission d'aller faire connaître son enseignement en France.

Afin de lui préparer la voie, il lui donna trois lettres qu'il avait
dictées à Boïan Boev, son secrétaire. La première stipulait qu'il
partait avec une mission précise et que sa vie s'y voyait dorénavant consacrée. La deuxième était adressée à une dame polonaise qui était en mesure de lui faire connaître des milieux inté-
ressants à Paris. Finalement, la troisième, datée du 12 juin et
signée par frère Boev, était destinée à M. Anastassi, un disciple
bulgare qui vivait aussi dans la capitale française. Elle précisait :

> Un de nos frères, Mikhaël Ivanov, part à Paris. Il est envoyé
> par le Maître. Vous savez qu'il est l'un des disciples très avancés ;
> il a de grandes connaissances et est entièrement dévoué à la
> grande œuvre divine, pour laquelle il travaille et vit.[54]

Officiellement, Mikhaël se rendait en France pour visiter
l'Exposition universelle de Paris, et Peter Deunov ne révéla jamais à sa fraternité qu'il le chargeait d'une mission. Il savait certainement que son choix provoquerait des réactions de jalousie
chez ceux qui se croyaient les plus aptes à remplir pareille
tâche ; en conséquence, il choisit de se taire.

Après avoir fait ses adieux à sa famille, Mikhaël partit pour la
France le 18 juillet 1937. Le jour de son départ, plusieurs de ses
amis s'étaient rassemblés à la gare, de même qu'une bonne partie des élèves de son collège accompagnés de leurs parents.
Beaucoup pleuraient, sentant peut-être qu'ils ne le reverraient
jamais. Mikhaël les regardait tous et il avait le cœur déchiré.
Dans l'avenir, il pensera souvent à ces enfants qu'il avait aimés,
il reverra par la pensée tous les amis venus lui dire au revoir ce
jour-là.

Il avait trente-sept ans. Il renonçait à tout afin d'accomplir la
mission qui venait de lui être confiée, il quittait sa famille, ses
amis, le pays où il était né. Symboliquement parlant, il vendait
tout ce qu'il possédait afin de transporter au loin la pierre précieuse.

---

54 Voir en Annexe, p. 411, les lettres de Boïan Boev.

TROISIÈME PARTIE

Frère Mikhaël

Loué sois-Tu, mon Seigneur, avec toutes les créatures, spécialement Messire frère Soleil qui donne le jour, et par qui tu nous éclaires ; il est beau et rayonnant avec une grande splendeur : de Toi, Très-Haut, il est le symbole.

Saint François d'Assise

Frère Mikhaël à son arrivée en France

DIEU NOUS DONNE GRATUITEMENT

Le train de Sofia, bondé de voyageurs qui se rendaient à l'Exposition universelle de 1937, fit une escale de quarante-huit heures à Venise et n'entra à Paris que le 22 juillet. Dans la capitale française, Mikhaël fut hébergé par frère Anastassi. Malheureusement, la dame polonaise sur laquelle il comptait était partie en voyage et ses voisins ignoraient la date de son retour.

Sans perdre de temps, il se mit à visiter la ville. Il explora les différents quartiers, les églises, les musées, les célèbres jardins, les quais avec leurs bouquinistes. Devant la grande perspective des Champs-Élysées, il ne put s'empêcher de sourire à l'idée naïve qu'il en avait eue à dix-sept ans, alors que ce nom évoquait pour lui « la beauté d'un lieu fait pour les grands êtres du passé ». Au Quartier Latin, dans de vieilles boutiques, il consulta des livres rares sur l'alchimie. Il passa de longues heures dans le Palais de la Découverte, où les visiteurs peuvent assister à des expériences et à des démonstrations sur les découvertes scientifiques.

Dans le but d'apprendre le français parlé – sa connaissance de la langue étant plutôt livresque –, il allait au cinéma, assistait à des représentations théâtrales, fréquentait l'Opéra. C'était avec plaisir qu'il continuait le genre d'observations entreprises dans sa jeunesse : il étudiait l'effet des voix et des instruments de musique sur lui-même ainsi que sur le public, il essayait de « reconnaître les centres spirituels qui s'animaient en lui-même à l'audition des différents types de son ».

De retour chez son ami, il se retirait dans sa chambre. Les cris des enfants qui jouaient à l'extérieur résonnaient dans la rue étroite, et Mikhaël les écoutait tout en réfléchissant à sa situation. Son permis de séjour allait bientôt être périmé et, s'il ne réussissait pas à rencontrer la dame polonaise, il lui faudrait se résigner à rentrer en Bulgarie.

Les jours s'écoulèrent. La veille de son départ, il essaya une dernière fois de la joindre, et le miracle se produisit. Au moment précis où il lui téléphonait, elle pénétrait dans son appartement après un voyage à Varsovie.

Très chaleureuse, elle invita Mikhaël à lui rendre visite sans tarder et, dès qu'il fut là, elle s'occupa de faire prolonger son permis de séjour. Les démarches furent interminables, et Mikhaël se trouvait encore chez elle en fin de journée lorsque la sonnette d'entrée retentit. C'est alors qu'il fit la connaissance d'une femme d'une cinquantaine d'années qui allait devenir l'une des disciples les plus fidèles de ce nouvel enseignement qu'il apportait en France.

Stella Bellemin rentrait elle aussi de voyage. Elle venait de séjourner aux Sept Lacs de Rila, où elle était allée rencontrer le Maître Deunov. Après une dizaine de jours vécus au sein de la fraternité bulgare, elle avait demandé au Maître, en présence de son secrétaire, frère Boev, de quelle façon elle pourrait contribuer à faire connaître son enseignement en France. « Vous reconnaîtrez sans le moindre doute la personne avec laquelle vous pourrez travailler, avait-il répondu. »

Le soir de sa visite à son amie polonaise, la prédiction s'accomplit : dès qu'elle aperçut l'étranger assis au salon, elle eut la certitude qu'il s'agissait bien là de la personne dont Peter Deunov lui avait parlé.

En apprenant la véritable raison de la venue de Mikhaël en France, elle comprit que Peter Deunov, sans nommer explicitement celui-ci, avait fait allusion à lui, et que son secrétaire le savait parfaitement bien. Et pourtant, tout au long de son séjour en Bulgarie, personne n'avait fait la moindre référence à un frère qui venait de partir pour la France... Elle décida aussitôt de collaborer à la mission de Mikhaël en mettant toutes ses ressources personnelles à sa disposition.

Sans s'inquiéter outre mesure des convenances, elle lui offrit une chambre indépendante dans son appartement et lui promit toute l'aide dont il aurait besoin. Toutefois, il ne pouvait acquiescer immédiatement : il avait besoin de se retrouver seul pour réfléchir à sa proposition. Le lendemain, il acceptait l'invitation et s'installait rue des Princes, dans une petite pièce d'où il pouvait contempler les levers de soleil.

Stella était astronome. Attachée à la Bibliothèque Nationale de Paris, elle partait au travail le matin et ne rentrait que le soir.

Bientôt, tous ses amis furent au courant de la présence d'un disciple du Maître Deunov dans la capitale, et les journées de Mikhaël, qu'on appellera dorénavant *Frère Mikhaël*, se remplirent de visites.

C'était avec la plus grande attention qu'il écoutait ses visiteurs et répondait à leurs questions. Les gens affluaient et l'appartement de la rue des Princes bourdonnait comme une ruche. Les jours de congé, Mikhaël donnait à Stella de longues explications sur l'enseignement de Peter Deunov.

En cette deuxième moitié de l'année 1937, la situation en France était très troublée. On ne parlait que de la menace de guerre qui planait sur l'Europe. À l'automne, le gouvernement français signa un décret sévère concernant les étrangers venus pour l'Exposition et qui séjournaient encore dans le pays. Arrivé avec des papiers temporaires pour cette Exposition, Mikhaël connaissait maintenant les plus grandes difficultés à obtenir, tous les huit jours, un renouvellement de permis de séjour.

Les attentes, les tracasseries, la méfiance et les remarques arrogantes ne lui faisaient pourtant pas perdre patience. C'était avec la plus grande régularité qu'il s'acquittait des démarches nécessaires, et il se voyait contraint de passer si souvent chez le photographe qu'il existe de nombreuses photos d'identité de lui datant de cette époque.

Stella, qui observait ses façons de faire, était très frappée par son rayonnement. Orientée dès son enfance vers les choses spirituelles, elle était également une intellectuelle qui avait acquis une grande autorité dans sa profession.

Elle ne se laissait pas facilement impressionner, et pourtant, elle avouera un jour que Frère Mikhaël lui en imposait beaucoup. Elle fut souvent témoin de l'effet de son regard et de son sourire sur des gens harassés et irritables. Devant la mauvaise humeur ou la rudesse d'un interlocuteur, il ne se vexait pas, mais il souriait chaleureusement en prononçant quelques paroles toutes simples avec une bonté si rare que le comportement de la personne se transformait.

À une occasion, Stella dut prendre sa défense auprès d'un fonctionnaire qui l'avertissait sévèrement que son hôte était un espion à la solde de l'U.R.S.S. À cause de ce genre de malentendus, chaque nouvelle semaine qui se présentait obligeait Mikhaël à rechercher de nouveaux appuis. Il lui faudra encore deux ans pour bénéficier d'un visa renouvelable tous les trois mois, et cette situation durera des années. Même quand les choses lui seront facilitées par la suite, il n'appartiendra jamais à aucune nation. Par la force des évènements, il demeurera citoyen du monde.

Entretemps, il conservait sa sérénité, comptant sur les êtres du monde invisible qui le soutenaient. Ses prières recevaient invariablement des réponses : bien souvent, il rencontrait, à la dernière minute et dans des circonstances étonnantes, la personne même qui détenait le pouvoir de faire renouveler ses papiers.

Parfois, c'était la légation bulgare elle-même qui lui créait des difficultés, parfois c'était la préfecture française. Un jour, celle-ci exigea, deux heures avant l'expiration de son permis, dix signatures de citoyens français, des hommes uniquement, pourvus d'une « surface sociale » suffisante. Comme par miracle, une dizaine de ses visiteurs habituels arrivèrent à l'improviste, et presque simultanément, à l'appartement de la rue des Princes. Sans se concerter, ils avaient tous eu, chacun de leur côté, l'envie de rendre visite à Frère Mikhaël, et ils avaient tous réussi à se libérer de leur travail. Mis au courant de la situation, ils l'accompagnèrent à la préfecture avec entrain.

Ses compagnons étaient constamment étonnés des phénomènes pour le moins inhabituels qui se produisaient dans sa vie. Même les plus incrédules en étaient impressionnés. On ne pouvait s'empêcher de constater qu'il était entouré de présences mystérieuses qui lui facilitaient la tâche et l'assistaient dans sa mission.

Tout se passait comme si ces amis invisibles entendaient les souhaits qu'il exprimait et s'ingéniaient à lui faire plaisir tout en lui donnant les moyens de travailler comme il le désirait. Ce soutien se manifestait aussi pour des choses apparemment moins importantes : il recevait soudainement une somme qui correspondait exactement au prix d'un poste de radio dont il avait besoin, ou encore il découvrait, déposé près de sa porte, un service à thé qu'il avait admiré dans une vitrine en pensant à tous ses visiteurs auxquels il aimerait bien offrir une boisson chaude... Même lui, malgré sa foi peu commune, ne s'habituait pas à ces prodiges. Chaque fois, il en était émerveillé, heureux comme un enfant.

✯✯✯

Les gens qui fréquentaient l'appartement de Stella devenaient plus nombreux. Peter Deunov n'était certes pas un inconnu dans la capitale française, et il y avait même à Paris quelques membres de la fraternité bulgare qui prétendaient avoir été envoyés par lui.

Quant à Mikhaël, il ne disait rien de tel : il n'était qu'un Bulgare vivant en France, un disciple du Maître Deunov parmi tant d'autres. Sans s'afficher ouvertement comme son représentant ou chercher à se faire valoir, il présentait tout naturellement les grands thèmes de cet enseignement initiatique qui constituait la trame de sa vie. Un soir par semaine, une vingtaine de personnes se rassemblaient dans l'appartement de la rue des Princes, qui devint bientôt trop petit pour l'usage auquel on le destinait. Les causeries durent ainsi se déplacer chez l'amie polonaise de Stella, près de la rue du Bac.

Peu à peu, Mikhaël se familiarisait avec la langue française. Son dynamisme et son humour compensaient ses lacunes, auxquelles la plupart des gens n'attachaient guère d'importance, les images qu'il employait étant suffisamment évocatrices. Cependant, sa connaissance imparfaite du langage le desservait parfois. Parmi ceux qui assistaient aux réunions, il y avait des écrivains, des astrologues et des alchimistes qui, à l'occasion, lui faisaient la leçon, prenant à tort ses limites d'expression pour un manque de savoir ou d'érudition. Beaucoup se croyaient des Initiés, des êtres à part. Ils s'entretenaient longuement avec lui en ne lui permettant pas de placer un mot. Néanmoins, jamais il ne les détrompait. Patient et réceptif, il les écoutait avec la plus grande simplicité.

Certains individus se vantaient auprès de lui d'avoir passé « la deuxième ou la troisième initiation ». Or, lui-même ne s'intéressait pas à cela. Il n'avait nullement l'intention d'instaurer des étapes d'initiation dans la fraternité. À plusieurs reprises, il précisa que celle-ci ne fonctionnait pas avec un système de titres, que personne n'y était pontife de ceci ou de cela, et que lui-même ignorait à quel degré il se situait : « C'est au moment où la conscience s'élargit qu'on traverse un degré d'initiation spirituelle », dit-il.

Un jour, Stella lui présenta l'un de ses amis, un ingénieur qui était en même temps un astrologue chevronné. Imbu de sa propre importance, il s'adressa à Mikhaël à la façon d'un professeur qui interroge un novice : « Avez-vous quelques notions d'astrologie ? »

— Oui, quelques notions, répondit simplement Mikhaël qui, on le sait, avait été considéré dans son pays comme le plus grand expert en astrologie.

L'ingénieur lui conseilla d'étudier cette science si passionnante qui pouvait lui ouvrir des horizons insoupçonnés, lui donnant au passage les titres de plusieurs livres pour débutants. Enfin, il eut la satisfaction de voir son interlocuteur sortir son calepin et noter les détails reçus tout en remerciant poliment.

Quelque temps après, il entendit parler de l'interprétation exceptionnelle que Frère Mikhaël faisait des grands thèmes astrologiques. Intrigué, il alla l'écouter et fut stupéfait de sa science et de son autorité naturelle. À partir de ce soir-là, l'ingénieur changea totalement d'attitude et lui écrivit une longue lettre pour lui dire combien il était honteux de son arrogance passée. Il signa : « Votre piètre disciple ».

Se servant de sa profonde connaissance de l'astrologie spirituelle, Mikhaël définissait les grandes lois qui soutiennent l'univers, de façon à stimuler chez ses auditeurs la compréhension du monde dans lequel ils vivaient. Plusieurs astrologues réputés revenaient l'écouter. Ils lui avouaient candidement qu'ils puisaient dans ses conférences des idées vivifiantes qui les amenaient à entrevoir de toutes nouvelles perspectives. Toutefois, les thèmes astrologiques n'étaient pas les sujets principaux des causeries, même si Mikhaël en donnait assez souvent une définition spirituelle et symbolique afin d'étayer sa démonstration.

Quant à Stella, elle l'écoutait parler pendant des heures, essayant de déchiffrer le secret de son comportement. Des années plus tard, elle écrira qu'à cette époque, elle avait eu maintes occasions d'être surprise de la conduite de Frère Mikhaël, qui vivait selon des normes absolument inusitées :

Il se montrait naturel, humble, modeste, voire ignorant, ce qui m'étonnait beaucoup. Cette persistance à voiler sa nature exceptionnelle et sa haute valeur, dont j'avais reçu clairement l'affirmation dès notre premier contact, ne s'expliquait pas encore pour moi. [...] Avant tout, au premier contact avec lui, ce qui frappait était l'intense lumière qui jaillissait de lui, lumière imprégnée de douceur et d'un amour pur, impersonnel...[55]

Afin de comprendre ses raisons profondes, elle observait attentivement ses façons de faire. Elle était frappée par « ses gestes harmonieux, si différents des mouvements brusques de beaucoup de gens, par cette bonté cachant une force exceptionnelle, par la douceur de son regard qui ne forçait personne. Tout était cohérent chez lui, il n'existait aucune faille entre ses propos et sa façon de vivre ».

✫✫✫

Cinq mois après l'arrivée de Mikhaël en France, ses auditeurs habituels lui demandèrent de donner des conférences publiques. Face à leur insistance, il finit par accepter. La première fut fixée au soir du samedi 29 janvier 1938, en la Salle du Luxembourg, place de la Sorbonne.

Le matin, l'eau avait manqué dans l'appartement de Stella. En constatant que le robinet du lavabo de sa chambre ne fonctionnait plus, Mikhaël était allé vérifier celui de la cuisine, puis il avait oublié de le refermer avant de sortir. Rentrant chez elle en fin d'après-midi, Stella trouva son hôte dans la cuisine en train d'écoper l'eau résultant d'une inondation. Devant son air consterné, il se mit à rire. À ses yeux, l'incident avait un sens bien précis, et il y voyait un message venu d'ailleurs, grâce à l'eau qui symbolise l'abondance, la vie, la fertilité. Il lui dit avec entrain : « Voyez, c'est merveilleux, l'amour coule, coule à flots ! Ma conférence sera réussie et le public tout à fait content. »

La réalité dépassa la prédiction. Cette causerie, intitulée *La deuxième naissance*, inaugura une longue série de plus de cinq

---

55 Svezda, *Vie et enseignement du Maître Omraam Mikhaël Aïvanhov en France,* Prosveta, p. 35s.

mille conférences. Ce soir-là, selon les dires des témoins, Frère Mikhaël étonna tout le monde en utilisant la langue française avec une justesse à laquelle on ne s'attendait pas. On pouvait vraiment affirmer que « cela coulait à flots ». De plus, la puissance évocatrice de ses gestes était saisissante. De temps à autre, ne trouvant pas le terme qui convenait pour exprimer sa pensée, il s'interrompait pour demander à ses auditeurs de le lui fournir. Enchantés, les gens lui suggéraient des mots.

« Non, non, ce n'est pas ça », disait-il parfois.

Il cherchait encore, finissait par se rappeler l'expression précise, et son auditoire se mettait à rire, détendu.

Cette première conférence était truffée de thèmes qui lui étaient chers : l'eau et le feu, la nutrition au moyen d'éléments subtils, les quatre éléments représentés dans les douze signes du zodiaque, la lumière et le prisme, les sept couleurs et leur effet sur les êtres. Il expliqua :

> Celui qui est né une seconde fois représente une source vivante d'où s'écoule une eau pure et au bord de laquelle vient s'installer toute une civilisation. Sa religion est la véritable religion de l'amour divin et de la sagesse divine. Tout l'univers est pour lui le véritable temple de Dieu dont le soleil est le grand prêtre et les astres les veilleuses. Celui qui est né une seconde fois est celui dont tous les canaux invisibles sont enfin ouverts pour absorber l'amour et la sagesse. Il représente également le prisme parfait qui répartit les sept forces bénéfiques dans tout son être et les projette pour le bien de tous ceux qui sont autour de lui.[56]

On peut dire que cette conférence symbolise la source qui a commencé à jaillir dans sa mission. Pendant toute son existence, il pensera à faire couler l'eau afin de faire surgir la vie, il parlera de « la lumière, cette eau qui descend des régions célestes ». Sa première conférence publique inaugurait aussi une période de dix ans durant laquelle il allait établir les bases de l'enseignement qu'il avait reçu afin de le faire fructifier.

Il continua d'agir à titre de conférencier une fois par semaine, dans des salles louées. Certains soirs, on retrouvait des gens jusque sur l'estrade, et il fallut se mettre à la recherche d'une

---

56 *La deuxième naissance*, « La deuxième naissance », Prosveta.

salle plus grande, laquelle devint à son tour trop exiguë. La cour extérieure se remplissait de gens qui voulaient l'entendre, même sans la possibilité de le voir.

Pour ses conférences, il avait adopté le même style que celui de Peter Deunov, car c'était une façon de faire qui correspondait à son propre tempérament : il n'élaborait pas ses exposés à l'avance, mais il se préparait lui-même par la méditation ; et, en entrant dans la salle, il saluait ses auditeurs de la main droite comme on le faisait dans la fraternité de Bulgarie. Cette salutation était pour lui un instrument très réel, un geste par lequel il projetait des énergies, un rayonnement vivifiant, et même des couleurs : « Il faut que le salut soit une vraie communion, qu'il soit puissant, harmonieux, vivant. »

Après avoir salué, il restait un moment silencieux. À la façon d'une antenne, il captait les sentiments et les problèmes des personnes présentes, ainsi que les questions qu'elles avaient à l'esprit ; les thèmes qu'il abordait ensuite leur donnaient des réponses claires et pratiques. Le rythme des réunions était plein de vie et d'imprévu, car Frère Mikhaël ne voulait pas de la routine « qui amène le ralentissement et la mort ».

Tel un conteur oriental, il savait détendre ses auditeurs ou ranimer leur attention en les régalant d'anecdotes rafraîchissantes, pleines d'humour et aussi d'enseignements. Il utilisait volontiers les histoires turques de Nastradine Hodja qu'il connaissait depuis sa jeunesse, et il aimait également se servir des récits d'Alexandre Dumas, des fables de La Fontaine, ou encore des *Contes des Mille et Une Nuits*.

Ces historiettes avaient pour objectif de résumer un aspect particulier des enseignements de Peter Deunov, mais elles servaient aussi à relâcher l'intensité qu'il avait lui-même créée chez ses auditeurs. « Le rire maintient la souplesse du cerveau, disait-il, et la fraternité est l'école du rire. » Quand il riait de bon cœur, on ne pouvait s'empêcher de l'imiter. Continuellement inspiré par les évènements de la vie quotidienne qui reflètent fidèlement les mondes subtils, il y faisait référence pour illustrer sa pensée.

Lorsque des amis l'emmenèrent voir un lieu d'attractions appelé Luna Park, il s'arrêta, fasciné, devant l'un des jeux. Des gens étaient invités à monter sur un plateau de bois appelé « l'assiette au beurre », laquelle se mettait à tourner de plus en plus rapidement. Au fur et à mesure que la vitesse de rotation augmentait, ceux qui se tenaient à la périphérie du plateau étaient projetés de tous côtés sur le tapis, tandis que ceux du centre demeuraient stables. Très intéressé, Mikhaël y vit un symbole du lien avec Dieu qui est le centre de tout. Dans ses conférences ultérieures, il utilisera parfois l'exemple de l'assiette au beurre : pour éviter d'être sans cesse ballotté et bouleversé par les diverses circonstances de la vie, il faut « rester lié à Dieu, ne plus le quitter en dépit des épidémies, des souffrances et des guerres. »

Cette faculté qu'il possédait de repérer des symboles vivifiants dans la nature, dans la musique ou dans les sports, de même que dans les inventions ou les métiers des êtres humains, lui permettait d'apporter un éclairage concret et pratique sur les exigences de la vie de l'esprit. Un jour, ses auditeurs eurent droit à une conférence spéciale à son retour d'une excursion en moto avec un homme du nom d'André Jahan qu'il appelait « frère Jean ».

Ce frère, un ancien champion de course automobile, lui avait offert ses services et sa compétence professionnelle dès le soir de la première conférence publique, ne demandant pas mieux que de conduire Frère Mikhaël partout où il désirait aller. Le jour de l'excursion, la moto était tombée en panne à cause d'une bougie encrassée. Mikhaël avait aussitôt proposé de la nettoyer, mais quand il l'avait remise en place, le courant ne circulait pas davantage. Après avoir examiné la bougie une nouvelle fois, Jean lui avait dit avec une nuance de reproche :

– Frère Mikhaël, dans votre zèle, vous l'avez trop bien nettoyée. Elle est devenue trop courte d'une fraction de millimètres ! Le courant ne peut plus passer parce que les électrodes sont maintenant trop éloignées l'une de l'autre.

À la surprise de Jean, son compagnon s'était exclamé joyeusement :

– Ah ça, c'est merveilleux !

Mikhaël raconta cet incident avec sa verve habituelle, ajoutant :

Cela me fournissait un si bon exemple à vous donner ! Retenez bien cela, lorsque les bougies sont trop écartées cela ne peut pas marcher, et si elles sont encrassées cela ne fonctionne pas non plus. Donc un très petit détail suffit pour empêcher le fonctionnement d'un appareil. Il en est de même dans notre vie spirituelle. Il y a des électrodes au-dedans de nous ; si nous les éloignons l'une de l'autre, rien ne marche plus. [...]

Chaque pensée, chaque sentiment, chaque aliment, chaque respiration, chaque organe doit être en relation avec toute notre vie. Alors notre vie deviendra magnifique, parce que tous les appareils fonctionneront bien et que nous nous manifesterons comme il faut.[57]

À l'opposé de bon nombre de conférenciers, il s'exprimait simplement, avec des mots de tous les jours. Jetant une nouvelle lumière sur le sens de la vie, il proposait des méthodes pratiques et accessibles à tous pour se transformer. Les images qui émaillaient son discours étaient si évocatrices qu'elles rejoignaient ses auditeurs au cœur de leurs préoccupations, mais en dépit de cela, les intellectuels se trouvaient souvent déconcertés par le langage très simple qu'il utilisait pour parler des sujets les plus élevés.

Lorsqu'il disait que « même les bébés pourraient le comprendre », certains s'en sentaient vexés, mais s'ils persévéraient, ils découvraient progressivement la profondeur des idées qui animaient ces mots et ces images du quotidien.

La conférence terminée, il y avait tant de monde à la sortie que Frère Mikhaël mettait plus d'une heure à regagner la voiture qui devait le ramener chez lui. Toutefois, même après une longue soirée épuisante, il n'essayait pas d'échapper à la foule, prenant au contraire le temps de répondre patiemment à toutes les questions.

Dès les débuts, des membres de la fraternité bulgare qui vivaient à Paris assistèrent à ses conférences, mais plusieurs d'entre eux, tout en faisant partie de ses auditeurs réguliers, restèrent distants et ne s'engagèrent pas vraiment envers lui. L'un des Français, discutant un jour avec eux, eut la surprise d'apprendre que Frère Mikhaël n'avait pas été un personnage important dans son pays et qu'il n'y avait jamais donné, comme bien

[57] Conférence du 3 avril 1943.

d'autres frères l'avaient fait, des conférences sur l'enseignement de Peter Deunov.

En Bulgarie, quand on sut qu'il parlait au public parisien dans de grandes salles, ce fut le début d'une période de difficultés, autant pour lui que pour les adhérents de la fraternité de Peter Deunov. On crut qu'il était parti pour la France de son propre chef et qu'il s'était autoproclamé représentant du Maître. Même lorsque des Bulgares rentraient dans leur pays après lui avoir rendu visite et parlaient avec admiration du travail qu'il effectuait, on restait incrédule.

Quant à Peter Deunov, il voulait certainement préserver l'harmonie dans sa fraternité. En 1937, il avait remis à Mikhaël une lettre qui spécifiait clairement sa mission. Au fil des ans, il lui arrivera plus d'une fois, en privé, d'émettre des commentaires approbateurs sur son œuvre en France, mais jamais il ne confirmera officiellement que ce disciple était son envoyé. Or, son silence pouvait porter à croire qu'il n'approuvait pas ses activités et qu'il se taisait par charité pour lui. Pourtant, il prenait soin de lui écrire afin de lui réitérer son approbation : « Travaillez comme Dieu vous le conseille. Je suis content de votre action. » Son secrétaire, frère Boev, lui écrivit aussi de sa part en octobre 1938 :

> Sachez que vous avez la pleine approbation du Maître, et ne faites aucune attention à ceux qui se conduisent de façon négative. [...] Tous ceux avec lesquels je parle ici ont pour vous une sympathie ardente.[58]

Conscient des critiques qui circulaient sur son compte, Mikhaël dit un jour à ses auditeurs qu'il ne faisait que leur transmettre ce qu'il avait recueilli en Bulgarie auprès de Peter Deunov, et qu'il se liait toujours à ce dernier par la pensée avant de commencer ses conférences. Émissaire du Maître Deunov, il lisait d'abord l'un de ses textes, qu'il commentait ensuite. C'était avec un grand amour qu'il parlait de lui. Pendant des années, il élaborera divers projets visant à le faire venir à Paris. Il lui enverra des messages répétés pour l'inviter à enseigner à la fraternité française.

---

58   Voir en Annexe, page 411, deux lettres de Boïan Boev.

Pendant très longtemps, il continuera à s'effacer devant Peter Deunov et à faire grandir sa réputation, acceptant les critiques comme une partie intégrante de sa mission ; celles-ci ne l'empêcheront jamais d'accomplir son travail.

Lui-même se présentait comme un petit disciple et continuait de s'exercer à la vertu d'humilité. Il disait que celle-ci est *une façon de regarder* : en se comparant aux fourmis, on se trouve très grand, mais face aux étoiles, aux archanges et aux divinités, on demeure conscient de sa petitesse.

Cette attitude était à ses yeux la seule capable d'apporter à l'être humain un stimulant et un élan : « Quand on se croit grand, on ne peut plus grandir, on ne peut que descendre. »

Comme autrefois en Bulgarie, il ne craignait pas de passer pour ignorant ou limité. Il savait faire des remarques qui laissaient planer un doute, dans l'esprit de certains interlocuteurs, sur ses capacités ou son intelligence. En se diminuant constamment, toutefois, il préparait lui-même les difficultés qu'il rencontrera plus tard lorsqu'il élargira l'enseignement reçu de Peter Deunov à un point tel que certains membres de la fraternité lui en feront le reproche.

Entretemps, la plupart des adhérents s'apercevaient qu'il possédait une vaste science, et qu'il puisait largement dans les sources invisibles de l'Akasha Chronica. En réalité, on ne pouvait faire abstraction de la lumière qui se voyait sur son visage, ni de cette pédagogie qui lui était venue tout naturellement en même temps que la conquête d'une véritable maîtrise de lui-même.

Convaincu qu'un Maître est un modèle, il s'efforçait de penser, de sentir et d'agir comme Peter Deunov, pour lequel il éprouvait une grande admiration.

Toutefois, sa propre pensée était trop originale, et sa perception des choses trop aiguë, pour continuer à se modeler indéfiniment sur l'esprit d'un seul être, fût-il celui d'un Maître. Son intelligence était trop vaste pour être contenue, limitée et assujettie à des concepts qui appartenaient partiellement à une époque déterminée et qui avaient inévitablement pris la couleur d'un esprit particulier. Instinctivement, à travers la méditation et la contemplation, il puisait à la véritable source de toute connaissance.

✮✮✮

Dès le printemps qui suivit sa première conférence, Mikhaël conseilla à ses auditeurs réguliers d'assister au lever du soleil aussi souvent que possible, de chercher leurs forces et leur inspiration dans sa lumière, tout comme l'avaient fait les disciples de Pythagore et des grands Initiés de l'Antiquité.

À ceux qui se plaignaient d'être trop fatigués pour se lever tôt, il répondait toujours que la fatigue apparente causée par des réveils matinaux allait chasser leur fatigue chronique :

> *Quand vous venez au lever du soleil, ses rayons dissolvent les couches fluidiques nocives qui vous entourent et la germination des graines déposées par Dieu dans votre âme commence à se faire.*[59]

Effectivement, plusieurs personnes admettaient déjà que la pratique des levers de soleil les rendait mieux portantes, plus vigoureuses. Leur teint se purifiait, leur humeur devenait plus égale. Quant à Mikhaël, il affirma qu'un temps viendrait où tous les êtres humains iraient saluer la venue du soleil le matin, que leur santé s'améliorerait et que leur vie se prolongerait.

Le dimanche, il sortait de Paris avec ceux qui formaient le noyau de la fraternité française afin de passer la journée en forêt. Il les instruisait, il leur enseignait aussi tous les exercices, autant physiques que spirituels, qu'on effectuait dans la fraternité de Bulgarie. Dans la paix de la nature, parmi les grands arbres, Frère Mikhaël se trouvait dans son élément.

En mai 1939, il invita tous ses auditeurs habituels à se rendre dans la forêt de Saint-Nom-la-Bretèche pour apprendre les exercices de gymnastique préconisés par Peter Deunov. Il les décrivit comme des exercices très puissants pour la santé et l'équilibre, pour le développement de la volonté, des pensées et des sentiments. Il ajouta que le rythme adopté était d'une importance capitale : « Il faut entrer en liaison avec le rythme des forces cosmiques, et les faire lentement, d'une façon concentrée. »

---

59 Conférence du 24 avril 1945.

Le jour dit, il y avait plus d'une centaine de personnes au rendez-vous. Quand tous se retrouvèrent dans la clairière, Mikhaël expliqua : « Ces sept exercices quotidiens ont un effet précis sur certains centres du système nerveux, ils les alimentent, les renforcent et les harmonisent ». Lentement, il exécuta chacun des mouvements tout en précisant le sens symbolique qui s'y rattachait. Pendant que le groupe l'imitait, le ciel se couvrit d'épais nuages. Un orage était imminent.

Devant la mine déçue des participants, Mikhaël déclara avec un sourire : « Soyez tranquilles, ces nuages disparaîtront lorsque nous commencerons à chanter. » Et, tandis que leurs chants résonnaient dans la clairière, le ciel se dégagea d'une manière spectaculaire, comme si un vent colossal s'était mis à souffler à des milliers de mètres au-dessus de leurs têtes.

Après le pique-nique qui suivit, Mikhaël attira leur attention sur la beauté de la forêt, leur expliquant comment puiser des énergies dans les grands arbres ainsi que dans l'eau qui coule. Dans sa pensée, le lien entre les deux mondes – le spirituel et le matériel – est une *réalité*, un puissant moyen de réalisation dans la matière ; l'univers représente un immense organisme vivant dont tous les éléments sont reliés entre eux, depuis l'atome jusqu'à Dieu en passant par les hiérarchies célestes.

Depuis toujours, Mikhaël utilisait les cycles de la nature pour créer des liens avec le monde divin, se servant des phases de la lune, des énergies du feu, du vent, des ruisseaux et des cascades pour se transformer lui-même : « Comme cette eau purifie tout sur son passage, qu'ainsi je sois purifié. » Tout en parlant ce jour-là, il suit des yeux une salamandre qui traverse l'espace formé par le cercle de ses auditeurs jusqu'à l'endroit où il se trouve assis. Quand il avance la main pour la saisir, elle reste immobile, visiblement dépourvue de toute crainte. Une fois installée dans sa paume, elle le regarde de ses petits yeux vifs.

Mikhaël l'observe pensivement, mais ne dit rien.

La présence de cette salamandre est des plus éloquentes, alors qu'il vient tout juste de définir le lien existant entre l'être humain et la nature, ainsi que la réelle possibilité d'harmonie et de confiance entre les créatures des différents règnes.

Outre les exercices de gymnastique, il introduit en France la grande danse de la paneurythmie composée par le Maître

Deunov. Il enseigne aussi des méthodes de respiration consciente qu'il recommande de faire très tôt le matin après le lever du soleil. Il fait référence à « l'essence de l'air », que les hindous appellent le *prana* et qui *est la vie* elle-même.

Il explique qu'en respirant consciemment et profondément, on peut amener tous les organes du corps à mieux travailler parce que la respiration agit sur la circulation. Après avoir décrit la technique traditionnelle des respirations rythmiques – l'inspiration en quatre temps, la retenue de l'air en seize temps et l'expiration en huit temps –, il ajoute que les débutants feraient mieux d'être prudents avant de passer à un rythme plus lent, et qu'ils devraient y arriver progressivement.

> *En respirant, on peut extraire de l'air une essence pour la distiller : le prana, la vie, ou donnez-lui tout autre nom que vous voulez. En faisant passer l'air consciemment par les narines, on obtient que toutes les usines intérieures du corps travaillent mieux pour en extraire l'essence. Par une respiration inconsciente, elles ne peuvent extraire que la millième partie de cette essence, ce qui ne suffit ni pour la vie physique ni pour la vie psychique. C'est par la respiration que vous pourrez amener votre cerveau à penser bien, votre cœur à battre et à sentir comme il faut, votre estomac à digérer correctement.[60]*

Néanmoins, il met ses auditeurs en garde contre les méthodes de respiration visant à obtenir un développement psychique rapide, il affirme qu'elles sont dangereuses. Au fil des années qui suivront, il fournira de nombreuses précisions sur l'efficacité des exercices les plus simples, lesquels ne comportent aucun risque tout en apportant de grands bienfaits à l'organisme.

✯✯✯

La fraternité s'accroissait en France depuis que Frère Mikhaël avait donné une conférence à Lyon au mois de juin 1938. À cette occasion, il avait abordé un sujet qui lui était bien personnel, la « galvanoplastie spirituelle ». À partir du processus de galvanoplastie qui recouvre d'or un objet, il avait affirmé que la femme

---

60 Conférence du 15 mai 1941.

enceinte possédait le pouvoir d'influencer l'enfant qu'elle portait en elle :

Supposez que la mère, connaissant les lois de la galvanoplastie, décide de les utiliser pour mettre son enfant au monde. Dès qu'elle a reçu le germe dans son sein (la cathode), elle place dans sa tête (l'anode) une lame d'or, c'est-à-dire les pensées les plus élevées. La circulation s'établit et le sang qui parcourt le corps apporte au germe ce métal supérieur. L'enfant grandit, enveloppé de ces vêtements d'or, et quand il naît il est robuste, beau, noble, capable de vaincre les difficultés, les maladies et les influences mauvaises. La mère peut accomplir des miracles, de grands miracles, parce qu'elle possède la clé des forces créatrices. En cinquante ans les femmes peuvent changer l'humanité grâce à la galvanoplastie spirituelle.[61]

Tout au long de sa vie, il souhaitera la réalisation d'un projet peu commun, un programme national qui mettrait les femmes enceintes dans une situation idéale pendant leur gestation. Toutefois, comme il le disait lui-même, « ce projet exigerait un État sage qui prendrait soin des futures mères et les hébergerait dans des parcs boisés ornés de jets d'eau et de fleurs... Elles seraient entourées de belles couleurs et de musique, et on leur enseignerait à faire de leur enfant un être exceptionnel ».

Le Maître Deunov avait révélé à Mikhaël qu'il avait été « préparé à apporter une aide spirituelle aux femmes », et cette tâche était effectivement l'une de ses préoccupations constantes. À partir de la technique de la galvanoplastie, il faisait aussi une transposition spirituelle générale : tous les êtres humains ont la capacité d'utiliser ce même processus pour mettre de l'or dans leurs pensées et une image divine dans leur cœur ; ils peuvent se lier sans cesse au centre d'où proviennent toutes les forces vivifiantes.

« L'être humain, disait-il, dispose de pouvoirs extraordinaires pour arriver à la perfection, et la méditation est l'un des moyens les plus efficaces pour obtenir le contrôle de soi et l'harmonie intérieure. »

---

61 *L'alchimie spirituelle*, « La galvanoplastie spirituelle », Prosveta.

Un an après qu'il eut donné cette conférence, son nom était très connu à Paris dans les milieux où l'on s'intéressait à la « vie spirituelle ». On se passionnait pour ses idées, on allait l'entendre parce qu'il répondait aux aspirations les plus intimes de l'âme.

« En l'écoutant, a dit un témoin de l'époque, on découvrait une vie nouvelle, on avait envie de modifier ses points de vue sur l'existence, on s'apercevait qu'on avait le pouvoir, par des pensées d'amour et de bonté, d'améliorer sa santé, de transformer son visage et d'acquérir toute la beauté et les trésors de la vie spirituelle. »

En ces années-là, les sciences occultes, l'hypnotisme et les phénomènes extrasensoriels étaient très populaires à Paris. La capitale française foisonnait de groupes spirituels de tout acabit.

Afin de bien connaître la sphère dans laquelle il évoluait, Mikhaël assistait à diverses réunions. Il voyait que beaucoup de conférenciers, qui se prétendaient à qui mieux mieux astrologues, kabbalistes ou alchimistes, ne s'occupaient pas de la mise en pratique des idées sublimes qu'ils brassaient devant leurs auditeurs. Sur leur visage, Mikhaël cherchait un rayonnement, des émanations subtiles, mais en dépit de leur vaste érudition, ils étaient ternes et parfois même ténébreux.

Son propre auditoire, il s'en rendait compte, était tout aussi hétérogène que les autres groupes spirituels de Paris. Tout d'abord, il y avait le noyau composé des membres de la fraternité naissante qui se donnaient les uns aux autres le titre de frères et de sœurs. En second lieu, on y trouvait une multitude de gens qui se promenaient d'un enseignement à l'autre et glanaient des fragments de connaissances ici et là tout en ne s'engageant nulle part. À un certain moment, on dénombra ainsi plus d'une quarantaine de mouvements, dits spirituels, représentés aux réunions de la fraternité.

Petit à petit, ceux qui ne s'intéressaient qu'à l'occultisme ou à l'hypnotisme, ou qui n'étaient pas prêts à transformer radicalement leur façon de vivre, cessèrent d'y venir lorsqu'ils comprirent que cet enseignement exigeait des efforts et des choix. En tout dernier lieu, il y avait des femmes qui n'étaient pas nécessairement attirées par la spiritualité en tant que telle, mais plutôt par la personne de Mikhaël et son rayonnement particulier.

Observant tout cela, Stella constatait que son hôte ne se laissait influencer par personne, qu'il ne se souciait pas des différences de classe sociale, d'intelligence ou d'âge ; il prodiguait à tous la même attention et le même amour sans manifester de préférences. Toutefois, elle n'était pas en mesure de deviner que dans ce milieu même, il y avait une semence de danger pour lui.

Sa réputation grandissant, il recevait quantités d'invitations. Dans l'espoir de promouvoir l'enseignement de Peter Deunov, il en acceptait beaucoup. Cependant, il refusait de se plier aux exigences des activités en vogue. À plusieurs reprises, il fit échec aux projets de gens riches ou mondains qui désiraient se servir de lui pour faire sensation dans leur milieu, et ce, afin d'éveiller en eux une meilleure conception de la vie. Dans ces sphères de la société formées des éléments les plus variés, on ne le comprenait pas toujours, mais sa réaction instinctive ne consistait jamais à protéger sa réputation. Quand il devait jeter de la lumière sur un sujet, il ne craignait pas de déplaire, acceptant à l'avance d'être critiqué ou même détesté.

Quelquefois, il lui fallait subir les contrecoups de ses paroles : un soir qu'il assistait à une réunion de gens de lettres et d'occultistes, il se vit subitement attaqué par un écrivain bien connu qui l'invectiva d'une voix furieuse. Tout le monde fit silence. Attentif aux propos incohérents de son agresseur, Mikhaël se demandait ce qu'il avait bien pu faire pour susciter une telle hargne. Tout à coup, il comprit : l'écrivain avait assisté à l'une de ses conférences en compagnie de sa maîtresse, et le sujet de ce soir-là avait été la question de la vie éternelle et de la mort, du véritable amour qui n'exploite pas, mais qui fait vivre ; après la conférence, la jeune femme avait posé quelques questions sur l'amour et, comprenant alors tout le mal que lui faisait son amant en lui imposant des pratiques de magie sexuelle, elle l'avait quitté. Face à cet adversaire déchaîné, Mikhaël choisit de faire appel à l'humour :

« Écoutez, monsieur, lui dit-il aimablement, je ne savais pas que cette jeune fille vous appartenait et que vous aviez tellement de droits sur elle. Si, sans le vouloir, je l'ai sauvée de vos manigances, où est mon crime ? Le soleil a le droit de briller et ceux qui n'ont pas de chapeau tombent par terre. Il fallait avoir un chapeau ! »

Toute l'assistance se mit à rire de bon cœur. Quant à l'écrivain, il garda rancune à Frère Mikhaël pendant des années, mais un jour, il revint le voir pour lui parler des leçons que la vie lui avait données. Bon gré mal gré, il avait été forcé de comprendre le tort qu'il avait causé à plusieurs femmes.[62]

De temps à autre, Mikhaël recevait la visite de personnes qui lui proposaient de l'aider de différentes façons. C'est ainsi qu'une jeune diplomate américaine, très impressionnée par son influence spirituelle, lui offrit de mettre ses énormes ressources à sa disposition s'il consentait à aller vivre et enseigner aux États-Unis.

Mikhaël sentait bien qu'en acceptant, il se lierait de trop près à la donatrice, mais cette proposition ouvrait de telles perspectives à l'enseignement de Peter Deunov qu'il ne pouvait se permettre de la refuser sans demander l'avis de ce dernier. Après avoir reçu une réponse négative, il poursuivit son travail à Paris.

À cette époque, il fut confronté à des difficultés semblables à celles que Peter Deunov avait connues avec les autorités religieuses de son pays. Les chefs de l'une des Églises de France lancèrent contre lui une campagne de calomnies afin de détruire sa réputation. En réalité, les responsables de cette attaque craignaient pour leur propre autorité et ne pouvaient s'empêcher de considérer d'un œil méfiant les activités spirituelles qui ne relevaient pas de leur magistère. En outre, des conférences gratuites offertes par un étranger qui parlait de réincarnation et de corps subtils ne pouvaient être que suspectes.

Effectivement, Mikhaël était venu en France dans un but totalement désintéressé, d'où son œuvre bénévole. Dès la toute première année, après huit mois de conférences régulières, il avait pris position de manière non équivoque devant ses auditeurs habituels. Il leur avait expliqué qu'il voulait travailler gratuitement, comme le Maître Peter Deunov l'avait fait. « Avant

---

62   Voir son propre récit dans : *L'amour et la sexualité II*, « Le soleil, source de l'amour », Prosveta.

tout, Dieu nous donne gratuitement et nous devons l'imiter »,
avait-il ajouté.

Son attitude était sans ambiguïté et, tout au long de son existence, jamais il n'acceptera d'argent pour ses conférences. Bien
entendu, il y avait autour de lui des personnes qui assumaient
volontairement, et de façon anonyme, certains frais, mais lui-
même vivait de très peu. Lorsqu'on voudra lui donner tantôt un
terrain, tantôt une maison, il refusera.

Sa connaissance de ce qu'il appelait « les lois naturelles » lui
dictait un comportement dont il ne dérogeait pas. Il savait qu'en
acceptant des dons, il se lierait aux donateurs pour l'avenir. Or,
pour mener à bien sa mission, il se devait de rester libre. Ce ne
sera que quarante ans plus tard que sa vie se trouvera facilitée
lorsque ses conférences seront publiées sous forme de livres et
qu'il en touchera quelques revenus.

Au fil des mois, il continua à décrire à ses auditeurs la beauté
et la grandeur de l'avenir des enfants de Dieu qui travaillent à se
perfectionner. Il leur disait que le plus haut idéal possible était
d'être comme Dieu, même si cela paraissait impossible : « C'est
justement cela qui est merveilleux ! » Il leur communiqua une
prière venant de Peter Deunov, qu'il appelait la formule du haut
idéal.

Avoir le cœur pur comme le cristal,
l'intellect lumineux comme le soleil,
l'âme vaste comme l'univers,
l'esprit puissant comme Dieu et uni à Dieu.

Il savait pertinemment que la plupart des gens avaient besoin
de beaucoup de temps pour assimiler les vérités qu'il leur laissait
entrevoir. Il s'aperçut qu'il leur faisait parfois peur en leur parlant de la pureté et de la beauté d'une vie consacrée à la poursuite de la perfection. Comme au temps de sa jeunesse, il pensait
quelquefois qu'il suffirait de leur montrer où se trouvaient la
vérité, la splendeur... mais à certaines personnes qu'il avait sou-
tenues et éclairées, c'était trop demander. Pourtant, il n'exerçait
aucune pression sur quiconque. Il ne se servait pas non plus de
ses pouvoirs ou de sa clairvoyance pour attirer ou impressionner les gens.

Quand on lui demandait s'il était clairvoyant, il répondait qu'il ne l'était pas : « Je ne fais que *sentir* un peu les choses. » Il affirmait sincèrement qu'il ne possédait pas la capacité de voir les réalités quotidiennes et prosaïques. La seule clairvoyance valable à ses yeux était celle qui se produisait comme un élargissement de la conscience, « au moment où l'on devient conscient de choses qu'on ignorait encore la veille, à l'égard desquelles on était encore endormi et aveugle ». Il répétait que la meilleure façon d'obtenir la vraie clairvoyance consistait à se purifier et à aimer Dieu.

Jamais il n'encourageait ses auditeurs à consulter des clairvoyants, pour la bonne raison qu'il ne s'agissait pas d'une option susceptible de les aider à se transformer. Au cours de sa vie, il avait rencontré bien des gens qui avaient souffert de déséquilibres après s'être adonnés à diverses expériences occultes. Quant à lui, il disait : « Je veux devenir clairvoyant, mais pour voir les anges. » Sans chercher à le démontrer, il donnait fréquemment des preuves que sa capacité de vision s'exerçait à de très hauts niveaux : au fil des ans, on a pu de la sorte constater qu'il connaissait le passé ou l'avenir des gens qui l'entouraient, ainsi que les perspectives d'avenir du monde et des sociétés.

Toutes ses expériences hors du corps physique lui avaient fait entrevoir le *monde des idées* dont parlait Platon, ce monde qui contient toutes les vérités et les pensées les plus nobles, les plus pures. Il se trouvait en mesure d'affirmer que toutes ces idées pouvaient se matérialiser sur le plan physique et devenir des formes, des couleurs, des mouvements, des émanations ou des sons.

Bien des clairvoyants sentaient que Frère Mikhaël pouvait affirmer tout cela parce qu'il *voyait* les diverses matérialisations de ces idées, qu'il *entendait* leur musique. Ils allaient le voir pour lui demander des conseils et se faire expliquer le sens des choses qu'eux-mêmes percevaient sans toutefois réussir à les comprendre. Par ailleurs, certaines personnes venaient aussi lui dire : « J'étais dans de grandes difficultés, et vous m'avez aidé à en sortir. J'étais malade et vous m'avez guéri... »

Il souriait en répondant qu'il n'y était pour rien, qu'il possédait dans le monde invisible beaucoup d'amis qui empruntaient sa forme et son visage afin d'agir en son nom : « Ces esprits font du bien sur la terre et ils sont très contents qu'un autre en ait le crédit ! C'est à eux qu'il faut dire merci. » Sachant que les maladies sont souvent causées par des obstructions à des niveaux subtils, c'était à ces niveaux qu'il travaillait par la pensée.

Un jour, il fut invité à rendre visite à un paralytique qui avait consulté en vain les plus grands spécialistes. Il resta longtemps auprès de lui, l'observa avec une grande attention et l'écouta parler. Enfin, il lui dit que la guérison s'avérait possible : « Si vous le voulez vraiment. Si vous y croyez de toutes vos forces, vous marcherez, d'ici un ou deux mois. »

Lorsque les membres de la famille l'entendirent prescrire des exercices respiratoires spéciaux, des prières et la méditation, ils n'en crurent pas leurs oreilles, mais le malade mit en pratique cette étrange thérapie avec une confiance absolue. Peu à peu la paralysie céda du terrain, à tel point qu'il put bientôt se remettre à marcher.

Lors d'une causerie, Mikhaël fit mention de ce frère que tous connaissaient. Il insista sur l'importance de ne pas accumuler en soi-même les poisons, mais de demeurer en contact avec la rivière céleste par la prière, la méditation et la purification. Il termina en disant :

> *Il existe des poisons extraordinaires qui déposent sur les parois de tous les canaux de notre corps des fluides qui font obstacle à leur bon fonctionnement. Ces poisons, ce sont les angoisses, les inquiétudes, les mécontentements, la jalousie, la rancune. [...] Il faut, en plus, que le fluide nerveux circule bien, et pour cela nous avons besoin de lumière... La première chose à faire est d'améliorer et de nettoyer toutes les canalisations afin que le fluide nerveux et la pensée puissent baigner et alimenter toutes les cellules. Projetez donc votre pensée partout où manque la lumière.*[63]

Quand il définissait la pensée, il savait de quoi il parlait. La pensée, si puissante lorsqu'on sait comment la concentrer, représentait pour lui un instrument naturel dont il se servait depuis toujours pour le bien, pour la lumière.

---

63 Conférence du 17 mai 1941.

208

Quelques années plus tard, il l'utilisera, en l'espace d'un éclair, pour empêcher un enfant d'être renversé par un cycliste. Le lendemain, il racontera l'incident :

Je regardais, hier, un enfant dévaler la pente sur sa trottinette, quand j'aperçus un cycliste qui arrivait à toute vitesse derrière lui, sans sonner pour l'avertir. J'ai attendu pour veiller sur lui. J'ai concentré ma pensée pour qu'il n'aille pas à gauche juste à l'instant où le cycliste le dépasserait.

Et l'enfant s'est arrêté, sans raison apparente. Le cycliste était furieux, car il s'était rendu compte qu'il avait risqué gros lui aussi. J'ai décidé de parler à l'enfant, qui était âgé de sept ans environ : « Écoute-moi bien. Tu viens d'échapper à un gros danger. Tu allais traverser la rue juste au moment où le cycliste arrivait sur toi, et tu ne regardais même pas si la route était libre. Il faut regarder, autrement tu te feras tuer. » Il m'écoutait gravement. J'ai ajouté : « Sauras-tu remercier le ciel et le bon Dieu d'avoir été protégé ? Va, maintenant, et sois attentif. »

Je me suis éloigné, et je le voyais qui réfléchissait. Je crois qu'il m'a compris, parce que je lui ai parlé avec douceur, mais aussi avec sérieux. Je souhaite maintenant que tous, vous sachiez faire un arrêt dans votre vie, pour jeter un regard à gauche, à droite, en avant, en arrière. »[64]

---

64 Conférence du 14 avril 1945.

Frère Mikhaël parlait avec un si grand amour du Maître Peter Deunov, des coutumes de la fraternité bulgare et de l'ambiance merveilleuse des Sept Lacs de Rila, que plusieurs personnes firent le projet de se rendre en Bulgarie dès l'été 1939. Lui-même avait bien envie de les accompagner, car l'obligation constante de faire renouveler ses papiers était une pénible contrainte : peut-être pourrait-il plus facilement obtenir un visa à partir de son propre pays ? Mais Peter Deunov, consulté par lettre, le lui déconseilla. Il craignait que Mikhaël ne puisse plus quitter la Bulgarie par la suite. Vingt-cinq personnes partirent donc sans lui.

Jean, sa femme Raymonde, et Stella, qui restaient à Paris eux aussi, eurent alors l'idée de l'inviter à faire un voyage en Italie, ce qui ne présenterait pas les mêmes risques. Leur suggestion était tentante, mais même un court voyage offrait bien des complications à Mikhaël, car il avait besoin de plusieurs autorisations pour sortir de France et y rentrer.

Après de nombreuses démarches, il réussit enfin à obtenir les papiers nécessaires et se mit en route avec ses trois compagnons. Ils visitèrent l'Italie de long en large, s'arrêtant chaque soir pour camper, mais bien avant la date prévue pour leur retour, Mikhaël interrompit subitement le voyage en affirmant qu'il fallait se dépêcher de retourner en France parce que la guerre allait être déclarée.

Ses compagnons ne prirent pas son avertissement à la légère. Ils revinrent en hâte vers leur pays et traversèrent la frontière le 3 septembre, le jour où la France et l'Angleterre déclaraient la guerre à l'Allemagne. La frontière fut fermée le soir même. Quant à ceux qui avaient séjourné trois semaines dans les montagnes de Rila, ils étaient revenus de justesse trois jours auparavant.

La Deuxième Guerre mondiale avait débuté.

De gauche à droite, Jean, Frère Mikhaël, Stella, en Italie

Dès lors, la vie se modifia rapidement pour tous les citoyens français et, quelques mois plus tard, quand l'ennemi entra dans Paris, une grande partie des membres de la fraternité quittèrent la ville pour la province.

Pendant toute l'année 1940, Mikhaël ne donna que quelques rares conférences tout en demeurant en contact avec de nombreux groupes de ses auditeurs habituels qui se réunissaient pour méditer ensemble. Ce ne fut que durant la deuxième année de l'Occupation que les activités de la fraternité reprirent discrètement dans des appartements ou des maisons privées.

Tout rassemblement étant interdit, il fallait être très prudent. Mikhaël se trouvait lui-même dans une situation très précaire, car on renvoyait dans leur pays la plupart des étrangers. Sous peine d'être expulsé, il devait continuer à faire très régulièrement les démarches requises pour le renouvellement de ses papiers.

En 1942, les contraintes de l'Occupation se firent de plus en plus pénibles et les règlements imposés aux citoyens français implacables. Il devenait dangereux de se réunir, même par petits groupes. Les difficultés du ravitaillement ne cessaient de s'accroître, on manquait de tout et les repas étaient réduits à l'essentiel.

D'un commun accord, les membres de la fraternité décidèrent de louer une maison où ils pourraient être chez eux et tenir leurs réunions sans attirer l'attention. Ils trouvèrent à Sèvres une villa répondant à leurs besoins, dans laquelle plusieurs personnes s'installèrent avec Frère Mikhaël.

L'ancien grenier, pourvu de grandes fenêtres, fut aménagé en salle de conférences. On pouvait aussi y méditer au lever du soleil en toute tranquillité. Pour sa part, Mikhaël choisit une petite chambre qu'il aménagea avec soin et, comme il l'avait fait toute sa vie, il continua à s'occuper de tout ce qui concernait sa vie personnelle.

Il n'admettait pas, écrivit Stella, qu'on lui rendît le moindre de ces services dont la vie en commun aurait permis de le soulager. C'était lui qui s'occupait de mettre sa chambre en ordre, de faire son lit, de balayer. Il se chargeait également de son linge dont il prenait le plus grand soin.[65]

Ses visiteurs étaient souvent saisis d'étonnement en entrant dans la pièce où il les recevait : au lieu d'une cellule ascétique, ils découvraient un espace lumineux décoré de belles couleurs et de cristaux qui captaient les rayons du soleil.

Et lui, les voyant arriver fatigués après avoir traversé les foules du métro, leur disait de s'asseoir et de se reposer un moment en silence. D'abord un peu mal à l'aise à l'idée de prendre quelques minutes de repos en présence de leur hôte, ils lui étaient ensuite reconnaissants de cette hospitalité exquise qui tenait compte avant tout de leurs besoins profonds.

L'un des adhérents écrivit à cette époque que l'attention que Frère Mikhaël prodiguait à chacun, sa franchise accompagnée d'une grande délicatesse, tout cela créait un contact spirituel authentique :

En quelques minutes j'étais pesé, éclairé, encouragé et tonifié jusqu'au fond de moi-même. J'étais pour lui à la fois évident et transparent... et en me faisant, avec le tact le plus délicat, le

---

65 Svezda, op. cit., p. 55.

portrait de moi-même, il me donnait exactement la nourriture et les remèdes qui me convenaient.[66]

À partir de cette année-là, Mikhaël donna presque tous les jours, après le lever du soleil, une petite causerie aux résidants de la villa, en plus des conférences hebdomadaires qui avaient lieu le soir. Dans ces conférences, il abordait fréquemment un sujet qui lui était cher, celui de la fraternité. Il brossait de merveilleux tableaux qui avaient pour thème une vie de partage dans laquelle tous pourraient s'ouvrir à l'amour.

À ses yeux, un centre fraternel devait être un véritable « foyer de lumière ». Lorsqu'il parlait d'une fraternité, il ne faisait pas d'abord référence à un groupe de personnes qui se rassemblent à un certain endroit sur la terre, mais plutôt à la grande famille des êtres qui cherchent la lumière, qui se réclament d'une philosophie d'amour et de justice et qui appartiennent, consciemment ou non, à une fraternité universelle. Dans l'avenir, il fera souvent mention de cette grande Fraternité située dans les plans supérieurs, la fraternité de la lumière blanche qui contient tout :

La grande Fraternité blanche est une puissance qui s'étend sur tout le système planétaire et au-delà. Il ne faut pas la juger d'après celle qui est ici sur la terre, une poignée d'hommes et de femmes qui ne sont pas toujours sages ni éclairés.

La véritable Fraternité blanche universelle, qui est en haut, comprend tous les êtres les plus évolués ; ici, nous ne sommes qu'une « succursale » si vous voulez, qui bénéficie de leur lumière et de leur soutien afin d'exécuter leurs projets. Mais de plus en

---

66 A. Laumonier, préface, dans : Michaël Ivanoff, « *Les sept lacs de Rila* », Éditions Izgrev, 1946.

plus la fraternité qui est en bas doit devenir le reflet fidèle de celle qui est en haut.[67]

Le nom de sa propre famille spirituelle, la Fraternité blanche universelle, était à ses yeux un nom merveilleux parce qu'il décrivait une réalité d'en haut que les humains pouvaient concrétiser sur la terre. Cette appellation, ne faisant en aucune façon référence aux races humaines, l'inspirait parce qu'elle parlait des énergies de la lumière blanche qui illumine toute la Création.

Son tempérament enthousiaste le portait à entreprendre de nombreux projets qui ne se réalisaient pas tous nécessairement, mais il était un grand semeur d'idées, de désirs à la fois impossibles et vivifiants. Dès la deuxième année de son séjour en France, il avait confié à ses auditeurs un rêve, qu'il entrevoyait pour un avenir peut-être lointain : celui d'un grand parc où l'on construirait des maisonnettes individuelles pour tous ceux qui aspireraient à vivre ensemble dans un esprit fraternel.

Sa conception d'une vraie fraternité était très respectueuse de l'être humain. Il ne conseillait à personne de cohabiter de façon permanente dans une même résidence ; ce qu'il imaginait était en quelque sorte un village où chacun disposerait de son propre logement, une collectivité idéale où tous pourraient jouir de la beauté, des arts, de la musique, de la science.

Il y aurait un emplacement pour la paneurythmie, une bibliothèque, une école de pédagogie, des ateliers de peinture et d'artisanat ; on organiserait des concerts, des danses, des projections de films. Une université serait fondée, où l'on ferait des études astrologiques comparées sur les différents aspects de la vie des humains, les talents précoces, la santé, les guérisons, la chimie, les cristaux et leur influence, les plantes et les signatures célestes qu'elles portent, la naissance des enfants. La galvanoplastie spirituelle, au moyen de laquelle la mère peut former son enfant, y serait un thème important.

Il parlait parfois d'un plan de village constitué initialement par un petit cercle de maisons auquel s'ajouteraient d'autres cercles concentriques. Ceux-ci seraient traversés par des rues

---

67 *La pédagogie initiatique*, *III*, « Participer au travail de la Fraternité Blanche Universelle ».

formant des rayons entre les cercles. De la rue aux maisons, des petits chemins bordés d'arbres protégeraient l'intimité de chacun.

C'était avec un enthousiasme communicatif qu'il évoquait la beauté d'une grande famille spirituelle où tous se retrouveraient ensemble à certains moments de la journée, mais au sein de laquelle chaque personne serait libre de vaquer à ses propres occupations, tout comme elle jouirait du choix de rester ou de s'en aller. Jamais il ne demandera aux adhérents de tout mettre en commun, jamais il n'essaiera de contrôler leur vie privée. Par ailleurs, il expliquait que dans la famille idéale, « nul n'a à dicter des lois ou de règlements parce que l'amour règne et harmonise la vie ».

Au fil des ans, il affirmera souvent sa foi dans la venue sur la terre du Royaume de Dieu qui se manifesterait par l'amour, la joie, les chants et le respect mutuel :

« Dans un monde où tous s'aimeront, les humains n'auront plus besoin de se jeter les uns sur les autres pour assouvir leurs désirs. »

Pendant la guerre, il lui arriva une petite aventure qui l'inspira énormément parce qu'elle lui fit penser à un monde réellement fraternel. Un soir qu'il rentrait tard à la maison, il manqua le dernier train. Les guichets de la gare se trouvaient fermés et les fenêtres des maisons protégées par des volets hermétiquement clos. Le froid commençant à se faire sentir, il se mit à marcher dans les rues en se demandant ce qu'il allait faire. Enfin, il s'assit sur un banc et fit mentalement une prière.

Quelques minutes plus tard, il entendit les pas cadencés d'une patrouille allemande. Afin de ne pas être arrêté pour avoir transgressé les règles du couvre-feu, il s'avança rapidement dans la direction des pas et expliqua sa situation. À sa grande surprise, on le conduisit très courtoisement dans un château rempli d'officiers où on lui offrit un lit pour la nuit.

Il ne put dormir, ayant du mal à croire à cette aventure étrange qui l'avait amené à être logé par l'ennemi. Le lendemain, quelqu'un le mena à la salle à manger pour le petit déjeuner. Personne ne lui demanda ce qu'il faisait là, et, quand il fut prêt à partir, l'un des officiers le raccompagna à la gare.

Regardez, dit-il un jour en racontant cette anecdote, si le monde entier vivait dans la fraternité et l'amour tous pourraient voyager dans tous les pays et ils seraient reçus à bras ouverts comme dans une famille.[68]

En ces temps de guerre, il disait : « La paix, c'est la fraternité partout. La paix ne naîtra jamais de la violence. » Dans sa pensée, l'Ère du Verseau est appelée à faire fleurir des fraternités sur la terre, car le Verseau est synonyme d'universalité. Et, pour s'adapter aux vibrations élevées de ce dernier, il faut affiner ses antennes, devenir plus spirituel et avoir dans son cœur de l'amour pour les autres. Il faut être vraiment fraternel.

Fréquemment, il parlait des hauts sommets, des richesses qui s'y trouvent, des esprits purs et lumineux qui y vivent et avec lesquels on peut communiquer. Dans son désir de faire goûter aux membres de la fraternité française les joies qu'il avait lui-même connues à Rila, il projetait de se rendre en montagne afin d'y passer plusieurs mois avec eux.

Il souhaitait aussi établir un centre de vie fraternelle dans la région parisienne. Toutefois, il constatait que la plupart des gens n'étaient pas encore disposés à vivre dans un esprit de partage. Même ceux qui habitaient ensemble dans la villa avaient du mal à vivre sans se heurter, malgré leur idéal de fraternité et leur volonté de concrétiser les projets dont Frère Mikhaël les entretenait.

Un jour d'avril 1942, il leur dit avec la plus grande franchise qu'à son avis, ils n'étaient pas prêts à les réaliser.

En Occident, de nombreuses communautés ont été créées qui n'ont pas bien marché parce qu'elles étaient basées sur le commerce, le profit, l'intérêt, et non sur l'amour et la sagesse. On n'y pratiquait pas l'humilité.

Ce ne sera que cinq ans plus tard que les membres de la fraternité pourront enfin concrétiser leur rêve, car l'enthousiasme de Mikhaël pour la vie fraternelle était accompagné d'un grand réalisme : il fallait s'y préparer longuement. Entretemps, dans

---

68 *Le Verseau et l'avènement de l'Âge d'Or II*, « L'idée de la Pan-Terre II », Prosveta.

cette première villa qu'ils loueront jusqu'en 1947, les résidants, outre leur participation aux activités de la fraternité, prenaient régulièrement leurs repas en commun.

Depuis sa jeunesse, Mikhaël poursuivait toujours sa pratique du yoga de la nutrition, qu'il appelait *Hrani yoga* d'après un mot bulgare signifiant « se nourrir ». La nourriture représentait pour lui *une lettre d'amour* du Seigneur, capable de conserver la vie et de renouveler les énergies. Il précisait que les aliments possèdent, en plus de leurs propriétés physiques, de très importantes qualités éthériques, et qu'il faut mettre beaucoup d'attention à les absorber parce que la bouche équivaut à un « laboratoire » capable de capter les éléments les plus subtils. Affirmant que le bruit, les discussions ou les disputes étaient nuisibles à la santé, il invitait chacun à manger en silence dans le but de faire un travail conscient durant le repas.

Ce qu'il proposait était un exercice régulier, un yoga : « S'appliquer à ne faire aucun bruit pendant les repas est la meilleure discipline qui soit pour acquérir un véritable empire sur soi-même. » Il demandait même aux convives d'éviter de faire tinter les assiettes et les couverts, pour la simple raison que la maîtrise des petites choses peut amener au contrôle des grandes, tout en introduisant l'harmonie en soi.

Tout cela était si inhabituel qu'il avait bien du mal à se faire comprendre. Contraint d'insister pour obtenir de l'attention et du respect, il leur répétait que le vrai silence élève et nourrit. « Il faut, disait-il, rester dans le silence sans bouger, sans froisser du papier... » Dans sa pensée, *le silence est harmonie*, et ce n'est que lorsqu'on a réussi à établir en soi-même le vrai silence que l'on peut *entendre* la musique.

Tout au long de sa vie, il mettra l'accent sur l'importance des vibrations de la musique et de ses influences subtiles ; il affirmera que ce n'est pas tant la compréhension intellectuelle qui compte, mais ce que l'on ressent en écoutant les sons. « Est-ce qu'on comprend le chant des oiseaux, des cascades ou du vent dans les branches ? Non, mais on est saisi, captivé, émerveillé. »

La musique accompagnait toutes les activités de la fraternité, et les chants composés par Peter Deunov étaient à l'honneur. Mikhaël tenait aux quatre voix à cause de l'équilibre que la chorale mixte apporte naturellement, mais aussi et surtout parce que dans la nature tout chante avec une voix déterminée et que les quatre voix représentent les quatre éléments. Il précisait que la musique est étroitement liée à la lumière et aux pures couleurs du prisme ; que chaque note possède sa couleur et son symbolisme ; et que la lumière est un fleuve d'énergie dans lequel vivent les archanges. L'une des musiciennes de l'époque en a témoigné :

> *On ne pouvait se trouver auprès de lui sans être appelé à se dépasser, à donner ce qu'on avait de meilleur. Tout ce qui avait été ordinaire et routinier auparavant devenait un défi, une occasion de réflexion et de transformation de soi. À son école, les musiciens professionnels étaient appelés à mettre de côté tout leur savoir, toutes les conventions apprises. S'ils arrivaient à se laisser guider par lui, ils s'apercevaient au bout d'un certain temps qu'ils avaient accès à des niveaux de perception insoupçonnés.*

Les personnes les plus sensibles ont dit avoir senti les présences angéliques qu'il attirait dans la salle par son travail spirituel : elles percevaient des couleurs, des parfums, de la musique. À ces moments-là, il y avait dans tout le groupe une joie profonde, une détente bienfaisante et une meilleure conscience de la réalité de leur famille spirituelle.

Pendant toute la période de la guerre, Mikhaël ne parla pas davantage de politique qu'à l'habitude. Son rôle était tout autre. Il parlait de la pureté nécessaire à la réalisation des grandes choses, du soleil et des effets de son rayonnement, du cœur qui est capable de voir, de la musique ou de la naissance de l'être nouveau. En ces temps d'atrocités, il invoquait l'amour qui, seul, peut régler les conflits, il expliquait comment travailler sur sa propre nature afin de contribuer à la transformation du monde.

Selon lui, si la guerre ravageait l'Europe, c'était parce qu'elle se trouvait déjà dans la tête de chaque homme, de chaque femme ; les hommes s'entretuaient parce qu'ils ne se considéraient pas comme des frères appartenant à la même famille divine.

Il faisait référence à la prière, par laquelle on peut se joindre au grand courant qui monte de tous les croyants vers Dieu. La prière était pour lui quelque chose de vivant qui n'avait rien à voir avec la routine.

« *La forme la plus élevée de la prière, c'est la contemplation
comprise dans le sens d'une grande paix dans laquelle
on se trouve, et d'où l'on contemple la beauté, la perfection,
la sagesse de Dieu, Sa bonté et Sa lumière.* »

Une prière récitée, toujours la même, endort et reste sans effet. Bien sûr, une formule peut aider celui qui ne sait pas du tout prier, mais je préfère une prière spontanée, qui jaillit au moment où l'on prie. Quand vous sollicitez quelque chose d'un ami, vous vous exprimez avec naturel, simplement, sans artifice. Priez de même. [...] Imaginez une lumière éblouissante dans laquelle tout frémit et vibre. Les soleils, les anges, les archanges, tout est noyé dans cette lumière la plus douce, la plus subtile. C'est elle, cette lumière, qui est de Dieu l'image sans forme.[69]

Conscient de la peur qui envahissait la plupart des membres de la fraternité au moment des bombardements, il leur donnait des méthodes pratiques pour apprendre à se maîtriser. À plusieurs reprises, il leur parla du sens initiatique de la peur, qui est la plus grande ennemie des êtres humains. Quand l'une de ses auditrices lui avoua la terreur qui la paralysait durant les bombardements, il lui conseilla de faire un effort à ces moments-là pour contrôler ses gestes instinctifs :

« Respirez profondément, liez-vous à Dieu, et ainsi vous pourrez dominer vos cellules. » Le silence et l'immobilité, à certains instants difficiles, avaient toujours représenté pour lui des instruments susceptibles de développer la maîtrise de soi.

Vers la fin de la guerre, il confiera aux résidents de la villa qu'il lui était maintes fois arrivé, en sortant de la gare, de se trouver pris sous le tir de la D.C.A., mais qu'en chaque occasion, il était rentré calmement à la maison. Néanmoins, un jour que les canons tonnaient plus fort, il s'était mis à courir pour éviter les éclats d'obus qui tombaient tout autour de lui. Plus il courait, plus il sentait une peur instinctive grandir en lui.

Mécontent, il s'était arrêté. Mais en dépit d'un énorme effort pour se calmer, il n'y était parvenu qu'avec difficulté :

Cette expérience m'a révélé ce que je vous explique aujourd'hui : en courant, j'ai déclenché la peur, engourdie dans chaque être. Ne croyez pas que les gens dits courageux ne connaissent pas la peur. Tout être qui évolue doit rencontrer la peur, cet « esprit » qu'il doit vaincre. Il faut donc augmenter l'amour envers Dieu, travailler à l'aide de la volonté, de la pureté et de la

69 Conférence du 7 juin 1942.

justice, et la peur disparaîtra. La première chose à faire est d'établir cette liaison avec Dieu. C'est comme si on prenait un calmant. La lumière augmente, la domination de soi-même également, et la clarté se fait merveilleusement en nous.[70]

Entretemps, il n'hésitait pas à dire aux adolescents, autant qu'aux adultes, de faire face à la peur. Une nuit, réveillé par le téléphone vers trois heures, il entendit la voix d'une personne qu'il connaissait bien et qui hébergeait parfois des gens recherchés par la police ennemie. Elle lui dit tout bas :

– Frère Mikhaël, des agents de la Gestapo sont venus cogner à ma porte... Ils ont braqué sur moi une grosse lampe en me sommant de leur livrer un jeune garçon juif dont toute la famille a été arrêtée, et que je cache chez moi. J'ai réussi à les faire attendre dehors et j'ai dit au garçon de ne pas essayer de s'enfuir. Je lui ai promis que vous le sortiriez de là. Pouvez-vous faire quelque chose ?

Mikhaël décida de faire appel à la collaboration du jeune garçon. Il lui fit seulement transmettre le message suivant : « Ne te cache pas des agents, sois calme et poli avec eux et rien ne t'arrivera. » À la stupéfaction de tous, l'adolescent, qui eut le courage d'obéir à ce conseil terrifiant, ne fut pas arrêté. Après l'avoir interrogé, les agents lui dirent de retourner au lit. Selon les témoins, ceux-ci semblaient avoir subitement oublié ce qu'ils devaient accomplir ; ou peut-être l'attitude ouverte du garçon les avait-elle rassurés. Quant à Mikhaël, il ne donna aucune explication.

Si ses méthodes étonnaient, c'était parce qu'on ignorait qu'il tenait compte de certains éléments invisibles à tous. Sans se soucier des risques encourus, ne ménageant ni son temps ni ses forces, il continua d'apporter une aide spirituelle à tous ceux qui le sollicitaient et qui étaient bien souvent dans une situation périlleuse.

De temps à autre, il passait une ou deux semaines dans un domaine agricole où il était fréquemment invité. Loin de Paris, il pouvait s'isoler et méditer, se refaire des forces.

---

70 Conférence du 19 avril 1944.

Son hôtesse, responsable d'une grande maisonnée, cuisinait elle-même les repas pour les quarante travailleurs qu'elle employait. Les conditions étaient extrêmement difficiles, l'argent manquait et les problèmes étaient incessants. Voyant qu'elle s'épuisait, Mikhaël lui dit :

– Vous brûlez la chandelle par les deux bouts. Il faut vous reposer. Voici ce que je vous suggère : préparez les repas et arrêtez-vous quinze minutes avant que les travailleurs n'arrivent. Allez vos reposer, puis revenez les servir.

– Comment pourrais-je faire cela ? C'est impossible !

Le lendemain, il se rendit à la cuisine quinze minutes avant le repas et dit :

– C'est l'heure ! Vous devriez aller vous étendre.

– Mais je ne suis pas prête !

– Si vous ne le faites pas, vous aurez une mauvaise vieillesse.

Mais il n'insista pas. Et elle, ne sachant trop comment faire pour se reposer, lui en reparlait, se justifiait en se reprochant son indécision. Il l'écoutait en souriant, et ce fut elle-même qui finit par trouver un rythme qui lui permettait de faire son travail sans s'exténuer.

« Frère Mikhaël, dit-elle un jour à Stella, m'a appris le respect de moi-même. »

À cette époque, lors d'une causerie, il dit :

Il faut se connaître, et ne pas déranger par la violence les systèmes de l'organisme. On peut éviter de grands dégâts en se soumettant aux rythmes de la nature. Autrefois je l'ignorais et je dépensais des forces inouïes à marcher contre le courant de la vie. Non. Il faut savoir attendre. Il arrive des moments où le flux de la mer emporte tout. On peut reculer pour attendre que la mer redescende et nous permette de nous remettre en marche sans danger. On veut lutter contre l'océan, lui faire la leçon, on veut être le plus fort. C'est impossible. Moi-même, je subis nettement les alternances. Dans les derniers jours de la lune décroissante, je suis dédoublé de façon presque permanente. Je ne me sens plus sur la terre et je reste loin de tous. Mon corps physique est couché, endormi, mais dans l'invisible je me promène et j'agis. Mes amis disent que durant cette période, ils me sentent auprès d'eux. Lorsque vous traversez de telles périodes, reposez-vous afin que vos cellules se purifient et ressuscitent.[71]

La France traversait alors les derniers mois de guerre sur son territoire. À l'été 1944, Paris avait été miné, les souterrains du métro remplis d'explosifs. On savait qu'une grande partie de la ville pouvait être détruite à tout instant, car le commandant ennemi en avait reçu l'ordre de Hitler. Des fusillades éclataient dans les rues, des coups de feu partaient des toits, et les rares piétons couraient à leurs affaires sans s'attarder.

Au mois d'août, peu avant la libération de la ville, Frère Mikhaël quitta Sèvres pour aller passer quelques jours en plein cœur de Paris, dans le chaos des derniers jours. À un certain moment, il se trouva au beau milieu d'une fusillade sur la rue Lafayette, qui avait été fermée au moyen de barricades immédiatement après son passage. Plusieurs personnes tombèrent devant lui, fauchées par les balles, tandis que des éclats de pierraille venaient le frapper. En dépit du danger, il continua le travail spécial qu'il était venu faire et sur lequel il ne donna aucune explication.

---

71 Conférence du 7 juin 1942.

À Sèvres, les résidants de la villa s'interrogeaient sur son étrange comportement, tout en sachant d'expérience qu'il n'entreprenait jamais rien d'important sans en avoir « reçu l'ordre d'en haut » ; on savait aussi qu'il avait l'habitude de rassembler par la pensée, afin d'en faire une puissance spirituelle agissante, les prières des milliers de personnes qui se liaient aux forces de la lumière.

Quelques jours plus tard, au moment de la libération de Paris, on comprit qu'il avait voulu se trouver au cœur de la capitale pour accomplir son travail spirituel, et que ce travail, allié à celui de tous les croyants, avait certainement contribué au déroulement positif des évènements.

Son désir de faire descendre le Royaume de Dieu sur la terre l'amenait à œuvrer sans cesse avec la lumière, à « agir comme un prisme qui capte les rayons du soleil pour en faire jaillir des couleurs vivifiantes ». Bien souvent, au fil des ans, il fera de ces actes qui paraîtront mystérieux à son entourage, mais qui seront pour lui tout à fait naturels.

La guerre terminée, les activités reprirent peu à peu leur rythme normal dans tout le pays. Au sein de la fraternité, on respira enfin librement.

À la fin de l'année 1945, la fraternité française reçut la nouvelle officielle du décès de Peter Deunov, qui datait du 27 décembre de l'année précédente. Personne ne l'avait su à cause des conditions politiques extrêmement difficiles qui avaient empêché le courrier de circuler entre certains pays vers la fin de la guerre. Mikhaël se souvint alors de ses rêves prémonitoires du mois de décembre 1944, auxquels il n'avait pas voulu croire. Peut-être n'avait-il pas reconnu les messages parce que cet être-là lui était trop cher... Il avait continué à faire des projets pour l'attirer en France.

Cette séparation lui causa une grande peine. De plus, elle marqua le début du temps des épreuves.

« *L'amour est une émanation, un fleuve*
qui descend de très haut pour arroser et alimenter
les hommes, les animaux, les plantes.
Le plus grand secret, c'est ceci justement :
l'amour est la loi même de la vie. »

En 1918, quand Peter Deunov avait annoncé à Mikhaël que toute la Loge Noire lui barrerait le chemin « dans la vingt-sixième année » pour l'empêcher de passer, il ne s'était pas trompé. Ce fut vers la fin de la guerre que des forces obscures commencèrent à se liguer contre Mikhaël pour essayer de le détruire lui-même et d'anéantir son œuvre en France.

Il le savait déjà en juin 1944 : il avait alors demandé aux membres de la fraternité de s'exercer à voir ce qui se passait autour d'eux et à reconnaître les procédés de ceux qui utilisaient les forces des ténèbres. Il les avait également incités à s'unir constamment aux êtres qui se servent des forces blanches et de la puissance de la lumière.

À partir de 1945, et ce, jusqu'en 1948, ce fut une période d'attaques, de tentations et de tribulations - de ces épreuves qui peuvent faire tomber même les grands Maîtres, les saints et les prophètes.

L'une des premières attaques se produisit dans son pays natal après le décès de Peter Deunov. Afin de neutraliser l'influence que Mikhaël pouvait encore y avoir, certains adhérents de la fraternité qui lui gardaient rancune organisèrent des réunions publiques dans plusieurs villes et villages dans le but de le discréditer. Même le secrétaire de Peter Deunov, malade et affaibli, fut intimidé par cette campagne de dénigrement. Il nia avoir écrit des lettres, sous la dictée du Maître, concernant la mission de Frère Mikhaël. Un peu plus tard, toutefois, il se repentit de l'injustice qu'il lui avait faite. Il avoua qu'il avait menti.

En dépit de toutes ces calomnies, personne ne pouvait effacer l'impression profonde et durable que Mikhaël avait laissée en Bulgarie sur ses amis, sur les membres de la fraternité, sur ses élèves et sur leurs parents. Au cours des années 1945 et 1946, il reçut de nombreux messages de compatriotes qui lui réitéraient toute leur estime. L'une de ces lettres l'émut profondément, car elle provenait de son ami Alexandre, dont il n'avait pas eu de nouvelles depuis longtemps. Alexandre lui écrivait qu'après avoir été arrêté par la Gestapo, il avait passé quelques mois en prison, et que durant ce laps de temps, il avait subi une transformation :

> *Dans cette solitude, entre quatre murs, je suis né une seconde fois... J'ai davantage grandi spirituellement que pendant tout le reste de ma vie. Tes paroles ont été la cause première nécessaire à l'accomplissement, en un temps si court, de cette grande et définitive métamorphose. Tes anciennes paroles étaient restées dans ma conscience à l'état de fantômes et, durant mon emprisonnement, ces ombres se sont spiritualisées, elles ont ressuscité sous forme de figures vivantes qui sont devenues ma destinée et mon avenir. Mon très, très cher Frère Mikhaël, n'aurais-tu dans ta vie et à ton actif que cette unique transformation, ce serait déjà suffisant.*

Toutefois, les lettres qui le touchèrent le plus furent les messages de quelques personnes qui avaient passé un moment avec Peter Deunov peu avant sa mort. Celui-ci leur avait parlé de la grande Fraternité blanche d'en haut qu'il fallait concrétiser en bas, puis il avait ajouté : « C'est Mikhaël qui la réalisera sur la terre. » Il avait également indiqué : « Mikhaël aura de grands malheurs, mais *ensuite il ira plus loin que moi.* »

Dans la fraternité française, Mikhaël n'était pas épargné non plus : un petit nombre de ceux qui avaient fait un séjour à Rila avec la fraternité bulgare en 1939 lui reprochaient de communiquer à ses auditeurs ses propres lumières sur l'enseignement de Peter Deunov. Ils ne savaient pas – ou ne voulaient pas savoir – que Peter Deunov lui-même avait approuvé par lettre ses façons de faire en France.

Les attaques les plus perfides qu'il eut à subir à cette époque lui vinrent de quelques sociétés secrètes de Paris, lesquelles tentèrent de l'acheter dans le but de l'avoir sous leur coupe avec sa fraternité. Sa stature et son rayonnement étaient tels, sa fraternité avait pris des proportions si prometteuses, que plusieurs de ces associations d'orientation occulte voulurent augmenter leur puissance en se servant de lui. La tactique de leurs chefs fut habile : ils l'encensèrent publiquement en proclamant qu'il était l'être le plus capable de prendre de grandes responsabilités

pour le monde, ils lui offrirent richesse et gloire s'il acceptait de fu-
sionner sa fraternité avec leurs propres sociétés.

Mikhaël refusa tout cela.

À propos de l'une de ces sociétés,
il dira ultérieurement qu'elle possédait encore certains aspects des Initiations d'Égypte, mais qu'elle cherchait surtout la domination. Invité à
en faire partie, il eut le grand malheur
de décliner l'offre, et son intégrité lui
vaudra bientôt de terribles représailles.

Ces puissants adversaires ne constituaient pas le seul danger. Il y avait
aussi autour de lui des gens qui ne pouvaient le percevoir qu'à
travers leurs propres limitations et qui lui proposaient des cadeaux ou de l'argent en lui demandant de faire de la magie pour
leurs fins personnelles. Par exemple, des femmes amoureuses lui
causèrent des difficultés croissantes. L'une d'elles, qui ne
s'attendait pas à une fin de non-recevoir, lui annonça tout simplement qu'elle allait l'épouser. Devant son insuccès, elle devint
l'une de ses ennemies les plus acharnées, faisant même des démarches auprès de la police pour l'empêcher d'obtenir la carte
d'identité qu'il était sur le point de recevoir. De son côté, une
autre femme lui offrit son château et son immense fortune s'il
consentait au mariage.

Il repoussa toutes ces propositions comme on éloigne des
chimères, sachant pertinemment qu'il paierait de sa liberté tous
les avantages que lui procurerait une association avec les riches
de ce monde. Cependant, une bonne partie de ces femmes, suite
à l'échec qu'elles avaient essuyé, lui gardèrent une rancune te-
nace. Certaines joueront d'ailleurs un rôle crucial dans l'épreuve
qui se préparait pour lui. Et, comme si tout cela n'était pas suffi-
sant, il continuait à subir les tracasseries des inspecteurs de police qui lui posaient d'interminables questions sur les raisons de
son séjour en France. En fait, les fonctionnaires des services de
gendarmerie de son quartier, obligés d'exiger de lui, depuis neuf

ans, des démarches constantes pour le renouvellement de ses papiers, savaient quel genre de travail il faisait. Ils le respectaient. Les services de contre-espionnage s'intéressèrent aussi à lui : il était bulgare, et son pays était devenu communiste cette année-là.

La plupart des Bulgares avaient été expulsés de France après la guerre, mais Mikhaël, qui avait déjà pris la précaution de déclarer qu'il ne désirait pas rentrer en Bulgarie, avait reçu le statut de réfugié apatride. Dès lors, on ne pouvait plus le déporter. Malheureusement, depuis l'alliance du roi Boris de Bulgarie avec Hitler, les ressortissants de ce pays étaient fort mal vus en France : on les soupçonnait trop facilement de faire de l'espionnage.

En 1946, plusieurs agents secrets s'introduisirent dans la fraternité française afin de surveiller son fondateur, mais après un certain temps, convaincus de son innocence, ils cessèrent d'assister aux réunions. À partir de cette année-là, il y eut dans la fraternité un afflux de nouveaux membres issus des sociétés secrètes auxquelles Frère Mikhaël avait résisté ; ces gens avaient pour mission de s'introduire dans sa famille spirituelle afin de la noyauter et de la corrompre de l'intérieur. Ils essayèrent de trouver dans son comportement envers les femmes quelque chose qui pourrait servir à le détruire. Efforts inutiles, car son attitude, sans ambiguïté ni préférences, ne variait pas. Faute de mieux, les délateurs firent courir des insinuations de plus en plus subtiles et corrosives sur son intégrité morale.

Dans la fraternité, tous ces courants d'influences variés se conjuguaient pour créer un climat trouble au sein duquel il était très difficile de voir clair. Mikhaël savait qu'il ne pouvait éviter les grandes épreuves annoncées. Il se souvenait bien de la phrase prononcée par Peter Deunov quelque temps avant sa mort : « *Mikhaël aura de grands malheurs, en particulier par les femmes.* » Les jalousies, les murmures et les manœuvres malhonnêtes ne lui échappaient pas. Toutefois, sans se laisser distraire de son objectif, il continuait d'accueillir tous ceux qui se présentaient à lui, tâchant de les éclairer « dans l'espoir de laisser en eux des traces de beauté et d'harmonie ».

Tout au long de cette période d'épreuve, il fit son travail de pédagogue sans exclure personne et sans se soucier des répercussions possibles. Cependant, même s'il « avait envie de convier le monde entier à venir manger à la table de la fraternité », il demandait depuis un bon moment déjà aux membres réguliers de ne pas amener aux conférences des individus qui ne possédaient aucune notion de spiritualité et qui ne cherchaient que des miracles ou des solutions faciles à tous leurs problèmes. L'un des adhérents de l'époque nous a dit :

> Il était tout à fait conscient des intentions de certaines personnes qui assistaient aux réunions, mais il restait extrêmement disponible, il veillait aux besoins de chacun avec une délicatesse touchante. En cette période difficile, il semblait imprégné de lumière et d'inspiration comme jamais encore.

Dans l'espoir d'enflammer tous ses auditeurs sans tenir compte de leur motivation, il leur parlait des énergies solaires, du feu sacré, de la musique qui a le pouvoir de développer les chakras ou de la vraie fraternité universelle.

Au mois d'avril 1946, étant donné que l'ambiance générale ne s'améliorait pas, il prit une grave décision. S'adressant à tous avec une grande tristesse, il leur rappela qu'il n'avait tenté de leur servir d'instructeur que pour répondre à leurs pressantes sollicitations, et uniquement pour leur être utile.

> Mon impuissance à obtenir de vous la mise en pratique des idées de l'enseignement me prouve que j'ai été très présomptueux de m'atteler à cette tâche. Je renonce désormais à jouer pour vous le rôle de guide.[72]

Il se tut. Les membres de la fraternité étaient atterrés. Ils avaient réalisé depuis longtemps que Frère Mikhaël était un guide spirituel exceptionnel. Ils ne voulaient pas le perdre. Rapidement, un mouvement se produisit dans la salle. Les uns après les autres, ils se levèrent pour l'assurer de leur désir de vivre dans l'harmonie. Plusieurs lui demandèrent explicitement et officiellement d'être leur Maître spirituel. Même ceux et celles qui furent plus tard des délateurs et de faux témoins firent en sorte de ne pas se distinguer de l'ensemble. Stella, qui les connaissait comme des ennemis, les entendit affirmer avec

72 Cité par Svezda, op. cit. p. 107.

force : « Frère Mikhaël, vous êtes un Maître ! Nous vous resterons fidèles envers et contre tout ! »

À cet instant précis, il y avait dans l'assistance une grande conscience de la gravité et des exigences d'un engagement spirituel, mais lui, tout en se sentant profondément touché, ne voulut pas profiter de ce moment d'émotion générale. Il souhaitait bien continuer à être un instructeur pour les membres de la fraternité, mais « il tenait à demeurer leur Frère Mikhaël ».

En dépit de cela, à partir de cette date, ceux qu'il appelait toujours ses frères et sœurs le considérèrent comme un Maître. Ainsi que l'a exprimé un Français présent à cette réunion :

Tout ce que nous observions chez lui, sa pureté, sa force dans les épreuves, la clarté avec laquelle il transmettait l'enseignement de Peter Deunov, tout cela ne pouvait que nous confirmer ce que nous avions senti dès notre première rencontre avec lui.

Quant à Stella, elle le défendra indéfectiblement et lui restera fidèle. Elle écrira un jour qu'il avait stimulé en elle « un prodigieux élargissement de conscience et qu'il l'avait conseillée comme un voyant conseille un aveugle, afin de l'aider à réveiller son sens supérieur de la vue. »

Cette étape marqua profondément toute la fraternité. Quelque chose de très fort avait pris naissance autour d'elle, une puissance, une entité collective qui la protégeait, mais qu'il fallait nourrir et fortifier.

Mikhaël n'avait pas changé d'attitude. Gardant son calme à travers les remous qui le bousculaient sans arrêt, il continuait à parler avec une grande simplicité. Malgré la peine qui se devine à travers certaines de ses réflexions de l'époque, il présentait à tous un visage serein. Le 25 avril, il leur dit :

Ne vous occupez pas de savoir si je suis un Initié, mais tâchez de vérifier ce que je vous donne. Avant de les manger, vérifiez si ces aliments sont purs, frais, véridiques.

Pendant les semaines qui suivirent, plusieurs personnes lui adressèrent des lettres remplies d'admiration et de respect. Mais lui, qui ne cessait jamais de regarder vers le haut afin de ne pas perdre la notion de sa petitesse et pour éviter de succomber à l'orgueil, leur dit qu'il ne voulait pas être ainsi glorifié : « Je suis content d'être un petit serviteur. » Il ajouta : « Tournez-vous vers l'Enseignement qui, lui, possède toutes les qualités. »

✩✩✩

L'année 1947, la dixième depuis l'arrivée de Mikhaël en France, allait être l'une des plus difficiles dans l'histoire de la fraternité.

Elle contiendra à la fois la réalisation d'un rêve de vie fraternelle et la tornade qui entraînera Mikhaël vers l'une des pires épreuves de sa vie. Dès le début de janvier, il sentit que l'orage approchait. Il n'essaya pas de l'empêcher d'éclater. Dans son message à sa fraternité pour le Nouvel An, il écrivit :

> L'année 1947 se dresse devant nous, mystérieuse, profonde et impénétrable comme le sphinx de l'ancienne Égypte qui demandait à être vaincu par les réponses des disciples sages et éclairés pour ouvrir ses trésors et donner toutes ses bénédictions...

À partir des tout premiers mois, deux forces contraires se manifestèrent de façon étrange envers lui : la première le glorifiait de manière extravagante, tandis que la seconde tentait de le salir. Tout d'abord, un cinéaste et son équipe obtinrent la permission de faire un documentaire sur la fraternité et de filmer ses activités quotidiennes dans la villa. Le tournage se déroula très amicalement. Quelque temps après, Mikhaël apprit que le court métrage était présenté dans les cinémas à la suite des informations.

Accompagné de quelques personnes, il alla discrètement le voir. La photographie était superbe, le montage subtil, et le film se terminait par une image puissante : on voyait Frère Mikhaël se lever comme une figure immense au-dessus de la terre, montant en même temps que le soleil. Paradoxalement, juste avant d'être rabaissé et humilié publiquement, il se trouvait glorifié d'une façon extraordinaire.

Après la diffusion de ce film, il fut invité à donner une causerie à la radio sur le Maître Deunov et sur les séjours de la fraternité bulgare dans les montagnes de Rila. À un autre moment, il fut violemment attaqué par un grand journal. Après avoir obtenu l'autorisation de visiter la villa, des journalistes firent un reportage qui visait à jeter du discrédit sur Frère Mikhaël et à ridiculiser sa fraternité.

À la fin du mois d'avril, devant le désarroi et la colère des résidants de la villa, il leur suggéra de se réjouir de tout ce qu'ils recevaient, et surtout de se préparer à des évènements pénibles : « Le monde se divisera à notre sujet ». Au fil des mois qui suivirent, il profita de plusieurs occasions spéciales pour insuffler des énergies et de l'ardeur à ses auditeurs. Le 1er mai, il leur parla de la fête du *Wesak* qui approchait ; il leur expliqua que les Initiés se réunissaient dans l'Himalaya chaque année à la pleine lune de mai, et qu'ils s'y rendaient soit physiquement, soit par dédoublement astral, et ce, afin de travailler avec les forces blanches de la lumière. Il ajouta avec gravité :

> *Au cours de cette cérémonie, qui aura lieu ce lundi 5 mai, les Frères blancs, par des invocations très puissantes, entreront en communion avec les hiérarchies célestes, ils tâcheront d'attirer les forces cosmiques et de propager dans l'espace, pour le bien de toute l'humanité, des ondes et des vibrations de la plus haute spiritualité.*

Il conseilla aux membres de sa fraternité de pardonner à leurs ennemis et, pour la durée de ces quelques jours de préparation spirituelle, de faire en sorte d'éviter toute pensée négative. Sachant que beaucoup craignaient les choses innommables qui se tramaient dans l'ombre, il dit avec bonté :

> *Si vous n'avez pas de lumière, personne ne vous voit. Nous naviguons tous sur l'océan de la vie. Souvent notre bateau essuie de terribles tempêtes et risque le pire naufrage. Pour être secouru, il faut savoir envoyer vers le ciel des signaux lumineux. Alors, on viendra nous sauver.*

Tous ceux qui le pouvaient se préparèrent par la méditation à cette fête du Wesak, qui est la commémoration de la naissance de Bouddha. Quatre jours plus tard, Mikhaël leur parla de la paix intérieure et leur raconta qu'une colombe était venue se poser sur sa main gauche alors qu'il se trouvait en train de méditer : « C'est à cause d'elle que je vous dis de ne pas ramper, mais de devenir comme des oiseaux. »

Malgré toutes les difficultés que traversait la fraternité, l'année 1947 vit la concrétisation d'un grand rêve de ses membres. Après de longues recherches, ceux-ci découvrirent dans la région parisienne une maison qui paraissait répondre à leurs besoins. Ils décidèrent de l'acheter. Adossée à la forêt, elle était située tout en haut de la rue du Belvédère de la Ronce, au-dessus de la ville de Sèvres. Sur un terrain d'un hectare, qui dominait tout le pays environnant, se dressaient une villa et un belvédère. Tout autour, c'était encore la campagne parsemée de rares propriétés et de bosquets. Au loin se dessinait la silhouette vaporeuse de la ville de Paris.

La fraternité put prendre possession de sa nouvelle demeure au printemps, mais il fallut faire appel à la bonne volonté de tous pour en faire un lieu habitable. La villa, restée à l'abandon depuis dix-huit ans, se trouvait dans un état lamentable. Il fallut plusieurs semaines de dur labeur pour tout débroussailler, mais cette grande famille besognait dans un sentiment de joie qui éclatait fréquemment en chansons. En blouse grise et béret, Mikhaël était partout à la fois, prêtant main forte aux différentes équipes. Il possédait toujours son sens pratique et n'avait pas oublié les leçons apprises en Bulgarie lorsqu'il travaillait à titre de charpentier, de briquetier ou de peintre.

Une des personnes qui travailla à ses côtés nous a confié :

Lorsqu'il prenait un pinceau ou une truelle de la main de quelqu'un pour lui enseigner une meilleure façon de l'utiliser, c'était parce qu'il connaissait bien le maniement de l'outil et même son symbolisme caché.

Un jour, entrant dans la salle de conférences pour vérifier les travaux en cours, il y trouva une jeune fille qui frottait le plancher avec une ardeur juvénile. Elle leva la tête et lui sourit, mais à sa grande confusion, elle se fit dire que sa méthode n'était pas la bonne : « Quand on fera le plafond, tout sera de nouveau sali ! » Peu de temps après, Mikhaël fit une petite causerie sur la façon de travailler. En expliquant le symbolisme du plafond, des portes et des fenêtres, il affirma l'importance, dans la vie spirituelle, psychique ou physique, de nettoyer et de dégager d'abord ce qui se trouve en haut, pour arriver ensuite graduellement vers le bas, d'où la nécessité de réfléchir et de se servir de son intelligence avant de passer aux domaines des sentiments et de l'action :

> *Quand on commence un travail, il faut toujours prendre certaines règles en considération. Par exemple, il faut savoir qu'il y a un ordre à respecter, mais aussi qu'il faut nettoyer les outils dont on se sert. Si vous saviez quelle science profonde se cache dans les quelques gestes qu'on doit faire pour travailler ! Même si ce travail est en apparence le moins spirituel, tout l'univers se reflète dans les gestes que nous faisons.*[73]

À l'été, les principaux travaux étaient terminés. Nettoyé et aplani, le terrain avait déjà belle allure, et la villa était prête à accueillir un groupe de personnes qui désiraient y résider. Tout le rez-de-chaussée avait été aménagé de manière à être utilisé comme salle de conférences. Au deuxième étage, Mikhaël avait choisi pour lui-même une chambre minuscule, mansardée des deux côtés et pourvue d'une petite fenêtre orientée à l'est. Dans le petit salon adjacent où il allait recevoir ses visiteurs, il avait installé un grand portrait de Peter Deunov.

Tous ces êtres qui avaient tant souhaité vivre ensemble dans l'harmonie se retrouvaient enfin chez eux. C'était l'euphorie. En dépit de toutes les difficultés du temps présent, ceux qui participaient à la rénovation des lieux se sentaient comme les bâtisseurs d'un avenir meilleur. Ils avaient même l'impression que l'orage appréhendé s'éloignait. Mikhaël consacra la propriété et lui donna le même nom que celui du centre fraternel bulgare, *Izgrev*. Les membres furent invités à y venir aussi souvent qu'ils le pourraient pour la méditation au lever du soleil. Le dimanche, on se réunissait pour entendre la conférence, faire les exercices de gymnastique, et danser la paneurythmie accompagnée au violon et à la flûte par les musiciens.

✯✯✯

Cet interlude harmonieux ne dura pas très longtemps. Les ennemis de Frère Mikhaël, essayant en vain de trouver quelque chose de blâmable dans sa conduite envers les femmes,

---

[73] *L'harmonie*, « Ce que nous apprend la maison. », Prosveta.

multipliaient les insinuations à son sujet. La plupart des membres de la fraternité vivaient dans l'angoisse, déchirés qu'ils étaient par les conflits et les calomnies. Au mois de juin, Mikhaël leur dit :

> *Je ne vous demande pas de me croire et de me suivre aveuglé-*
> *ment. Non. Ouvrez les yeux et vous verrez où nous sommes et où*
> *sont les autres. Il y a en vous des appareils qui vous diront la véri-*
> *té; libérez-les, donnez-leur la possibilité de fonctionner, dégagez-*
> *les des impuretés, des vieilles habitudes.*[74]

Ce souci de libérer les gens se retrouve plus que jamais dans les conférences de cette période de sa vie. Grâce à sa connaissance de la nature humaine, il savait que le choix d'un idéal de perfection ne pouvait être imposé à personne.

Selon le témoignage de tous ceux qui l'ont côtoyé, il n'a à aucun moment essayé d'attirer les foules, bien au contraire ; il était passé maître dans le triage de ses auditeurs. Parfois, il amorçait l'un après l'autre les thèmes les plus variés, et ce, d'une façon décousue, sachant que ceux qui n'auraient pas la patience d'écouter jusqu'au bout s'en iraient avant la fin de la conférence. Lorsque les individus les moins intéressés avaient quitté la salle, il regroupait toutes ses observations pour en faire un tout cohérent, un tableau complet et équilibré.

Un soir il nota le visage dur et l'attitude arrogante de quatre inconnus qui venaient d'entrer. Il se mit à parler de choses disparates, abandonnant un sujet après l'autre. Finalement, les quatre hommes se levèrent et sortirent. Au fond de la salle, quelqu'un les entendit émettre quelques commentaires sur l'insignifiance du conférencier : ils avaient découvert que Frère Mikhaël « n'était pas dangereux ». Après leur départ, celui-ci reprit une à une les idées éparses qu'il avait apparemment lancées au hasard, puis il en tira une conclusion magistrale.

En juillet, ses auditeurs se dispersèrent pour les vacances d'été. Jusqu'à la fin du mois de septembre, il n'y aura aucune conférence et, quand ils se retrouveront à l'automne, le paysage fraternel aura bien changé. Quant à Mikhaël, qui devait passer une partie de ses nuits à se défendre, au moyen de la prière et de

---

74 Conférence du 26 juin 1947.

la méditation, des attaques dirigées contre lui – même des rites de magie noire –, il décida d'aller se reposer lui aussi. Il partit donc pour les Alpes avec l'un des frères.

Frère Mikhaël dans les Alpes en 1947

Sur les sommets, à un certain moment, il se coucha sur le sol pour se détendre. Dans un état de demi-sommeil, il eut la première des quatre visions qui se succéderont en l'espace d'un an, visions symboliques sur les épreuves des quatre éléments. La montagne s'affaissait, les rochers s'écroulaient sous ses pieds, le sol fuyait de façon vertigineuse. Toutefois, avec la certitude qu'il ne tomberait pas, il se mit à sauter légèrement d'un rocher à l'autre. C'est alors qu'il comprit. Ses « grandes épreuves » avaient commencé. Cette première vision annonçait l'épreuve de l'élément terre, celle qui vérifie la résistance de la volonté. Entretemps, ses ennemis avaient pris leurs dispositions pour le briser.

Celui qui servit de catalyseur à ces diverses poussées destructrices fut un homme mystérieux qui se trouvait à Paris depuis quelque temps. Il se faisait passer pour un grand Initié tibétain et se parait des noms initiatiques les plus prestigieux : *Cherenzi*

Lind, Kut Humi, et bien d'autres encore. Ses adeptes lui donnaient le titre de Roi du monde.

On saura un jour qu'il était en réalité un agent de renseignements à la solde de certains gouvernements occidentaux, et qu'il était venu à Paris en provenance, non du Tibet, mais de Cuba ; en fait, sa véritable nationalité ne fut jamais divulguée, pas plus d'ailleurs que son nom. Cet homme sans scrupules était un hypnotiseur redoutable qui arrivait à manipuler beaucoup de gens et à s'en faire obéir. Pendant longtemps, il trompa son monde, mais son but, on le sut plus tard, était d'exercer une influence grandissante sur les mouvements spirituels existants afin de s'en servir comme d'une couverture pour ses activités d'espionnage. Décidé à s'emparer de la fraternité pour son propre compte, il prit tous les moyens pour subjuguer son fondateur et le mettre sous sa coupe.

Tout d'abord, il essaya de gagner la confiance des membres de la fraternité en parlant sans cesse de leur guide spirituel en des termes extrêmement élogieux. Quant à Mikhaël, tant qu'il ne l'eut pas rencontré, il ne fit aucun commentaire à son sujet, mais en le voyant la toute première fois, il comprit qu'il avait en cet homme un adversaire dangereux. Néanmoins, fidèle à sa méthode qui consistait à inciter les gens à tout vérifier avant de se faire une opinion, il parla à plusieurs reprises du nouveau venu dans des termes positifs qui laissaient à chacun son libre arbitre.

Ceux qui commençaient à se rendre compte du jeu du prétendu Tibétain trouvèrent la magnanimité de Frère Mikhaël bien imprudente. Certains crurent même pendant longtemps qu'il avait été naïf. Quelque temps après, il révéla à trois membres de la fraternité ce qu'il pensait réellement de l'homme qui s'accordait à lui-même le titre de Roi du monde. Le fit-il exprès, poussé encore une fois par l'intuition que son destin devait s'accomplir ? Toujours est-il que l'une de ces trois personnes trahit sa confiance. Lorsque le faux Tibétain – nous continuerons à l'appeler ainsi puisque sa véritable identité n'est pas connue – apprit que sa tactique avait été percée à jour, il passa à l'attaque tout en essayant de rester dans les bonnes grâces de celui qu'il traita désormais comme un ennemi.

Pour commencer, il rallia à sa cause un Bulgare qui avait toujours été jaloux de Mikhaël, puis il invita chez lui des femmes qui gardaient rancune à ce dernier. La plupart des personnes qui fréquentèrent l'appartement de cet être extravagant au rude visage dominateur furent fascinées par lui et consentirent à se laisser hypnotiser. Plusieurs d'entre elles devinrent par la suite de dociles instruments entre ses mains.

✶✶✶

En septembre, l'orage éclate. Frère Mikhaël est accusé officiellement, par de faux témoins soudoyés par ses ennemis, d'avoir violé quarante femmes. Ces accusations paraissent en première page des grands journaux.

On annonce qu'il s'adonne à des orgies dans la forêt avec ses disciples, on l'affuble des épithètes les plus injurieuses, on le dépeint comme le plus grand satyre de tous les temps. Dès lors, la propriété d'Izgrev se voit assiégée par les journalistes, qui vont jusqu'à grimper aux arbres avec leurs appareils photo pour épier les moindres faits et gestes de Mikhaël. Il reçoit des menaces et des insultes de la part d'inconnus.

Le 28 septembre 1947, il s'adresse à une assistance silencieuse. Ses auditeurs habituels sont tous présents et forment un mélange disparate : il y a les membres de la fraternité, les visiteurs occasionnels, les adhérents de certains autres mouvements qui sont toujours attirés par son rayonnement, et enfin les ennemis cachés qui l'ont déjà trahi.

Après un moment de méditation, il leur parle des attaques auxquelles un homme dans sa position peut être soumis : les flèches empoisonnées, les ondes nocives et les tornades, jusqu'à ce qu'il s'effondre : « *Je dois faire sans répit des efforts d'équilibriste pour conserver une position stable. Qui peut m'aider dans cette tâche ? Ceux qui m'aident sont très peu nombreux.* »

Il précise qu'il connaît les personnes qui sont venues exprès dans la fraternité, armées d'un plan pour provoquer sa chute. Après avoir fait allusion aux accusations invraisemblables qui viennent d'être portées contre lui, il ajoute qu'il est prêt à continuer son travail :

Si vous désirez que je continue à vous parler, à vous donner du courage, des joies supérieures dans la vie, alors je resterai avec vous. Mais sachez une chose : où que je me trouve, en prison ou ailleurs dans le monde, partout je serai prêt à louer Dieu.

Il rappelle que c'est Peter Deunov qui l'a envoyé en France, puis il invite ceux qu'il connaît déjà comme ses ennemis à s'exprimer franchement devant tous. Embarrassés, ceux-ci gardent le silence.

Vous ne dites rien. Vous acceptez que je reste auprès de vous... Et pour m'aider cette nuit, je vous demande de prier pour moi. Vous avez besoin d'être soutenus pour évoluer. Moi aussi.

Là-dessus, tous ceux qui l'ont trompé se lèvent en essayant de ne pas trop se faire remarquer et quittent la salle. Mais ils sont connus de tous à présent, et ils ne reviendront pas avant d'être certains de pouvoir parvenir à leurs fins.

Après une pause, Mikhaël conclut en disant :

Vous êtes tous libres de me quitter, mais dans l'enseignement inspiré de Peter Deunov, vous trouverez toutes les richesses spiri-tuelles.[75]

À Izgrev et dans les autres groupes, la plupart des membres passèrent la nuit en prière. Connaissant l'intégrité de Frère Mikhaël et sa pureté, ils devinaient que ces accusations constituaient pour lui la plus grande des tortures morales. Pendant la période qui suivit, il n'y eut que quelques rares conférences.

Mikhaël était souvent accablé de tristesse, non pas tant à cause de ce qui lui arrivait, mais « à cause de l'attitude des humains, dont très peu sont capables d'opter pour un haut idéal ». Cette tristesse apparaît dans les deux ou trois causeries qu'il fit au mois d'octobre. Cependant, dans son désir de préparer ses frères et sœurs à ce qui allait venir, il affirmait que toutes les épreuves subies permettraient un triage parmi eux ; il leur demandait de développer leur discernement et de travailler de toutes leurs forces à la purification de leur être.

La saison d'automne fut cauchemardesque pour la fraternité. Le prétendu Tibétain œuvrait de concert avec les ennemis de Frère Mikhaël qui rassemblaient les fausses preuves de leurs

---

75 Conférence du 28 septembre 1947.

insinuations criminelles afin de le faire arrêter : puisque le représentant de Peter Deunov en France se révélait incorruptible, le chef d'accusation importait peu. L'essentiel était de le faire disparaître de la circulation afin d'utiliser ultérieurement son mouvement. Ils firent signer à plusieurs femmes – devenues des outils malléables à la suite de séances répétées d'hypnose –, des déclarations dans lesquelles elles accusaient Frère Mikhaël de les avoir séduites.

Certaines d'entre elles ne pouvaient lui pardonner de leur avoir résisté ; d'autres croyaient réellement que « Lind », ce mystérieux hypnotiseur aux pouvoirs si manifestes, était le Maître du monde ; d'autres encore, qui avaient eu la faiblesse d'accepter de l'argent ou des fonds de commerce, furent obligées de se soumettre et d'apposer leur signature sur les documents qu'on leur présentait. Toutefois, d'après les témoins de l'époque, la grande majorité des femmes de la fraternité ne se trouva pas mêlée aux manigances du faux Tibétain.

Un jour, Mikhaël reçut un avertissement qui lui parut extrêmement significatif. Lors d'une méditation dans sa chambre, il eut sa deuxième vision symbolique sur les épreuves des quatre éléments. Il se vit soulevé et suspendu au-dessus d'un cloaque dans lequel grouillaient des crocodiles qui s'efforçaient de le saisir dans leurs mâchoires pour le dévorer.

L'eau montait, et la terre disparaissait sous de terribles inondations. Enfin, il voyait beaucoup de ses frères et sœurs se noyer. En réfléchissant au sens de cette vision, il comprit que l'eau noire symbolisait la haine et la méchanceté. Il sut que ses ennemis étaient déterminés à le broyer.

Comme il le dira par la suite, c'est pendant l'épreuve de l'eau que l'on voit « si on est capable de résister aux sentiments de haine ».

Son cœur à lui ne connaissait pas la haine, ou s'il la connaissait, il refusait de s'y abandonner. Il continuait à travailler pour ses adversaires par la pensée. Il les entourait de lumière. À cet égard, il confia à quelques membres de la fraternité que son plus cher désir était de gagner leur cœur et de les aider, même au risque de se perdre aux yeux du monde.

C'est ainsi qu'il ne protesta pas lorsque le faux Tibétain, voulant profiter de sa réputation, le présenta officiellement comme l'un de ses collaborateurs les plus proches. Plus tard, cet automne-là, il participa à un congrès de trois jours auquel on avait invité les adhérents des principaux mouvements spirituels. Il s'y prépara par le jeûne.

Le prétendu Tibétain, vêtu d'une longue robe de couleur jaune, fit un long exposé. Quand vint son tour, Frère Mikhaël, en costume gris clair, monta sur le podium et s'assit en posture de yogi sur le bord de la scène, le plus près possible de ses auditeurs. Un témoin nous a confié :

> Son visage était serein, son regard chaleureux et direct. Dès ses premiers mots, l'ambiance se transforma dans la salle. D'une façon toute simple et familière qui contrastait avec le ton officiel des autres, il s'adressa à l'auditoire comme à des amis. Il se révéla ce jour-là comme il ne l'avait jamais fait encore.

Après le congrès, ce fut le calme avant la deuxième bourrasque. Jusqu'au Nouvel An, Mikhaël ne donna pas d'autres conférences, mais il resta très présent à tous. Ses efforts pour aider chacun à choisir en toute liberté étaient sensibles.

> Sans faire pression sur nous, explicita le même témoin, il prenait tous les risques pour nous permettre de développer notre discernement » : c'est ainsi qu'il invita le faux Tibétain lui-même à donner une conférence à Izgrev pour les membres de la fraternité, leurs amis et leurs parents.

Pour la plupart des assistants, cette réunion fut décisive. Les auditeurs réguliers de Mikhaël, habitués à un langage clair et à des concepts spirituels élevés, s'aperçurent que le nouvel orateur possédait un pouvoir de fascination inquiétant qu'il utilisait avec une grande habileté. Comme le précisa plus tard l'un de ses auditeurs :

> Sur l'estrade, il y avait au mur une photo de Peter Deunov et, en dessous, le fauteuil qui lui avait toujours été réservé. Frère Mikhaël était assis à côté, avec les trois invités à sa gauche. Nous avons chanté... On sentait qu'une partie du cercle qui avait été autour de Frère Mikhaël se déplaçait de façon subtile et se centrait autour du faux Tibétain... Mais beaucoup n'étaient pas dupes. À la fin de la soirée, on entendait des gens dire, dans la

salle : « *C'est un imposteur, ce personnage, pourquoi Frère Mikhaël le reçoit-il ?* »

Ceux qui avaient craint cette réunion ou qui n'avaient pas saisi la motivation de Frère Mikhaël furent profondément impressionnés par cette liberté intérieure qui lui permettait d'entreprendre des actions peu communes : en dépit de ce qu'il connaissait de l'influence et de la puissance de son pire ennemi, il avait fourni à chacun la possibilité de faire son choix.

✩✩✩

L'année s'achevait. Les reporters ne lâchaient pas prise et les articles injurieux s'accumulaient. Malgré tout cela, dans son message du Nouvel An 1948, Mikhaël déclara que l'année 1947 avait compté parmi les meilleures que la fraternité avait vécues jusque-là.

Une affirmation étonnante. À propos des épreuves traversées, il disait que chacun avait été « vérifié » et tenté dans tous les domaines : son cœur, son intelligence, ses forces. Faisant allusion à ses adversaires sans les nommer, il écrivait : « Je ne pense qu'à les aider ». Cette magnanimité avec laquelle il les traitait n'était pas toujours comprise, mais il disait invariablement qu'il travaillait pour chacun d'entre eux en les entourant de lumière par la pensée, et qu'il désirait gagner leur cœur par l'amour. Il avouera aussi un jour qu'à plusieurs reprises, l'occasion s'était offerte à lui d'utiliser ses pouvoirs personnels pour se venger d'eux, mais qu'il ne l'avait jamais fait. À la fin de son message, il fit une prédiction dont on se souviendra longtemps dans la fraternité :

L'année 1948 sera une année de tribulations marquée par la division entre les boucs et les brebis. Les enfants de la lumière se chercheront, se retrouveront et se renforceront mutuellement.

Une fois cette missive envoyée, il demeura tout le mois en retrait de toute activité publique. Une nuit, il reçut un coup de téléphone d'un frère qui avait découvert les projets de ses ennemis et qui lui conseillait de fuir à l'étranger : « Ils veulent vous faire mettre en prison. »

Mais Mikhaël ne voulait pas s'enfuir. Jamais il n'avait envisagé de quitter sa fraternité ou d'abandonner son travail. Il avait accepté depuis bien longtemps les souffrances et les difficultés qui jalonnaient sa vie. Cette nuit-là, plus que jamais conscient de la férocité de ses ennemis, il consentit à « passer par le feu ».

Ce moment précis fut peut-être un point tournant dans l'accomplissement de son œuvre : dans la balance, il y avait d'un côté les pires épreuves qui risquaient de compromettre sa mission même et, de l'autre, l'échappatoire avec la possibilité de recommencer ailleurs. Il était libre de refuser de boire la coupe amère qui se présentait à lui, mais il savait qu'il devait consentir à descendre dans la plus terrible obscurité afin de ressortir ensuite dans la lumière. Peu de temps auparavant, en faisant référence à l'épreuve que ses frères et sœurs subissaient avec lui, il avait dit que tous les êtres humains doivent, à une période ou l'autre de leur existence, traverser l'enfer.

Jésus est descendu en enfer parce que le chemin du ciel passe par là. Tous passeront par l'enfer pour se rendre au paradis ; c'est-à-dire que lorsque vous travaillerez pour vaincre vos défauts, devant vous s'ouvrira un enfer que vous devrez traverser durant un certain temps. Lorsque vous en sortirez vainqueur, une deuxième lutte se présentera au-dehors, et si vous êtes encore vainqueur, tous se tairont, nul ne dira plus rien. Mais jusqu'à ce moment final, il faut savoir être un héros.[76]

★★★

Le mercredi 21 janvier 1948, Mikhaël fut arrêté par surprise et emmené au poste de police sous un faux prétexte. Par la suite, il fut transféré à la prison de la Santé à Paris, où il fut incarcéré sur la foi de faux témoignages signés par plusieurs femmes. Jean, qui se trouvait avec lui, fut aussi appréhendé, mais relâché dès le lendemain.

Pétrifiés, les membres de la fraternité ne savaient que faire. Ils ne croyaient pas à la culpabilité de Frère Mikhaël, mais certains avaient peur, ou encore, ils avaient honte d'avouer à leurs

---

76 Conférence du 12 octobre 1947.

amis qu'ils faisaient partie de sa famille spirituelle. Ceux qui lui restèrent fidèles ne furent pas très nombreux et vécurent dans une angoisse constante. Le cœur lourd, ils réfléchissaient aux moyens de le défendre. Entretemps, des articles continuaient à paraître dans les journaux, et la petite famille spirituelle de Mikhaël était plongée dans une atmosphère remplie d'hostilité, de menaces et de mépris.

Une dizaine de jours après l'arrestation, Jean se rendit à Iz-grev avec sa femme Raymonde et un frère du nom de Maurice. La pluie tombait depuis plusieurs jours déjà, et les trois amis étaient tristes à mourir. Leur Maître spirituel était en prison, la fraternité se trouvait divisée. Ils ne savaient plus que faire. Ce fut Raymonde qui rompit le silence pour raconter un rêve qu'elle avait eu quatre ans plus tôt :

« C'était au moment de la mort du Maître Peter Deunov. Il arrivait à la villa avec deux grosses valises blanches en disant : « Où est mon fils ? » On lui a répondu : « Il est très occupé. » Et le Maître Deunov s'est exclamé : « Ah, il est très occupé ! » Et il a traversé le mur. Il est entré chez Frère Mikhaël et il a déposé ses deux valises en disant : « Voilà, mon fils, c'est à toi. »

Lorsque la voix de Raymonde se tut, l'atmosphère était moins lourde. Jean et Maurice connaissaient les prémonitions de Raymonde ainsi que ses dons médiumniques étonnants. Silencieux, ils réfléchissaient au symbolisme de ce rêve qui décrivait le testament de Peter Deunov et son enseignement, que Frère Mikhaël avait apporté en France et dont il était le seul responsable. Subitement, Jean se leva et dit d'une voix forte : « Il faut persévérer. Frère Mikhaël nous a montré le chemin, il nous a parlé de l'avenir. J'y crois, à cet avenir. Je suis sûr que tout ce qu'il a prédit se réalisera. »

Quant à Stella, elle s'était donné la tâche de préserver l'existence même de la fraternité. Essayant de maintenir le calme et de soutenir le courage de chacun, elle se dépensait sans compter, assistée dans son travail par un autre frère Jean qui était alors président de l'association. Seule la situation sociale profondément troublée de l'après-guerre peut expliquer certains faits qui ont entouré l'arrestation de Mikhaël, de même que sa longue détention précédant un procès qui s'est déroulé au mépris de plusieurs exigences légales.

Vingt ans après, Stella écrivit que cette ambiance avait permis ce qui était devenu impossible plus tard : cinq mois après son arrestation, Mikhaël se trouvait toujours détenu à la prison de la Santé sans avoir subi de procès. De cette période d'attente qui s'éternisa dans un milieu carcéral aux conditions extrêmement pénibles – où il fut soumis aux pires traitements –, il ne parla pas beaucoup. Ultérieurement, il donnera une brève indication de l'état d'esprit qui avait été le sien pendant ce laps de temps, il décrira ces voix intérieures qui essaient d'attirer les êtres vers le désespoir :

> *Ces voix qui vous font douter, moi aussi je les ai entendues quand j'étais calomnié. Elles ne laissent personne de côté. En 1948 et 1949, on est venu me tenter, me faire douter de moi-même et de ma capacité de réaliser ma mission. Mais je restais accroché à mes expériences lumineuses et les doutes disparaissaient.[77]*

Dans son enseignement, le bien et le mal sont tous deux né-cessaires à la vie ; ils ont tous deux un double rôle, à la manière du feu qui détruit ou réchauffe, ou comme les plantes véné-neuses qui tuent ou guérissent selon l'usage qu'on en fait. L'important est de savoir utiliser le mal pour le transformer en bien.

Ainsi chacun peut-il utiliser les épreuves, les maladies et les souffrances afin de s'élever, à la façon d'un grimpeur qui se sert des aspérités du roc pour atteindre un sommet, ou comme la nature qui transforme les déchets et les recycle dans le but de favoriser la croissance des arbres et des plantes. Dans ce sens, le mal est souvent un bien caché pour les gens qui souffrent :

> *Et moi, tout ce qui m'est arrivé, que devant le monde entier les journaux m'aient présenté comme un satyre, comme un monstre, est-ce que ce n'était pas la pire des choses ? Je vous le dis franchement : tellement d'accusations injustes, tellement de mo-queries, c'était terrible à supporter, il y a même des jours où l'on préférerait être mort plutôt que déshonoré à ce point. Certains se sont suicidés pour cent fois moins que ça !*

---

77 Conférence du 14 juillet 1956.

La calomnie est quelque chose que l'on ressent comme un poison mortel. Mais la Science initiatique était là pour me montrer que c'était peut-être le plus grand bien qui pouvait m'arriver, parce que cela m'a obligé à parcourir un chemin inconnu, à trouver en moi des armes et des ressources insoupçonnées, des énergies que sans cela je n'aurais jamais trouvées.[78]

Au cours de ces cinq derniers mois, de nombreuses personnes avaient consacré leurs jours et même leurs nuits à la préparation de la défense de Frère Mikhaël. Stella avait retenu les services de plusieurs avocats, mais à son grand désespoir, le meilleur d'entre eux mourut juste avant l'ouverture du procès qui devait avoir lieu en juin 1948. Il fallut faire appel à des inconnus, et les résultats furent plutôt médiocres.

Le samedi 26 juin, une quinzaine de personnes, parmi celles qui étaient restées fidèles à Mikhaël, étaient présentes au Palais de justice quand il fut introduit dans la salle. À la sortie, ils eurent la permission de lui serrer la main. En fait, on ne l'avait fait comparaître que pour lui annoncer la remise de son procès à une date ultérieure. Ce jour-là, toutefois, ses défenseurs se sentaient pleins d'espoir, car l'une de ses accusatrices venait de signer une rétractation officielle, qui fut la première de toute une série.

En outre, une alliée inattendue venait de se manifester : une femme qui avait été la représentante du faux Tibétain en France s'était aperçue, quelque temps auparavant, qu'elle avait été trompée sur le compte de celui-ci. Entrant dans son bureau à l'improviste, elle l'avait surpris en train de dicter une lettre d'accusation de viol à l'une des pires ennemies de Mikhaël. Elle avait décidé d'écrire au juge pour lui décrire la scène dont elle avait été témoin, affirmant que « M. Ivanoff était innocent de tout ce dont on l'avait inculpé ».

Le samedi suivant, 3 juillet, Mikhaël fut conduit une fois de plus au Palais de justice pour y apprendre que son procès se déroulerait deux semaines plus tard, soit le 17 juillet. Mais à cette occasion, personne n'eut le droit de s'approcher de lui et il fut ramené très rapidement à la prison. C'est à ce moment-là qu'une

78 *La pédagogie initiatique, II*, « Une nouvelle attitude devant le mal », Prosveta.

voix forte s'éleva dans le monde de la presse pour prendre sa défense. Un journaliste compétent, devançant la découverte qu'allaient bientôt faire les autorités, révélait dans le journal *Le Populaire* que l'homme qui s'était présenté à Paris comme un Initié tibétain était en réalité un agent secret à la solde de l'U.R.S.S.

Le 17 juillet, le procès commença à treize heures et, contre toute attente, il se termina le même jour. Tous ceux qui y participèrent à titre de témoins de la défense dirent après coup que ce fut un procès inique. De multiples exigences légales furent totalement ignorées. Tout d'abord, toute la procédure devait se tenir à huis clos, mais on laissa pénétrer plusieurs journalistes avec leurs caméras ; les témoins de la défense, entourés d'une atmosphère hostile, pouvaient à peine se faire entendre à travers le vacarme et les quolibets. De plus, un personnage influent – le Garde des Sceaux – demeura présent du début à la fin, ce qui était illégal. On sut par la suite qu'il avait voulu s'assurer que l'accusé serait déclaré coupable et expulsé de France.

Mikhaël fut condamné à quatre ans de prison.

Le lendemain matin, dimanche, un petit groupe de personnes se retrouva à Izgrev dès sept heures pour prier. Les cœurs étaient lourds, les esprits troublés, le courage vacillant. Deux heures plus tard, une partie de ceux qui avaient travaillé à détruire la réputation de Mikhaël y entraient en force. Après avoir établi leur statut de membres officiels de la fraternité, ils venaient mettre à exécution la deuxième phase de leur plan, qui consistait à démoraliser les adhérents et à obtenir la fermeture du centre afin de s'en servir eux-mêmes par la suite en relançant les activités pour leurs propres fins. Ils firent tout ce qui était en leur pouvoir pour diviser ceux qui se trouvaient présents, mais malgré la vigueur des arguments qu'ils firent valoir, ils rencontrèrent une opposition inébranlable, de telle sorte qu'ils durent enfin battre en retraite.

Les avocats de Mikhaël en appelèrent du jugement.

Quant aux femmes qui s'étaient parjurées, elles signaient, l'une après l'autre, des rétractations officielles. Leurs faux témoignages avaient été obtenus par la crainte, le chantage, les influences hypnotiques ou les pots-de-vin. Profondément effrayées de ce qu'elles avaient déclenché, ces femmes s'étaient

248

retrouvées le jour du procès dans un état d'affolement devant l'obligation de terminer tout ce qu'elles avaient commencé et de se parjurer devant le tribunal. Ce ne sera qu'avec le recul du temps que la plupart d'entre elles comprendront clairement ce qui leur était arrivé. Toutefois, certaines refuseront toujours d'avouer publiquement leur fausse déclaration, à cause des fortes sommes reçues par leurs familles, ou encore afin de protéger à tout prix leur réputation. Le procès fut l'occasion d'un second triage dans la petite famille spirituelle de Mikhaël. Ainsi que l'a exprimé l'un des frères :

> *Nous étions accablés par l'injustice de toute la procédure dont nous venions d'être les spectateurs. Nous nous sentions comme des grains de sable passant au travers de tamis successifs aux mailles de plus en plus fines. Comme l'acier qu'on trempe, nous passions du chaud au froid, du découragement le plus profond à un espoir insensé. En réfléchissant aux paroles de Frère Mikhaël sur la division à venir et sur le triage, nous essayions de comprendre le sens de toutes ces souffrances qu'il avait annoncées pour la fraternité. Mais nous ne pouvions nous permettre de désespérer, car il nous avait préparés à ces épreuves d'une façon très précise.*

Néanmoins, leur courage et leur foi étaient mis à dure épreuve : tantôt c'étaient des articles injurieux qui paraissaient dans les journaux, tantôt c'étaient des lettres de personnes qui disaient avoir admiré l'œuvre de Frère Mikhaël, affirmant qu'il était un saint et un Maître.

Le 22 juillet, on apprenait que celui-ci avait été transféré de la prison de la Santé au vaste camp de la Châtaigneraie, à La Celle Saint-Cloud.

Cet établissement était moins inhumain que le premier, et les règlements y étaient moins stricts. Stella et Jean, qui obtinrent l'autorisation de lui rendre visite pendant trente minutes, le virent serein, le visage empreint d'un subtil rayonnement intérieur. Après leur avoir demandé des nouvelles de chacun, il leur donna des conseils très positifs, certifiant sa foi en la victoire de la lumière et de la vérité.

Il ajouta que « dans sa prison, il se sentait libre ».

LA PRISON

À la Châtaigneraie, les détenus étaient logés dans de grandes baraques. Ils savaient tous de quoi le nouvel arrivant avait été accusé, et aucun d'entre eux n'était indifférent à sa présence. Certains l'insultaient, se moquaient de lui et l'appelaient, par dérision, « le Mage », parce que les journaux l'avaient ainsi nommé. Pour voir comment il allait réagir, ils lui jouaient de mauvais tours et achetaient au magasin de la prison du tabac et d'autres items qu'ils faisaient porter à son compte. D'autres, désabusés ou découragés, n'avaient plus confiance en personne et observaient avec méfiance leur étrange compagnon.

L'un de ces hommes, du nom de Lemery, écrivit un jour que le regard de Mikhaël, rempli de sérénité et de bonté, avait fini par désarmer les plus acharnés. Dans le désir de lui rendre témoignage, il fit une description écrite de ces longs mois passés avec lui : il l'avait vu méditer pendant des heures, assis en posture de yogi sur son lit de camp, toujours propre malgré les difficultés de la situation, sa chevelure argentée bien peignée sous le béret basque.

Dans un tableau haut en couleurs, Lemery décrivit les violentes disputes des joueurs attablés au fond de la pièce, le bruit qui devenait assourdissant, les allées et venues des nombreux groupes qui se formaient selon les affinités : les escrocs, les proxénètes, les clochards au casier chargé, « les voyous pourris par le vice ». Il termina ainsi sa lettre :

> Bien au-dessus de cette tourbe et bien en dehors vit, réfléchit, travaille et médite, apaise, notre exemple vivant, celui qui tel un rayon de soleil, éclaire de sa présence ce lieu maudit et, seul, vivifie l'air irrespirable de cette fameuse baraque pourtant « la meilleure », paraît-il, du vaste camp de la Châtaigneraie. [...] Pour être juste, j'avouerai que longtemps je suis resté à son égard sur l'expectative, désirant connaitre, étudier l'homme avant d'en faire, je ne dirai pas un camarade, mais un « ami », un confident.

C'est la vue de sa façon de vivre, de son comportement à l'égard de tous qui, insensiblement, m'a conquis. Petit à petit je suis venu à lui, je me suis senti attiré par sa parole. Son amour de la nature m'a fait comprendre qu'un homme capable de rester de longs moments derrière les barreaux à admirer l'aube, dès le lever du soleil, la nature se réveillant au chant du rossignol, n'était, ne pouvait pas être l'homme représenté par certains journaux. [...] Il faut avoir vécu avec lui, l'avoir étudié pour se convaincre de son innocence...[79]

Dès son arrivée, Mikhaël avait observé le milieu dans lequel il allait être obligé de vivre pendant un temps indéterminé. De toutes les forces de sa pensée, il s'était entouré de lumière afin de se protéger des émanations malsaines qu'il sentait autour de lui, autant sur les plans subtils que sur le plan physique. Un jour, il dit qu'il avait travaillé à fortifier son aura afin d'empêcher toute cette atmosphère viciée de pénétrer en lui :

Car si cela était arrivé, ce quelque chose, en se propageant, aurait pu me pousser à désirer vivre comme eux, à diminuer ma foi, mon amour et m'arrêter sur le chemin que je suis. Aussi, même pendant la nuit je travaillais... Pendant deux ans, il a fallu lutter ainsi, constamment, non seulement contre cela, mais contre l'incompréhension des gens.[80]

Les deux hivers qu'il vécut en prison furent très rigoureux. Par mesure d'hygiène, de même que pour neutraliser les odeurs repoussantes qui envahissaient la salle, les autorités avaient décrété que les fenêtres resteraient ouvertes jour et nuit. Les détenus étant très nombreux, l'air devenait épais de la fumée de leurs cigarettes, et les fenêtres béantes assuraient à tous un minimum d'oxygène. La plupart des hommes, frigorifiés, battaient la semelle en cadence pour se réchauffer.

Quant à Mikhaël, qui était pourtant très sensible au froid, il passait beaucoup de temps à méditer, assis sur son lit qui se trouvait placé sous une fenêtre. La plupart de ses compagnons

---

79 Témoignage, dans *Svezda*, op. cit. p. 93.
80 Conférence du 11 février 1951.

souffraient de cauchemars, et ses nuits étaient souvent interrompues par des vociférations.

Tous les matins, il retrouvait les quatre murs qui lui cachaient le soleil. Chaque repas ramenait le pain moisi, l'huile rance et les pommes de terre pourries non épluchées qui surnageaient dans l'eau.

Loin de juger sévèrement ses codétenus – dont le comportement ressemblait à celui de fauves en cage ou de forcenés –, il les décrivit, dans l'une de ses lettres à sa fraternité, comme « des enfants dont les énergies sont mal organisées et qui ne savent pas comment s'extérioriser ». Il avoua à ses frères et sœurs qu'il n'avait jamais autant envié les ermites, précisant qu'il priait Dieu en lui demandant toujours plus de lumière, parce que « la lumière est accompagnée de gratitude et non d'idées de vengeance ».

Un très jeune garçon, qui avait commis des délits pendant l'Occupation avec un groupe de camarades, l'observait de loin. Au bord du désespoir, il avait décidé de se suicider en même temps que ses amis dès qu'il en trouverait les moyens : les misères de la prison lui étaient insupportables, ainsi que l'idée de l'avenir qui l'attendait à la sortie. Touché par l'attitude de cet être si différent des autres, qui se comportait comme un homme libre, qui parlait à tous avec politesse et qui donnait aux plus déshérités ce qu'il recevait de ses visiteurs, il finit par lui confier son intention de se suicider. À sa grande surprise, son interlocuteur le sermonna de façon énergique. Il lui parla du sens de la vie et des épreuves et lui indiqua comment il pouvait transformer sa propre existence s'il le voulait. Et ces explications lui furent prodiguées avec autant de bonté que de compassion.

Tous les jours, le jeune garçon posait de nouvelles questions, réfléchissait et retrouvait un peu plus de sérénité. Il perdit le désir d'en terminer avec la vie et gagna celui de la refaire autrement.

Insensiblement, un certain nombre de détenus se mirent à manifester à leur nouveau compagnon une confiance qui les surprenait eux-mêmes. Dans la baraque, il se passait quelque chose de bien étrange : il y avait là un Maître spirituel, à la fois prisonnier et libre, qui écoutait, conseillait et enseignait. Faisant abstraction de la saleté, des paroles grossières, des attitudes amorales et même de la cruauté, il redonnait espoir et courage à ceux des détenus qui voulaient bien l'entendre.

Au bout d'un certain temps, Mikhaël remarqua qu'après la sortie quotidienne sur le terrain d'exercice en compagnie des gardiens, les hommes rentraient épuisés. Ils vivaient dans un environnement malsain, leur alimentation était insuffisante et, en dehors de cette unique promenade obligatoire qui prenait des allures d'enterrement, ils ne faisaient aucun exercice.

Un jour, malgré la méfiance des geôliers, Mikhaël se détacha du cercle et fit énergiquement le tour de la cour avec l'un de ses compagnons tout en lui donnant des instructions sur la façon de marcher sans se fatiguer. Fort de cet exemple, quelqu'un d'autre eut l'idée de former un groupe de coureurs, mais ceux-ci réintégraient la baraque plus éreintés qu'avant.

Petit à petit, la troupe de marcheurs de Mikhaël se mit à grossir. Constatant qu'ils devenaient réceptifs envers lui, il leur donna des explications sur la valeur des mouvements, sur le rythme le plus favorable à l'être humain, ainsi que sur la respiration qui doit être accordée à ce rythme. Il profita aussi de ces occasions pour répondre aux questions que certains posaient, en grommelant, sur l'éternel problème de l'existence du mal dans le monde. Pourquoi Dieu laissait-il le mal se produire ? Pourquoi toutes ces injustices ?

Dans son désir de leur être utile, il les entretenait des capacités qu'ils possédaient tous de transformer leur vie. Ne craignant pas de leur déplaire, il leur parlait sans ambages de leur situation et des raisons qui les avaient conduits en prison. Il les traitait comme des amis et les rejoignait précisément là où ils se trouvaient afin de les aider à se hausser au-dessus de leurs conditions habituelles. Écoutant leurs conversations, il se disait « que l'argent représentait le dieu grâce auquel ils espéraient prendre leur revanche sur la société ».

À un certain moment, il décida de les persuader de l'existence d'un autre Dieu et amorça une discussion à ce sujet avec quelques détenus. Rapidement, un attroupement se forma autour de lui, mais certains affirmaient déjà bien haut qu'ils ne se laisseraient pas convaincre.

– Qu'est-ce que Dieu ? demanda Mikhaël. Qu'est-ce que la divinité ? Tout à l'heure, vous aussi, vous saurez démontrer que

ez-moi. Croyez-vous qu'il y ait sur terre des

ôt l'existence de ce genre d'hommes. Toute-
aël insiste.

— Même p......us ?

Plusieurs affirment qu'ils se considèrent comme des hommes justes que la société n'a pas compris ou aidés.

— Y a-t-il sur la terre des êtres intelligents, des êtres qui sont beaux ? interroge encore Mikhaël.

Cette fois, tous tombent d'accord sur l'intelligence, et surtout sur la beauté des femmes et des enfants.

— Donc, continue Mikhaël, déjà vous reconnaissez que l'intelligence, la justice et la beauté existent. Et connaissez-vous des êtres forts ?

Devant l'assentiment général, il poursuit :

— Vous reconnaissez l'existence de la force. Et ne croyez-vous pas qu'il existe d'autres vertus que vous devriez reconnaître ? Elles existent, n'est-ce pas ? Maintenant imaginez que toutes ces qualités dont vous constatez vous-même l'existence soient amplifiées, augmentées, intensifiées jusqu'à l'infini. La divinité, c'est justement cela : l'ensemble de toutes les vertus portées à des dimensions illimitées, infinies. On ne peut en nier la réalité puisqu'on en possède des parcelles. Si elle n'existe pas, cette divinité, d'où puisons-nous les particules des vertus présentes en nous ? D'où possédons-nous ces attributs ? Il est bien difficile de nier cette vérité. Dieu avec une barbe, un livre et un crayon pour noter les péchés des humains, oui, vous pouvez le nier. Mais les vertus, on ne peut pas les ignorer, les nier.

Ses compagnons se taisent à présent, les yeux fixés sur lui. Il poursuit :

— Je veux même vous démontrer que vous ne cherchez que Dieu, quoique vous l'ignoriez.

— Ah, non, c'est impossible ! s'exclame quelqu'un.

— Si, vous ne faites que penser à la divinité et la poursuivre, répond Mikhaël.

Se tournant vers l'un des détenus, il lui demande pourquoi il est en prison.

— À cause d'une femme.

– Donc, vous aimez la beauté, constate Mikhaël, et vou[s]
cherchiez. Pourquoi ?

– Elle me rend content.

– Eh bien, c'est que vous cherchez Dieu, sous une forme limitée.

S'adressant tour à tour à différents détenus, il enchaîne :

– Et vous qui vous êtes battu parce que vous aimez la force,
ne croyez-vous pas que la force soit Dieu aussi, sous une certaine forme, même mal comprise ? Et vous, vous dévalisez les
magasins parce que vous aimez la richesse, mais la richesse est
Dieu, elle est à Dieu, elle vient de Dieu et il faut désormais la
chercher autrement et ailleurs. Quelqu'un veut le savoir ou le
pouvoir, qui sont aussi des attributs de Dieu. Et celui qui veut la
douceur ne court-il pas après Dieu ? Tous, nous ne cherchons
que Dieu. Tous, nous sommes à la poursuite de la divinité sous
une forme ou sous une autre. Ce sont les moyens, les méthodes
que nous utilisons pour l'atteindre, pour nous en saisir, qui sont
petits, faux, déformés, déplacés et trop bas. Mais nous sommes
tous attirés par de grandes choses, par une grande chose, illimi-
tée, infinie.[81]

Cette relation que Mikhaël avait réussi à créer avec un bon
nombre de ses compagnons d'infortune ne s'était établie que
progressivement, et il en fut de même avec le personnel de la
prison. Pendant les premiers mois, la vie fut très difficile pour
lui. Le directeur et les gardiens-chefs empêchaient même ses
avocats de le voir.

Quant aux gardiens de la baraque, on les changeait très fréquemment en leur donnant la consigne de n'adresser, en aucun
cas, la parole à ce détenu. On leur affirmait, sur la foi de ce
qu'avaient raconté les journaux, qu'il était capable de les hypnotiser afin de s'échapper. À un certain moment, Mikhaël découvrit même que l'un des nouveaux venus dans la baraque était en
réalité un inspecteur de la police judiciaire qui essayait de
l'amener à se compromettre.

Un jour, un surveillant s'approcha de lui et, sans un mot, as-
séna un coup violent sur la Bible qu'il tenait à la main. Le livre
vola à l'autre bout de la salle. Mikhaël protesta et lui reprocha

---

81 Dialogue tiré de la conférence du 29 octobre 1950.

son geste brutal, ce qui permit au surveillant de l'accuser d'insolence. Encadré de plusieurs gardiens, il fut conduit à la Cour de la prison pour y être jugé. Ses camarades le regardèrent partir, convaincus qu'il allait être contraint de séjourner dans une terrible cellule obscure d'où les détenus revenaient souvent malades.

Toutefois, sa comparution devant la Cour eut un tout autre résultat. Quand il eut expliqué la façon dont l'incident s'était déroulé, les juges sourirent et le condamnèrent à être privé, durant trois mois, de la maigre ration de tabac et de vin que tous les détenus pouvaient se procurer au magasin de la prison.

Mikhaël, qui n'avait jamais fumé de sa vie et qui ne buvait pas de vin, en fut très amusé. « Mais les détenus étaient tristes et malheureux de ne plus recevoir les rations que je leur distribuais ! » dit-il par la suite.

Petit à petit, les gardiens perdirent leur méfiance envers lui. Leur dureté se transforma en intérêt, puis en amabilité, car ils ne pouvaient s'empêcher de constater que la plupart des prisonniers cherchaient à avoir de longues conversations avec Mikhaël. Clairement, celui-ci représentait un élément de paix dans la baraque où il était confiné. Enfin, ils commencèrent à rechercher eux-mêmes sa compagnie et ses conseils.

Les surveillants venaient discrètement le quérir – sous prétexte que le greffier désirait le voir – et l'invitaient à s'asseoir dans un bureau pour lui parler en toute tranquillité. Le directeur de la prison lui-même, qui s'était pris d'amitié et de respect pour ce singulier détenu, engageait fréquemment avec lui de longs échanges d'idées. Quant à Mikhaël, sa liberté intérieure lui permettra de dire, quelques années plus tard :

> J'ai constaté qu'au milieu des plus grandes difficultés, il y avait en moi un être qui chantait. En chacun, il y a cet être qui voit tout, observe tout, mais qui chante toujours et se moque des évènements.[82]

Dans sa prison, il continuait à écouter, à consoler, à instruire ses compagnons, mais il révélera par la suite que c'était pendant la nuit qu'il se sentait le plus libre : en esprit, il pouvait traverser

---

82 Conférence du 4 juin 1958.

les barreaux, monter vers Dieu, projeter sa pensée dans le monde et travailler mentalement avec la lumière. Il vivait autant dans son âme et dans son esprit que dans son corps physique.

Pour le Nouvel An 1949, il écrivit à « ses chers frères et sœurs » de ne pas s'effrayer, de rester unis et de ne pas voir des ennemis partout, de comprendre que Dieu, « qui habite derrière toutes les formes, se manifeste même à travers les choses les plus terrifiantes ». Il leur prodigua des conseils sur la façon de se comporter avec amour dans leurs rapports avec tous les êtres humains, et surtout avec ceux qui les critiquaient ou les calomniaient :

> J'ai toujours agi ainsi, même avec mes plus grands ennemis. Ils m'ont peut-être renversé, mais qui peut dire que je ne réussirai pas un jour à toucher profondément leur cœur et leur âme ?

Quelque temps après, il eut deux visions qui symbolisaient respectivement les épreuves de l'air et du feu. Tout d'abord, une nuit, il se trouva dans un lieu rempli de sifflements et battu par des tornades. Le vent charriait des objets qui s'écrasaient tout autour de lui, tandis que des visages sinistres l'entouraient. Abrité derrière une grosse pierre, il ne pouvait qu'attendre la fin de la tempête.

La seconde vision, sur l'épreuve du feu, survint un peu plus tard. Des incendies ravageaient la terre, lui-même se trouvait au milieu d'une fournaise ardente, une fumée épaisse tourbillonnait au-dessus de lui. Cette fois encore, il réussit l'épreuve. Il parvint à traverser le feu sans se brûler.

Dans la toute première conférence qu'il donnera après son élargissement, il fera mention des quatre visions qui lui avaient été données avant et pendant sa détention. Il en expliquera la signification : l'épreuve de la terre est nécessaire pour vérifier la force de la volonté et la stabilité ; l'épreuve de l'eau a pour but de contrôler la réaction du cœur, donc des sentiments ; l'épreuve de l'air révèle l'équilibre de l'intellect ; la dernière, l'épreuve du feu – celle qui présente les plus grandes souffrances –, brûle tous les déchets qui empêchent l'âme de s'unir aux forces cosmiques. Il s'agit là des quatre épreuves essentielles que subissaient les Initiés dans les temples de l'ancienne Égypte et de l'Inde.

Afin de mieux comprendre celle qu'il traversait, Mikhaël avait révisé sa vie de fond en comble, et c'est alors que les paroles de Peter Deunov lui étaient revenues à la mémoire : *Une époque viendra où toute la Loge Noire te barrera le chemin pour t'empêcher de passer.* À dix-sept ans, bien sûr, il n'avait pas pu savoir ce qu'était « toute la Loge Noire ». D'autre part, en lui prédisant les plus grandes épreuves, Peter Deunov ne lui avait pas parlé spécifiquement de la prison, il n'en avait pas eu le droit, mais après avoir perdu sa liberté extérieure, Mikhaël se souvint aussi de l'histoire allégorique du jeune homme chargé de transporter une pierre précieuse à travers une forêt.

S'il n'avait pas saisi, quinze ans auparavant, ce que Peter Deunov avait voulu lui communiquer, il ne le comprit que trop bien durant sa détention. La pierre précieuse, symbole de l'enseignement qu'il avait apporté en France, avait été souillée et foulée aux pieds. On avait essayé de déshonorer le porteur de la pierre de la plus vile façon, on l'avait calomnié, on avait tenté de le salir afin de le faire disparaître. Tout comme dans la prophétie de Peter Deunov, Mikhaël marchait à présent dans une forêt remplie de brigands et de fauves.

En lui racontant cette parabole, Peter Deunov avait ajouté qu'après l'épreuve, celui qui portait la pierre serait lavé de toute souillure ; on lui procurerait tout ce dont il aurait besoin, et la pierre se remettrait à briller de tout son éclat.

Mikhaël dira plus tard que tout au long de sa détention, il avait senti la présence de Peter Deunov auprès de lui et qu'il en avait vu des signes dans le changement d'attitude du Directeur et des gardiens qui l'avaient protégé après l'avoir tout d'abord traité de façon inhumaine.

✫✫✫

Un peu plus de deux ans après son incarcération, Mikhaël fut libéré. Certaines accusations, à force d'absurdité, étaient tombées d'elles-mêmes, et les autres avaient été retirées. Des personnalités connues, qui s'étaient servies de leur influence pour le faire condamner après avoir été gagnées à la cause du faux Tibétain, firent tout ce qui était en leur pouvoir pour réparer leur erreur.

Des années plus tard, le Garde des Sceaux lui écrira pour lui demander pardon « d'avoir illégalement influencé la décision du juge ». Il lui expliquera qu'à l'époque, il avait été convaincu de sa culpabilité, mais qu'il savait maintenant que toute l'affaire avait été un coup monté.

Le 24 mars 1950, le procès d'appel ramena la peine à trente mois de prison, ce qui autorisait la libération immédiate de Mikhaël. À la demande expresse de celui-ci, la date de sa libération fut gardée secrète. Stella et Jean allèrent le chercher à La Châtaigneraie sans l'annoncer à personne.

En raison de toutes les influences qui étaient entrées en ligne de compte au moment du complot et des puissances qui l'avaient fait condamner, la Cour lui interdit de résider à Paris pendant cinq ans. Ce ne sera donc qu'au printemps de 1955 qu'il pourra revenir habiter à Izgrev. Entretemps, il fut hébergé chez des amis dans le sud de la France.

La fraternité française avait grandi dans la peine. Les évènements de ces deux dernières années l'avaient fortifiée, et elle était prête à retrouver son guide spirituel.

Aussitôt libéré, Mikhaël fit une brève visite à Izgrev où il donna une causerie dans l'intimité. Son visage était émacié et buriné, mais une flamme brûlait dans son regard, et son visage rayonnait de sérénité. Au début de la réunion, il commença par lire un texte de Peter Deunov, comme il l'avait toujours fait dans le passé. Puis, très simplement, il parla de la prison et de sa relation avec ses codétenus. Il évoqua aussi les sentiments qui avaient été les siens après avoir été calomnié et noirci. « La chose la plus difficile, dit-il, c'est d'être déshonoré. » Toutefois, sachant combien ses frères et sœurs avaient souffert de leur côté, et afin de les aider à se remettre au travail en oubliant les épreuves passées, il ajouta :

> Vous pensez peut-être que j'aurais dû passer ces épreuves seul. Oui, mais j'y aurais gagné seul. Vous aussi deviez gagner avec moi. ... Que tous les nuages noirs, toutes les mauvaises pensées et les sentiments de haine disparaissent, que les sources de l'amour jaillissent de nouveau et qu'on puisse se sentir enfants de Dieu ![83]

---

83 Conférence du 19 mars 1950.

Frère Mikhaël en 1950

La plupart des assistants pleuraient de joie. Tout au long de sa vie, Frère Mikhaël avait accepté de traverser les épreuves que tous les êtres humains connaissent, il avait « travaillé », selon son expression, sur différents problèmes, souffrances et limitations. Cette attitude constante donnait toute la mesure de son amour et de sa capacité de sacrifice.

Et, lorsque quelqu'un lui demanda, quelques années plus tard, pourquoi la vie des Initiés prenait presque toujours une orientation tragique, la réponse qu'il fit alors peut sans aucun doute être appliquée à sa personne :

> Vous vous souvenez que dans la mythologie, on a parlé de Prométhée qui avait apporté le feu du ciel aux humains. Il en a été puni. Tout sauveur de l'humanité subit le sort de Prométhée. La grande tradition révèle qu'avec le péché originel, les premiers êtres ont créé des entités monstrueuses qui ont peuplé la terre. Depuis, ce phénomène s'est répété plusieurs fois par suite de transgressions. Et cette propagation de monstres est la cause de tous les malheurs de l'humanité. Tous les saints, les prophètes, les martyrs qui ont payé de leur vie ont effacé une grande partie de la dette qui pèse sur l'humanité ; c'est-à-dire que ces êtres ont libéré une partie du chemin où doit passer l'humanité. Le sang de Jésus-Christ a nettoyé une grande surface de ce chemin. Les sacrifices de tous les êtres évolués comptent pour beaucoup et effacent tout ce qui est obscur et qui pèse encore dans le plan astral sur tous les humains.[84]

Après sa courte visite à Paris, Mikhaël se rendit à Pau, où il habita une maison entourée d'arbres. Il pouvait y suivre un rythme de vie qui l'aidait à refaire ses forces. Il consacrait ses matinées aux choses spirituelles en communion avec le généreux soleil du Midi, et ses après-midi à « donner ce qu'il avait acquis ».

Un jour qu'il avait fait une longue promenade dans un parc de la ville, il s'assit sur un banc. Au bout d'un moment il s'aperçut qu'une femme, installée non loin de lui, jetait des coups d'œil furtifs dans sa direction. Bien sûr, elle l'avait reconnu : sa photo

---

84 Conférence du 13 août 1956.

avait paru dans tous les journaux de France deux ans plus tôt. Se tournant vers elle, il lui demanda doucement :

– Croyez-vous ce qu'on a dit de moi ? »

Elle osa alors le regarder en face et répondit :

– Non, je ne le crois pas. C'est impossible. Vous avez le visage d'un prophète.

Elle hésita un instant et finit par dire :

– C'est terrible, ce qui vous est arrivé !

– Vous savez, expliqua Mikhaël avec bonté, le meilleur moyen de se décourager et de s'affaiblir est de considérer le mal comme un ennemi. Si, au contraire, vous l'envisagez comme un élément susceptible de vous faire avancer dans votre cheminement, vous le transformez en bien. N'oubliez pas que ce sont les épreuves qui vous permettront de trouver en vous-même des ressources insoupçonnées. C'est pourquoi le mal est souvent un bien déguisé.

Extrêmement réceptive, elle faisait attention à ses moindres paroles. Quelque temps après, elle se joignit aux personnes qui lui rendaient visite de temps à autre.[85]

À partir du mois de juin, Mikhaël fit la navette entre Pau et Sèvres presque tous les dimanches. Comme à l'habitude, il passait beaucoup de temps à recevoir tous ceux qui désiraient lui parler en privé. Lors de ces entretiens, de nombreuses personnes lui dirent qu'elles l'avaient « vu devant elles » pendant sa détention et elles le remercièrent du soutien qu'il leur avait apporté. Mais lui, tout en continuant à venir en aide à ses semblables, refusait d'être considéré comme un thaumaturge qui se sert du pouvoir de bilocation afin d'assister les personnes en détresse.

Quand on venait lui dire qu'on l'avait vu en rêve, ou qu'il était intervenu en personne pour secourir quelqu'un, il faisait allusion aux nombreux esprits qui peuvent soutenir tout être humain dans son travail : « J'ignore lequel est allé auprès de vous pour vous rendre votre calme ou dénouer une difficulté. »

Les conférences de ces années-là étaient souvent très longues. On demeurait ensemble durant des heures et, pour se

---

85 Ce témoignage nous a été transmis par une amie de la personne rencontrée par Frère Mikhaël ce jour-là.

refaire des forces après la traversée de cette période de ténèbres, on se remplissait de lumière. On chantait, on partageait
un repas, on écoutait Frère Mikhaël parler du pardon, de la lumière intérieure, de la prière et de la méditation, de la pureté,
des corps subtils ou de la musique qui apporte l'harmonie à
l'être humain. Un témoin de cette époque nous a confié :

> *Il était si inspiré qu'on ne se lassait pas de l'entendre.
> L'ambiance était unique, nous étions tous remplis d'une joie in-
> tense. De temps à autre, des rires fusaient, des chants naissaient
> spontanément. Les musiciens jouaient des pièces de musique clas-
> sique et, à la fin de la journée, on se séparait à regret.*

Malgré le tort que lui avaient causé le procès et les articles
diffamatoires dans les journaux, le rayonnement de Frère
Mikhaël attirait des êtres qui provenaient de toutes les couches
de la société. Très actif, il donnait des conférences à différents
endroits.

À en juger par les thèmes qu'il y abordait, il semblait être
comblé d'expériences mystiques à cette époque. On sait
qu'après sa première extase à l'âge de quinze ans, il en avait eu
beaucoup d'autres, mais une conférence qu'il donna le 28 janvier 1951 était si vibrante qu'elle décrivait vraisemblablement
des expériences récentes.

Ce dimanche-là, il ouvrit un petit livre de pensées de Peter
Deunov en priant les êtres du monde invisible de lui inspirer le
sujet à développer. Son regard tomba sur un texte concernant
l'extase, qu'il commenta avec une intensité particulière :

> *L'extase est un état merveilleux, indescriptible. Il faut l'expé-
> rimenter pour comprendre... On est envahi par des sentiments
> d'abnégation, d'altruisme, de noblesse. On aime toutes les créa-
> tures, on renonce à tous les petits plaisirs matériels, humains. On
> a le cœur plein de sentiments impersonnels, désintéressés, géné-
> reux. Voilà, un peu, ce qu'est l'extase. Elle ne vient qu'après avoir
> longuement admiré, adoré, contemplé la divinité.*

En dépit de la joie qu'ils éprouvaient tous à revoir régulièrement leur guide spirituel, les choses n'étaient pas plus faciles
pour la fraternité, car l'atmosphère n'avait pas beaucoup changé : des articles hostiles recommençaient à paraître dans les

journaux, et Mikhaël savait que ses ennemis n'avaient pas désarmé.

Au mois de mars 1951, il dit à tous ceux qui se trouvaient à Izgrev qu'il était le plus heureux des hommes et qu'il ne voulait pas se défendre, menacer ou « faire appel » comme tout le monde le lui conseillait : « Ou bien il n'y a rien à défendre, ou bien ce qui existe est bon et rien ne peut le détruire. »

Le matin du 9 avril, après le lever du soleil, il parla des ténèbres nécessaires à la germination des graines, puis il jeta une petite lumière sur une profonde vérité initiatique :

> *Durant deux ans, j'étais noyé dans le noir. J'en ai accumulé avec une grande joie. C'était du noir très noir, tout à fait noir. Ce noir est un mystère. C'est en lui que les choses se forment, dans l'obscurité. Le blanc est la manifestation, le noir est la formation. L'enfant se forme dans le noir. Le noir est deux fois symbole : pour les hommes ordinaires, le noir, c'est le mal, l'égoïsme, l'enfer. Pour les Initiés, c'est le mystère non éclairé, non éclairci.*

À l'automne de l'année suivante, il put enfin se permettre une excursion en montagne, comme au temps de sa jeunesse en Bulgarie. Un beau dimanche d'octobre, il se mit en route très tôt avec quelques personnes pour le pic du Midi d'Ossau, un sommet de 2 800 mètres d'altitude. Sur la cime, il s'isola longuement pour méditer, puis il passa un bon moment avec ses compagnons. Alors qu'ils amorçaient la descente, le brouillard envahit rapidement toute la région. La visibilité était quasi nulle. C'est alors qu'un phénomène exceptionnel se produisit : ils distinguèrent devant eux, reflétées sur l'épaisse couche blanchâtre, leurs silhouettes entourées de cercles concentriques lumineux et teintées des couleurs de l'arc-en-ciel.

L'aura de Frère Mikhaël était immense à côté des leurs. « Le phénomène était merveilleux, bouleversant, inoubliable », écrivit l'un des frères.[86] Mikhaël se tourna alors vers ses compagnons et leur expliqua que le monde invisible leur avait permis de voir leurs auras reflétées sur le nuage comme sur un miroir

---

86 Incident relaté par frère Jean dans : *Qui est le Maître Omraam Mikhaël Aïvanhov ?*, Prosveta.

« afin de leur faire prendre conscience du côté subtil de la vie ».
Puis il partit en avant, courant presque sur la pente.

Sidérés, les frères le voyaient faire de grands gestes souples
qui divisaient le brouillard en le rabattant de chaque côté de lui.
Il semblait y trancher un passage de lumière.

★★★

Ce ne fut que dix ans après sa libération que la réputation de
Frère Mikhaël fut enfin lavée de toute souillure. Il se trouvait
alors dans le Midi, où sa fraternité organisait des congrès d'été.

À la fin de septembre 1960, un bon nombre de ses frères et
sœurs étaient venus pour célébrer avec lui la fête de la Saint-
Michel.

Le 28, il dut se rendre au tribunal d'Aix-en-Provence où il
avait été convoqué. Comme bien souvent dans sa vie, la gent
ailée fut présente à l'évènement : au moment où il quittait son
chalet, des centaines d'hirondelles apparurent dans le ciel et
accompagnèrent longtemps sa voiture. Lorsqu'il rentra chez lui
dans l'après-midi, ce fut pour annoncer une bonne nouvelle à
tous ceux qui l'attendaient avec impatience : la Cour d'appel
d'Aix-en-Provence venait de prononcer sa réhabilitation judiciaire.

LA BEAUTÉ QUE L'ON CRÉE
AUTOUR DE SOI

Dans l'arrière-pays de la Côte d'Azur, près de la ville de Fréjus, Jean possédait un petit terrain appelé *Le Bonfin*. Hormis quelques pins, un grand chêne séculaire, de rares figuiers et quelques vieilles vignes, on n'y trouvait que broussailles et terre schisteuse avec, en plein milieu, une vieille maison en ruines. Dans l'espoir de donner un jour à la fraternité son petit lopin de terre, Jean avait décidé d'y effectuer des travaux avec quelques personnes en l'absence de Frère Mikhaël.

Quand celui-ci avait vu l'endroit en 1947, il avait particulièrement aimé une grande colline rocheuse située à l'est du terrain, d'où on pouvait observer le lever du soleil. Trois ans plus tard, il autorisa l'établissement d'un centre de congrès au Bonfin, et celui-ci devint la propriété de la fraternité. À partir de ce moment, on y fit des travaux de construction et d'aménagement, mais pendant des années, le site demeura très aride. Il fallut piocher dur pour ancrer quelques installations de fortune dans un sol ingrat.

Dans ce pays qui subit régulièrement les assauts du mistral, il était indispensable d'arrimer très solidement tentes et abris, mais en dépit de ces précautions, ceux-ci étaient parfois emportés, avec tout leur contenu, par de violentes rafales.

Mikhaël habitait une minuscule caravane que Jean avait construite pour lui avec de vieux matériaux amassés au fil des ans. Quand le mistral se levait, ce logis précaire menaçait de s'envoler.

Pour la plupart des installations, on utilisait de grands roseaux appelés cannisses que la nature offrait en abondance. On en faisait des toits, des abris sanitaires, des murets. Après avoir débroussaillé et arraché les vignes mortes, on traçait des chemins. Les corvées les plus ingrates étaient effectuées sous un soleil de plomb et, lorsqu'on voulait se rafraîchir, on mouillait un mouchoir qu'on s'attachait sur la tête.

*« Je préfère vivre dans une petite cabane avec toute l'humanité
dans mon cœur, plutôt que dans une maison
spacieuse et confortable. »*

Les deux puits du terrain ne fournissant presque pas d'eau, il fallait les nettoyer et les désinfecter de temps en temps. Jean, qui s'était donné pour tâche d'alimenter le camp en eau potable, se rendait tous les soirs à la rivière Reyran en moto avec un ou deux autres frères afin de rapporter de l'eau dans des barriques fixées à son side-car.

En 1953, le terrain se trouvait suffisamment équipé pour recevoir les participants d'un premier congrès d'été. À l'occasion de ce rassemblement, Frère Mikhaël fit parvenir à tous ses « amis proches et lointains » un vibrant message d'espoir qui était une véritable profession de foi en la venue de temps nouveaux pour l'humanité.

« L'âge d'or des poètes n'est pas une fable », écrivait-il. Ce fervent désir qu'il avait, depuis sa jeunesse, de voir tous les êtres conscients participer à « l'œuvre grandiose de nos grands et nobles frères aînés », était très apparent dans son texte :

Il n'y a rien de plus glorieux que de tendre toutes ses forces, ses pensées et ses sentiments vers la réalisation de ce plan éblouissant, le Royaume de Dieu sur la terre.

Il terminait son message sur une exclamation passionnée :

Le soleil est lumineux ; il se lève déjà sur le monde. L'air est pur, l'espace est infini, l'esprit est immortel, Dieu est éternel. Sa beauté est inexprimable, Sa bonté est inépuisable, Sa sagesse insondable, et Son amour tout-puissant !

Avec les années, la durée des congrès d'été passa graduellement de deux semaines à trois mois. Les membres de la fraternité venaient de toutes les villes de France et de Suisse pour des séjours plus ou moins longs, et le va-et-vient était constant.

Le Bonfin était un endroit où ils étaient heureux de vivre fraternellement dans les conditions les plus difficiles et le dépaysement le plus total.

Au milieu de cette nature encore vierge de l'arrière-pays méditerranéen, ils se sentaient comme des personnages des temps bibliques. Ils pouvaient marcher pendant des heures sans rencontrer qui que ce soit ; il n'y avait que le vaste ciel bleu, les pins aux branches torturées, les broussailles qui se desséchaient au soleil et les pierres qui roulaient sous le pied. Au loin se profilait le mont du Gisant, silhouette immuable de chevalier renversé. Quand on voulait se baigner, il fallait cheminer pendant une demi-heure jusqu'à la rivière Reyran. Après le bain et la lessive, on remettait ses vêtements mouillés qui séchaient en route.

Pour sa part, Mikhaël se contentait toujours de très peu. Il habita d'abord la petite caravane construite par Jean, puis un cabanon de deux mètres sur trois. Ce ne sera que quelques années plus tard qu'on pourra enfin lui offrir l'un des trois modestes chalets construits avec les matériaux d'une grande bâtisse achetée à rabais. Il y vivra durant des années. Lorsqu'il décrivait le travail spirituel qu'on pouvait faire dans les espaces restreints, il parlait d'expérience :

Même malade, seul, en prison ou en exil, vous pouvez travailler au-dedans de vous. C'est souvent dans des conditions difficiles qu'on peut améliorer le mieux son état intérieur. C'est alors qu'on a la plus grande puissance pour le faire, parce que tout manque au-dehors. Dans toutes les directions, vous rencontrerez des diffi-cultés et des obstacles.

Une seule direction est entièrement libre : vers le haut. Donc, quand vous rencontrez les pires conditions extérieures, et qu'on vous entrave en avant, en arrière, vers le bas, n'hésitez pas, allez vers le haut, élevez-vous. Quand toutes les difficultés nous assaillent, nous pouvons toujours entrer dans le domaine spirituel, aller vers Dieu. Dans cette direction, nul ne peut entraver nos efforts.[87]

Les travaux d'aménagement se poursuivirent encore de nombreuses années. Il fallut des chargements énormes de terre meuble pour mener à bien quelques projets, somme toute assez modestes, mais on arriva enfin à cultiver des légumes pour nourrir les congressistes, puis on planta de nouvelles vignes.

Mikhaël visitait régulièrement les chantiers et participait aux différents travaux. Rien n'échappait à son regard attentif, aucune besogne n'était trop ingrate pour lui. Le soir, c'était relâche. Il en profitait pour se promener parmi les tentes et s'entretenir avec les campeurs. Constamment, malgré toutes ces

besognes ardues, il demandait à tous d'être attentifs à l'esthétique des lieux : « La beauté que l'on crée autour de soi se reflète dans l'âme. »

Cependant, s'il remarquait les plus petits détails et pouvait travailler aussi bien comme maçon que peintre, il ne s'occupait pas d'organiser les activités sur le plan physique ; il en laissait la responsabilité aux participants. Il disait souvent qu'il ne s'occupait que de faire couler l'eau, ce symbole de vie et d'amour, « car s'il y a de l'eau, les choses s'organisent d'elles-mêmes ».

---

87 Conférence du 3 décembre 1950.

Cette vie intense qu'il savait insuffler à sa fraternité était presque tangible et, de temps à autre, des visiteurs ou des ouvriers en faisaient la remarque.

C'est ainsi qu'un été, un Italien fut engagé comme menuisier, avec ses fils, pour construire plusieurs chalets avec le bois d'une grande baraque qu'on avait fait transporter au Bonfin. Un matin que Frère Mikhaël descendait du Rocher avec toute une foule autour de lui, Carrodano, perché sur le toit d'un premier chalet, déposa son marteau pour mieux l'observer. « Ah ! Monsieur, dit-il, je commence à comprendre ce que vous faites. »

– Tiens, tiens, et qu'avez-vous compris, M. Carrodano ?

– Je comprends, je comprends...

– Mais dites-le-moi !...

Alors Carrodano, demeurant assis sur son toit, se mit à raconter l'histoire d'un monsieur riche qu'il avait connu en Italie.

– C'était un homme toujours triste qui nous avait invités à boire, moi et mes amis, en espérant que notre joie se communiquerait à lui. Mais il nous a regardés boire, rire et chanter sans perdre son air sombre, puis il nous a quittés. Voilà ce que j'ai compris, Monsieur, vous donnez le sens de la vie à vos frères et sœurs !

– Bravo, M. Carrodano, dit Mikhaël. Mais comment avez-vous compris cela ?

– Quand je les vois chaque matin descendre du Rocher, tellement heureux, tellement rayonnants, je comprends que c'est cela que vous leur donnez, le sens de la vie.[88]

Le rôle de Mikhaël envers ses frères et sœurs se situait à des niveaux multiples : il s'adressait à leur intelligence, à leur cœur et à leur volonté, faisant appel non seulement à leur désir de perfection, mais aussi à leur sens de l'esthétique.

Les difficultés d'une vie basée sur la collaboration, les problèmes qui surgissaient inévitablement entre des personnes de tempéraments différents, ainsi que les exigences d'un véritable esprit fraternel, tout cela ne lui échappait pas. Il répétait que la vie était « une école », que les sympathies et les antipathies

---

88 Voir son propre récit dans : *L'harmonie*, « Le disciple doit développer le sens du monde spirituel », Prosveta.

avaient souvent leur origine dans d'autres incarnations, et qu'il fallait mettre sa *personnalité* au service de son *individualité*.

Pour expliquer les rôles respectifs, chez l'être humain, de ces deux natures, il utilisait l'exemple de l'arbre. La personnalité est semblable aux racines de l'arbre : elle possède les richesses souterraines, c'est-à-dire les matériaux bruts que sont les instincts, les passions, les désirs. Elle est puissante, mais son défaut est de tout faire converger vers le moi inférieur.

Quant à l'individualité, elle a reçu les qualités les plus belles et les plus rayonnantes, de même que la possibilité de produire des fleurs et des fruits. « Tout ce qui est vraiment spirituel est inspiré par elle », disait Mikhaël.

À partir de cette image de l'arbre, il démontrait que la personnalité est aussi nécessaire que les racines, le tronc et les branches, et que l'individualité, tout comme les feuilles, les fleurs et les fruits, n'est pas toujours présente dans l'être humain, ce qui fait que celui-ci doit apprendre à discerner d'où lui viennent ses impulsions.

« La personnalité, disait-il, peut devenir la meilleure des servantes et il ne faut pas essayer de la détruire, comme certains ascètes ont tenté de le faire dans le passé. Pour ce qui est de l'individualité, il est tout à fait possible d'arriver à lui donner la première place ; lorsqu'elle dominera et maîtrisera complètement la personnalité, le corps physique deviendra une base pour la manifestation du Seigneur. »

Le Bonfin était une école, *son* École.

À tous ceux qui y venaient, il demandait de se comporter en êtres exceptionnels, d'être purs dans leurs pensées, leurs paroles et leurs actes ; il leur offrait des méthodes pour s'harmoniser avec le cosmos, pour se modeler d'après ce monde infini et se lier à la source de toute vie, qui est l'Âme universelle, Dieu lui-même. « C'est dans la communion avec cette vie universelle que vous trouverez le sens de la vie », disait-il.

Un séjour au Bonfin était un apprentissage de ce qu'il appelait le *vrai travail*, celui qui est capable d'équilibrer tous les autres : « Ne délaissez jamais la concentration, la méditation ». Et, comme il employait très souvent l'expression « faire un travail » en parlant des efforts dans la vie spirituelle, on lui demandera plus d'une fois ce qu'il entendait par là.

Ce travail est là où vous ne le supposez pas. Il est possible de rester parfaitement immobile, plongé dans le silence, et de participer au travail de Dieu. Comment ? En vous élevant jusqu'à l'Âme universelle. Arrivé là, vous vous liez à elle, vous êtes avec elle, dans son œuvre. Nul ne sait ce que vous faites, pas même vous. Vous pouvez être dans plusieurs lieux de l'univers à la fois.[89]

Cela impliquait la persévérance dans la recherche spirituelle, et c'était dans ce sens qu'il aimait se servir de la formule populaire *Bonne continuation*, afin de stimuler en chacun les forces nécessaires *à l'action de continuer* les choses entreprises et de les mener à terme. Il affirmait que la plus grande force chez l'être humain est de persévérer, malgré tous les éléments qui se conjuguent pour l'empêcher de poursuivre ses efforts vers la transformation de soi. En fait, c'était à la transformation alchimique qu'il se référait : il employait la comparaison du tournesol – cet indicateur coloré utilisé autrefois par les chimistes – qui finit par changer de couleur quand on y ajoute, goutte à goutte, un acide ou une base. « Encore une goutte, encore une ! disait-il. Bonne continuation... jusqu'à ce que le rouge devienne bleu... jusqu'à la transmutation. »

✯✯✯

Avec les années qui passent, le Bonfin se transforme. On commence à y planter des fleurs, des mimosas, des lauriers-roses et des eucalyptus. On aménage un terrain pour les exercices de gymnastique près du grand chêne. Tous les matins à l'aube, la scène qui se déroule rappelle un peu les expériences de montagne à Rila. Le ciel est encore constellé d'étoiles lorsque les premiers campeurs sortent de leurs tentes. Après des ablutions sommaires à cause de la rareté de l'eau, ils s'habillent chaudement en se munissant même d'une couverture, car les petits matins sont frisquets en ce pays. Ils se dirigent en silence vers le Rocher de la prière.

Après avoir escaladé quelques pans rocheux, ils s'engagent sur une longue pente sablonneuse et boisée qui mène au sommet

---

89 Conférence du 4 janvier 1959.

de la colline où ils s'installent pour faire leur méditation. L'endroit est très beau. Sur le ciel qui s'éclaircit, les monts bleutés se dessinent en une succession gracieuse de lignes courbes ; vers la droite, par temps clair, on aperçoit la mer Méditerranée.

Lever de soleil sur le Rocher de la Prière

Une heure après le lever du soleil, Frère Mikhaël se tourne vers ses frères et sœurs pour une petite causerie. Ensuite, c'est la descente vers le campement, les exercices de gymnastique et le petit déjeuner servi autour de trois tables placées sous un abri de cannisses.

Le midi, les causeries ont parfois lieu dans l'une des pièces de la vieille maison, mais la plupart du temps, on reste simplement assis à table en plein air. Quand il y a du mistral, la soupe se couvre d'une fine couche de poussière, mais on n'y fait pas attention, on est trop heureux. Néanmoins, le temps est venu pour de nouvelles exigences.

Dès le premier congrès en 1953, Mikhaël encourage chacun à demeurer un peu plus longtemps le matin devant le soleil, à le contempler tout simplement, comme des enfants.

Cinq ans plus tard, il suggère de prolonger les méditations, il précise les conditions nécessaires à une vraie concentration. En réalité, son amour pour le soleil est contagieux. Ainsi que l'a relaté un frère qui le connaissait depuis 1939 :

> À l'écouter, nous avions le désir de devenir aussi radieux que lui, qui contemplait le soleil depuis sa jeunesse, et qui avait accepté les pires épreuves sans jamais perdre sa lumière intérieure. Nous connaissions la prédiction de Peter Deunov à propos de la traversée d'une porte étroite, et nous pouvions constater qu'il en était réellement ressorti « rayonnant comme un soleil ».

Pendant l'été de 1958, Mikhaël annonça qu'un travail gigantesque était en cours sur les plans subtils de la terre et dans tout le cosmos. « Des éléments tout neufs se mettent en place dans le monde », dit-il. Il prophétisa qu'un nouvel âge de plusieurs siècles viendrait bientôt, et qu'il n'y aurait plus ni guerres, ni maladies, ni crimes. Il expliqua qu'en cette deuxième moitié du vingtième siècle, l'aube d'une nouvelle époque se levait déjà dans l'âme d'un certain nombre d'hommes et de femmes, et qu'un âge d'or se manifesterait bientôt par l'intense présence de l'amour dans les cœurs.

Le travail qu'il accomplissait lui-même dans ce sens était tout imprégné de la relation étroite qu'il possédait avec les Anges des quatre éléments. Il faisait en sorte de mettre les membres de sa fraternité dans une ambiance élevée, de les aider à comprendre certains aspects de la nature et de leur propre lien avec elle.

Le 6 août 1958, lorsque l'eau courante fut enfin installée au Bonfin, il remercia l'Ange de l'Eau pour ses bienfaits, puis il précisa :

> L'eau représente le côté fluidique de la nature, elle est le sang de la terre... elle se transforme en sang à l'intérieur des humains. L'eau est le vrai sang qui nourrit toutes les créatures de la nature. Il faut arrêter votre attention sur l'eau parce qu'elle est un symbole très profond. Si vous la buvez avec amour, respect et reconnaissance, elle se transforme en vie, car elle porte la vie en elle. En chimie, rien ne se fait sans eau ; même les pierres précieuses ne peuvent exister sans quelques particules d'eau. Sans eau, les cristaux ne se forment pas. Grâce à un peu d'eau, la pierre précieuse est résistante, transparente, elle reflète les rayons du soleil... Demandez à l'eau de vous donner sa transparence.

Quelquefois, au lever du soleil, il demandait aux personnes présentes de participer à son travail spirituel en priant avec lui l'Ange de l'Air ou l'Ange du Soleil ; le soir, autour du feu, il rappelait la nécessité de brûler en soi-même « le vieux bois » afin d'entretenir la vie. Il continuait à parler du feu et de l'eau, ces deux éléments indispensables à la vie.

Sa compréhension profonde des deux principes l'amenait à préciser les rôles respectifs de l'homme et de la femme, et c'est ainsi qu'il le fit le 29 août 1958 :

> L'homme a des énergies formidables, mais elles retourneraient au grand réservoir cosmique si, avec lui, il n'y avait pas la femme. La femme a la fonction immensément importante de capter l'esprit, l'énergie de l'esprit, et de lui créer des formes pour qu'il agisse. C'est grâce à l'union des deux principes que la terre et les formes qui la peuplent existent. Sans la femme, l'esprit, trop subtil, ne pourrait rester.

Vers la mi-septembre, il annonça qu'il partirait prochainement pour un voyage en Inde. Le congrès de cet été-là fut le dernier d'une étape particulière de sa vie et de celle de sa fraternité. Son séjour en Inde durera un an et, quand il reviendra, une autre étape commencera. Le 29 septembre, il précisa le sens de la fête de l'archange Mikhaël, qui tombe à l'automne, au moment où débute une saison de mort apparente. Il ajouta :

C'est un cycle de dépouillement, de libération, d'arrivée du nouveau. Le fruit se détache de sa gangue à ce moment-là. Le grain tombe hors de ses limites pour être mangé ou conservé... La fête de Saint Mikhaël a commencé il y a une semaine, et la nature tout entière fête cette date. Les anges, les archanges, toutes les forces de la nature et la Mère divine sont invités à cette fête. Le 22 septembre a lieu un festin extraordinaire. Les humains ignorent ce qui se passe dans la nature et très peu d'êtres sont invités à participer à ce festin.

Au cours des trois mois qui précédèrent son voyage en Inde, quelques évènements firent une profonde impression sur l'ensemble de la fraternité. En développant une photo faite pendant la méditation qui suivait toujours le repas, un frère aperçut au-dessus de la tête de Frère Mikhaël le symbole kabbalistique du *Shin* – qui représente le principe masculin à la verticale et le principe féminin à l'horizontale.

« Le Shin ש représente une hirondelle, un bateau avec le vent, une soucoupe avec une bougie, les deux mains et la tête quand on prie, et l'ancre aussi... »

Ce symbole apparut sur des photographies à trois reprises. Le phénomène, qu'on pouvait peut-être attribuer à des reflets de lumière, était impressionnant à cause de la perfection de la forme sacrée du Shin.

Le 1er janvier 1959, Frère Mikhaël dit à tous ceux qui se trouvaient réunis à Izgrev que son absence se révélerait bénéfique pour eux, qu'elle leur permettrait peut-être de trouver en eux-mêmes la vraie force.

Il était resté vingt et un ans auprès d'eux, et maintenant, il lui fallait aller chercher des choses sacrées conservées depuis des millénaires dans un pays d'Orient imprégné du mysticisme des grands Maîtres. Il ajouta :

Vous êtes sous la protection de quelqu'un qui peut tout. C'est lui, ce grand Être d'en haut qui m'a dit : « Je les prends sous ma protection. » Or, il a tous les pouvoirs. Depuis longtemps, il s'occupe de moi. J'ai senti plusieurs fois sa présence au cours de ces quarante ans sans toutefois pouvoir lui parler. Maintenant, grâce au ciel, il m'a adressé la parole. Je crois ce qu'il m'a dit. Je sais qu'il va prendre soin de vous. J'ai reçu l'ordre de faire ce voyage et j'obéis aux ordres du ciel.

Frère Mikhaël entrait alors dans sa soixantième année. Cette allusion à un Être mystérieux qui l'accompagnait depuis quarante ans semble être reliée à un commentaire laconique fait quelques années auparavant à propos d'un « évènement extraordinaire » qu'il avait vécu en 1920. Selon toute apparence, il faisait référence au début de sa relation, à l'âge de vingt ans, avec celui qu'il appelait son vrai Maître.

La date de son envolée vers l'Inde fut fixée au 11 février 1959. Il partait seul, mais plus de deux cents personnes l'accompagnèrent à l'aéroport d'Orly. Pendant que son avion s'éloignait, ses frères et sœurs se disaient que le temps serait bien long sans lui, sans cette vie intense qui l'habitait et qu'il savait insuffler à chacun.

« Accrochez-vous aux principes de l'amour, de la sagesse et de la vérité », leur avait-il dit dans l'une de ses dernières conférences.

C'était déjà tout un programme.

QUATRIÈME PARTIE

Le Maître

Les grands Maîtres sont des individualités humaines haute-ment développées et qui ont déjà passé au moins une fois à tra-vers toutes les possibilités de la destinée humaine.

Rudolf Steiner

Après son séjour d'un an en Orient, Mikhaël annonça à sa fraternité :

« Mon nouveau nom est Omraam Mikhaël. »

C'est en Inde qu'il avait reçu ce patronyme qui semblait lui avoir été destiné depuis toujours. Le 6 mars 1960, il expliqua :

> Dans ce nom Omraam se trouvent réunis les deux processus solve et coagula. « Om »... Ce son désagrège tout ce qui est négatif. Il correspond au solve de la science initiatique. Solve renvoie les choses à leur source en les transformant en lumière. Le son « Raam », par ses vibrations, a le pouvoir de condenser, de coaguler les choses divines et de les rendre palpables. C'est coagula.

Il ne révéla jamais les conditions dans lesquelles il avait reçu ce nom, mais il fit une fois allusion, en privé, à trois Maîtres rencontrés dans un temple de l'Himalaya au cours d'une retraite de deux semaines qu'il y avait faite.

L'un de ces Sages, investi d'une puissance surnaturelle, lui avait donné le nom d'Omraam. « C'était quelqu'un d'encore plus grand que Babaji », précisa-t-il au mois d'avril dans une conférence.

Un changement de nom est tout à fait dans la ligne de la tradition initiatique. À condition d'être judicieusement choisi et, dans la plupart des cas, attribué par un sage, le nouveau nom éveille de grandes forces dans l'âme. Par conséquent, sa qualité vibratoire est très importante.

Mikhaël, qui connaissait la symbolique et le pouvoir des nombres, avait fait le calcul numérologique de son nom en entier, modifiant ensuite l'orthographe française d'Ivanoff en Aïvanhov. Il expliqua qu'il avait été inspiré par la façon dont on le prononçait en Inde, mais que le point fondamental était le suivant : *le total des nombres correspondant à chacune des lettres de son nouveau nom donnait 72. Et que, dans la tradition kabbalistique, ce dernier nombre est considéré comme très puissant, car* il totalise les neuf chœurs d'anges composés chacun de huit hiérarchies.[90]

On connaît peu de choses sur ce qui a été vraiment important pour Omraam Mikhaël Aïvanhov pendant son séjour en Inde. Il s'est toujours montré très discret à ce sujet, mais plusieurs des causeries données à son retour, ainsi que diverses réflexions occasionnelles sur cette étape de sa vie, ont jeté une lumière intéressante sur son itinéraire ainsi que sur sa mission de guide spirituel.

Ces réflexions, souvent succinctes, ne constituent pas une relation de voyage chronologique, mais elles semblent bien indiquer qu'il ait passé les premiers mois de son séjour dans les montagnes.

J'étais dans l'Himalaya, plus loin qu'Almora. Il y avait l'air pur... et pas beaucoup de monde. Je parlais très peu et je méditais. Je méditais jour et nuit. J'y ai passé des mois.[91]

Pendant cette période, il vécut plusieurs semaines au Cachemire. Il aimait ce pays protégé par les contreforts de l'Himalaya, avec ses magnifiques vallées émaillées de gentianes, de primevères et d'edelweiss, et ses torrents qui prenaient naissance dans les glaciers pour aller se déverser plus bas dans les lacs et les rivières. À partir de Srinagar, l'ancienne ville lacustre appelée la « Venise orientale », il se dirigea de plus en plus haut.

À Gulmarg, il loua un modeste chalet et, malgré des conditions matérielles plutôt précaires, il y resta longtemps.

Un jour, il se mit en route pour les sommets, mais comme il n'avait pas l'équipement indispensable pour faire de l'alpinisme, il s'arrêta à une altitude de 5 000 mètres, près d'un grand lac. C'est là qu'il vécut une expérience rarissime. Il connaissait la technique qui permettait aux Initiés du Tibet ou de l'Inde de se déplacer dans l'apesanteur, mais il savait également qu'il leur fallait des années d'exercices réguliers pour parvenir à la

---

90 Selon Pythagore, tout l'Univers est fondé sur les nombres. La numérologie s'appuie sur le concept suivant : chaque nombre possède son sens symbolique ainsi que sa vibration particulière, et chacune des lettres de l'alphabet correspond à un nombre.
91 Conférence du 30 décembre 1975.

pratiquer. Aussi fut-il très surpris de pouvoir faire l'expérience sans même l'avoir cherché.

Subitement, alors qu'il marchait dans la montagne en contemplant le sommet du Nanga Parbat, il eut la sensation de ne plus avoir aucun poids. Il se mit alors à courir avec une telle légèreté que ses pieds effleuraient à peine le sol. Sans effort, il montait et descendait, en volant presque le long des pentes. « C'est resté pour moi un souvenir inoubliable », dit-il à son retour en France.

Sur les hauteurs d'Almora, il fut présenté à deux êtres exceptionnels, Anagarika Govinda et sa femme, qui devinrent pour lui de grands amis.

Enfin, le 17 juin, il entra en contact avec celui qu'il appelait simplement *Babaji*. Depuis longtemps, il désirait connaître « ce grand Être ». Ne sachant trop comment le trouver, il lui envoya un message par la pensée, et Nimcaroli Babaji réagit aussitôt en se rendant dans le district d'Almora pour le rencontrer. Dès son arrivée, celui-ci pria les disciples qui l'accompagnaient de le laisser seul avec le Maître étranger. Il passa un très long moment avec lui, puis il le conduisit à différents endroits pour lui présenter des personnes intéressantes. Et, parce qu'il venait de France, il le nommait ainsi : *The French sadhu*, ajoutant chaque fois : *...a yogi and a great saint.*[92]

Les gens saluaient alors le compagnon de Babaji avec respect en s'inclinant à la façon traditionnelle.

Qui était donc Babaji ? Il faut savoir que le terme Baba, ou Babaji – Père –, est donné à beaucoup de guides spirituels en Inde. Depuis la publication, en 1946, de l'autobiographie de Yogananda, on connaissait en Occident l'existence d'un personnage extrêmement mystérieux appelé Mahavatar Babaji, dont le rôle semblait être depuis longtemps celui d'un guide pour les prophètes et les Maîtres.

On disait qu'il paraissait ne jamais vieillir, qu'il vivait dans l'Himalaya depuis deux cent cinquante ou trois cents ans, qu'il apparaissait et disparaissait à volonté. Ses disciples étaient des êtres très avancés envers lesquels il se montrait excessivement exigeant. Dans le passé, il avait fait des prédictions qui s'étaient

92 Le sadhou français... un yogi et un grand saint.

toujours réalisées. Possédant le don d'ubiquité et divers autres pouvoirs, il voyait et entendait les gens à distance. D'innombrables personnes affirmaient avoir été sauvées ou éclairées par lui, sans l'avoir jamais vu.

On disait les mêmes choses d'un autre grand Maître, Nimcaroli Babaji. Certains affirmaient qu'il était âgé de plusieurs centaines d'années, d'autres pensaient connaître son lieu et sa date de naissance, mais il demeurait tout de même assez énigmatique. Jamais on ne l'avait vu agir en grand seigneur, bien au contraire, il se manifestait toujours avec la plus grande simplicité.

L'un des incidents connus à son sujet s'était produit dans la petite ville de Nib Karauri :

> *Un jour, Babaji voyageait en train. Dans ce train se trouvaient de nombreux sadhous qui n'avaient pas de billet. Les sadhous sont généralement très pauvres et montent souvent dans les véhicules publics sans payer, et quand on s'en aperçoit, on les fait descendre. Ce jour-là, le contrôleur pria tous les sadhous – dont Babaji, qui n'avait pas non plus de billet – de descendre à la prochaine petite ville. Babaji et les sadhous descendirent en même temps que les voyageurs qui s'arrêtaient là. Ils restèrent sur le quai. Le train siffla pour repartir, mais à la surprise du conducteur, il ne s'ébranla pas.*

> *Après avoir en vain cherché la cause de cette immobilité inexplicable – étant donné que tout était en parfait état de marche –, on alla chercher le chef de gare et d'autres employés pour discuter du phénomène. Tous étaient perplexes et ne savaient comment remédier à la situation. Alors un homme âgé désigna Babaji au chef de gare et lui dit : « Allez trouver cet homme là-bas. C'est lui qui empêche le train de partir. J'ai vu des lumières sortir de ses yeux. » Le chef de gare s'adressa à Babaji et le pria de remonter dans le train. Alors Babaji, suivi de tous les sadhous, reprit place dans un compartiment, et aussitôt le train se remit en marche.*[93]

À partir de ce moment, on l'avait surnommé Nimcaroli Babaji, ce qui signifie « le Babaji de Nib Karauri. »[94]

---

93 Conférence du 12 février 1960.
94 Les variantes dans l'orthographe sont dues à la translittération.

En juillet 1959, la fraternité française recevait une lettre, signée tout simplement Mikhaël, dans laquelle celui-ci annonçait sa rencontre avec Maharaja Nimcaroli Babaji. En quelques phrases vibrantes, il décrivait cet être exceptionnel. Du même souffle, il mentionnait le grand Babaji dont avait parlé Yogananda, comme s'il s'agissait d'un seul et même personnage. Plus tard, il jettera volontairement un voile sur cet évènement de sa vie : après ce message enthousiaste, il agira comme s'il avait voulu brouiller les pistes.

Il fera état de ses rencontres avec « Babaji » sans évoquer explicitement son nom ; il donnera également des détails concernant ses pouvoirs légendaires, notamment sur sa capacité de s'échapper d'une pièce fermée ou d'être vu à différents endroits à la fois.

Dans l'une de ses conférences, il fera référence à deux rencontres seulement avec Babaji, tandis qu'à d'autres occasions, il sous-entendra qu'il y en avait eu de nombreuses : « Après m'avoir quitté, il m'a fait chercher plusieurs fois pour que nous puissions causer. » Finalement, il précisera, en parlant de Nimcaroli Babaji : « Il a les mêmes pouvoirs que l'autre. » Entre lui et ce dernier s'était établie une communication qui n'avait pas besoin de paroles. Un jour qu'ils se trouvaient ensemble en voiture, Omraam Mikhaël posa sa main, en un geste de respect et d'amitié, sur le genou de Babaji, qui se tourna aussitôt vers lui avec un sourire : « Il s'est mis à chanter dans une langue mystérieuse, et nous avons échangé des regards comme je n'en avais jamais reçus de personne. »

Avant de lui dire au revoir de façon définitive, Babaji l'invita à aller faire un séjour dans un temple situé près de Naïnital. Lui-même n'y serait pas, toutefois ; il ne s'y rendait que de temps à autre, personne ne savait à quel moment. Le site se trouvait assez haut en montagne, et le cadre était splendide.

Hanouman Baba, le yogi responsable du lieu, accueillit son visiteur avec déférence et, sans un mot, le conduisit à la chambre de Babaji. Dans cette pièce qui s'ouvrait sur une vue magnifique, Omraam Mikhaël passa deux semaines dans la contemplation. Le soir, il approfondissait ses connaissances sur l'hindouisme en communiquant avec le yogi qui avait fait vœu de silence et qui répondait à ses questions en écrivant sur une ardoise. Ce prêtre

284

se nourrissait d'un demi-litre de lait par jour. La nuit, il ne s'accordait que deux ou trois heures de sommeil à l'intérieur d'un trou creusé dans la terre. Au moyen de cette technique millénaire qui prive les cinq sens de nourriture, il parvenait à engourdir son corps d'une manière particulière :

> *Quand les cinq sens s'arrêtent de fonctionner, ils n'absorbent plus l'énergie psychique. À ce moment-là, un autre sens s'éveille grâce auquel on commence à voir, à entendre, à sentir, à toucher des éléments fluidiques dans les régions supérieures.*[95]

En dépit des limites imposées par leur communication écrite, une réelle amitié se développa entre les deux hommes. Hanouman Baba expliquait au Maître étranger la signification cachée de certains exercices de *Shabda yoga*, il lui traduisait d'anciens textes sur les *Veda* ou les *Upanishad* et lui révélait les propriétés très singulières de certaines plantes du jardin.

✫✫✫

Après cette retraite dans l'Himalaya, une étape très différente commença pour Omraam Mikhaël Aïvanhov. Il parcourut le pays en tous sens, visitant grandes villes et villages, lieux de pèlerinage et de culte, grottes sacrées, palais et temples. Il passa de longues heures dans de grandes bibliothèques et s'offrit même le plaisir de suivre quelques cours de sanscrit.

Tout au long de ses pérégrinations sur les routes de l'Inde, il vécut à l'orientale, se nourrissant de façon très frugale et préparant lui-même ses propres repas. Même dans les hôtels, on respectait ses désirs en lui fournissant aimablement tout ce dont il avait besoin, car on reconnaissait aussitôt qu'il était un *Brahmajari*, c'est-à-dire un célibataire consacré au service de Dieu.

Au fil des mois, il rencontra des membres de diverses castes religieuses, des hommes d'affaires, des magistrats, des industriels. À tous, il montrait la photo du Maître Deunov qu'il portait toujours sur lui. Chaque fois, il était touché de voir ses interlocuteurs prendre l'image avec déférence et la placer brièvement sur

---

95 *L'harmonie*, « Le disciple doit développer les sens du monde spirituel », Prosveta.

leur front avant de la lui rendre. La plupart du temps, ceux-ci l'invitaient à partager un repas, ils se confiaient à lui en sollicitant ses conseils et, pour le remercier de les avoir honorés de sa présence, ils lui faisaient visiter leur ville et leur région. À Gulmarg, invité à s'adresser à un groupe de savants, de médecins, de physiciens et de chimistes, il s'exprima avec sa franchise habituelle, et son intervention provoqua des discussions très animées sur les méthodes à employer pour améliorer les conditions de vie dans le pays.

Dans les temples, il ne manqua pas de remarquer les symboles religieux les plus courants, tels que le *lingam*, qui représente la procréation par une forme courbe placée à l'horizontale, surmontée d'une flèche verticale. Devant l'un de ces temples, il observa un jour quelques femmes qui déposaient des fleurs au pied du symbole. Curieux d'apprendre ce qu'elles en savaient, il décida de les aborder, car il avait noté que beaucoup de femmes, dans les villes, parlaient l'anglais. Il s'approcha et leur posa la question. L'une des femmes lui répondit que le lingam représentait les deux principes, le masculin et le féminin. « Pourquoi, demanda-t-il encore, sont-ils placés ensemble au lieu d'être séparés ? »

Devant le silence général, il leur offrit une explication :

Les Rishis ont réuni dans ce symbole les deux principes, alors que dans l'être humain ils sont encore séparés. Dans les temples, ils sont unis, mais pas dans votre être. Ou bien vous êtes féminin et vous cherchez sans cesse l'autre principe, l'homme ; ou bien vous êtes masculin et vous cherchez l'autre principe, la femme. Les deux sont séparés. S'ils ne l'étaient pas, vous ne chercheriez pas toujours l'autre, celui qui vous manque. Vous n'avez pas la plénitude, vous n'êtes pas complet, vous cherchez donc un conjoint pour combler votre insatisfaction. Les grands Sages, les Rishis, les Sadhous possèdent intérieurement les deux principes, ils sont homme et femme tout à la fois. Pour cette raison, ils ne cherchent pas à se marier. Ils possèdent les qualités des deux principes : l'amour du principe féminin, et la puissance du principe masculin. Ils sont le lingam complet.

Il se trouvait à présent entouré d'un bon groupe de personnes. Dans ce pays, la scène était loin d'être inhabituelle : on reconnaissait un Maître qui communiquait ses connaissances et sa sagesse, on s'approchait pour écouter. Il leur parla également des *chakras* :

> *Il y a plus encore. Vous devez développer le chakra Ajnâ, grâce auquel vous pourrez tout voir. Mais vous devez ajouter à ce centre féminin, qui est horizontal, l'éveil du centre masculin Sahasrâra, qui est vertical. Alors seulement vous serez devenu un lingam vivant.* [96]

S'il lui arrivait parfois de s'exprimer en public, la plupart du temps il se contentait d'observer et d'écouter. Il passait de longues périodes dans des villages isolés afin de se familiariser avec le style de vie de leurs habitants et de connaître leurs intérêts et leurs problèmes. Malgré les conditions de misère, il s'attardait chez les gens les plus humbles et s'adaptait à leur façon de vivre.

Sur les chemins, il croisait des sadhous qui n'étaient pas en quête de gloire, adoptant plutôt une attitude de mendiants ignorants afin de pouvoir effectuer leur travail spirituel en paix. Cependant, son regard exercé pénétrait leur déguisement, et il leur adressait quelquefois la parole. Sans hésiter, ceux-ci acceptaient d'échanger avec lui. Certains de ces sadhous lui donnaient même le titre réservé aux chefs spirituels, aux ascètes et aux sages en l'appelant *Mahatma*. Malgré ses dénégations, ils insistaient. Alors, il souriait et ne disait plus rien. Après la salutation traditionnelle, il les regardait s'éloigner sur la route poussiéreuse en songeant que ce pays était exceptionnel pour le développement de la vie spirituelle : il y faisait toujours chaud, et les forêts de certaines régions regorgeaient d'arbres à petits fruits, de telle sorte qu'il était possible d'y vivre de rien. Tout cela facilitait l'existence des sadhous et leur permettait de se concentrer sur l'épanouissement de leurs facultés spirituelles.

Dès le début de son séjour, il s'aperçut qu'en Inde, on était resté très sensible au pouvoir de la bénédiction. Dans les rues, les autobus et les hôtels, ou même dans la maison de personnages importants, les gens s'agenouillaient devant lui en formulant le souhait de devenir ses disciples. Ils lui demandaient sa

---

96 Conférence du 14 février 1960.

bénédiction. Au début, surpris et gêné, il les relevait, mais après un certain temps, il accepta de bénir ceux qui l'en priaient.

★★★

Durant son périple à travers le pays, il visita un grand nombre d'ashrams, des plus célèbres aux plus humbles ; il participa même à une cérémonie religieuse dans un ashram féminin dirigé par une jeune fille que Nimcaroli Babaji connaissait. Dès ses premières visites, il eut la surprise d'apprendre que Babaji avait propagé la nouvelle de sa venue. Dans tous les ashrams renommés, on savait qui il était. On l'attendait. À Calcutta, il rencontra Ma Ananda Moyi. « C'est une femme qui a réalisé quelque chose de grand, indiqua-t-il un jour. Indéniablement, l'Esprit est sur elle. »

Il demeura quelques jours au Centre de Ramakrishna, après quoi il rendit visite à Shivananda, à Rishikesh, dans son immense ashram équipé d'un hôpital, d'une pharmacie et d'une imprimerie. Dès que Shivananda l'aperçut, il poussa une exclamation de joie, se leva et lui passa la traditionnelle couronne de fleurs autour du cou en signe de bienvenue. En fin de journée, après avoir longuement conversé avec son visiteur, le Maître indien l'invita à faire une promenade sur les rives du Gange.

À Tiruvannamalaï, il put enfin jouir d'un moment de calme et de silence dans l'ashram de Ramana Maharshi, décédé neuf ans auparavant. Il s'agissait d'un endroit chaleureux, lumineux et paisible, imprégné d'une atmosphère spirituelle. Les disciples qui y vivaient le reçurent avec le respect et la vénération dus aux grands Maîtres. Très touché, Omraam Mikhaël se vit conduire à la chambre même de Ramana, où il fut invité à méditer aussi longtemps qu'il le souhaiterait.

Quand il en parla plus tard à sa fraternité, il leur confia qu'il avait pu communier avec l'âme de Ramana Maharshi dans la lumière. Il avait toujours aimé ce mystique qui n'avait pas joué au grand personnage et qui avait eu beaucoup d'humour et de bon sens.

Toutes ces visites à des ashrams situés aux quatre coins du pays lui dévoilaient bien des choses. Au sein d'une civilisation où les pouvoirs psychiques ont été extrêmement développés au cours des siècles, on trouvait inévitablement un éventail de chefs charismatiques qui s'étendait des simples fakirs aux vrais Maîtres spirituels. « Pouvoirs, pouvoirs..., dira plus tard Omraam Mikhaël, gardez les pouvoirs, mais cachez-les. Montrez la bonté. »

Lui-même rencontra un petit nombre de sadhous célèbres qui regroupaient des milliers de disciples, mais il en vit plusieurs qui jouaient le rôle de gourous, de médiums ou de clairvoyants sans posséder de véritables connaissances, et qui exploitaient la naïveté de leurs disciples. Dans les ashrams de ces derniers, il ne put trouver sur les visages les signes de la spiritualité qu'il y cherchait. Un jour, en présence d'un disciple qui entrait facilement en extase, il s'aperçut que l'homme était malade.

> Après une extase, dit-il en racontant l'incident, on doit se sentir renforcé ; la santé, la lumière, l'intelligence, tout doit être amplifié. Si on est déprimé après une extase, ce n'est pas une extase, mais un état maladif.[97]

Dans un petit ashram, il fut mis en présence d'un sadhou qu'il aima aussitôt. C'était un homme de cent cinquante ans qui demeurait presque constamment immobile, en état de *samadhi*. Les disciples le considéraient comme un transmetteur, une icône, sachant que derrière ce corps physique insensible se trouvait une entité à laquelle ils s'adressaient :

> Quand j'ai vu ce sadhou de cent cinquante ans... il était adorable ! Vraiment, je l'aime, cet homme-là... Il est libéré déjà, il est pur, et il reste sur la terre seulement pour aider les autres. Et de voir les disciples qui le servaient... C'était magnifique ! On se regardait, on ne se disait rien. Et voilà qu'il a commencé à parler. Il a enlevé son collier de fleurs et me l'a passé au cou... Il a dit des choses... mais tellement poétiques ! Il avait lu la Bible, les Évangiles. Il était inspiré. Il m'a dit des choses, mais en hindi, et il y avait des traducteurs, parce qu'il ne connaissait pas l'anglais. Il m'a dit les choses les plus merveilleuses, les plus sublimes, les plus extraordinaires que j'aie jamais entendues. J'ai demandé aux

---

97 *L'harmonie*, « Le disciple doit développer les sens du monde spirituel », Prosveta.

autres : « Est-ce qu'il s'est jamais trompé, ce sadhou ? » « Ja-
mais! » Il communie déjà avec Dieu.[98]

À Ganeshpuri, il rendit visite à Nityananda Maharaj, un sadhou qui avait la réputation d'être un grand sage ainsi qu'un clairvoyant infaillible.

Il se trouva devant un homme tout simple, habillé d'un petit
dhoti, qui le salua et l'invita d'un geste courtois à s'asseoir en
face de lui. Sans prononcer une parole, Nityananda le regarda
longuement, puis il ferma les yeux. Le temps s'écoula. Face à
face, ils ne bougeaient pas. Pour les disciples présents, il était
évident que leur guide spirituel se trouvait en transe.

Lorsqu'il releva finalement les paupières, il semblait revenir
de très loin. Dans un anglais très correct, il dit : « Il a le cœur
pur, la paix est dans son âme, et tous les pouvoirs lui sont donnés. » Il ajouta que son visiteur avait déjà vécu en Inde dans un
passé lointain, mentionnant le nom d'un personnage important
encore connu de nos jours.

D'autres personnes, dont Peter Deunov, avaient parlé à
Mikhaël d'un rôle qu'il aurait autrefois joué en Inde. De même,
quelque temps auparavant, un sadhou clairvoyant lui avait dit :
« Ce n'est pas la première fois que vous venez ici. Vous avez
déjà été hindou. Vous avez vécu ici et vous reviendrez de nouveau. »

Après cette visite à Nityananda, Omraam Mikhaël revit Ma
Ananda Moyi ainsi que quelques-uns des plus grands clairvoyants de l'époque, lesquels lui firent, sans qu'il l'ait sollicité,
les mêmes révélations historiques.

Enfin, de retour à Naïnital, il alla voir Hanouman Baba pour
lui confier le nom révélé par Nityananda. Toujours silencieux, le
responsable du temple alla chercher un très ancien livre sur les
grands Maîtres spirituels de l'Inde et lui montra l'illustration
d'un personnage assis dans la position du lotus. Au-dessus de lui
se trouvait la représentation du cobra à sept têtes, ce qui signifiait qu'il était arrivé à acquérir tous les pouvoirs psychiques et
spirituels.

---

98   Conférence du 29 juillet 1960.

Frère Mikhaël en 1958, dans la salle à manger d'Izgrev

Omraam Mikhaël Aïvanhov en 1960, à son retour de l'Inde

Le 9 février 1960, après une absence d'un an, Omraam Mikhaël Aïvanhov rentrait à Paris. Les nombreuses personnes qui l'attendaient à l'aéroport d'Orly étaient impatientes de le revoir, car sa présence dynamique et sa parole leur avaient profondément manqué.

Quand il apparut au contrôle de sortie, ce fut la surprise. Une puissance nouvelle émanait de ce patriarche à barbe blanche qu'ils ne reconnaissaient pas tout à fait et qui ressemblait à Peter Deunov. Ceux qui avaient connu ce dernier étaient très émus. Certains pleuraient sans s'en cacher.

Il avait soixante ans. En réalité, il était depuis longtemps un Maître qui enseignait, éclairait et guidait sa famille spirituelle avec sagesse. Ce jour-là, à Orly, il était à la fois pareil à lui-même et transformé. Tout son être exprimait cette stabilité qui lui était si particulière et, en même temps, il était imprégné d'une nouvelle aura d'autorité. Le lendemain, ainsi que les jours suivants, en dépit de la fatigue causée par son long voyage de retour, il fit plusieurs conférences à Izgrev devant des salles combles tout en recevant également de nombreuses visites. Cependant, il ne s'attarda pas sur place et eut tôt fait de partir pour le Bonfin : vers la fin de son séjour en Inde, il avait appris la catastrophe qui s'était abattue sur la ville de Fréjus.

Deux mois auparavant, le barrage de Malpasset, sur la rivière Reyran, s'était rompu. Des trombes d'eau avaient détruit une partie de la ville et provoqué des centaines de morts. Toutefois, il savait que le Bonfin, situé à plusieurs kilomètres de Fréjus, avait été épargné.

Le spectacle de destruction était accablant. Les ruines s'étalaient sur des kilomètres, toute la région était encore empreinte de souffrance et de terreur. Lui-même ressentait les fortes vibrations négatives et percevait la présence des âmes des défunts qui erraient toujours autour des ruines de leurs maisons. Il fit tout ce qui était en son pouvoir pour les rejoindre par la pensée afin de les aider à se libérer de l'horreur d'une mort violente qui les rendait incapables de s'arracher au lieu où elles avaient vécu.

C'est en établissant un contact avec l'esprit des défunts qu'il pouvait les soutenir dans leur recherche de la lumière. Après deux semaines de ce labeur, il rentra à Izgrev et, au moment de l'équinoxe du printemps, se rendit en montagne pour quelques jours. Après s'être conformé à un mode de vie oriental pendant des mois, il avait du mal à se réadapter au rythme parisien, à un point tel qu'il avait même perdu le goût de parler. Depuis longtemps, l'un de ses plus chers désirs était de communiquer avec sa famille spirituelle dans le silence et, pendant toute son existence, il ressentira un certain regret de ne pouvoir le concrétiser :

> *Tout ce que je vous dis pendant les méditations ne peut se traduire par des mots. Un jour, vous sentirez et recevrez ce que je vous envoie pendant les silences. Ceci est déjà le cas pour certains. Je peux vous amener dans des régions extraordinaires, mais vous n'en êtes pas conscients et vous n'êtes pas synchronisés avec mes vibrations.*[99]

Si ses frères et sœurs n'étaient pas encore prêts à le suivre de cette manière, lui-même n'était d'ailleurs pas appelé à vivre en contemplatif. Il ne lui était pas permis de se taire. Depuis bien longtemps, ses journées étaient consacrées à l'action, et une partie de ses nuits à la recherche de Dieu. Il recevait d'en haut les forces qui lui permettaient de vivre de l'un et l'autre monde. À son retour de la montagne, il reprit donc sa tâche de pédagogue.

Les membres de la fraternité étaient comblés. Ils avaient retrouvé leur guide, cet être qui les avait constamment entraînés vers des sommets spirituels tout en leur faisant prendre conscience de leurs responsabilités sur cette terre.

Au début, ils éprouvaient bien un peu d'inquiétude, craignant de perdre cette relation toute simple et chaleureuse qu'ils avaient eue avec lui dans le passé. Ils ne pouvaient s'empêcher d'observer chez lui un élément nouveau, indéfinissable, qu'ils n'avaient pas perçu auparavant. Son séjour en Inde parmi les

---

99 Conférence du 1er septembre 1971.

yogis et les sadhous, son rapport privilégié avec Babaji, le nouveau nom reçu dans des circonstances mystérieuses, tout cela les intimidait un peu.

Mais bientôt, ils s'aperçurent que son attitude n'avait pas changé, qu'il se montrait toujours aussi accueillant et cordial. Pas plus qu'avant, il n'acceptait d'être mis sur un piédestal. Il leur disait :

« Cessez de me glorifier, mettez-vous à l'œuvre sans vous arrêter à ma personne. Essayez plutôt de comprendre mes idées et de les mettre en pratique... » Pendant des années, il leur répétera qu'il avait vérifié toutes les choses dont il leur parlait ; il leur demandera de tout vérifier à leur tour par un travail personnel conscient. Son thème constant sera toujours celui de la lumière, dispensée à toutes les créatures par le soleil. Il conseillera à tous de s'y plonger par la pensée comme dans un océan, et de projeter sur le monde toutes les couleurs qu'elle contenait.

On peut véritablement situer le Maître Omraam Mikhaël Aïvanhov au cœur de l'ère mikhaëlique définie par Rudolf Steiner : il était de la famille spirituelle de cet Esprit lumineux, l'archange Mikhaël, l'archange de la Lumière dont la mission consiste à éclairer et à libérer les êtres humains.

Loin de se servir de son ascendant pour influencer ou assujettir les membres de sa fraternité, il leur présentait les différentes perspectives qui s'offraient à eux. Lorsqu'il les voyait chercher dans la direction d'autres mouvements authentiquement spirituels, il ne les empêchait pas de s'éloigner. « Nous sommes de la même famille », disait-il. On pouvait se mettre en route avec lui comme on suit un guide de montagne, tout en conservant son entière liberté.

Son séjour en Inde avait été une excursion vers des sommets spirituels, mais aussi une immersion dans une civilisation unique au monde. Dans ce pays où il avait dû faire face aux conditions les plus difficiles de la vie sur terre –, celles de la pauvreté et de l'ignorance – il avait apprécié les valeurs spirituelles d'un peuple orienté vers la recherche de l'absolu et la suppression des désirs terrestres, un peuple imprégné des efforts de détachement de centaines de générations antérieures.

Au début et à la fin de son séjour, il avait lui-même consacré des mois à la contemplation dans la solitude de l'Himalaya.

Encore une fois, il était allé sur la montagne spirituelle. Encore une fois, il était revenu vers sa famille humaine.

Omraam Mikhaël était l'un de ces êtres épris de Dieu, capables de canaliser toutes leurs énergies pour atteindre les cimes de l'expérience spirituelle. À quinze ans, pour la première fois, il avait fait l'ascension de cette montagne mystérieuse où l'on peut rencontrer le monde divin. Il avait failli y mourir de bonheur, mais il en était redescendu. Et s'il en était redescendu, c'était parce qu'il savait, déjà à cette époque, qu'il avait une tâche à accomplir, et que la plus grande félicité ne pourrait jamais l'en distraire. C'est d'ailleurs ce qu'il disait à propos de cette extase qu'il avait connue à dix-sept ans au cœur de la musique des sphères : « C'est la peur qui m'a fait revenir, non pas la peur de mourir, mais *de ne plus pouvoir revenir travailler sur la terre*. Si vous avez une tâche sur la terre, il faut l'entreprendre. Je ne pouvais pas y renoncer. »

On l'appelait maintenant *Maître*, et si on le désignait ainsi, ce n'était pas parce qu'il avait appris à dominer ses semblables, mais plutôt parce qu'on pouvait constater chez lui ce contrôle de soi qui ne s'obtient qu'après des années d'efforts assidus. Il avait commencé très tôt ce travail de perfectionnement que tous sont appelés à faire sur eux-mêmes. En traversant une grande partie des difficultés que connaissent tous les êtres humains, il les avait utilisées comme des instruments pour se transformer et se perfectionner.

Après son séjour en Inde, il lui arrivera de parler des grands Maîtres qui, après avoir acquis la maîtrise personnelle, ont préféré vivre dans la solitude plutôt que de rester avec la famille humaine, à laquelle lui-même était si profondément attaché.

Il ne cessait de penser à ses frères et à ses sœurs, à ces hommes et à ces femmes, à ces enfants qu'il souhaitait prendre par la main, fraternellement, afin de les guider vers les sommets de leur être, de les aider à comprendre leur rôle dans la société, dans cette immense famille dont ils font partie... et c'est pourquoi il les entretenait constamment de la vraie fraternité qui peut apporter à l'humanité un âge d'or.

S'il désirait les aider à se perfectionner, à trouver la joie et la paix intérieures, son but était plus vaste encore : bien au-delà des méthodes individuelles, il se préoccupait de la création d'une civilisation fraternelle, solidaire, aussi spirituelle que matérielle, axée sur les valeurs les plus élevées, et ce, pour le plus grand bien de tous.

★★★

À l'été 1960, un grand nombre de personnes se retrouvèrent au Bonfin pour le congrès. Au petit jour, quand le Maître Omraam Mikhaël sortait de son chalet et apercevait ces nombreuses silhouettes se diriger vers le Rocher de la Prière, il en était chaque fois profondément ému.

« Seigneur, pensait-il, quelle beauté que ces frères et sœurs venus pour s'incliner devant ta grandeur ! » Un matin, après la causerie qu'il avait faite sur le Rocher, il leur avoua qu'il avait dû retenir ses larmes en les écoutant chanter. La belle musique le mettait souvent dans des états proches de l'extase, faisant vibrer en lui tout ce qui était le plus intimement lié à la perfection. Et, comme il l'avait indiqué deux ans auparavant :

Je me sers de la musique pour matérialiser pour vous dans le plan physique les choses les plus belles et les plus bénéfiques... Sans que vous vous en aperceviez, je continue mon travail, je me sers de la musique, et ceux d'entre vous qui sont liés à moi le sentent et se joignent à ce travail... Pour moi, la question est claire. Toute ma vie s'est passée en compagnie de la musique et je lui dois beaucoup des résultats dont je bénéficie aujourd'hui. J'ai vécu grâce à elle des moments inoubliables. Elle ne fut pas le seul facteur, évidemment, mais elle a joué un grand rôle.[100]

Après son absence prolongée, il était heureux de retrouver les chants de la fraternité, d'unir sa voix à celle de ses frères et sœurs, et de mesurer à quel point cette musique pouvait faire vibrer les cellules les plus sensibles de l'être humain en le liant aux entités les plus élevées de la Création.

En Inde, il avait remarqué que bien des ascètes ne chantaient pas, considérant même la musique comme une distraction. Cette conception de la vie spirituelle était très éloignée de sa pensée personnelle, car à ses yeux, la musique était essentielle à la vie.

---

100 Conférence du 13 août 1958.

Si vous saviez ce que produit la musique sur nos différents corps, éthérique, astral et mental, vous chanteriez toute la journée... La musique est le moyen le plus puissant que nous connaissions pour rétablir, pour équilibrer la vie sociale.[101]

Il était convaincu qu'une musique harmonieuse occuperait bientôt une place prépondérante dans l'existence des êtres humains sur toute la terre. Lui-même aimait la musique classique, et en particulier la musique sacrée « à cause de ses correspondances avec les régions célestes, et parce qu'elle favorisait la méditation ».

Toutefois, quand il décidait d'accompagner certaines activités physiques avec un fond musical, ce n'étaient pas des œuvres classiques qu'il choisissait, mais plutôt des pièces remplies de dynamisme et de joie de vivre. Il disait qu'il fallait choisir le type de musique susceptible d'apporter le meilleur stimulant. Un pianiste qui avait fait avec lui une longue excursion dans la campagne grecque nous a raconté :

Je ne me sentais pas très bien. Le Maître, lui, était très en forme. Il s'est passé toutes sortes de choses assez difficiles pendant la journée. Le soir, de retour à la maison, je me sentais mieux, l'autre frère était égal à lui-même, mais le Maître avait l'air plutôt grave. J'ai offert de mettre de la musique, et il a répondu : « Volontiers, choisissez quelque chose. » Voulant respecter son état d'esprit et pensant lui faire plaisir, j'ai mis une musique religieuse byzantine avec la voix de Boris Christov, le chanteur bulgare. Après un certain temps, il m'a regardé franchement et m'a dit : « Vous n'êtes pas très psychologue... Vous voyez bien que mon humeur est grave et un peu triste, et vous me mettez une musique solennelle ! Je vais vous montrer ce qu'il faut faire. » Il s'est levé, il est allé voir dans ma discothèque et il a mis des airs d'opérettes françaises. Une autre fois, un soir pluvieux de lune noire, nous étions tous sérieux et méditatifs, l'ambiance était lourde, alors il a mis des tyroliennes !

Même ceux qui étaient peu sensibles à la musique apprenaient à le devenir au sein d'une famille spirituelle où elle

---

101   Conférence du 17 avril 1957.

prenait tant d'importance, et où elle réglait le rythme de la vie. Quand Omraam Mikhaël affirmait que la musique était une respiration de l'âme et de la conscience, et qu'un beau chant agissait favorablement sur la personne qui l'exécutait, même les plus indifférents s'éveillaient. Dans les grandes salles d'Izgrev et du Bonfin, la musique était d'une beauté magique.

Tous les jours après le repas, on écoutait ensemble les grandes œuvres sacrées des compositeurs qu'il appréciait le plus, Beethoven, Haydn, Mozart, Händel ou Bach, ces « colosses de la musique », comme il les appelait.

Il aimait aussi, entre autres, les créations de Vivaldi, de Schubert, de Dvorák ou de Berlioz. En l'entendant parler du sens profond de certaines de ces œuvres, on ne pouvait qu'en découvrir la splendeur : ainsi, il disait que la Missa Solemnis, de Beethoven, « est capable d'aider à faire un travail de détachement », que le

Stabat Mater, de Haydn, « entraîne dans une ascension continuelle et tranquille », que le trio de l'Enfance du Christ, de Berlioz, « attire des êtres invisibles qui dansent, à l'insu du commun des mortels ».

Tout cela lui était si naturel qu'un jour, il fit répéter trois fois le trio pour flûtes et harpe de Berlioz afin de « permettre à ces êtres de continuer à danser pour la gloire de Dieu ».

Chanter avec lui devenait quelquefois une véritable expérience mystique. Et, quand ses frères et sœurs arrivaient à faire taire en eux-mêmes les voix bruyantes de leurs préoccupations et à unir leurs pensées aux siennes, il avait le loisir de faire le travail spirituel qui constituait la structure de sa vie. Un soir du mois d'août 1960, auprès du feu, les participants, galvanisés par ses paroles, s'étaient surpassés en interprétant de manière très sensible l'un des plus beaux chants à quatre voix qu'ils connaissaient. À cette occasion, Omraam Mikhaël n'avait pas chanté avec eux.

Le lendemain, il leur avoua que la puissance du chant avait eu un effet extraordinaire sur lui et qu'il avait même failli perdre conscience parce que son âme s'envolait ; après les avoir quittés à la fin de la réunion, il avait pensé à la puissance de leur amour en contemplant les étoiles, puis il avait été obligé de respirer profondément afin d'assimiler ce qui lui était arrivé. « Je sais ce que je fais pour vous, leur dit-il avec simplicité, mais je vous remercie de ce que vous faites pour moi. »

L'année de son retour de l'Inde fut marquée par l'installation d'un centre en Suisse pour la fraternité. Lors d'une première visite dans ce pays, ses frères et sœurs l'invitèrent à aller examiner un emplacement dans les Monts-de-Corsier. Après avoir longuement marché avec eux par monts et par vaux, il atteignit une grande prairie qui s'ouvrait sur une vue splendide. En contrebas, le lac Léman étalait ses bleus et ses verts intenses. Tout au loin, les Dents du Midi dressaient leurs crêtes effilées vers le ciel, et on pouvait apercevoir la silhouette du Mont Blanc.

Quand la fraternité suisse eut acheté le terrain, il y retourna. C'était l'hiver, et la nature immaculée semblait tout juste sortie des mains du Créateur. Il se promena durant un bon moment dans la neige. Comme on lui demandait de trouver un nom pour le futur centre, il l'appela *Vidélinata*, ce qui signifie « Lumière divine » en bulgare. Enfin, comme chaque fois qu'il consacrait un endroit pour la fraternité, il conseilla à tous de l'utiliser avec le plus grand respect, d'y pénétrer avec la conscience de ce qu'il représentait et du travail à y faire.

La fraternité est un essai, une tentative de réaliser socialement une famille spirituelle où tous s'entraident dans l'amour. Chacun, dans son âme, y apporte quelque chose de beau. D'une fraternité il se dégage, comme d'une fleur qui s'ouvre, un parfum dont les âmes et les esprits se nourrissent. [102]

En ces années-là, il réclamait de ceux qui suivaient son enseignement beaucoup plus d'efforts, d'attention et de travail spirituel. Il leur décrivait les exigences qu'avaient eues dans le passé certains Maîtres hindous ou tibétains, ainsi que les épreuves

---

[102] Conférence du 19 novembre 1961.

initiatiques qu'ils avaient fait traverser à leurs disciples dans le but de les lier à la source divine.

Pour ses frères et sœurs, il souhaitait de très grandes choses et, s'il leur manifestait énormément d'amour, il pouvait également être sévère et même inflexible. Envers lui-même, il avait des exigences cent fois plus élevées et, afin d'être capable de leur donner, non pas uniquement un savoir, mais une nouvelle vision de la vie, il cherchait constamment à se perfectionner et à acquérir de nouvelles connaissances. Jamais il n'était sûr d'avoir répondu suffisamment bien à leurs besoins.

La référence qu'il faisait à cette époque aux exigences des Maîtres orientaux était importante. Selon lui, une vraie fraternité universelle ne pouvait être concrétisée que par la mise en commun des aspects développés respectivement par les Orientaux et les Occidentaux : la clairvoyance, la philosophie spirituelle, le savoir et les pouvoirs psychiques des premiers, alliés aux découvertes scientifiques, aux progrès matériels et sociaux des seconds, pouvaient former une force capable de transformer le monde.

Devant l'engouement éprouvé par beaucoup d'Occidentaux pour le mysticisme de l'Orient, il n'hésitait pas à dire que les méthodes orientales devaient être adaptées, parce qu'elles ne correspondaient ni à la mentalité, ni au climat, ni aux conditions de vie des Occidentaux. En cela, il rejoignait des êtres comme Ramakrishna et Vivékananda, qui ne conseillaient nullement à leurs disciples de s'astreindre à des exercices physiques rigoureux : au contraire, ils affirmaient que les pratiques traditionnelles, conçues pour développer une concentration extrême de l'esprit, étaient dépassées. Ces Maîtres mettaient plutôt l'accent sur le travail spirituel, la méditation et la contemplation, ces disciplines qu'ils considéraient comme les plus efficaces pour favoriser l'épanouissement de l'être humain.

Sans s'attacher aux formes extérieures, le maître Omraam Mikhaël Aïvanhov extrayait la sève vitale des textes antiques, des paroles d'Hermès Trismégiste, ainsi que de l'enseignement de Jésus ou de Bouddha, et il leur donnait une perspective cosmique.

En se situant au-delà de toutes les religions, des cultes et des philosophies, il pouvait parler d'une religion centrée sur la

Lumière divine, capable de conserver la vie au cœur des formes changeantes : dans sa pensée, « seuls les principes sont éternels et c'est une grave erreur que de vouloir éterniser les formes et les structures ». S'il désapprouvait les excès de cadres établis par de nombreuses religions, il admettait que les images, les représentations de Dieu ou les statues pouvaient avoir leur utilité parce qu'elles devenaient souvent un support nécessaire à la prière.

Lui-même s'était servi de symboles et d'images pour son travail spirituel : l'Arbre de Vie des kabbalistes, les roses, le prisme, les sept couleurs... Toutefois, il insistait sur la nécessité d'une vraie compréhension du sens de ces images, qui ne doivent jamais être autre chose que des instruments pour monter vers le monde divin.

Ce qu'il préconisait dans son école initiatique à Izgrev et au Bonfin, c'était le travail spirituel qui mobilise l'intellect, le cœur et la volonté. Combien de fois n'avait-il pas mentionné le rôle de ces trois composantes de l'être humain... Elles faisaient partie de sa philosophie, mais également de sa vie :

> J'ai goûté au chemin mystique : le cœur, les sentiments, les sensations, l'amour. J'ai goûté au chemin spirituel : l'étude, le savoir. J'ai aussi suivi le chemin des réalisations, par le travail et la volonté. J'ai essayé les trois voies tour à tour, et sur chacune j'ai obtenu des résultats. Et pourtant, je ne veux pas choisir de suivre l'une ou l'autre seulement, mais les trois.[103]

Afin de continuer son œuvre, il avait besoin de calme et de silence. Mais il constatait que la compréhension du silence – ce silence qui n'est pas une attitude conventionnelle, mais un *état de conscience* – n'était pas accessible à tous.

Et si ses frères et sœurs demeuraient très réceptifs envers lui, il avait souvent l'impression de prêcher dans le désert. Il leur avouait éprouver de la tristesse devant la faiblesse de leur volonté et l'inconstance de leurs efforts. Et, leur disait-il, s'il avait du regret, c'était pour eux-mêmes, qui n'étaient pas encore assez conscients de la valeur d'un silence rempli de pensées si élevées

---

103 Conférence du 19 novembre 1961.

qu'il possède tous les éléments nécessaires à la formation des corps subtils, jusqu'au corps de gloire lui-même :

Quand vous expérimenterez ce qu'apporte le silence, vous le comprendrez. Le silence, ce n'est pas seulement de ne pas bouger, de ne pas déplacer les objets, c'est parvenir à arrêter le mécontentement et tout ce qui flotte dans le sentiment. Le premier degré de silence est le silence physique. On doit réaliser ce silence-là afin de pouvoir aller plus haut et d'apaiser les sentiments astraux... Le deuxième degré est l'apaisement des sentiments. Le troisième degré est l'apaisement de la pensée. Quand on réalise ce silence, l'esprit peut alors voyager et voir des régions qu'il n'a jamais vues. C'est dans cette paix totale que l'esprit prend son essor et peut rapporter la joie, la santé, la résistance, l'amour. Il peut apporter à la pensée de la sagesse, et notre intelligence nous rend capables de tout comprendre.[104]

Au Bonfin ou à Izgrev, il continuait d'insister sur l'importance du silence qui permet, pendant les repas, l'application du yoga de la nutrition, grâce auquel on peut absorber les éléments les plus puissants cachés dans les aliments et acquérir une meilleure santé physique et psychique. Le 8 janvier 1962, il donna quelques conseils.

Pour apaiser le plexus solaire, faites quelques gestes harmonieux et conscients. À table, vous me voyez souvent déplacer des objets, sans raison apparente, tranquillement. Ces gestes me font du bien, ils harmonisent mon plexus solaire et ils attirent en moi des forces. En plus, ils vous font du bien à vous aussi. Quand vous êtes intérieurement dans un état pénible, faites quelques gestes harmonieux. Par exemple, dessinez une sphère à la hauteur de votre visage et de votre buste.

À plusieurs reprises, il prit la résolution d'être plus exigeant envers tous. Il se fâchait même parfois quand il y avait trop de bruit durant les repas. Mais chaque année, à la fin du congrès d'été, autour du feu de la Saint-Michel, la magie de l'amour triomphait : l'ambiance, faite des désirs de perfection et des élans vers la vie spirituelle, devenait si puissante que le Maître

---

104 Conférence du 6 août 1960.

se trouvait irrésistiblement emporté par un courant qui bouleversait toutes ses résolutions de sévérité. Son amour était toujours le plus fort.

Au fil des ans, toutefois, il lui arrivera d'interrompre ses conférences et de se retirer en montagne pendant quelques jours, autant pour fournir à ses frères et sœurs une période de réflexion que pour se ressourcer lui-même. Quelquefois, il restait au Bonfin et continuait à partager les activités des congressistes, les privant seulement de ses conférences afin de les aider à « ne rien demander, sinon la présence de Dieu ». Or, cette présence de Dieu, lui-même la cherchait sans cesse. Sa mission était extrêmement concrète, il se révélait un réalisateur compétent, mais c'était la vie spirituelle qui prédominait dans sa vie : il demeurait un mystique et continuait à avoir besoin de longues heures de méditation et de contemplation.

Dans son entourage immédiat, on savait qu'il lui arrivait souvent de quitter volontairement son corps ou d'entrer en extase quand il se retrouvait seul. On savait qu'il ne dormait pas beaucoup, à l'instar de tous les grands Initiés, dont la conscience reste éveillée pour effectuer un travail spirituel dans une extrême vigilance tandis que leur corps physique est en état de repos. Il disait parfois qu'il ne pouvait accomplir, pendant la journée, qu'un millionième de ce qu'il était capable de réaliser en se déplaçant « de l'autre côté » pendant la nuit. C'était alors qu'il pouvait parler à l'âme de ses frères et sœurs de la façon la plus efficace qui fût.

✭✭✭

En 1964, accompagné de deux frères, il se rendit dans son pays natal, la Macédoine. Ce fut avec plaisir qu'il retrouva dans le village de Serbtzi des souvenirs vieux de soixante ans. Les membres de sa famille qui y vivaient toujours l'accueillirent avec joie, et il fit une visite spéciale à la cousine tisserande dont il avait abîmé l'ouvrage à l'âge de quatre ans. À son retour en France, il dit avec une pointe d'humour : « Ces gens-là étaient encore en vie, très vieux, et je leur ai donné quelque chose pour le malheur que je leur avais causé! Il ne faut rien laisser en plan. Tôt ou tard, on doit payer ses dettes ! »

L'objectif premier de ce voyage avait été de rencontrer sa mère, mais comme il lui était impossible de pénétrer en Bulgarie communiste sans perdre son droit de revenir en France, ce fut Dolia qui fit le long trajet de Varna jusqu'à la frontière de Macédoine, avec son fils Alexandre et l'un de ses petits-fils. Alors âgée de quatre-vingt-huit ans, elle n'avait pas revu son aîné depuis 1937.

Ils savaient tous deux qu'ils se voyaient pour la dernière fois. Une fois rentrée à Varna, Dolia dit à l'une de ses petites-filles : « Je craignais de pleurer au moment où je le verrais avec ses cheveux tout blancs, mais j'ai réussi à retenir mes larmes. J'étais très émue, mais je voulais que l'ambiance reste belle, et surtout, je ne voulais pas le troubler. » Neuf ans après avoir retrouvé son fils aîné, elle s'éteignait paisiblement, le 5 août 1973.

✫✫✫

Dans les centres d'Izgrev, de Vidélinata et du Bonfin, les membres de la fraternité se réunissaient régulièrement pour des congrès. À Pâques, à l'été et à Noël, le Maître Omraam Mikhaël y donnait des conférences quotidiennes. Il prenait également la peine de répondre personnellement à son volumineux courrier. De plus, il recevait presque tous les jours des dizaines de personnes en entrevue privée, passant des heures à les écouter et à les conseiller.

Cette tâche qu'il assumait volontiers accaparait une bonne partie de son temps. « Chaque jour, nous a dit une personne de son entourage, il portait ce fardeau d'un Maître spirituel qui est celui d'un père et d'une mère à la fois : il acceptait les difficultés et les joies, la gratitude et la rancune. »

Au Bonfin, ses visiteurs étaient invités à s'asseoir avec lui sous les arbres de son jardin, ou encore dans son salon. Pendant des années, il les reçut à la façon orientale, assis en tailleur sur un coussin. Ses goûts très simples l'avaient amené à meubler son chalet avec une grande sobriété. « Lui qui était si rayonnant et vivifiant, disait quelqu'un qui le connaissait depuis longtemps, il aimait les symboles les plus simples, les plus dépouillés. » C'étaient des symboles remplis de vie, avec lesquels il travaillait souvent et qu'il avait choisis en sachant qu'ils parleraient au cœur et à l'intelligence de ses hôtes. Par exemple, il aimait tant les belles pierres et les cristaux qu'il en avait mis à différents endroits dans son chalet.

Avec chacun de ses visiteurs, il était attentif. Presque à chaque fois, il demandait : « Comment puis-je vous être utile ? » Et si, après avoir précisé le but de sa présence, la personne demeurait ouverte et réceptive, il faisait en sorte de lui donner ce dont elle avait le plus besoin ; si, par contre, elle était trop émissive, il se contentait d'écouter, sans rien forcer de son côté.

Ses méthodes variaient. Avec les uns, il se montrait compréhensif, affectueux et gentil ; avec les autres, il pouvait être très sévère et exigeant. Cherchant à aider les personnes qui se trouvaient en face de lui, il ne faisait parfois que refléter leurs défauts, tel un miroir. Bon nombre de ses visiteurs n'ont compris qu'après coup pourquoi il leur avait dit des choses qui semblaient n'avoir aucun rapport avec l'entrevue du moment.

Quand on lui demandait conseil, il ne donnait pas toujours une réponse immédiate. Fréquemment, il répliquait : « Attendez. Je vous répondrai demain. » Et, lorsqu'on venait l'entretenir d'un projet qui avait déjà été mis en route, jamais il n'intervenait ; quand deux personnes s'étaient déjà engagées l'une envers l'autre, quand elles avaient déjà créé certains liens entre elles, il leur expliquait qu'il ne pouvait s'immiscer dans une relation déjà bien établie. À tous, il répétait : « Ce que je vous demande, c'est le plus difficile, c'est de devenir des messagers de lumière. »

Surchargé de travail, il éprouva bientôt le besoin de se retirer de temps à autre dans la solitude afin de renouveler son inspiration et son lien avec le ciel. Vers le milieu des années soixante, il se mit à faire des séjours occasionnels dans les Pyrénées pour y méditer en toute quiétude et se reposer. Il choisit un endroit d'une grande beauté qu'il nomma *Castelrama*. La vue était superbe, l'air pur et stimulant. Le silence n'était rompu que par le chant des oiseaux et la grande voix du vent. La beauté des levers de soleil dans les montagnes le plongeait dans un état extatique.

Ces conditions étant idéales pour la réalisation de son travail spirituel, il s'y rendit souvent entre les différents congrès de sa fraternité, tantôt seul, tantôt avec quelques personnes. Dans son petit chalet, il consacra une pièce à la méditation.

Depuis toujours, il conseillait à tous de faire de même chez eux, précisant que plus l'espace utilisé est restreint, plus il est facile de se concentrer. Parfois, il passait une partie de la journée dans cet oratoire ; en d'autres occasions, il se rendait sur la colline derrière le chalet.

Dans le calme du matin, il demeurait longtemps au soleil. Nourri par ce lien qu'il entretenait avec Dieu, par les éléments de la nature autour de lui, ainsi que par les courants d'énergie qui venaient du soleil, il disait à ses compagnons qu'il ne sentait pas le besoin de manger. Habitué à se nourrir de peu depuis sa jeunesse en Bulgarie, il ne prenait habituellement que deux repas par jour, mais à Castelrama, la plupart du temps, il se contentait d'un seul.

À un certain moment, il eut envie de faire, comme autrefois, une expérience de jeûne total d'une dizaine de jours. Pendant tout ce temps, il lut, médita, écrivit, travailla à creuser, à piocher et à bêcher avec les frères qui mettaient en place les installations nécessaires. Étant donné que la maladie n'était pas la raison de son jeûne, il ne lui était pas indispensable de se reposer et de conserver toutes ses forces pour une guérison ; au contraire, il débordait d'énergie, se nourrissant d'air pur et de soleil. Enfin, comme le chant des montagnes se faisait toujours entendre dans son âme, il se mettait quelquefois en route pour aller passer de longues heures dans la solitude sur certains des plus hauts sommets des Pyrénées.

Ces périodes de retraite étaient certes bénéfiques pour lui, mais en réalité, il n'avait jamais envie de demeurer seul très longtemps, et ce paradoxe demeurait constant chez lui. Son besoin de communiquer avec les régions les plus élevées était tempéré par une disponibilité extrême sur le plan social et fraternel. Il n'était jamais aussi heureux que lorsqu'il avait sa famille spirituelle autour de lui.

Bientôt, il y eut à Castelrama un va-et-vient de personnes, une dizaine à la fois, et l'endroit devint rapidement un petit centre fraternel. Ses invités avaient des surprises : ils découvraient un hôte attentif qui avait eu, entre autres, la délicatesse de déposer dans leur chalet un bouquet de fleurs qu'il avait lui-même cueillies dans les champs. Comme un père de famille, accessible et chaleureux, il les recevait souvent à sa table et leur préparait même parfois des plats bulgares. Donnant à tous l'occasion de s'exprimer, il faisait des projets avec eux, et cette simplicité lui gagnait les cœurs.

Tout ce qui se déroulait dans le monde avait beaucoup d'importance pour lui. Il essayait sans cesse de se rapprocher des situations spécifiques de ses contemporains afin de mieux comprendre les problèmes courants et de suivre l'évolution des mentalités. Dans ce but, il observait le comportement des hommes et des femmes à travers les films, les romans, les émissions de télévision et les informations. Il en tirait des exemples qui lui servaient ensuite à illustrer les grands thèmes de son Enseignement.

Fréquemment, il invitait ses compagnons à voir une émission avec lui et à participer ensuite à un échange de réflexions. Il appréciait particulièrement les films dans lesquels les héros, épris de justice, se surpassaient, se sacrifiaient. Selon son expression, Castelrama était « semblable à un poste émetteur d'où il accomplissait son travail spirituel avec toute l'humanité dans son cœur ». Plus d'une fois, il convia à dîner des villageois qu'il souhaitait connaître, des gendarmes ou des personnes qui participaient à des sauvetages en montagne ; il avait l'art de les mettre à l'aise. Dans la région, on l'aimait, on était heureux de sa présence.

Quand Omraam Mikhaël Aïvanhov était revenu de son séjour en Inde, six ans auparavant, les membres de sa fraternité lui avaient donné le titre de Maître. Pourtant, il continuait à se définir comme un « livre vivant » sur lequel Peter Deunov avait écrit pendant vingt ans avant de lui donner une mission. S'il aimait parler des grands Maîtres, il ne se présentait pas lui-même comme tel. Il disait que Peter Deunov s'était arrêté sur le plus petit de ses disciples parce que celui-ci avait eu un haut idéal et qu'il avait travaillé sur lui-même dans le secret.

Son humilité était réelle. Pas plus qu'auparavant, il ne craignait de s'abaisser devant sa fraternité ou devant ses visiteurs, qui repartaient quelquefois perplexes. Il l'avait bien précisé, dès son arrivée en France en 1939 :

L'humilité, c'est une vallée dans les montagnes, où les eaux descendent, où il y a abondance de fruits et de fleurs. Mais l'orgueil, c'est le sommet d'une montagne dénudée, isolée, solitaire, où il n'y a rien.[105]

Malgré cette attitude constante, il fut encore une fois en butte, à cette époque, aux difficultés créées par les malentendus, l'incompréhension et les calomnies qui refaisaient surface en Bulgarie. On lui gardait toujours rancune, on lui reprochait même sa ressemblance physique avec le Maître Deunov. Certes, un bon nombre de Bulgares évoquaient son œuvre avec enthousiasme après lui avoir rendu visite au Bonfin, mais ils n'étaient pas pris au sérieux, pas plus que d'autres ne l'avaient été vingt ans plus tôt. Quant à lui, après une année passée en Inde, ce pays où les guides spirituels inspiraient un respect inconditionnel, il avait retrouvé en Europe la réserve occidentale et la tendance à tout analyser, à critiquer.

« Il faut se saluer consciemment, en mettant beaucoup d'amour dans son regard, dans sa main, et projeter cet amour pour le bien du monde entier. »

---

105   Conférence du 4 mars 1939.

Dans la fraternité française, une partie de ceux qui avaient connu Peter Deunov ne cessaient de blâmer Omraam Mikhaël Aïvanhov d'introduire dans son enseignement de nouvelles perspectives. Pendant le congrès de 1966, au Bonfin, il prit la décision de clarifier la situation et déclara :

> *Je parle avec ma voix. Peter Deunov parlait avec la sienne. Ces questions qu'il n'a pas traitées, ce n'était pas parce qu'il ne les connaissait pas. Peut-être n'était-ce pas le temps d'en parler. Il faut révéler beaucoup de choses pour que les gens comprennent. Il ne faut pas avoir peur, je vous ai déjà dit que chaque être ne peut chanter qu'avec l'aide de sa voix. Le Maître non plus n'a pas chanté avec la voix de Jésus. Toutes mes conférences ne sont pas copiées sur celles de Peter Deunov. L'Enseignement, c'est quelque chose de grand et de vrai. J'ai voulu trouver mon sentier.*[106]

Deux semaines plus tard, il aborda le même sujet, demandant instamment aux adhérents de ne pas s'attacher uniquement à des personnes, mais de se cramponner à la lumière du soleil, à quelque chose de stable et de divin. Il s'exprima cette fois d'une façon plus solennelle encore, faisant une allusion à son illumination, survenue à l'âge de quinze ans :

> *C'est la cinquantième année depuis que j'ai été foudroyé par la lumière. Mon travail commence, et le monde entier le verra. J'ai attendu l'ordre d'en haut, et cette année j'ai justement reçu du ciel le signe du travail qu'on demande de moi. Pour la première fois, j'ai reçu l'avertissement de vous révéler beaucoup de choses. Une autre époque vient, avec un nouveau langage, d'autres moyens. Mon travail est différent de celui de Peter Deunov, tout à fait différent. Et il n'y a aucune contradiction entre nous. Nous marchons sur le même chemin, dans la même direction, toujours vers la lumière, vers Dieu.*[107]

Ces affirmations eurent pour effet de fortifier la plus grande partie des membres de sa fraternité et de susciter un climat de clarté qui leur permit de suivre son enseignement sans arrière-pensée. Quant à lui, les critiques ne l'empêchèrent jamais

---

106   Conférence du 21 juillet 1966.
107   Conférence du 6 août 1966.

d'accomplir son travail, au contraire, elles lui fournirent encore une occasion de purifier ses motivations et de s'exercer à l'humilité.

Cet été-là, il donna plusieurs conférences sur la pureté. En réalité, il parlait de la pureté depuis longtemps, il y revenait sans cesse en puisant ses exemples dans la vie quotidienne. Tout d'abord, il rappela le triage qui s'avère indispensable, dans tous les domaines de la vie, pour séparer le pur de l'impur afin de ne pas s'empoisonner. Puis il insista sur l'importance de choisir ses plaisirs, et ce, sur tous les plans. Sa façon de décrire « l'algèbre divine » était saisissante : « Libérer l'intellect de ses impuretés attire la lumière et l'intelligence, purifier le cœur apporte le bonheur, dégager la volonté de son apathie développe la force, et débarrasser le corps physique de ce qui l'encombre procure la santé. » C'était mathématique.

À la manière d'un peintre, il décrivait la beauté du fleuve de vie, ce chemin de la sagesse qui descend des régions les plus élevées du monde invisible tout imprégné d'énergies célestes. Il donnait des exercices à faire par la pensée pour s'y abreuver et trouver la pureté qui se trouve au sommet de tout ; il expliquait aux couples comment vivre dans l'amour sans s'abaisser à des niveaux qui stérilisent la vie spirituelle. À ses yeux, l'essentiel consistait à reconnaître la puissance des énergies sexuelles et à les utiliser de façon à mieux se développer spirituellement :

> *Les organes sexuels sont le résumé de toute la création. La force cachée dans l'être humain est une force divine, sacrée, grâce à laquelle on peut tout obtenir. Voici une image : vous habitez le cinquième étage d'une maison et l'eau doit monter jusque-là pour vous alimenter. Il lui faut donc une certaine pression. Si vous supprimez cette pression, elle ne montera pas à tous les étages. Or, les hommes font tout pour diminuer en eux cette pression, la faire tomber à zéro. Ils ne la supportent pas. Pourtant, il faudrait que cette énergie puisse s'élever jusqu'au cerveau en parcourant tous les étages. La pression la fait s'élever et vous pouvez vous en servir. Mais la plupart la font disparaître à tout moment et, de ce fait, ils n'en disposent jamais dans les plans supérieurs.*[108]

---

108 Conférence du 26 août 1958.

Dans ce sens, il aimait parler de la beauté du travail des grands Initiés qui avaient appris à se servir de ces énergies – sans les dépenser – pour créer une lumière éblouissante dans le cerveau, ainsi qu'un état divin dans l'âme. Lui-même avait choisi le célibat et la continence afin de consacrer sa vie à aider l'humanité, mais il n'avait jamais craint cette force qu'il appelait, à l'instar d'Hermès Trismégiste, *la force forte de toutes les forces.*

Sa spiritualité et son comportement n'avaient, en aucun temps, été inspirés par un refus de la force sexuelle, au contraire : à ses yeux, les énergies de la sexualité, déposées dans l'être humain par l'Intelligence cosmique, contenaient de grandes promesses d'évolution et de dépassement.

Envers les femmes, son attitude constante était faite de respect et d'amour spirituel. Ce qu'il cherchait, c'était la beauté, ce cri de joie de la nature. Ainsi, la femme qui chantait l'émouvait profondément parce qu'elle lui rappelait la Mère divine, mais sur les visages, il observait principalement les émanations produites par la beauté intérieure. Et quand il décrivait sa propre attitude envers la femme, c'était dans le but de prêter assistance aux autres hommes. Sans ambiguïté, il affirmait : « Rien n'est plus beau que le sexe de l'homme et de la femme lorsqu'on les considère comme des organes destinés à réaliser les desseins de Dieu ».

Son enseignement sur l'amour et la sexualité était équilibré et vivifiant, mais il s'agissait d'un programme pour l'avenir. Lui-même constatait que bien peu de gens étaient prêts à travailler sur la maîtrise afin d'entreprendre un travail spirituel qui pouvait devenir colossal, grâce aux puissances cachées dans les centres éthériques que sont les chakras. Selon lui, la sainteté possède un lien étroit avec le domaine sexuel.

« L'être humain, disait-il, ne peut devenir parfait que lorsqu'il a réussi à contrôler et à diriger ces énergies particulières vers le sommet de son être. Il ne peut y parvenir qu'en adoptant le haut idéal de devenir comme le Père céleste et la Mère divine, en élargissant son amour à tous les êtres de la terre. »

L'amour est un échange, et les échanges n'existent pas seulement dans le plan physique. Deux êtres peuvent faire des échanges à distance, par le regard, par la pensée, par la parole,

sans s'embrasser, sans se toucher. [...] Quand je parle de l'amour,
je pense à cet amour qui est la vie elle-même, qui est la lumière,
qui est la beauté, qui est un échange avec les créatures divines.
C'est à lui que je pense jour et nuit, et je reçois des bénédictions
de cet amour. [109]

Cependant, le renoncement sans remplacement n'avait pas de sens pour lui. Comme il l'avait précisé bien souvent au cours de sa vie, il n'avait renoncé à rien, transposant seulement les plaisirs du domaine physique au domaine spirituel, ce qui lui apportait une joie profonde, alimentée par des expériences mystiques.

La beauté des enfants, la douceur de la nature au lever du soleil, la splendeur des étoiles, des océans et des montagnes, tout cela lui parlait de la perfection de Dieu.

109 *Les mystères de Iésod*, « L'amour et la sexualité », Prosveta.

LE CHEMIN DE LA LUMIÈRE

La grande passion d'Omraam Mikhaël Aïvanhov était toujours d'enflammer les cœurs et les esprits. Il disait quelquefois qu'il souhaitait être un Prométhée, capable de dérober le feu du ciel pour le donner aux humains. Son chemin personnel était celui de la Lumière, et tout son enseignement se trouvait centré sur cet élément fondamental à la vie qu'il définissait comme la meilleure représentation de Dieu pour les êtres humains. Il expliquait comment on peut s'en servir pour se transformer et devenir rayonnant comme le soleil.

Au cours de l'été 1967, il fit un cycle de conférences qui constituaient une synthèse de son enseignement solaire. Depuis longtemps, il employait l'expression *Surya yoga* – du sanscrit, *soleil* – pour désigner le yoga du soleil. Comme il l'indiquait, ce yoga était connu des Grecs, des Égyptiens, des Perses, des Aztèques, des Mayas et des Tibétains, et c'était son préféré, car il résumait à lui seul tous les autres. « J'enseigne, disait-il, des yogas multiples, dont celui de la nutrition, mais j'ai retrouvé le plus essentiel, le plus riche et le plus ancien : *Surya yoga*. »

Il aimait parler de l'Esprit du Soleil. Dans ce sens, il rejoignait les philosophies millénaires des Veda et des Purana, qui enseignent que le vrai soleil n'est pas l'astre visible, mais l'Intelligence suprême régnant au sommet du firmament, au-delà de la création inférieure.

Il révélait l'existence, derrière le soleil physique, d'un soleil plus subtil qui ne peut être atteint que par des consciences très développées : au niveau de la superconscience, les âmes peuvent communier avec toutes les créatures de l'univers par l'amour, à travers la lumière du soleil. « Dans notre système, ajoutait-il, le soleil représente le grand soleil de l'univers, Dieu. »

Sachant que pour certaines personnes, ses idées étaient difficiles à comprendre, il donna des explications très précises en cet été 1967.

Dans une longue conférence, il démontra que le yoga du soleil peut conduire les êtres humains, dans la lumière, vers Dieu qui est la source de tout : en allant contempler le soleil le matin – au moment où celui-ci s'avère le plus bénéfique –, chacun peut s'élever par la pensée jusqu'aux régions les plus subtiles et capter des éléments capables de remédier aux faiblesses de son organisme.

« C'est très simple, assurait-il, ce n'est même pas la peine de connaître quels éléments rétabliront votre santé, cela n'a aucune importance, c'est l'âme et l'esprit qui peuvent capter tout ce qui est nécessaire à l'être humain. »

Il s'apercevait bien que la façon dont on interprétait ses paroles n'était pas toujours exacte et que la plupart des gens étaient portés à établir des structures, à mettre en place des habitudes, alors que lui-même refusait de créer de nouvelles formes qui seraient inévitablement appelées à se scléroser. Tous les Maîtres spirituels ont certainement éprouvé le même genre de difficultés : ils ont parlé de vérités éternelles, mais ils ont vu leurs disciples cristalliser ces vérités dans des formes qui les obscurcissaient et en étouffaient la vie.

À propos du soleil, la pensée d'Omraam Mikhaël Aïvanhov est claire : il ne s'agit pas d'en faire une idole, comme ce fut le cas dans certains cultes solaires antiques que l'humanité a vus apparaître au fil des siècles : ce qu'il nomme « la religion solaire » n'est qu'un moyen de trouver le Seigneur, qui *est la vraie Lumière* à l'intérieur de chaque être humain.

Le soleil n'est qu'une porte s'ouvrant sur la divinité, il est le meilleur exemple d'amour désintéressé parce qu'il *donne* constamment, sans rien demander en retour ; il est une véritable demeure, un temple pour l'Esprit de vérité qui n'est que pureté et générosité.

Omraam ajoutait toutefois :

Ce n'est pas mauvais qu'il y ait des églises et des temples, c'est magnifique, on en a besoin, et je n'ai jamais dit qu'il fallait les détruire. Même une maison est un temple. Mais quand on voudra bien comprendre la vérité, on abandonnera tous ces temples et on entrera dans le seul et unique temple que Dieu lui-même a construit : l'univers. Et ensuite on comprendra que l'homme est aussi un temple du Seigneur et qu'il doit se nettoyer, se purifier, se sanctifier pour devenir vraiment ce temple.[110]

Son cheminement personnel l'avait amené à la conviction qu'il fallait constamment renouveler les formes. Dans sa jeunesse, il les avait d'abord négligées, puis il avait découvert l'importance de mettre « un beau contenu dans une belle forme parce que la forme est divine ». Toutefois, il affirmait que celle-ci ne devait jamais prendre le dessus sur l'esprit, sous peine de se scléroser.

Depuis toujours, il ressentait ce besoin de briser les vieilles structures afin de permettre à la vie de circuler, et à l'esprit de se manifester. Il disait qu'il utilisait de petits marteaux :

« J'apporte le nouveau, le nouveau ! Je brise les vieilles formes. » Il rappelait aussi : « Le Maître Peter Deunov m'a dit que j'étais le plus grand démolisseur. Et qu'est-ce que je démolis ? Les vieilles conceptions. Démolisseur. Il n'a pas dit destructeur. Démolisseur. Il y a une différence. On démolit seulement les vieilles ruines, pour construire. » Ou encore : « Tout est nouveau dans notre enseignement, il n'y a pas de vieilles choses. Et toute la terre sera renouvelée ! »

Ce *nouveau* consistait à être vraiment fraternel, à s'entraider, à essayer de se comprendre les uns les autres, à ne jamais enfermer l'esprit dans un carcan de traditions. « La nouvelle époque, disait-il, sera basée sur la simplicité, la clarté, l'enthousiasme. Actuellement, on est trop vieux. L'esprit d'enfance a disparu. »

Dans la pure atmosphère

---

110 *Les splendeurs de Tiphéret*, « Le soleil est à l'image et à la ressemblance de Dieu », Prosveta.

des matins de la Côte d'Azur, il s'exprimait sur ce qu'il aimait par-dessus tout, la lumière : « C'est une eau qui jaillit du soleil, c'est la vraie source de vie contenant les sept couleurs. » Depuis sa découverte de la beauté et du symbolisme du prisme à l'âge de quatorze ans, il n'avait cessé de s'en servir pour travailler avec les sept rayons, qui représentaient pour lui sept Esprits remplis d'amour, d'intelligence et de sagesse avec lesquels il semblait avoir un lien vital.

Il tenait toujours à la main un bâton surmonté d'un cristal. Il ne s'agissait pas à proprement parler d'une canne, mais d'un bâton symbolique qu'il utilisait comme un instrument de travail.

Connaissant l'influence des couleurs du prisme, il répétait souvent qu'on pouvait obtenir de grands résultats en s'en entourant, en les portant sur soi, en les introduisant dans son aura par la pensée.

★★★

Omraam Mikhaël Aïvanhov avait une relation étroite avec un Être qui représentait à ses yeux un soleil spirituel pour notre monde, l'éclairant et lui conservant la vie sur les plans subtils. Il l'appelait le Maître des Maîtres, Melkhitsédek. Dans ses toutes premières conférences en 1938, il avait parlé de lui et, par la suite, il avait souvent mentionné son nom avec un amour palpable. Peu à peu, les membres de sa fraternité avaient compris qu'il vivait en communion spirituelle constante avec lui.

L'existence de Melkhitsédek est connue dans la tradition judéo-chrétienne, ainsi que dans certaines traditions orientales. Dans le livre de la Genèse, il est le grand prêtre du Très-Haut qui va à la rencontre d'Abraham, muni du pain et du vin, ces symboles sacrés des principes mâle et femelle. Saint Paul dit de lui qu'il n'a ni commencement ni fin. Dans son Apocalypse, saint Jean l'Évangéliste le décrit comme « un Fils d'homme », vêtu d'une longue robe serrée à la taille par une ceinture en or, avec une chevelure blanche comme la neige et un visage qui brille comme le soleil dans tout son éclat.

En tant que représentant de Dieu, il est la flamme divine sur la terre, et tous les Initiés vont vers lui pour allumer leur bougie.

Hâtez-vous donc de vous unir avec Dieu, avec le feu, car ce sera votre salut. Melkhitsédek a sous ses ordres les hiérarchies angéliques, rien ne peut lui résister. Il se manifeste partout comme il veut et tous les Maîtres sont ses disciples. Saint Jean l'a vu, il a été avec lui. C'est Melkhitsédek qui lui a révélé le destin du monde et qui lui a donné les images de l'Apocalypse.[111]

En 1969, le Maître Omraam Mikhaël décida d'aller visiter l'île de Patmos pour y retrouver les traces du passage de saint Jean qui y avait vécu en exil. Il aimait beaucoup l'apôtre Jean, mais ce fut peut-être surtout son amour pour Melkhitsédek qui l'amena à se rendre sur le lieu des révélations de l'Apocalypse au centre desquelles rayonne ce grand être représenté sous la forme du Vieillard aux yeux de lumière.

Après avoir passé quelque temps avec les membres de la fraternité d'Athènes, il prit le bateau pour l'île de Patmos, située plus près de la Turquie que de la côte grecque. Le voyage, qui dura treize heures sur une mer très agitée, fut assez éprouvant pour tous. Vers quatre heures du matin, Omraam Mikhaël frappa à la porte des cabines de ses compagnons : frais et dispos, il leur apportait du café et des brioches.

Peu après, ils accostèrent à proximité d'un village encore endormi où un robuste porteur se chargea des bagages. Le visage empreint d'une admiration sans bornes pour celui qu'il appelait « l'homme de Dieu », l'homme le suivait de très près afin d'entendre le son de sa voix. Ne comprenant pas un mot de français, il demandait sans cesse : « Que dit l'homme de Dieu ? »

Les voyageurs montèrent jusqu'au monastère Khora, sis dans les collines. Le pope qui leur servit de guide pour la visite du Musée commença par leur fournir des explications volubiles sur l'origine des objets sacrés qui s'y trouvaient, ignorant ostensiblement les remarques que faisait le visiteur à cheveux blancs sur le symbolisme caché d'une croix ou d'une icône. Mais petit à petit, son comportement se transforma. Il finit par se taire.

Quand Omraam Mikhaël le pria de raconter la vie de saint Jean, il le fit avec modération et son visage devint rayonnant. Il s'exclama : « Je ne sais pas ce qui m'arrive ! Il y a entre nous une

---

111 Conférence du 2 septembre 1960.

atmosphère unique. C'est la première fois que je me sens comme cela avec quelqu'un ! » Et il se mit à pleurer de joie.

L'après-midi, le groupe visita la grotte où saint Jean avait vécu et écrit son Apocalypse. En descendant l'escalier de trente marches qui y menait au travers d'un jardin rempli de fleurs, Omraam Mikhaël semblait littéralement voler, et ses compagnons le suivaient, dans un état d'esprit privilégié comme on en connaît peu dans la vie.

La grotte le toucha particulièrement, avec son lit de pierre sur lequel avait dormi saint Jean, le pupitre creusé dans le roc où il avait dicté son Évangile à son disciple, et enfin, le rocher portant encore les traces de la foudre qui le fendit en trois morceaux au moment de la révélation de l'Apocalypse. À la fin de la visite, il demanda à ses compagnons de le laisser seul dans la grotte. Il s'y s'attarda longuement.

Son séjour dans l'île dura plusieurs jours. À l'époque, il n'y avait pas encore beaucoup de touristes, et l'endroit lui paraissait très pur, unique, encore imprégné du passage de saint Jean. Il était heureux, comblé par la beauté du pays, par la gentillesse des gens et leur visage sincère, de même que par la bonté des popes qui lui rendaient visite à tout instant.

À son retour, il dira que les habitants de cette île possédaient une si grande sensibilité qu'ils sentaient les choses à la façon de médiums, et qu'ils pouvaient même prophétiser, comme s'ils étaient encore empreints de l'ambiance de l'Apocalypse. Et lui-même faisait forte impression sur les villageois, qui le suivaient du regard et lui manifestaient un grand respect.

À un certain moment, alors qu'il se promenait dans la campagne avec ses compagnons, une femme d'apparence très pauvre s'approcha, se plaça devant lui et lui demanda timidement : « Êtes-vous moine ? »

Et, sans attendre sa réponse, elle se signa et lui baisa la main en murmurant : « Je vous souhaite une bonne santé, et soyez heureux avec votre couronne de moine. » Elle se tenait devant lui comme devant une icône. Et lui-même la considérait avec une expression d'étonnement et de jubilation. Lorsqu'elle fut partie, il demeura pensif un moment : avant de commencer cette promenade, il avait médité dans sa chambre et posé une question particulière aux êtres du monde invisible.

« C'est dans le silence que le savoir immémorial
enfoui au plus profond de nous
parvient peu à peu à la conscience. »
(O. M. A. à Éleusis, Grèce)

À son retour en France, il précisera : « Ce qu'elle me disait était la réponse à la question que j'avais posée. Le Ciel s'était servi de cette femme pour me répondre. Et j'étais tellement heureux ! »

Après ce séjour à Patmos, il revint en Grèce continentale où il visita le territoire du mont Athos avec deux de ses compagnons de voyage. Il y avait là de nombreux monastères qui abritaient environ 3 000 moines. On y gardait précieusement des manuscrits très anciens. Ces monastères se trouvaient souvent situés dans des endroits inaccessibles et, à plusieurs reprises, les trois voyageurs furent obligés d'utiliser un petit bateau à moteur parce qu'il n'y avait pas d'autre accès que la mer.

Chose surprenante, chaque fois qu'ils arrivaient, le même phénomène se reproduisait : sans savoir qui il était, les moines donnaient au Maître Omraam Mikhaël les marques du plus grand respect en lui offrant la chambre réservée à l'évêque orthodoxe. Quant à lui, il leur demandait à tous :

« Connaissez-vous l'existence de Melkhitsédek ? »

Quelques années auparavant, pendant son séjour en Inde, il avait demandé à de grands sadhous s'ils avaient entendu parler d'un être qui vivait dans l'Himalaya et qui n'avait ni commencement ni fin, ni père ni mère. Là aussi, on avait connu son existence, mais sous le nom de Markandé.

✫✫✫

À partir de 1960, l'œuvre spirituelle d'Omraam Mikhaël Aïvanhov avait pris, de façon visible, ses dimensions universelles. Dix ans plus tard, ses conférences étaient connues dans plusieurs pays. Par ailleurs, dès les premières années suivant son retour de l'Inde, il avait répondu à des invitations venues de divers endroits en Europe. C'est ainsi qu'il s'était adressé à des groupes de professionnels ou de savants, ainsi qu'à des chefs politiques. Mais dans bien des cas, il avait dû refuser ces invitations, sachant à l'avance qu'il perdrait son temps.

Entre autres, ses idées sur la transformation de l'humanité par la *galvanoplastie spirituelle* étaient trop avancées pour le monde dans lequel il évoluait. Toutefois, lorsqu'il se retrouvait devant des assemblées particulières, il agissait de la même manière qu'avec ses frères et sœurs, et c'était avec la même flamme qu'il faisait référence aux grands concepts de l'enseignement initiatique.

Un jour qu'il participait à une rencontre de savants au Centre nucléaire français de Saclay, il écouta attentivement leurs déclarations et leurs discussions scientifiques. Quand vint son tour de prendre la parole, il les amena insensiblement sur le terrain de la spiritualité afin de provoquer en eux une réflexion plus élevée que celle de la science pure. Ses explications sur la lumière étaient bien différentes des définitions techniques des autres intervenants, mais elles présentaient l'avantage de stimuler des découvertes personnelles sur un plan plus subtil.

À un autre moment, alors qu'il se trouvait avec plusieurs inspecteurs de police à Paris, il leur parla de la lumière comme jamais personne, probablement, ne leur en avait parlé :

Vous croyez pouvoir combattre la criminalité en augmentant le nombre des policiers, des gendarmes, en améliorant vos méthodes de surveillance et de recherches ? Eh bien, vous vous trompez, parce que les moyens extérieurs sont incapables d'agir efficacement dans ce domaine. Le seul moyen efficace, c'est la lumière.

Pour les cinq inspecteurs qui l'écoutaient, cela paraissait une solution bien étrange. « La lumière ? Et comment ? » demanda l'un d'eux. À sa manière imagée, il les entretint alors des criminels et de la façon dont ceux-ci transgressent les lois et préparent leurs vols, leurs enlèvements et leurs assassinats, dans la conviction que nul ne se doute de leurs projets. Il ajouta :

Mais imaginez que les gens possèdent une lumière intérieure qui leur permette de détecter à l'avance, et de très loin, ce que quelqu'un prépare contre eux : ils prendront des précautions et le malfaiteur ne pourra pas réussir. Le seul moyen d'anéantir la criminalité est donc la lumière. C'est pourquoi il faut apprendre aux humains à développer leur lumière intérieure. Cela prendra beaucoup de temps, mais c'est le seul moyen qui soit sûr.[112]

---

112 Voir son propre récit dans : *La lumière, esprit vivant*, « La lumière qui permet de voir et d'être vu », Prosveta.

La lumière intérieure à laquelle il se référait était la lumière d'une vraie spiritualité capable de transformer tous les êtres humains. La lumière, *esprit vivant* qui porte en elle l'amour, la sagesse et la vérité. Tout en sachant qu'une multitude de gens n'étaient pas assez développés, spirituellement, pour percevoir la réalité subtile de la lumière, il insistait sur la nécessité de se concentrer le plus souvent possible sur elle, de l'attirer en soi pour affiner ses perceptions et amener ses cellules à vibrer autrement.

Les désirs et les orientations des personnes qu'il côtoyait ne lui échappaient pas ; conscient de leur échelle de valeurs, il la remettait en question sans craindre de les déconcerter. Son premier souci était de mettre les êtres en mouvement, à tel point que parfois il les décevait ou les choquait intentionnellement. Toutefois, s'il lui arrivait d'être sévère, son humour restait toujours présent, de même que sa bonté.

Invité chez des gens qui s'attendaient à l'entendre parler de choses sublimes, il lui arrivait de faire des réflexions apparemment décousues sur leurs propres préoccupations, sur l'argent auquel ils pensaient sans cesse, ainsi que sur la vie sexuelle qui les obsédait. C'était quelquefois l'unique façon de les rejoindre. Quant à ses hôtes, ils ne comprenaient bien souvent qu'après coup pourquoi ce Maître avait abordé tel ou tel sujet qui leur avait tout d'abord paru trivial. Après la première réaction instinctive de déception ou parfois même de ressentiment, chacun s'apercevait qu'il avait le don de stimuler, qu'il « faisait couler l'eau » et que la vie circulait. Un frère anglais qui l'accompagnait en voyage disait de lui :

Personne n'était insignifiant à ses yeux. Il manifestait un profond intérêt pour chacun des êtres qu'il rencontrait. Dans les hôtels, il traitait les employés avec une exquise courtoisie. Leur visage se transformait, une lumière s'allumait dans leur regard, ils se retournaient sur son passage.

En parlant aux hôtesses de l'air, aux guides des expositions, aux chauffeurs de taxis, il avait le don de créer l'ambiance qu'il voulait : quand il les voyait tendus ou intimidés, il arrivait à les faire rire en leur racontant des anecdotes extrêmement comiques qui, il faut le dire, déconcertaient parfois ses compagnons de voyage les plus sérieux. Mais toujours, il cherchait à apporter quelque chose de stimulant.

Des années auparavant, lors d'une visite de l'Alhambra en Espagne, Omraam Mikhaël avait écouté les explications du guide à propos des savants qui étaient autrefois venus de loin pour construire le palais. Quand celui-ci eut terminé, il s'approcha et lui demanda amicalement :

— En fait, combien y a-t-il de piliers ?

— Trente-deux, répondit le guide.

— Pourquoi y en a-t-il trente-deux ?

— Je ne sais pas, monsieur.

— Dans le passé, dit Omraam Mikhaël en le prenant discrètement à part, des savants ont inscrit partout des symboles qui expliquent le côté profond de la nature qui nous entoure et aussi de notre propre nature humaine. Par exemple, les fontaines.

Intrigué, le guide l'écoutait avec attention.

— Vous voyez ici les palmiers, les mosaïques, les pommes de pin, qui sont des symboles. C'est le côté religieux, mystique, kabbalistique qui intéressait les Anciens. Et pour que cette science soit admirée dans l'avenir, ils ont placé ces symboles de façon à ce qu'on les comprenne. Vous voyez pourquoi ces Initiés, qui avaient étudié tous les chemins de la connaissance et de la sagesse, ont trouvé qu'il y a trente-deux sentiers de la sagesse.

Constatant l'intérêt du guide, il lui fournit encore des explications sur les deux principes qui sont à la base de toute création :

— Les fontaines ont été mises là pour qu'on admire le principe masculin formidable qui est la vie qui jaillit. Et les Anciens le tenaient en si haute estime qu'ils avaient beaucoup d'enfants ! Et les coquillages, c'était pour se souvenir de l'autre principe admirable, le principe féminin qui crée la vie...[113]

✶✶✶

Il lui fallait très peu de choses pour vivre. Au Bonfin, il habitait toujours son vieux chalet ; à l'étranger, il descendait invariablement dans les hôtels les plus modestes. La seule condition

---

113 Dialogue tiré de la conférence du 20 juillet 1962.

qu'il mettait au choix d'une chambre était la possibilité d'y voir le lever du soleil. Quand les personnes qui l'accompagnaient se plaignaient des logements rudimentaires dont elles devaient se contenter, il insistait sur l'importance de la simplicité de vie.

Partout où il se retrouvait, il ne pensait qu'à devenir toujours plus utile à l'humanité. En voiture ou en train, il travaillait à perfectionner sa connaissance de l'anglais, il écoutait des textes enregistrés sur cassette pour améliorer son accent. « Une nouvelle activité provoque dans tout l'organisme un renouveau de vie », assurait-il. Des compagnons de voyage ont parlé de lui en ces termes :

> Il était comme un père, un merveilleux éducateur, on se transformait auprès de lui. Voyager avec lui était un véritable apprentissage, car on ne peut se trouver auprès d'un être de cette envergure sans se remettre soi-même en question, mais son approbation spontanée pour tous les efforts était réconfortante.

Au cours des vingt dernières années de son existence, il parcourut la terre comme on explore un domaine passionnant. Certains pays furent visités à maintes reprises, d'autres une seule fois.

Le but de tous ces voyages était « d'accomplir un travail spirituel » un peu partout dans le monde, et aussi de « retrouver les traces laissées par l'esprit des grands êtres de l'humanité à différents endroits de la terre. »

Assez souvent, il s'isolait de ses compagnons pendant plusieurs jours. Chaque fois qu'il le pouvait, il méditait en pleine nature, ce véritable temple du Seigneur. Toutefois, cela ne l'empêchait pas de prier dans les divers édifices religieux du globe, les temples, les mosquées ou les basiliques, car « tout cela était sacré ».

Au printemps 1970, il séjourna au Japon et passa huit jours dans un temple zen situé au cœur des montagnes, non loin de Tokyo. Les douze bonzes résidants l'accueillirent comme l'un des leurs et lui offrirent l'usage d'un petit temple décoré de bouddhas où il pouvait prier, lire et dormir à l'écart des bruits du monastère. Dès son arrivée, il fut invité à participer aux rites religieux auxquels prenaient part beaucoup de gens de la ville voisine.

Dans un temple Zen au Japon, Omraam Mikhaël Aïvanhov
participe à la cérémonie religieuse du matin.
Derrière lui, le moine avec son bâton.

Au petit matin, tous se réunissaient pour une cérémonie suivie d'une méditation qui durait deux heures. Ils s'installaient
autour d'une grande pièce, face au mur, dans la position Za-Zen,
laquelle comporte des règles précises sur la façon de tenir la tête
ou de poser les mains. Au centre de la salle, un bonze se promenait lentement, un bâton à la main, surveillant le dos de chacun

des participants. Dès que l'un d'eux s'assoupissait, il lui assénait un coup sec sur l'épaule.

Le Maître Omraam Mikhaël connaissait le sens de cette coutume : le coup, porté sur un nerf particulier, avait pour but d'empêcher la somnolence, de redresser une mauvaise posture, de provoquer un éclaircissement dans le cerveau et de rassembler les énergies. Désireux d'en faire l'expérience sur lui-même, il demanda au bonze de lui administrer, au cours de la prochaine méditation, le coup de bâton traditionnel. Gêné, celui-ci refusa poliment : « Vous n'en avez pas besoin », dit-il. Néanmoins, devant son insistance, il accepta. Le lendemain, en arrivant derrière lui, il le salua respectueusement, puis il lui donna un coup sur l'épaule.

Omraam Mikhaël inclina la tête pour remercier le moine du service rendu. Cette expérience l'intéressa beaucoup : il put constater qu'effectivement, le coup provoquait une réaction de lucidité intéressante dans le cerveau. Afin de pousser l'expérience plus loin, il pria le bonze de réitérer son geste tous les matins, mais le moine bouddhiste n'obéit qu'à contrecœur.

En racontant cette anecdote à son retour en France, il précisa que si le but du Za-Zen est d'arrêter la pensée et de faire le vide, le vide ne doit pas constituer un but en soi, et il peut même s'avérer dangereux s'il ne sert pas à attirer la plénitude. Pour parvenir au vide sans danger, il faut tout un travail de purification préalable. Il est indispensable de commencer sa méditation dans le calme et l'apaisement des sentiments :

> *Ensuite, vous devenez actif, dynamique, vous vous concentrez et vous projetez vos pensées et vos sentiments dans la direction que vous avez choisie et vous les intensifiez pour créer en vous un état de dilatation, d'émerveillement... À ce moment-là, vous vous arrêtez pour faire le vide, et vous ne pensez plus, vous sentez seulement. Dans ces conditions, vous ne risquez rien.*[114]

Quand il revenait à Izgrev ou au Bonfin, il était heureux de se retrouver dans sa famille spirituelle, et il passait la journée dans un sentiment de gratitude. Il disait qu'il fallait remercier tous les

---

114   « *Connais-toi toi-même* » *Jnani Yoga, II*, « La connaissance : le cœur et l'intellect, II », Prosveta.

jours mille fois parce que la magie du merci est extraordinaire, meilleure que tous les médicaments.

Lui-même employait le mot *merci* comme une formule puissante, un « antidote qui neutralise tous les poisons ».

✫✫✫

Pour Omraam Mikhaël Aïvanhov, tout était transparent dans la nature, tout était lumineux et vivant. On le sait, son lien avec les puissances invisibles demeurait très fort et, dans ce sens, le « merveilleux » qui accompagne l'existence des grands êtres spirituels était bien présent dans sa vie.

Depuis toujours, il était conscient de l'état dans lequel se trouvaient ses frères et sœurs, il remarquait les changements survenant dans leur regard. Quand il voyait leur lumière diminuer, il leur disait avec bonté : « Si vous croyez que je n'ai aucune idée de vos difficultés, vous vous trompez. » Il connaissait ces difficultés pour en avoir traversé de semblables. Toutefois il leur disait aussi : « C'est vous qui devez vous libérer, sinon vous n'évoluerez pas. » Souvent, après une conférence, certains de ses auditeurs venaient le remercier d'avoir parlé de leurs problèmes personnels et de leur avoir donné des conseils très précis.

En fait, le phénomène se reproduisait si fréquemment que ce Maître avait la réputation de pouvoir capter les questions ou les problèmes d'une vaste assemblée de personnes Beaucoup de gens lui faisaient part d'évènements inexplicables, d'une guérison ou d'une apparition lorsqu'ils avaient fait appel à lui : ils avaient été sauvés d'un accident en prononçant son nom, ils l'avaient vu devant eux dans son corps physique alors qu'en réalité, il se trouvait ailleurs. Comme autrefois à Paris, il les écoutait, mais il continuait à refuser d'être considéré comme un thaumaturge. « Ma mission n'est nullement de guérir, précisait-il, elle est d'éclairer. »

Afin de sauvegarder l'intégrité de cette mission, il niait presque toujours certains pouvoirs subtils qui lui étaient naturels depuis sa jeunesse. Sa relation avec les membres de sa fraternité devait se situer en dehors de la fascination qu'exercent inévitablement les phénomènes de clairvoyance, de médiumnité ou de guérison spontanée. Invariablement, il les orientait vers la lumière, les anges, et le Seigneur.

Très tôt après son retour de l'Inde, il avait commencé à faire mention de la « firme O.M.A. », expliquant qu'il devenait une personne collective, que tout le mérite revenait à ceux qu'il ne connaissait même pas et qui travaillaient avec lui. C'était cet être collectif qu'il fallait remercier. « Il ne faut pas m'accuser, disait-il, il s'appelle Omraam ! »

On sentait chez lui un immense respect pour tous ces êtres invisibles qui le soutenaient et qu'il nommait tantôt des anges, tantôt des dévas, ou tout simplement des entités. Il les invoquait avec confiance, mais en s'adressant à des êtres libres sur lesquels il ne fallait pas faire pression par des prières égocentriques. De temps à autre, il demandait à l'Ange de l'Air de faire disparaître les nuages afin que ses frères et sœurs puissent contempler le soleil, mais il disait que l'Ange avait le droit de refuser.

Conscient de ses responsabilités face à tous ceux qui l'aidaient dans son œuvre, il se savait un simple maillon dans la chaîne des êtres qui travaillent pour le bien de l'humanité. Et c'était avec le même respect qu'il traitait toute la nature. Il n'essayait pas de transgresser ses lois ou de modifier l'ordre naturel des choses, et c'est de cette manière qu'il avait réussi à créer une connivence mystérieuse avec les animaux, les arbres et même les objets inanimés.

Dans le passé, il lui était arrivé plusieurs fois d'adresser la parole à une voiture en panne ; de façon inexplicable, le véhicule s'était remis à rouler, à la plus grande surprise des témoins, et parfois juste assez longtemps pour l'amener à destination. « Ce n'est pas que les métaux soient intelligents, disait-il, ou que les plantes aient une âme, non, mais il y a une intelligence cosmique qui imprègne toute la création, qui agit à travers elle. »

En réalité, il n'attachait pas une grande importance à tout cela, et il ne conseillait à personne de rechercher les pouvoirs. Pour sa part, il évitait de trop laisser voir sa force intérieure, pour ne pas s'imposer ou faire pression sur son entourage ; mais certains remarquaient qu'il souffrait occasionnellement de ne pouvoir se manifester pleinement et naturellement.

De temps à autre, son énergie phénoménale trouvait une brusque issue à travers un détail de la vie courante : c'est ainsi qu'un jour, alors qu'il se trouvait assis avec quelques personnes dans son jardin, il se leva subitement et demanda un outil afin de couper une branche d'arbre dangereusement basse. Sans savoir que quelqu'un s'y était cogné une heure plus tôt, il venait de prendre la décision de remédier à la situation. Les sécateurs qu'on lui apporta étaient minuscules et tout à fait inappropriés, mais il s'en saisit tout de même sans hésiter et sectionna la grosse branche d'un seul coup. Puis il regarda ses compagnons en silence, comme s'il regrettait de s'être manifesté à ce point. Quant à eux, ils étaient tout bonnement sidérés par ce résultat aussi « impossible » qu'inexplicable.

Invariablement, il soulignait la suprématie du travail personnel sur les méthodes conventionnelles ou les pouvoirs : il ne fallait compter que sur ses propres efforts pour se transformer. C'est dans ce sens qu'il avait réagi lors d'un pèlerinage en Israël où il était allé dans le but de « retrouver les traces de l'esprit de Jésus », de même que pour rencontrer des kabbalistes.

Au bord du lac de Tibériade, plusieurs personnes avaient mentionné la légende du pouvoir miraculeux que possédait le lac : il suffisait de s'y baigner pour être purifié. Pour lui, tout cela n'avait pas beaucoup de sens. Indifférent à toutes les fables auxquelles les gens accordent tant d'importance, il ramenait les choses à leurs vraies proportions. À son retour, il en fit mention avec un brin d'humour, affirmant que ce n'était pas l'*acte* de se plonger dans l'eau qui pouvait purifier, mais bien un travail conscient, autant sur le plan intérieur que sur le plan extérieur. Une personne qui l'avait accompagné décrivit la scène :

> *C'était après la Guerre de six jours, et nous avions eu le droit de visiter la ville de Jérusalem occupée par Israël. Le Maître a aussi voulu voir la synagogue située sur le lieu où avait vécu Jéthro. Il y est resté longtemps en méditation. À un autre moment, quand il visita la grotte où avait vécu Shimon Ben Yokaï, l'un des auteurs du Sepher Ha Zohar, c'était un lendemain de fête.*

> *Des milliers de personnes étaient venues en pèlerinage à cette grotte, située sur une colline boisée, et des saletés jonchaient le sol autour des lieux sacrés. Pris d'une sainte colère, le Maître a fait appel à l'Ange de l'Air et l'a prié de tout nettoyer. Aussitôt une pluie torrentielle est tombée et a duré plusieurs heures. Tout a été*

balayé. C'était si inhabituel dans ce pays que les journaux en ont parlé le lendemain. Mais quand il lui arrivait de se fâcher, cela ne durait jamais longtemps. Il retrouvait sa sérénité avec une rapidité stupéfiante.

Dans la pensée d'Omraam Mikhaël, les vrais pouvoirs s'obtiennent, se conservent et se développent par l'amour. Depuis toujours, il rejetait ceux qui éblouissent pour mieux dominer. Cependant, ceux qui le voyaient souvent, notamment ceux qui vivaient près de son chalet, remarquaient clairement la maîtrise qu'il avait sur lui-même et, par conséquent, sur les éléments. En fait, il savait utiliser les possibilités infinies mises dans la création par l'Intelligence cosmique et, par là, agir sur la nature. C'est ce qu'il fit à la fin d'un été, au cours des années 1970. Des incendies de forêt, si communs dans le Midi, faisaient rage dans la région, et le vent soufflait dans la direction du Bonfin qui semblait menacé. Le Maître Omraam Mikhaël monta avec quelques personnes sur le Rocher de la prière pour invoquer les Anges de l'Eau et de l'Air.

« Laissez-moi seul pour prier », leur dit-il. Dix minutes plus tard, d'un ciel auparavant sans nuages, une pluie diluvienne s'abattit, mettant un terme à l'incendie. Ce phénomène se répéta plus d'une fois au fil des ans et, quand il en parla, ce fut pour préciser que chaque fois, il avait imploré les Anges de l'Air et de l'Eau d'éteindre le feu ; mais il ajouta qu'il fallait « conquérir bien des choses en soi-même avant d'obtenir un pouvoir sur les éléments ».

La signification de ces paroles est claire : tout ce qui existe dans la nature se retrouve aussi à l'intérieur de l'être humain ; chacun des quatre éléments dispose d'un effet purificateur, et on ne peut agir sur eux que lorsqu'on a purifié et maîtrisé « les éléments en soi-même ».

L'effet qu'on arrive à produire n'est pas à proprement parler ce qu'on appelle un miracle, il n'est que le résultat d'une maîtrise personnelle. Le résultat obtenu peut se comparer au contrôle exercé par un dompteur sur les fauves de la jungle, ou encore à celui d'un charmeur de serpents qui, après avoir été mordu, réussit à neutraliser le poison uniquement par la force de sa volonté.

Les sources, les cascades, les rivières, les lacs ou les océans représentaient pour Omraam Mikhaël Aïvanhov des forces différentes que nous pouvons tous canaliser dans le but d'effectuer un travail conscient en tant que membres de l'humanité. Chaque fois qu'il se retrouvait en bateau ou en avion, il entrait en contact avec les créatures intelligentes qui habitent ces éléments. « Il faut parler aux animaux, aux fleurs, aux esprits, aux ondines, aux sylphes, disait-il, il faut leur demander de travailler pour l'avènement du Royaume de Dieu sur la terre. »

Au cours d'un voyage aux États-Unis, au bord de l'océan, il se rendait tous les matins sur la plage pour le lever du soleil et y passait de longues heures. Après coup, il disait simplement : « Je sème des graines. » Plus tard, il précisa qu'il avait entrepris un travail spirituel avec la puissance des eaux.

Cette puissance de l'eau, c'est le fluide de l'univers, le sang de la terre : il faut savoir comment la considérer, comment lui parler, comment se lier à elle, car elle changera certains éléments au-dedans de nous en les diluant, en les dissolvant. Elle a ce pouvoir sur certaines substances précisément que le feu lui-même est incapable de modifier.[115]

S'il pouvait concrétiser bien des choses, c'était parce qu'il connaissait les liens entre tous les éléments d'un univers qui représente un organisme.

Les oiseaux, les animaux s'approchaient de lui. À la campagne, les biches se rassemblaient pour le contempler quand il méditait. Les écureuils entraient dans sa chambre pour y rester avec lui. Un matin il est venu nous chercher : « Venez vite ! » Nous l'avons suivi jusqu'à un petit plateau complètement dénudé. Arrivé là, il a regardé autour de lui d'un air étonné : « Elles ne sont plus là ! » Il a appelé, et aussitôt une hirondelle est apparue de nulle part. « Tu es seule ! lui dit-il. Va chercher les autres. »

Quelques minutes plus tard, des multitudes d'hirondelles nous entouraient. Un autre jour, alors qu'elles étaient là, innombrables autour de lui, un aigle royal est venu planer très haut au-dessus d'elles. C'était un spectacle impressionnant qui s'est répété

115 *Les splendeurs de Tiphéret*, « Les trois sortes de feu », Prosveta.

plusieurs fois. Les aigles royaux lui manifestaient une attention de plus en plus grande. Un jour, pendant qu'il nous parlait, l'un de ces aigles, immense, atterrit près de lui. Pendant très longtemps, il est resté là, immobile, à ses côtés. Nous étions sidérés... Mais il fallait voir la simplicité du Maître, son émerveillement devant ce genre d'incidents. Tout se passait comme si les animaux, avec leur instinct, avaient senti chez lui l'harmonie et l'amour capables de redonner à l'humanité un état de grâce, de recréer le paradis terrestre.

« Je les prends dans ma main et je leur parle. »

Le grand Printemps de l'amour

Nous sommes maintenant en 1980. À chacun des congrès annuels qui se tiennent dans les trois plus grands centres de sa fraternité, Omraam Mikhaël Aïvanhov est présent et s'adresse quotidiennement à des centaines de personnes.

Depuis quarante-deux ans, et avec une fidélité qui ne s'est jamais démentie, il a donné des milliers de conférences sans jamais les préparer à l'avance, cherchant constamment son inspiration dans les mondes spirituels. Et sa façon de procéder est un défi continuel. À quatre-vingts ans, il aime encore l'imprévu, et ces exercices sur la corde raide « le font progresser », comme il l'a indiqué dans le passé :

Pour que je puisse parler, il faut que le sujet se présente tout d'un coup, comme une suggestion que m'envoie le monde divin et alors, à ce moment-là, malgré les lacunes, les fautes de français et tout ce qui n'est pas académique, eh bien, ça marche.[116]

Au fil des ans, le Bonfin s'est beaucoup embelli. En ces années-là, les congrès d'été, d'une durée de trois mois, rassemblent des adhérents venus des cinq continents.

À l'aube, comme toujours, ils se retrouvent sur le Rocher de la prière pour y faire leur méditation. Le soleil est déjà haut dans le ciel quand le Maître Omraam Mikhaël se lève pour les saluer tous. Il marche alors lentement devant la foule massée de chaque côté du chemin qui mène à la descente, il donne un regard, une parole ou un conseil. Il manifeste à tous un grand amour, accordant une attention spéciale aux enfants qui se sont joints à leurs parents.

Ces instants passés avec lui sur la colline rocheuse sont empreints d'une douceur particulière. L'ambiance est légère et très

---

116 *La pédagogie initiatique, II*, « Lire et écrire, I », Prosveta.

gaie parce qu'il la veut ainsi. Et quand vient le moment de quitter le Rocher pour rentrer au Bonfin, la scène a quelque chose de magique, avec tous ces enfants qui se pressent à ses côtés, qui dévalent la pente en courant derrière lui ; il est comme un père de famille, un patriarche à la nombreuse descendance spirituelle.

« Les enfants eux-mêmes doivent savoir qu'on ne produira rien de divin si l'on ne va pas le chercher là où se tient le divin. »

Comme à son habitude, il fait les exercices de gymnastique avec sa fraternité et, à la fin de la matinée, quand il pénètre dans la salle de conférences, les personnes présentes éprouvent chaque fois la même impression de calme contrôlé accompagné d'une énergie débordante.

Certains jours, il est habité d'une présence mystérieuse : parfaitement immobile, les yeux fermés, il parle d'une façon sobre et concise. En d'autres occasions, il s'exprime avec une grande force, comme un prophète chargé de secouer ses contemporains pour les faire sortir de leurs ornières. Mais la plupart du temps, il s'adresse à sa fraternité à la manière d'un père qui parle à ses enfants, le plus simplement du monde. Il sait rire franchement, avec une spontanéité qui témoigne d'une profonde joie de vivre.

« La vie est belle, dit-il, et on peut la rendre encore plus belle si on adopte cette philo-sophie qui préconise les choses les plus lumineu-ses, les plus pures, les plus nobles. »

À travers une exis-tence très difficile et remplie d'épreuves, il a trouvé la véritable joie. Il est capable de dire avec sincérité, en se référant à la période passée en pri-son : « Il y avait en moi un être qui chantait... » C'est pourquoi il peut rire de si bon cœur et communiquer sa joie à ceux qui l'écoutent. Il est capable d'affirmer aussi : « Avec tous les op-probres que j'ai vécus, il n'y a pas un homme plus heureux que moi. » Ceux qui le connaissent le savent bien et, comme l'a dit un témoin de ces années-là :

> Son rire était celui d'un être pur, libre, heureux, fraternel, tra-vailleur. Donc heureux, content d'être sur la terre, donc qui pou-vait rire quand ça s'y prêtait. Un être qui ne pense qu'à son propre avancement spirituel, qui ne pense qu'à l'heure de sa prochaine méditation, il ne rit pas, il s'ennuie sur la terre, mais un être qui rit sur la terre, quand il est de la texture d'un être comme l'était le Maître, ça veut tout dire. C'était extraordinaire de voir comment un être qui avait autant travaillé dans l'ascèse, l'avancement spi-rituel, qui était passé par tant d'épreuves, comment il pouvait être aussi heureux : parce qu'il s'intéressait aux autres. Il était bien sur terre, aussi dure qu'elle soit, parce qu'il cherchait tout le temps à en révéler la beauté.

La conférence terminée, on le voit parfois tracer quelques mots sur un morceau de papier. Depuis sa jeunesse, il est resté

336

fidèle à l'habitude d'écrire ou de prononcer très souvent, dans sa langue maternelle :

Da beudé blagoslovéno i svéto Imeto vi veuv véka, Gospodi.
(Que Ton Nom soit béni et glorifié dans les siècles, Seigneur.)[117]

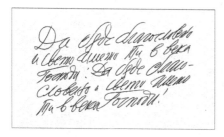

En ces dernières années, il a repris les thèmes de son enseignement les uns après les autres. On pourrait croire qu'après tant d'années de conférences régulières, il aurait épuisé la majorité des sujets, mais au contraire, il jette sur ceux-ci une nouvelle lumière en y apportant ce dynamisme et cet humour qui lui sont si particuliers.

Il n'essaie pas de faire des exposés complets ou académiques, et ce n'est que peu à peu qu'il fait le tour d'un thème. Son but est toujours d'allumer les cœurs, ainsi que de créer des liens entre ses auditeurs et la lumière des mondes subtils. En fait, les thèmes de l'enseignement initiatique, dont les origines se situent dans les hautes sphères des mondes invisibles, existent depuis toujours, et ils ont été transmis par les plus grands guides spirituels de l'humanité.

Le Maître Omraam Mikhaël Aïvanhov présente ces mêmes vérités en les commentant d'une façon unique, et à chacun des éléments de son enseignement correspond une application concrète.

Avec des mots si clairs et si précis qu'un enfant peut les comprendre, il décrit le pouvoir que possèdent tous les êtres humains de devenir *parfaits comme le Père céleste est parfait*, et de transformer le monde dans lequel ils vivent. Il parle de sainteté ou de perfection comme d'un travail passionnant à entreprendre.

Et s'il emploie constamment le mot *travail*, c'est qu'à ses yeux, tout peut servir pour agir : le travail spirituel est essentiel, bien sûr, mais l'action physique est tout aussi importante.

---

117 Ce texte a été écrit de sa main.

Il précise que c'est grâce aux évènements de tous les jours qu'on peut se perfectionner, et que les initiations ne se font plus dans les temples, mais dans la vie quotidienne ; que les facultés de l'être humain, ses sens, ses sentiments et ses activités, peuvent lui servir de tremplins vers un idéal de perfection.

Ses méthodes sont pratiques, réalistes, efficaces. Il explique comment se purifier pour recevoir des énergies supérieures, comment transmuter le mal en bien et se mettre au diapason des puissants mondes invisibles qui contiennent toutes les forces du cosmos, comment s'harmoniser avec les quatre éléments de la nature et accomplir une œuvre créatrice en se servant de leur puissance.

Ses perspectives sur le sens de l'amour et de la sexualité, sur les grandes lois de la morale cosmique, sur la vraie pureté qui consiste à avoir le cœur pur comme le cristal, sur le yoga du soleil et de la nutrition, ou encore sur la manière dont une mère peut former des enfants exceptionnels, toutes ces façons d'entrevoir les diverses facettes de la réalité sont à la fois inattendues et vivifiantes.

Et elles sont présentées avec l'objectif de préparer un véritable âge d'or pour l'humanité.

★★★

L'un des aspects les plus importants de la tâche d'Omraam Mikhaël Aïvanhov sur la terre a été de poser les bases d'une authentique fraternité universelle.

Toute sa vie, il a parlé d'entente fraternelle, de partage et de paix. Toute sa vie, il a essayé d'amener les gens à comprendre une chose essentielle : la paix ne peut se réaliser que dans une réelle fraternité entre tous les humains. Elle doit s'amorcer dans les cœurs pour se propager ensuite dans les familles et dans les divers pays du monde entier.

Arrivé en France juste avant la Deuxième Guerre mondiale, il a été plongé, dès le début de son œuvre, dans le marasme créé par un conflit insensé. Il a dû commencer à donner son enseignement au moment même où s'organisait l'un des pires génocides de toute l'histoire de l'humanité, et alors que des millions d'êtres humains allaient se voir sacrifiés sur les champs de bataille ou impitoyablement exterminés dans les camps de concentration. Par la suite, après avoir lui-même subi le feu purificateur de la calomnie et de l'injustice, après avoir perdu sa réputation et sa liberté, il a poursuivi son travail spirituel sans se laisser arrêter.

Cette prédiction de Peter Deunov s'est aujourd'hui réalisée : « Quand tu passeras par la porte étroite, tu te transformeras tellement que tu ne te reconnaîtras plus. Tu brilleras comme le soleil et tu attireras le monde entier. » Il est devenu un guide qui s'adresse non seulement à un peuple particulier, mais à des milliers d'êtres venus des cinq continents. Ce qu'il veut établir, c'est une civilisation universelle :

> *Mon seul souci, c'est la fraternité. La famille... dans le monde entier. [...] C'est très important, ce que la Fraternité Blanche Universelle prépare maintenant. Elle est venue pour quelque chose qui n'était pas, dans le passé, dans la tête des humains. Ils pensaient à autre chose : comment devenir clairvoyants, comment obtenir les pouvoirs, comment se lier avec le Seigneur.*

> *Et on abandonnait la terre, on abandonnait le monde entier. Il y a eu tellement d'Initiés, de gourous, de saints et de prophètes qui ne pensaient qu'à sauver leur âme, et le monde entier est resté dans ce désordre, dans cette misère...[118]*

À l'ère du Verseau, c'est maintenant le moment de construire un monde de beauté, d'amour et de fraternité pour tous les enfants de Dieu. « Ici, dit-il, nous travaillons pour le monde entier, pour que tous comprennent que c'est la vraie fraternité qui apportera la paix. » Il aime utiliser l'image des deux triangles contenus dans le symbole du Sceau de Salomon.

Il précise que les enseignements du passé, en Inde ou au Tibet, ont été basés sur le triangle pointé vers le haut, et qu'il faut

---

118 Conférence du 9 décembre 1968.

dorénavant s'inspirer du triangle pointé vers le bas, c'est-à-dire faire descendre le Royaume de Dieu sur la terre :

> *Notre Enseignement veut former des êtres qui sachent travailler sur la terre, y organiser les choses, tout en étant tendus vers l'idéal qui de plus en plus deviendra réalité. Les êtres de l'avenir ne perdront jamais de vue ni l'un ni l'autre côté de leur vie. C'est ainsi qu'ils deviendront un avec leur idéal. Il faut rester fondu avec l'idéal – Dieu – tout en gardant le sens de la terre.*[119]

Et, pour y arriver, ils doivent se mettre à la tâche en installant l'harmonie en eux-mêmes et autour d'eux, en se tendant la main, en s'entraidant fraternellement. En tant qu'héritiers du monde divin, ils sont capables de matérialiser tous les trésors spirituels qui existent, ces trésors qui sont là pour tous, à portée de la main.

À une époque où tant de nations sont encore en guerre les unes avec les autres, où le terrorisme fait rage dans certains pays, il continue d'affirmer que c'est en installant la paix dans son propre cœur, dans sa famille ainsi que dans le contexte social où l'on vit, que l'on peut la concrétiser dans le monde. Et cela parce que la paix est l'accord du microcosme avec le macrocosme : « L'être qui est en paix avec lui-même est en paix avec tout l'univers. » Il continue également à parler de la mission des femmes dans la transformation de l'humanité. Depuis longtemps, il affirme que les femmes possèdent des substances inouïes et susceptibles de réaliser les projets du Ciel, mais qu'elles n'en sont pas assez conscientes :

> *Si elles décident de se consacrer au Ciel pour que toute cette matière merveilleuse puisse être utilisée dans un but divin, sur toute la surface de la terre on verrait s'allumer des foyers de*

---

119 Conférence du 25 mars 1958.

340

lumière, et le monde entier parlera le langage de la nouvelle culture, de la nouvelle vie, le langage de l'amour divin. Qu'attendent-elles pour se décider ?[120]

L'image de la galvanoplastie spirituelle, basée sur les capacités féminines de formation et de transformation, demeure très présente dans son enseignement. Dans sa grande famille spirituelle, les couples s'efforcent de vivre dans l'harmonie et le respect l'un de l'autre, ils suivent ses recommandations sur le style de vie idéal pendant la gestation, afin d'imprégner leur enfant de beauté et de paix.

Tout cela se fait très simplement, car sa fraternité n'est pas un milieu réservé à une élite, bien au contraire, il s'agit d'une famille ordinaire dans laquelle tous peuvent apprendre, grandir, avancer vers la perfection, travailler à réaliser le Royaume de Dieu sur la terre.

Cette petite fraternité est une graine qui peut devenir un grand arbre, elle est une tentative susceptible d'engendrer une civilisation planétaire, merveilleuse, équilibrée et calquée sur le monde d'en haut, c'est-à-dire sur la civilisation spirituelle, angélique. Le Royaume de Dieu qu'il désire tant voir se concrétiser correspond à un véritable âge d'or qu'il définit comme « le grand printemps de l'amour ». Ce n'est pas un lieu, mais un état intérieur dans lequel se reflètent toutes les belles choses créées. Il s'agit d'un royaume d'amour, de joie et de paix qu'un authentique esprit fraternel a le pouvoir de faire descendre sur la terre. Lui-même ne pense qu'à en préparer les voies.

Il sollicite sans cesse la collaboration de ses frères et sœurs dans ce sens : « Pour parvenir à installer sur la terre un règne de sagesse, de justice et d'amour, chacun doit d'abord établir en soi-même la *synarchie*, c'est-à-dire un comportement fondé sur l'harmonie entre le cœur, l'intellect et la volonté. »

Un matin de janvier 1981, au Bonfin, il parle longuement du sens et de la beauté de cette forme idéale de gouvernement de soi-même et du monde. Il affirme que cette ère est déjà commencée et qu'un jour, le monde entier vivra dans l'amour et la

---

120 *L'amour et la sexualité, I*, « Le rôle de la femme dans la nouvelle culture », Prosveta.

fraternité. Après cette conférence qui a eu lieu par exception à sept heures du matin, un brillant arc-en-ciel apparaît au-dessus du Bonfin, comme si le ciel voulait confirmer sa prédiction d'une humanité meilleure.

Bien souvent, au fil des ans, Omraam Mikhaël Aïvanhov a évoqué la synarchie. Dans ses premiers exposés à Paris, il a fait référence à un royaume secret dont l'existence a été connue en différents pays du monde, notamment en Inde, au Tibet et en Chine. Dès 1938, il s'est mis à mentionner le nom de l'Agartha, ses grandes bibliothèques ainsi que « les clés de l'Initiation qui y ont été cachées ». Il l'a défini comme un monde où la sagesse des grands Initiés a été conservée bien vivante :

> Saint-Yves d'Alveydre, dans La Mission de l'Inde, parle de l'Agartha, la ville des Initiés qui date de 25 000 ans, où tous les livres sacrés sont conservés, où l'on vit une existence parfaite.[121]

Aujourd'hui, il explique que dans la synarchie, la véritable puissance réside dans la bonté, la pureté, la lumière et l'amour, et non dans la domination des autres. « Ceux qui sont au sommet, dit-il, devraient être des modèles d'intégrité et de justice. Et vous-mêmes, donnez la première place au principe divin, sentez et agissez d'après cette science initiatique, et vous serez dans la synarchie. »

Il affirme encore une fois que les grands Maîtres de l'humanité ont essayé de faire comprendre aux humains le sens de la synarchie, et que Jésus lui-même en a apporté les principes. Il explique également que pour les êtres de l'Agartha, *chaque enseignement vient de Dieu* : bouddhistes, musulmans et chrétiens sont des enfants de la même famille et le Royaume de Dieu leur est destiné. « Mais tant que les êtres humains s'affronteront au nom de la foi, dit-il, cela signifiera qu'ils ne possèdent pas la foi véritable ».

À cette époque de sa vie, il est plus que jamais intéressé par les correspondances entre les choses, entre les mondes, entre les pensées, les sentiments et les actions. Les nouvelles techniques le passionnent parce qu'elles lui offrent des analogies pratiques avec le plan spirituel : il s'en sert comme d'images

---

121 Conférence du 7 juin 1942.

saisissantes pour instruire ses auditeurs sur la façon d'utiliser leurs propres forces afin de se transformer et d'avoir un effet positif sur le monde qui les entoure.

L'année précédente, et non pour la première fois, il a fourni des précisions détaillées sur le laser, sur son symbolisme et ses applications spirituelles ; il a expliqué, entre autres, que lorsqu'un grand nombre de personnes se concentrent en même temps sur la lumière, elles sont capables de produire un puissant rayon lumineux et de réaliser un travail de paix et d'amour. Il s'agit là, pour lui, de l'un des plus beaux exercices qu'il aime accomplir avec sa fraternité, un exercice relié à la musique de la lumière et à celle de tout l'univers.

L'étude de ses conférences indique clairement que son extase au cœur de la musique cosmique a été à la source de sa préoccupation constante d'introduire l'harmonie en lui-même, de la répandre autour de lui et sur la terre entière. La révélation reçue à l'âge de dix-sept ans sur la façon dont l'univers est construit l'a amené à comparer Dieu au plus grand des chefs d'orchestre, à un compositeur qui accorde toutes choses, en donnant une voix, un son particulier à chacune des choses qu'il crée.

Ne pouvant oublier le merveilleux chant de l'univers, il a étudié ce dernier dans sa structure, au niveau des archétypes. Tout son enseignement est fondé sur cette gigantesque organisation.

Maintenant, mes chers frères et sœurs, vous le saurez, je puise toutes mes conférences dans cette région où j'ai entendu l'harmonie céleste, la musique des sphères. C'est elle qui m'explique tout. Et il n'y a même pas tellement de choses à expliquer d'ailleurs. Vous réalisez cette harmonie et, d'un seul coup, vous comprenez tout : vous comprenez la sagesse de Dieu, vous comprenez la paix, vous comprenez l'amour.[122]

Dans sa pédagogie, la belle musique occupe une large place. Depuis toujours, il conseille aux parents d'en entourer leurs enfants. Au Bonfin, il n'est jamais aussi heureux que lorsqu'il écoute un petit concert offert par les jeunes en pleine nature. Chaque fois, son cœur s'émeut devant les frimousses naïves et confiantes.

---

122 *L'harmonie*, chapitre du même nom, Prosveta.

Touché par leur ardeur et leur joie de vivre, il admire la manière dont ils jouent du violon ou font fièrement tinter un triangle. Quand ils lui présentent des dessins, il s'exclame sur la beauté des soleils souriants et des arbres aux couleurs fantaisistes. Afin de stimuler en eux le goût de la perfection, il les encourage à faire encore mieux. Les petits accourent vers lui, et les bébés semblent vouloir lui parler.

Une saynète donnée par les enfants après le lever du soleil

Son attitude envers les enfants est respectueuse de leur développement naturel. À ses yeux, la responsabilité de les éduquer ne revient pas à la fraternité, car à un moment précis de leur vie, ils auront à choisir leur orientation par eux-mêmes. Toutefois, il invite tous les congressistes à amener leurs enfants au Bonfin pendant les vacances scolaires afin de les plonger dans une ambiance de beauté et de fraternité.

« Voilà, dit-il, la véritable éducation pédagogique pour l'avenir, cette attitude, ce silence, cette lumière et l'exemple de leurs parents. » Et, afin que la vie spirituelle de ces enfants soit bien ancrée dans la réalité terrestre et qu'elle inspire leur rôle dans la société, il les incite à viser le plus haut possible : « Tu peux devenir le plus intelligent, le meilleur, faire du bien et entraîner tes amis à être fraternels... Il faut terminer tes études... pour être utile un jour. »

Attentif aux évènements de son temps, il explique aux jeunes comment ils peuvent se transformer eux-mêmes avant de songer à transformer une société qui les déçoit. Il n'a pas oublié sa propre jeunesse remplie d'énergies bouillonnantes et de recherches passionnées.

Comme Peter Deunov le lui avait dit, il est le plus grand démolisseur des idées vermoulues, mais en même temps, il connaît l'importance d'orienter les énergies de la jeunesse vers la vie, et de ne pas les laisser se diriger vers la violence et la mort. Mentionnant un jour certains mouvements contestataires organisés par les jeunes, comme celui des *hippies* aux États-Unis – qui avaient choisi comme symbole un geste de paix et d'amour – il affirme que ceux-ci avaient instinctivement cherché la fraternité universelle et que le phénomène était une manifestation du Verseau.

S'il comprend les jeunes, il n'essaie pourtant pas de leur rendre les choses plus faciles. Il leur fournit plutôt les moyens de canaliser et de concrétiser leurs énergies, leurs aspirations. Conscient de leur insatisfaction profonde, il les appelle à reconnaître que la vraie force se trouve en eux-mêmes, dans leur capacité de se dominer, de se montrer nobles et grands. Il les encourage à s'adapter aux exigences de la société afin de devenir capables de la transformer de l'intérieur ; il leur parle des lois immuables qui existent entre les causes et les conséquences.

Avec des expressions imagées, il explique les lois de la morale cosmique : d'abord la *loi de l'enregistrement*, grâce à laquelle la nature garde en mémoire tout ce qui se produit dans le monde ; en second lieu, la *loi de l'agriculture*, qui détermine les résultats du travail des êtres humains, car ces derniers ne peuvent récolter que ce qu'ils ont semé ; enfin, la *loi de l'écho*, qui leur renvoie toujours les mots qu'ils prononcent : « Je vous déteste » ou « Je vous aime ». Les mêmes correspondances, précise-t-il, se répètent sur un plan supérieur : les pensées négatives que les gens entretiennent en eux leur attirent des éléments nocifs qui finissent par les empoisonner.

De même que tout s'enregistre dans la nature, leurs actions s'impriment dans leur propre mémoire et continuent à les influencer, à les torturer ou à leur donner de la joie. De là découle l'importance, pour tous les êtres humains, d'adopter un comportement susceptible de créer en eux-mêmes de nouveaux enregistrements, de nouveaux clichés.

✱✱✱

Au mois de juin 1981, Omraam Mikhaël revoit la Bulgarie. Quarante-quatre ans après avoir quitté son pays d'origine, il est invité à s'y rendre, en tant qu'homme de lettres éminent, pour les fêtes du douzième centenaire de la fondation de l'État bulgare. Reçu à Sofia avec une grande courtoisie, il participe à différentes activités et reçoit des médailles honorifiques.

Le domaine Izgrev, de Sofia, qu'il a fréquenté régulièrement durant les années de sa jeunesse, n'existe plus. Il n'en reste qu'un petit parc qui se retrouve à présent situé en pleine ville. En son centre, le tombeau de Peter Deunov est entouré de rosiers et de fleurs annuelles que les membres de la fraternité bulgare entretiennent avec soin.

Après y avoir fait une courte visite, il entreprend une petite excursion vers certains endroits qui lui ont été chers dans la région de Rila. Enfin, il se rend à Varna, où il passe une semaine avec sa famille. Ce séjour dans son pays fait naître en lui des sentiments contradictoires : s'il est heureux de revoir les membres de sa famille et les lieux de son enfance, il ne retrouve nulle part l'ambiance qu'il a connue dans le passé.

L'année suivante, il se rend pour la seconde fois dans un pays qui a été très marquant dans sa vie, l'Inde. « Vous avez déjà vécu ici, lui avait dit un grand sadhou, et vous reviendrez. » Et vingt-deux ans après cette prédiction, en février 1982, il est accueilli à New Delhi par des amis.

Un peu plus tard, il y rencontre un gourou âgé, du nom de Madrassi Baba, qui est pour lui l'instrument de révélations importantes. C'est un homme érudit qui a fait ses études de médecine en Angleterre ; reconnu comme un grand clairvoyant, il est entouré d'un grand nombre de disciples.

Madrassi Baba en compagnie d'Omraam Mikhaël Aïvanhov

Lorsqu'il prend contact avec Omraam Mikhaël Aïvanhov pour la première fois, il lui dit :

« Maître, vous m'êtes apparu dans une vision il y a quinze ans, je vous ai vu descendre du soleil. Vous m'avez révélé certaines vérités. Je vous ai vu exactement comme vous êtes maintenant. Cinq ans plus tard, vous m'avez encore parlé, et je suis étonné que vous soyez toujours le même ! Je vois sur votre front le symbole de *Brahma Rishi*, le plus haut symbole qui soit. »

Après ce premier entretien, le gourou revient souvent le voir. À un moment donné, Omraam Mikhaël lui confie les paroles mystérieuses que Nityananda lui avait adressées en 1959, ainsi que le nom de ce personnage qu'il aurait été, d'après celui-ci, dans un passé lointain.

Très intéressé, Madrassi Baba fait des recherches dans une bibliothèque importante et découvre d'anciens textes prophétiques sur la venue d'un Rishi solaire devant s'incarner à l'ère de *Kali Youga* – l'ère actuelle.

On y donne de grandes précisions :

« Cet être verra le jour au huitième mois de la gestation, son premier nom commencera par la lettre M et son deuxième par la lettre A. Enfin, lors d'un séjour dans le pays des dévas, il recevra le nom d'Omraam, d'après la sixième incarnation de l'Avatar hindou, Rama. De plus, ce nom lui sera soudainement attribué par trois sages. »

Ces révélations exceptionnelles se font en plusieurs occasions, car Madrassi Baba ne se contente pas de ses premières découvertes, il entreprend par la suite des recherches supplémentaires au sein de différentes bibliothèques.

Entretemps, les hôtes d'Omraam Mikhaël l'invitent à effectuer un séjour en montagne, dans une autre maison qui leur appartient. Il y passe toutes ses matinées dans la solitude.

Au moment des repas, ses compagnons espèrent l'entendre parler de sujets très élevés, mais il ne dit presque rien. Il prend le temps de toucher doucement, avec un grand amour, de beaux objets disposés sur la table. « Quand on vit des choses très puissantes, dit-il, il faut parler de petites choses. »

Son rayonnement est intense.

Beaucoup de gens s'inclinent à ses pieds en lui demandant de les bénir. L'endroit, à 2 500 mètres d'altitude dans l'Himalaya, est d'une grande beauté. C'est le printemps, les vergers sont en fleur, les immenses forêts de pins et de rhododendrons témoignent de la puissance de la vie. L'une des personnes qui l'accompagnent écrit dans son journal :

Tous les jours, le Maître nous dit de remercier mille fois. Lui-même remercie sans cesse le ciel. Il dit : « Écoutez le silence... Essayez d'écouter le silence. » Il explique que la venue du Royaume de Dieu n'est pas une question de temps, mais d'espace. Il faut dire qu'au moment des magnifiques levers de soleil dans l'Himalaya, nous avons le sentiment que le Royaume de Dieu est vraiment proche.

De retour en France, au cours de l'été qui suit, il parle ouvertement de tout ce qu'il a reçu en Inde. Il précise que s'il évoque maintenant sa mission, c'est parce qu'on lui en a donné le droit. En même temps, il répète : « Je n'ai pas encore commencé mon vrai travail... Ce ne sont que de petits préparatifs ! » Il ajoute que jamais il n'a pensé y être suffisamment bien préparé.

Omraam Mikhaël Aïvanhov dans l'Himalaya

Pour lui, rien n'est plus sérieux que de travailler sur lui-même, jour et nuit : « Je dis que je n'ai pas encore commencé mon vrai travail parce que j'ai découvert que cela me faisait avancer. » Il s'agit aussi d'une façon de développer l'humilité. Comme il le dit : « L'orgueil est le lichen qui suit l'être humain jusqu'au sommet de la montagne... et il faut faire des exercices assidus pour s'en préserver. »

Paradoxalement, c'est peut-être à cause de ses exercices constants d'humilité qu'il peut se permettre de parler de sa mission en des termes qui ne laissent aucun doute sur l'universalité de celle-ci. Et cette universalité commence à prendre tout son sens en ces années-là. Comme il l'explique un jour, c'est le monde invisible qui lui a conseillé d'espacer ses conférences afin de se concentrer sur des points spéciaux de la terre, car « il faut savoir où appuyer pour que la porte s'ouvre ». De plus, il est apparemment désireux de se retrouver physiquement présent en ces endroits particuliers pour y réaliser son œuvre spirituelle. Dans les pays où existent des centres de sa fraternité, il passe de longs moments avec ses frères et sœurs.

À l'automne 1982, c'est en Angleterre qu'il se rend. Après avoir été hébergé pendant plusieurs mois par le couple responsable de la fraternité anglaise, il part avec eux pour l'Égypte au Nouvel An.

Il séjourne un certain temps dans une petite ville portuaire située entre la mer Rouge et le désert. Tous les matins, il se rend très loin dans les dunes pour contempler le lever du soleil. Il en revient entouré d'un silence et d'un espace surnaturels que personne n'ose briser. L'absolue simplicité du désert, où le soleil est souverain, le comble de bonheur : selon lui, il s'agit d'un lieu privilégié où se rassemblent des esprits bénéfiques, où les activités spirituelles sont favorisées. Certains jours, c'est vers la mer qu'il se dirige. Au moment du reflux, quand des rochers apparaissent, il marche dans l'eau vers l'un d'eux et s'y assied pour méditer : « J'y étais comme sur une île. Autour de moi, il n'y avait que de l'eau... Ah, c'était extraordinaire. »

Comme toujours après ces voyages, il rentre au Bonfin ou à Izgrev pour les différents congrès où l'attendent ses frères et sœurs venus du monde entier, mais il est sans cesse appelé à repartir en pèlerinage dans le monde.

Durant toutes ses pérégrinations, sa fraternité demeure dans son esprit, il travaille sans relâche pour elle. « C'est ma femme », dit-il. Il sait qu'il doit encore rester avec tous ceux qui suivent son enseignement dans le but de leur parler et d'éveiller en eux la vie, mais à cette époque il dit à plusieurs reprises : « Si la fraternité n'était pas là, je quitterais tout et j'irais m'installer dans l'Himalaya ou dans les Andes. »

En avril 1984, il donne des conférences aux États-Unis. Dans la ville de Los Angeles, des gens qui connaissent ses livres viennent de partout pour l'entendre, emmenant leurs amis. Il entre dans la salle, les salue et s'assied. Il ferme les yeux tandis que le silence se prolonge.

Peu à peu, les personnes présentes comprennent que le Maître Omraam Mikhaël Aïvanhov, qu'elles ont tant désiré entendre, n'a pas l'intention de leur adresser la parole et qu'il ne fera que méditer avec elles. Enfin, il se lève, les regarde longuement à tour de rôle, les salue une dernière fois, puis il sort de la salle. Dans une forte proportion, les assistants sont très déçus. Toutefois, pour un petit nombre, l'expérience a été une véritable découverte : ils diront que jamais ils n'avaient rien vécu d'aussi intense en présence d'un Maître spirituel.

Mystérieusement, il a choisi de faire cette expérience, qu'il souhaitait réaliser depuis longtemps, avec un public non préparé et assez hétérogène. Peut-être l'a-t-il faite justement parce qu'il y avait ce jour-là dans l'auditorium quelques personnes capables de le rejoindre par la pensée et de travailler avec lui dans la lumière. À un autre moment, quand on lui demande de parler de la paix à la télévision de Los Angeles, il affirme que la paix n'est ni une chose, ni une vertu, mais un état de conscience.

Tous réclament la paix, mais ils ne savent pas ce que c'est. En eux, c'est la guerre : le cœur et l'intelligence vont dans des directions différentes. Tant qu'on n'est pas arrivé à faire la paix en soi, on ne peut la faire à l'extérieur. On n'y arrivera pas si on n'est pas capable de tout unifier en soi pour un idéal.[123]

Après ce passage aux États-Unis, il se rend au Canada. À quatre-vingt-quatre ans, il dispose encore d'une vitalité et d'une énergie qui surprennent. En juin, il donne des conférences à des auditoires de 1 000 personnes ; en l'espace de deux jours, il accepte d'en donner sept, à différents endroits éloignés l'un de l'autre.

À ce sujet, un frère français qui a suivi ses déplacements se souvient :

---

[123] Extrait de sa propre relation de l'évènement dans la conférence du 11 août 1985.

Il est très frappant de voir à quel point la mission universelle de ce Maître prend ses véritables dimensions au cours des dernières années de sa vie. C'est une nouvelle énergie qu'il développe en parcourant notre planète, en dirigeant son regard et son intérêt vers l'Amérique du Nord où il fait de multiples séjours, d'où il rentre chaque fois renouvelé et enthousiasmé par la mentalité nouvelle qu'il y a trouvée. C'est comme s'il se distançait un peu du côté mystique typiquement slave de son enfance et de sa jeunesse, du côté intellectuel de la France des années 1940-1950, de ce parcours intensément initiatique qui débute en 1948 où il traverse la plus grande épreuve de sa vie, et qui trouve sa consécration en 1959 lors de son séjour en Inde...

N'oubliant rien de tout cela cependant, il en transmute les divers aspects dans une simplicité pratique plus accentuée que jamais, visible jusque sur ses photos ; et ses conférences minimisent pour ainsi dire l'apport intellectuel pour en rester à la structure profonde de la logique de la vie, alliée à une pure joie de vivre. Cet aspect-là est vraiment étonnant, attachant, et remarquablement enthousiasmant à l'échelle universelle, c'est à dire à l'échelle de la modernité qui s'annonce.

L'année suivante, en mai 1985, il retourne une dernière fois au Québec pour y consacrer un terrain choisi par la fraternité québécoise à la campagne. Il est captivé par les vallonnements gazonnés de cet ancien terrain de golf, par ses sept plans d'eau et sa superbe vue vers l'est, d'où l'on peut contempler le soleil au moment où il se lève tout au loin derrière les chaînes de montagnes des États-Unis.

Il le nomme *Blagoslovénié*, ce qui signifie « toutes les bénédictions ». Et là, comme partout où il fait un séjour, il consacre une grande partie de son temps à recevoir individuellement les personnes qui désirent s'entretenir avec lui. Il profite aussi de l'occasion pour communier avec la nature, pour prier longuement parmi les arbres et appeler les grâces du Ciel sur le site.

*Omraam Mikhaël Aïvanhov parlant à un enfant
au Centre Blagoslovénié en 1984*

JE SUIS AVEC VOUS,
MÊME PLUS QU'AVANT

Depuis un certain temps, Omraam Mikhaël Aïvanhov se préparait à quitter ce monde. Ainsi que nous l'ont confié quelques-unes des personnes qui vivaient auprès de lui, il savait à l'avance, dans son âme, que son incarnation sur terre tirait à sa fin.

Comme l'indiquaient les messages qu'il adressa à sa fraternité durant la dernière année de son existence, il désirait se préparer le mieux possible à son passage vers l'au-delà. Il lui était également nécessaire de parachever son œuvre spirituelle dans le recueillement.

Rentrant en France à la fin du mois de juin 1985 après un dernier séjour en Amérique du Nord, il réduisit ses activités, supprima les rendez-vous ainsi que le courrier. Au Bonfin, durant tout le congrès d'été, il ne donna qu'une seule conférence par semaine, soit le dimanche.

Le 29 septembre, la fête de la Saint-Michel se déroula dans une ambiance particulièrement intense. Personne ne se doutait que la conférence de ce soir-là, donnée sous les étoiles, autour d'un grand feu, ne serait jamais suivie d'aucune autre.

Comme chaque année à cette date, le Maître Omraam Mikhaël parla du feu et de la lumière : « Le feu est le plus grand mystère... » Dans cette ultime conférence, il aborda, comme dans la toute première qu'il avait donnée en 1938, les grandes idées qui le passionnaient depuis toujours. Il y était question du feu et de l'eau, du bien et du mal, du yoga de la nutrition et du yoga du soleil.

Le feu visible est un symbole de quelque chose d'invisible. Par notre amour, notre âme et notre conscience, nous tâchons de nous lier au feu céleste. C'est pourquoi il est important de contempler le feu... Il faut demander à l'Ange du Feu, Agni, de nous embraser du feu céleste qui est l'amour divin, afin de brûler, de rayonner, d'émaner cette chaleur, cet amour partout où nous allons afin de créer la nouvelle vie.

Après un moment de méditation, il poursuivit en disant quelques mots sur l'esprit de fraternité, sur l'importance de l'unité, ainsi que sur l'harmonie nécessaire à l'organisme de chaque être humain et à celui de l'univers. Il termina en disant :

Je suis toujours avec vous, même si je n'y suis pas physiquement. Je suis avec vous, même plus qu'avant.

✫✫✫

En octobre, il se retira complètement de toute activité. Sa participation à la fête spirituelle de sa fraternité avait été son dernier rendez-vous avec celle-ci sur le plan visible. Pendant toute l'année 1986, il se prépara dans la solitude à son départ pour les mondes de lumière. Toutefois, il resta en contact par la pensée avec chacun de ses frères et sœurs et sa présence spirituelle dans la fraternité était presque tangible.

Les messages d'encouragement qu'il leur fit parvenir en cette dernière année de sa vie avaient pour objectif de les habituer peu à peu à sa disparition physique. En même temps, il les priait instamment de canaliser tout leur amour afin d'être des modèles, et de se diriger « vers un but bénéfique à toute la famille humaine ». Il leur demandait de ne pas s'inquiéter de son absence, mais de travailler à se transformer eux-mêmes. Il précisait qu'il devait quitter la sphère terrestre afin d'œuvrer sur d'autres plans, là où se situait à présent « son vrai travail ».

Encore et encore, il assurait ses chers frères et sœurs de son amour pour eux, et c'était avec force qu'il affirmait :

Je vous ai dit et répété, et je continue à répéter que pour réaliser l'âge d'or, il ne faut plus vivre dans la séparativité et l'isolement. L'être le plus évolué, s'il est seul, n'apportera rien. Maintenant, c'est le côté collectif qui doit se réaliser en plénitude. [...] Un jour nouveau se lève sur le monde. Le soleil de l'Amour, de la Sagesse et de la Vérité brillera comme jamais.

Ainsi que l'écrivait un frère qui connaissait Omraam Mikhaël Aïvanhov depuis l'année même de son arrivée en France :

Lorsqu'il s'est mis à voyager de par le monde, il s'est progressivement distancé de cette fraternité qu'il avait fondée en France. Durant les dernières années de sa vie, il nous a laissé entendre que sa mission dépassait de loin les problèmes personnels d'un groupe limité de personnes.

Il a précisé qu'il avait un travail spirituel à faire pour tous les êtres de la planète. Mais lorsqu'il nous a annoncé que l'humanité traverserait une période extrêmement difficile et qu'il nous a conseillé de nous y préparer, il savait de toute évidence que lui-même ne serait plus avec nous à ce moment-là.

Dès septembre 1984, il avait commencé à faire des allusions voilées à son départ, disant à l'occasion : « Je ne serai pas toujours là. »

L'année suivante, il avait fait cette réflexion à l'une des personnes qui travaillait depuis longtemps pour lui : « Et si on partait à Noël ? » Lorsque cette dernière avait répliqué en souriant que Noël n'était pas une très bonne époque pour les voyages et que ce ne serait pas idéal pour lui, il avait aussitôt changé de sujet. Elle n'avait compris qu'après coup ce qu'il avait communiqué à son subconscient.

Chacun de ceux qui ont été en contact avec lui durant cette dernière année ont témoigné de son amour constant, ainsi que de son acceptation des conditions subies par un véhicule physique qui arrivait à la fin de son périple. « Il avait assumé, a dit un témoin des derniers mois, une charge énorme... Il était tout simplement épuisé. »

✫✫✫

Le départ d'Omraam Mikhaël Aïvanhov se fit à Noël, cette grande fête cosmique qui apporte chaque année un renouveau spirituel à l'humanité.

Depuis le jour de son illumination à l'âge de quinze ans, il avait travaillé de toutes ses forces à faire descendre le Royaume de Dieu sur la terre. Toutefois, il ne pouvait être vraiment efficace qu'après avoir quitté son enveloppe physique et retrouvé une totale liberté d'action dans le puissant monde invisible.

Quant à la mort comme telle, il en avait toujours parlé comme d'une naissance sur les plans supérieurs :

La mort est un déplacement, un voyage, une transformation de la vie, une énergie qui se transforme en une autre énergie... La mort n'existe pas, il n'y a que la vie partout.[124]

Le 25 décembre 1986, après une nuit où son corps s'était graduellement affaibli, mais en pleine conscience de son passage vers l'au-delà, Omraam Mikhaël Aïvanhov quitta cette terre.

Selon sa volonté expresse, la nouvelle ne fut communiquée que trois jours plus tard : il avait laissé entendre qu'il avait une œuvre importante à accomplir sur les plans invisibles pendant ces trois jours et que son corps physique devait donc demeurer dans l'isolement.

★★★

Le 31 décembre, des membres de la fraternité se réunirent au Bonfin pour un ultime adieu. Un silence extraordinaire régnait, un silence au cœur duquel on essayait de comprendre le sens de son départ et d'accepter son absence matérielle.

La chambre où il reposait était imprégnée d'une extraordinaire sensation de vie. Ceux qui y entrèrent furent profondément touchés de constater que son visage paraissait très jeune, qu'il semblait dormir paisiblement et qu'un parfum subtil flottait dans l'air. Ils ne pouvaient s'empêcher de penser à ses propres paroles concernant la mort des grands Maîtres :

« Lorsque ceux-ci ont abandonné leur enveloppe charnelle, leur corps de gloire demeure présent. Il rayonne et vivifie tous ceux qu'il effleure. »

Ce même jour, aussi bien en France qu'à travers le monde, les milliers de membres de sa fraternité s'unirent à son esprit par la méditation et la prière. Dans les centres fraternels, ils se retrouvèrent pour relire ses derniers messages et remercier le ciel, « remercier mille fois », comme il l'avait si souvent conseillé.

---

124 *La clef essentielle pour résoudre les problèmes de l'existence*, « Comment utiliser les forces de la personnalité », Prosveta.

Omraam Mikhaël Aïvanhov était parti pour les plans supérieurs le jour de Noël. C'est ce jour, important entre tous, où le Christ, Principe cosmique, poursuit son œuvre en redonnant à tous les enfants de Dieu la Lumière qui peut éclairer leur existence, les réchauffer et les vivifier.

Le 25 décembre a lieu dans la nature la naissance du principe christique, c'est-à-dire de cette vie, de cette lumière, de cette chaleur qui vont tout transformer. À ce moment-là, dans le ciel aussi on célèbre cette fête : les anges chantent et tous les saints, les grands maîtres et les initiés sont réunis pour prier, pour rendre gloire à l'Éternel et fêter la naissance du Christ qui naît réellement dans l'univers.[125]

---

[125] *« Au commencement était le Verbe... »*, « La Noël », Prosveta.

Je suis avec vous, même plus qu'avant

Chronologie

1900, 31 janvier	Naissance à Serbtzi, Macédoine.
1907, printemps	Destruction de son village. Départ pour Varna, Bulgarie.
1908, 3 octobre	Mort de son père.
1909	Lecture des Proverbes.
1915	L'illumination.
1917, hiver	Entrevue avec Peter Deunov, Varna.
1923	Études universitaires à Sofia.
1930	Instituteur à l'école secondaire.
1934 ou 1935	Directeur de collège.
1937, 22 juillet	Arrivée en France.
1938, 29 janvier	Première conférence publique.
1944, Noël	Publication d'un premier recueil de conférences.
1944, 27 décembre	Décès de Peter Deunov à 80 ans.
1948, 21 janvier	Arrestation suite à un complot.
1948, 17 juillet	Sentence de quatre ans de prison.
1950, mars	Libération.
1950, 19 mars	Retour à la fraternité.
1953, 8 juillet	Premier congrès au Bonfin.
1959, 11 février	Départ pour l'Inde.
1959, 17 juin	Première rencontre avec Babaji.
1960, 9 février	Retour de l'Inde.
1960, 28 septembre	Réhabilitation officielle par la Cour d'Appel d'Aix-en-Provence.
1961, printemps	Voyage : Grande-Bretagne.
1962, mai	Voyage : Espagne.
1964, mai	Voyage en Italie, en Grèce et à Serbtzi, où il revoit sa mère.
1965, printemps	Voyage : Suède, Hollande, Allemagne.
1965, juin	Voyage : Espagne.
1967, mai, juin	Voyage : États-Unis, Canada.
1968, mai, juin	Voyage : Israël.
1969, mai	Voyage : Grèce, Turquie.
1970, 25 avril	Voyage : Japon, Sri Lanka, Hong Kong.

1971, 6 mai	Voyage : Maroc, Égypte, Éthiopie, Liban, Grèce, Yougoslavie.
1971, 18 septembre	Participation au 4e Congrès ésotérique à Berlin.
1973, 5 août	Décès de Dolia.
1974, avril	Édition du premier volume des Œuvres Complètes d'O.M.A.
1975	Œuvres Complètes en librairie.
1976	Premières éditions des Œuvres Complètes en langues étrangères.
1977, mai, juin	Participation à un Congrès Inter religieux à Paris.
1978, 17 décembre	Voyage : États-Unis, Antilles.
1981, printemps	Voyage : Canada, États-Unis.
1981, 18 juin	Voyage : Bulgarie.
1981, 12 octobre	Voyage : États-Unis. Conférences publiques.
1981, 10 décembre	Voyage : Thaïlande.
1982, 5 février	Voyage : Inde.
1982, novembre	Voyage : Grande-Bretagne, Écosse.
1983, janvier	Voyage : Égypte.
1983, 28 avril	Voyage : Scandinavie.
1984, 18 janvier	Voyage : États-Unis.
1984, 6 mai	Voyage : Canada. Conférences publiques.
1985, 25 janvier	Voyage : États-Unis, Mexique, Canada.
1986, 25 décembre	Omraam Mikhaël Aïvanhov quitte cette terre.

Les sources

1. Conférences et messages d'Omraam Mikhaël Aïvanhov.
2. Témoignages de divers membres de la famille d'Omraam Mikhaël Aïvanhov, de voisins, d'amis et de membres de sa fraternité.

BIBLIOGRAPHIE

**Éditions Prosveta,
collection « Œuvres complètes » :**

Tome 1 – La deuxième naissance.
Tome 2 – L'alchimie spirituelle.
Tome 6 – L'harmonie.
Tome 7 – Les mystères de Iésod.
Tome 9 – « Au commencement était le Verbe... ».
Tome 10 – Les splendeurs de Tiphéret.
Tome 11 – La clef essentielle pour résoudre les problèmes de l'existence.
Tome 12 – Les lois de la morale cosmique.
Tome 14 – L'amour et la sexualité I.
Tome 16 – Hrani Yoga, le sens alchimique de la nutrition.
Tome 17 – « Connais-toi toi-même » Jnani Yoga I.
Tome 18 – « Connais-toi toi-même » Jnani Yoga II.
Tome 23 – La nouvelle religion : solaire et universelle.
Tome 26 – Le Verseau et l'avènement de l'Âge d'Or II.
Tome 28 – La pédagogie initiatique II.
Tome 29 – La pédagogie initiatique III.
Tome 32 – Les fruits de l'Arbre de Vie.

**Éditions Prosveta,
collection « Izvor » :**
No. 201 – Vers une civilisation solaire.
No. 203 – Une éducation qui commence avant la naissance.
No. 204 – Le yoga de la nutrition.

No. 207 – Qu'est-ce qu'un Maître spirituel ?
No. 212 – La lumière, esprit vivant.
No. 213 – Nature humaine, nature divine.
No. 214 – La galvanoplastie spirituelle et l'avenir de l'humanité.
No. 216 – Les secrets du Livre de la nature.
No. 219 – Centres et corps subtils.
No. 220 – Le Zodiaque, clé de l'homme et de l'univers.
No. 223 – Création artistique et création spirituelle.
No. 224 – Puissances de la pensée.
No. 225 – Harmonie et santé.
No. 226 – Le Livre de la Magie divine.
No. 228 – Regards sur l'invisible.
No. 230 – Approche de la Cité céleste.
No. 232 – Les révélations du feu et de l'eau.
No. 233 – Un avenir pour la jeunesse.
No. 235 – « En esprit et en vérité ».

Éditions Izgrev, Paris, 1946
(sous le nom de Michaël Ivanoff)
Les sept lacs de Rila, Préface d'Alfred Laumonier.

Autres :
Corbin, Henry, « Le songe visionnaire en spiritualité islamique » dans *Visage de lumière*, NRF Gallimard, Paris, 1967.
Jean du Bonfin (Nom de plume d'André Jahan), *Qui est le Maître Omraam Mikhaël Aïvanhov ?*, Éditions Prosveta, Fréjus, 1995.
Svezda (Nom de plume de Stella Bellemin), *Vie et enseignement du Maître Omraam Mikhaël Aïvanhov en France*, Éditions Prosveta, Fréjus, 1992.
Le Kybalion, Bibliothèque eudiaque, Paris, 1917.
Paneurythmie, par les disciples de l'École ésotérique fondée par Peter Deunov.

Annexe

Lettres concernant la mission de
Frère Mikhaël

1. Lettre de Boïan Boev à un frère bulgare qui habitait à Paris en 1937. Boïan Boev était le secrétaire de Peter Deunov, et il écrivait à propos de la mission de Mihaïl Ivanov – comme Frère Mikhaël s'appelait alors. Traduction du bulgare).

Izgrev, le 12 juillet 1937

Cher frère Anastassi,

Je me réjouis beaucoup de ce que nous nous reverrons bientôt, car vous avez écrit que vous reviendrez cet été. Nous, le 14 juillet, nous allons avec le Maître à Rila. Nous y resterons environ un mois.

Un de nos frères – Mihaïl Ivanov – part à Paris. Il est envoyé par le Maître. Vous savez qu'il fait partie des disciples bien avancés ; il a de grandes connaissances et il est entièrement dévoué à la grande Œuvre divine pour laquelle il travaille et vit.

Vous avez beaucoup de liens avec diverses sociétés spirituelles, occultes et mystiques à Paris. S'il-vous-plaît, mettez-le en contact avec toutes les sociétés et spiritualistes connus, pour qu'il puisse accomplir cette mission pour laquelle il se rend à Paris. Prenez soin de lui. Quand vous l'aidez dans son travail, vous aidez le grand travail du Maître. Ce que je vous écris, le Maître le sait. Si vous pouviez lui trouver un endroit où loger, comme visiteur chez l'un de vos amis ou chez vous, nous vous en serions très reconnaissants.

Avant de revenir au pays, veuillez aller chez les libraires recueillir les sommes des livres vendus.

Votre mère vous salue. Elle et moi, nous nous voyons souvent. Il y a quelques jours, j'étais avec elle. Elle se réjouit beaucoup de votre retour à la maison.

Salut cordial de nous tous,

Bien vôtre,

Boïan Boev

2. *Lettre de Boïan Boev à Frère Mikhaël.*

Izgrev, 26 octobre 1938 (extrait)

Très cher Frère Mihaïl,

Il y a quelques jours, je vous ai envoyé des traductions en français des conférences suivantes, à savoir : « Le Maître parle » (3 ex.) « Dans le Royaume », « Le Haut Idéal », La Loi suprême », « Dans le monde des grandes âmes ». S'il-vous-plaît, écrivez-moi quand vous les aurez reçues. J'ai reçu votre courrier et j'ai remis tout de suite au Maître la lettre qui lui était adressée. J'ai transmis aux autres leurs lettres. J'ai lu immédiatement au Maître votre description détaillée du voyage que vous avez fait dans le sud de la France. Il est très satisfait de tout ce qui est en cours de réalisation.

Sœur Stella et Frère Tevekelev ont écrit avec amertume que quelqu'un d'Izgrev a exprimé son mécontentement au sujet de votre travail en France. À ce sujet, le Maître dit qu'il s'agit de l'opinion personnelle d'un être individuel et que son opinion n'est pas importante. Mais le Maître approuve pleinement les méthodes de votre travail, qui conviennent bien à la psychologie des Français.

La méthode que vous avez choisie est la plus raisonnable et la mieux adaptée. Sachez que vous avez la pleine approbation du Maître. Et ne faites aucune attention à ceux qui se conduisent de façon négative. Nous tous ici, nous nous réjouissons de votre activité là-bas et nous vous souhaitons qu'elle soit très fructueuse, et aussi que vous, de votre côté, ressentiez la présence du Maître et de la Fraternité Blanche entière avec vous. Et c'est ainsi.

Votre travail est d'une telle importance qu'à chaque instant vous êtes soutenu par le Ciel ! Sœur Markova, Frère Bertoli et moi-même, Frère Zvezdinski et tous les autres ici, nous vous envoyons nos pensées et nos vœux les meilleurs pour votre travail sacré, pour la Gloire de Dieu ! Ne vous inquiétez de rien ! Soyez joyeux ! Tous ceux avec lesquels je parle ici ont pour vous une sympathie ardente. [...]

(La deuxième partie de cette lettre donne des nouvelles des activités en Bulgarie, ainsi que des détails sur des échanges de livres entre les deux pays et des directives d'impression. Elle se termine ainsi :)

SALUTATION SPÉCIALE DU MAÎTRE !
Avec un salut fraternel,
Boïan Boev

Remerciements

Cette biographie, qui a exigé un minutieux travail de sept années, a reçu un grand soutien de la part de nombreuses personnes qui ont connu Omraam Mikhaël Aïvanhov.

De tout cœur, je remercie :

Violet Nevile, qui a travaillé avec moi de façon si efficace aux toutes premières recherches. Dès le début, nous avons eu accès, – et j'en remercie Claude Lamy – aux Archives de la Fraternité Blanche Universelle en France, où nous avons pu consulter des milliers de documents.

Parmi plus de quatre-vingts personnes qui se sont prêtées à de nombreuses interviews, je remercie Blagost Chuette, Béatrice et Hélène Lejbowicz, Rafaël Bellemin, Maurice Rivoallan, Georgette Lamy, Virginia et Jean-Marie Kühn. Tous, ils m'ont rendu un grand service en acceptant de lire la première ébauche de mon manuscrit. Avec leur compétence et leur crédibilité indéniable de témoins ayant longuement vécu auprès d'Omraam Mikhaël Aïvanhov, ils m'ont apporté toutes les précisions et les corrections nécessaires.

Merci du fond du cœur à Cherry et à Norman Frizzell pour leur soutien indéfectible et pour leur sincère amitié.

Toute ma gratitude va aussi à Véronique Berthet et à Chantal Lemay, qui m'ont accompagnée en Bulgarie sur les traces du jeune Mikhaël. Je n'aurais pu souhaiter meilleures compagnes de voyage et de travail. Démarches officielles, correction de textes, transcription d'extraits autobiographiques contenus dans les conférences enregistrées d'O. M. A., rien n'était à leur épreuve.

Un grand merci à Yollande Fafard et à Jocelyne Delisle, qui ont effectué, à un niveau très professionnel et avec une grande créativité, de minutieux travaux de secrétariat et de classement.

Pour Dolia Guineva, nièce d'Omraam Mikhaël Aïvanhov, j'ai une profonde reconnaissance. Au fil de nos rencontres en France durant plusieurs années, sa contribution a été inestimable. Avec une mémoire exceptionnelle et un sens inné du détail important, elle m'a transmis les souvenirs que lui avait confiés sa grand-mère Dolia, mère de Mikhaël. Ce faisant, elle m'a fourni d'importants éléments concernant le contexte familial et social de l'enfance de celui-ci.

Enfin, un chaleureux merci à la sœur de Dolia Guineva, Ani Stoïlova, et à son conjoint Vassil Stoïlov. Ils m'ont offert l'hospitalité à Varna lors de mes deux séjours en Bulgarie et m'ont donné de précieux renseignements sur leur famille, qui est celle d'Omraam Mikhaël Aïvanhov.

De la même auteure

. *Omraam Mikhaël Aïvanhov et le chemin de lumière*
Biographie, (Éditions A.L.T.E.S.S., 1997.)

. *Le temps de la colombe, un chemin initiatique*
Roman, (Éditions AdA, 2006, épuisé)
Republié par l'auteure sur amazon.com

. *L'autre rive de la vie*
Roman initiatique, (Éditions AdA, 2007, épuisé)
Republié par l'auteure sur amazon.com

. *Une nouvelle conscience, selon les enseignements d'Omraam Mikhaël Aïvanhov*
Essai, (Éditions AdA, 2009, épuisé.)
Republié par l'auteure sur amazon.com

. *La naissance de l'aube*
Roman-conte de guérison, 2014
(Édition à compte d'auteur sur Create Space-Amazon-Internet)

Pour les jeunes

. *La belle histoire d'un Maître : Omraam Mikhaël Aïvanhov*
Biographie, (Éditions Prosveta, 2000)

. *La Reine tzigane*
Roman, (Éditions Prosveta, 2000)

Tous ces titres se retrouvent sur Internet :
Amazon, Livres, Louise-Marie Frenette

CPSIA information can be obtained
at www.ICGtesting.com
Printed in the USA
BVHW051549130223
658280BV00024B/168